KB021029

The Attacking Ocean
바다의 습격

Attacking Ocean

바다의
습격

인류의 터전을 침식하는 해수면 상승의 역사와 미래

브라이언 페이건 지음 ┃ 최파일 옮김

애티커스 캐티커스 캐터모어 무스에게

부적절한 순간마다 자판 위에서 날뛰며
이 책이 쓰이는 것을 막기 위해 최선을 다한 멋진 짐승.
하긴 네 녀석은 해수면에 대해 걱정할 필요가 없지.

그것은 해질녘 메가시티에 기만적이고도 불평등하게 찾아왔다. (…) 해변과 가까운 저지대에, 항구에, 만에, 협만에, 강에 묵시록이 펼쳐졌다. 바다가 쓰나미처럼 무시무시하고 사정없이 솟아오르면서 일으킨 홍수와 바람 그리고 세찬 바람에 실려온 화재로 세상은 쑥대밭이 되었다. 폭 1,000마일에 이르는 길쭉한 해안 지대에 사는 1,000만여 명은 두려움에 벌벌 떨었으며, 16개 주가 암흑과 공포에 빠져들었다.

_헨드릭 헤르츠버그가 허리케인 샌디에 관해 쓴 글, 2012년 11월 12일 자 『뉴요커』

차례

서문 _13

1장 • **상승하는 바다** [122미터 아래로부터 상승] _23

| 극적인 변화 |

2장 • **도거랜드** [북유럽] _51
3장 • **에욱시네와 타메후** [흑해, 나일 강] _71
4장 • **수면 위에 갈대 한 줄기를 놓다** [메소포타미아] _91

| 파국적 힘 |

5장 • **파도에 휩쓸려간 사람들** [북유럽] _115
6장 • **해안 전체가 메워지다** [지중해] _135
7장 • **바다의 심연이 드러나다** [나일 강 삼각주] _151
8장 • **거대한 난장판** [남아시아] _167

9장 • **황금 수로** [양쯔 강 삼각주] _185

10장 • **쓰나미의 위협** [일본, 동남아시아] _207

| 침수와의 대결 |

11장 • **생존권** [방글라데시] _231

12장 • **섬들의 딜레마** [알래스카, 태평양, 인도양] _247

13장 • **세계에서 가장 구불구불한 강** [미시시피 강] _269

14장 • **여기서는 우리가 조수를 다스린다** [네덜란드] _291

에필로그 _311

후주 _329

감사의 말 _349

찾아보기 _353

대안적 차례

서문 _13

| 모두를 위한 |

1장 • **상승하는 바다** _23

에필로그 _311

| 서유럽 |

2장 • **도거랜드** _51

5장 • **파도에 휩쓸려간 사람들** _115

14장 • **여기서는 우리가 조수를 다스린다** _291

| 지중해, 메소포타미아, 나일 강 |

3장 • **에욱시네와 타메후** _71

4장 • **수면 위에 갈대 한 줄기를 놓다** _91

6장 • **해안 전체가 메워지다** _135

7장 • **바다의 심연이 드러나다** _151

| 남아시아, 동남아시아, 중국, 일본 |

8장 • **거대한 난장판** _167

11장 • **생존권** _231

9장 • **황금 수로** _185

10장 • **쓰나미의 위협** _207

| 섬(알래스카, 태평양, 인도양) |

12장 • **섬들의 딜레마** _247

| 북아메리카 |

13장 • **세계에서 가장 구불구불한 강** _269

후주 _329

감사의 말 _349

찾아보기 _353

나는 거의 한평생을 바다와 함께 살아왔다. 대양의 해안을 따라가고 망망대해를 가로지르며, 심지어 대서양을 건너기도 하면서 수천 킬로미터를 항해했다. 내 기억 속의 가장 오래된 장면 가운데 하나는, 영국의 어느 날 아침 침실 창문을 때리는 빗소리와 세차게 몰아치는 남서풍 소리에 귀를 기울이며 누워 있었던 것이다. 어린 시절의 또 다른 경험도 뇌리에 남아 있는데, 1940년대 후반 채널 제도에 있는 저지 섬으로 휴가를 갔을 때의 일이다. 그곳에서는 보름달이 뜰 때와 초승달이 뜰 때 조류가 한 번에 11미터 이상 빠르게 들이치거나 밀려나가는데, 밀물이 들어올 때 너른 모래톱 위로 파도가 하도 빠르게 밀려들어와 흰 파도보다 앞서가려면 거의 달리다시피 해야 했던 것이 기억에 생생하다—물론 내가 그렇게 위험한 행동을 하도록 아버지가 내버려두었다는 것은 아니다. 아버지는 강력한 조수의 흐름으로 생겨나는 파도의 위력에 대해 잘 알고 있었다. 나중에 나는 작은 요트를 타고 북유럽 바다를 항해했는데 그곳에서는 조수의 방향과 높이가 어느 방향으로 언제 항해해야 하는지, 또 언제 닻을 내려야 하는지를 결정한다. 35도 각도로 모래톱에 좌초되어 꼼짝도 못하는 일은 전혀 달가운 일이 아니며, 더군다나 한밤중에 그런 일을 겪는다면 조수를 잘못 판단했다는 사실에 죄책감마저 느끼게 된다. 차곡차곡 쌓인 이 모든 경험들은 내가 1만 5,000년에 걸친—즉 빙하기 이래로 줄곧—해수면 상승의 복잡한 역사를 탐구하는 내내 내 의식에 물밀듯 밀려들어왔다.

물론 작은 보트를 타고 모래톱 사이로 난 좁은 물길을 조심스레 찾아가는 경험과 해수면 상승(혹은 하강) 현상을 동일선상에서 비교할 수는 없다. 조수는 대략 여섯 시간이라는 짧은 주기를 반복한다. 북프랑스의 브르타뉴나 채널 제도 같은 곳에서는 만조에서 간조로 바뀔 때 풍광이 극적으로 변한다. 만조 때 깊고 넓던 강이 간조가 되면 바위와 모래톱 사이를 흐르는 좁은 개울이 된다. 그럴 때면 완전히 다른 세계를 항해하는 기분이다. 조수의 흐름에 따라 모래톱이 몇 분 만에 나타났다 사라지는 잉글랜드 동부 해안의 얇은 바다에서 작은 샛강과 구불구불한 물길을 횡단할 때처럼 말이다. 하지만 이 책에서 묘사되는 해수면의 높이 변화는 그와는 퍽 다른 현상이다. 우리는 적어도 75만 년, 아마도 그보다 훨씬 오랫동안 오르내렸을 해수면의 점진적이고 누적적인 변화를 이야기할 것이다. 특히 대략 지난 1만 년에 걸친 해수면의 높이 변화와 그러한 변화들이 인류에 어떻게 영향을 미쳤는지에 대해 주로 다룰 것이다.

밀물이 들어오고 있을 때 모래 해변을 걷는다고 생각해보자. 간조 때 걷기 시작했는데 조금씩 밀물이 들어오기 시작한다. 처음에는 밀려드는 흰 파도에 맨발로 물장구를 치며 논다. 그러나 얼마 후 우리는 훨씬 좁아진 해변에서 훨씬 높은 비탈을 걷고 있을 것이다. 상승은 느리고, 거침없고, 확실하다. 이것이 대략 1만 5,000년 전 빙하기가 끝난 뒤에 점진적으로 이루어진 해수면 상승을 정확히 설명해주는 장면이다. 하지만 한 가지 중요한 차이가 있다. 해수면 상승의 경우에는 썰물이 없었다. 수백 년, 수천 년에 걸친 해수면 상승은 느리고 지속적이고 누적적이었으며, 수천 킬로미터 떨어진 곳에서 펼쳐지는 지질학적인 과정에 의해 야기되었다.

수위가 조금만 상승해도 많은 지역이 물에 잠기는 저지대 연안에 —빙하기가 끝났을 때의 페르시아 만이나 오늘날 방글라데시의 갠지스 강 삼각주 같은 곳처럼—살고 있는 게 아니라면 우리는 대부분의 시간 동안 해수면 상승을 의식하지 못한다. 심지어 나일 강이나 메콩 강 삼각 주처럼 침수 위협을 받고 있는 인구 밀집 지역에서조차도 10년간 변화를 감지하기는 거의 힘들다. 육지를 공격해오는 바다는 카트리나나 보다 최근의 샌디 같은 허리케인이 세찬 폭풍과 폭우, 눈앞의 모든 것을 뿌리째 뽑아버리는 무시무시한 해일과 함께 해안을 강타할 때만 우리의 의식에 침투한다. 그러한 해일은 언제나 해안 저지대를 강타해왔지만 취약한 해안 지방이 수십만, 심지어 수백만 명의 사람들로 북적이게 된 것은 겨우 150년 정도밖에 되지 않은 일이다.

지난 1만 5,000년 동안의 시간은 빙하기 말 급속한 지구온난화와 함께 시작된 해수면의 급격한 변화를 목격해왔다. 빙하가 후퇴하기 시작했을 때의 해수면은 오늘날의 해수면보다 무려 122미터나 낮았다. 그 후 1만 1,000년에 걸쳐 바다는 간헐적으로, 때로는 급속히 높아져서, 이집트 최초의 파라오들이 나일 강 유역을 다스리기 9세기 전인 기원전 4000년 경에 이르자 현대의 해수면 높이에 근접했다. 하지만 이런 대략적인 설명으로는 빙상의 융해, 복잡한 지각운동 그리고 여전히 거의 파악되지 않는 무수한 국지적 조절 과정에 의해 촉발된 길고 복잡한 해수면의 상승 과정을 제대로 보여줄 수 없다. 어느 모로 보나 해수면의 이러한 급격한 변화는 그것을 경험한 인간들에게 거의 영향을 미치지 않았다. 한편으로는 지구에 인간이 매우 적었기 때문이고, 다른 한편으로는 그들이 새로운 해안선에 쉽게 적응할 수 있었기 때문이다. 이 1만 1,000년 동안의 세계 인구는 오늘날의 기준에서 볼 때 극소수였다. 1만 5,000년 전에는 500만 명 미만의 인간이 지구에 살았는데 대부분 구세계에 거주했다. 지구 인구는 6,000년 전에야 대략 700만 명에 이르렀다. 오늘날의 기준에서 볼 때 세계는 버려진 땅이나 다름없었다. 인구가 가장 조밀한 지역에서도 잠식해오는 흰 파도로부터 벗어나 이주할 공간은 많았다. 그러나 폭풍우로부터 해안을 보호해주는 늪지marshes와 습지대wetland는 바다에 맞선 자연 방벽으로서만이 아니라 크고 작은 사냥감과 새, 물고기, 연체동물, 식용식물의 풍요로운 서식지로서 여전히 절대적으로 중요했다.

전 세계의 해수면은 나일 강 삼각주 같은 저지대 지역에 종종 중요한 변화를 적잖이 야기한 몇몇 국지적 조정 과정을 제외하면 대략 6,000년 전에 안정되었다. 걷잡을 수 없이 상승하던 해수면 그래프의 곡선은 이집트, 메소포타미아, 남아시아에서 도시 문명이 발달하던 시기에 평탄해졌다. 로마가 서양 세계를 지배하고 중국 제국의 세력이 전성기에 이르렀던 몇 세기 동안에는 미미한 변화들만 일어났다. 1,000년 전 노르드인들은 지금과 별반 다르지 않은 북대서양을 탐험했다. 크리스토퍼 콜럼버스와 유럽의 대항해 시대의 뱃사람들은 파라오 시대로부터 별로 변한게 없는 대양을 항해했다. 그러나 이제는 또 다른 변수, 즉 기원전 4000년 이후에 급속히 증가한 세계 인구라는 변수가 작용하고 있었다. 예수가 활동하던 시대에 이르렀을 때 지구에는 적어도 2억 명의 인구가 살고 있었다. 이 숫자는 산업혁명이 진행 중이던 18세기 후반이 되자 대략 10억에 이르렀다. 이렇게 성장하던 인구의 가장 조밀한 집단은 도시에 살았는데, 그 도시들 가운데 다수가 강의 범람원이나 저지대 해안 평야에 있었다. 해상무역과 강에 기반한 교역이 급속히 팽창하면서 점점 더 많은 사람들이 입지가 좋은 해안 지역에 정착했고, 그곳은 중요한 항구가 되었다. 이제 바다로부터의 위협은 엄청나게 커졌다. 하지만 그것은 해수면의 상승 때문이 아니라 광포한 해일을 동반하는 허리케인이나 열대 사이클론 같은 심한 악천후 때문이었다. 또한 인구가 밀집된 연안 도시에 사람들이 정착하자 심해 지진으로 촉발되는 쓰나미는 훨씬 더 위협적인 존재가 되었다. 잠재적으로 상승하는 바다에 대한 인간의 취약성은 급격하게 커졌다. 해수면 상승이 재개된 이 시점에 인류의 수가 너무 많기 때문이다―현재 70억 명이며, 계속 증가하고 있다.

해수면이 상승한 새로운 시대는 산업혁명의 절정기인 1860년경으로 거슬러간다. 그 이후로 세계는 현저히 따뜻해졌고, 대양은 다시금 거침없이 상승하고 있다. 의심의 여지 없이 우리 인류는 최근 수십 년간 가속화된 온난화에 일조해왔다. 해수면의 변화는 누적적이고 점진적이다. 상승이 언제 끝날지는 아무도 모른다―그리고 그 상승이 우리 생전에 끝날 것 같지는 않다. 심지어 우리는 1860년의 세계와도 매우 다른 세계에 살고 있다. 당시에 비해 수천만 명이나 더 많은 사람들이 해수면보다 고작 몇 미터 위에 위치한 해안 도시나 경작지에 살고 있는 것이다. 해수면이 1미터 정도만 높아져도 수천 헥타르의 논과 주요 국제항들이 침수될 것이다―해일이나 쓰나미가 야기하는 참혹한 파괴는 감안하지 않는다 해도 말이다. 우리 인류의 엄청난 숫자 그 자체와 해상 운송 화물에 대한 높은 의존도는 해수면 상승에 따른 취약성을 증가시켰고, 결국 우리는 인류가 이전에 결코 씨름한 적 없는 홍수 통제 시설이나 해안 방어 시설, 이주 문제에 대해 고통스럽고도 극히 값비싼 결정을 내려야 하는 상황에 이르렀다.

이 책 『바다의 습격』은 인간과 인간의 생활 터전 바로 곁에 있는 바다 사이의 갈수록 복잡해지는 관계에 대해 이야기할 것이다. 그 복잡한 관계는 바다가 만들어낸 것이 아니다. 기온 변화와 심한 폭풍우에 대한 바다의 반응은 거의 변하지 않았다. 변한 것은 우리이며, 지구상의 인간의 숫자이다.

고대 기후에 관한 나의 전작들과 마찬가지로 『바다의 습격』은 다양한 서사와 여러 갈래의 이야기를 담고 있다. 1만 5,000년의 인류 역사와 여러 대륙, 매우 다양한 사회들—고대와 현대, 단순한 사회와 복잡한 사회를 모두 아울러—을 다루기 때문이다. 이 책에서는 더 앞선 시대의 사회들부터 후대의 사회들까지, 어느 정도 시간순에 따라 서술한 편이다. 그러한 구성은 빙하기가 끝나고 온난화가 시작된 이래 지난 1만 5,000년 동안 일어난 해수면 변화의 복잡한 역사를 탐구하는 데 당연한 방식이다. 일단 1장에서는 이야기를 풀어나가는 준비 과정으로 해수면이 어떻게 상승하는지 서술하고 쓰나미와 여타 기상이변이 야기하는 위험들에 대해 간략히 소개하려고 하며, 그 후 이야기를 세 부분으로 나눴다. '극적인 변화'에서는 1만 5,000년 전부터 기원전 4000년 사이에 이루어진 급격한 해수면 변화와 그 변화가 인간 사회들에 미친 충격을 다룰 것이다. 2~4장에서는 북유럽부터 흑해와 나일 강 유역, 메소포타미아로 독자들을 데려가, 빠르게 상승하는 해수면에 의해 극적으로 변모한 연안의 풍경을 보여줄 것이다. 2장은 수렵인과 자급자족적 농경인 모두에게 해당하는 늪지와 습지대의 중요성이라는 지속적인 테마를 제시한다. 이 경계 지대들은 흉년이 들거나 강력한 폭풍우가 저지대 해안선을 강타했을 때 일종의 식량 보험 같은 기능을 하기 때문이다. 3장에서는 유럽과 아시아 사이에 위치한 다르다넬스 해협의 해안선 상승으로 야기된 대규모 환경 변화를 탐구한다. 우리는 이집트의 곡창지대 가운데 하나인 나일 강 삼각주를 탄생시킨 나일 강의 '물고임ponding' 현상이 사실은 해수면 상승으로 야기된 것임을 알게 될 것이다. 4장에서는 페르시아 만과 초기 메소포타미아인 사이의 복잡한 관계와 더불어 협곡으로 길게 갈라진 사막이었던 페르시아 만이 수천 년 사이에 아라비아 해의 만灣으로 탈바꿈함으로써 인류에게 초래한 중대한 결과를 살펴본다. 그 후 우리는 다시금 습지대로, 마르두크 신이 "수면 위에 갈대 한 줄기를 놓고" 최초의 문명 가운데 하나를 탄생시킨 티그리스 강과 유프라테스 강 사이의 습지대로 돌아갈 것이다.

'극적인 변화'에서는 확고하게 과거에 머물지만 5장부터 10장으로 이루어진 '파국적인 힘'에서는 역사의 템포와 성격이 변한다. 오늘날에 훨씬 더 가까워진 시대, 인간의 취약성 그리고 현재 사회들과 대체로 직접적인 관련이 있는 사회들에 관한 이야기를 다룬다. 여기서 대부분의 장들은 과거에서 현재로 매끄럽게 이동하는데, 고대 해수면과의 관계 형성 과정들이 오늘날에도 동일하게 작동하기 때문이다. 예를 들어 초기 메소포타미아의 수많은 항구들은 자연 침하와 하상 토사, 그리고 심한 폭풍우에 시달렸다. 동일한 문제가 중세 베네치아를 괴롭혔고, 오늘날에도 여전히 베네치아의 미래를 위협하고 있다—과거로부터 현재로 옮겨가는 것은 그래서이다. 동일한 논의는 중국과 일본의 해수면 변화를 묘사하는 9장과 10장에도 적용된다. 이 모든 장들에서 강조하는 것은 참사를 야기하는 주요 자연재해들, 특히 해일과 쓰나미이며, 쓰나미는 10장의 중심 주제이기도 하다. 북유럽과 남아시아의 해수면 상승에 맞선 현대의 노력은 '침수와의 대결'에서 다루었다.

마지막으로 '침수와의 대결'은 에필로그를 포함해 다섯 개 장으로 이루어져 있는데, 여기서는 오늘날 우리가 직면한 엄청난 과제들을 설명할 것이다. 나는 지리적 서술 방식을 택할 것인데, 대체로 각 지역에는 저마다의 독특한 쟁점이 있기 때문이다. 11장에서는 달리 갈 곳이 없는 1억 6,800만 명의 사람들이 해수면 높이와 가까운 곳에서 살아가는 방글라데시가 처한 위협적인 곤경들에 대해 묘사할 것이다. 여기서 '환경난민'이라는 오래된 문제가, 각국 정부의 주요 의제가 되어야 함에도 아직 의제로 자리 잡지 못한 전 지구적인 문제가 고개를 쳐든다. 12장 「섬들의 딜레마」에서는 환경난민의 쟁점만이 아니라 마을 전체와 군소 도서국가들을 이전시키는 일의 어려움을 제기한다. 13장 「세계에서 가장 구불구불한 강」은 미시시피 강의 역사와 그곳에 살았던 부족들, 삼각주 해안과 상류와 하류 양쪽에서 위협받고 있는 현대 도시들로 우리를 데려간다. 이 장은 초강력 폭풍과 예측하기 힘든 강의 범람, 그리고 해수면 상승에 맞선 해안 방어 시설에 대한 이야기다. 저지대 지방, 다시 말해 공격해오는 바다에 필사적으로 저항하는 인간 투지의 궁극의 표현인 방벽으로 둘러싸인 그 땅은 방글라데시와 동일한 딜레마에 직면해 있다. 에필로그에서는 수백만 명이 현재 해수면보다 불과 몇 미터 위에 자리한 주택에서 살고 있는 미국의 상황을 통해 미래와 해수면 상승에 대해 살펴보려고 한다. 2012년 뉴저지 연안과 뉴욕의 상당 부분을 초토화한 허리케인 샌디는 수만 명을 집 잃은 이재민으로 만들 수 있는 기상이변과 광포한 해일이 앞으로 더 자주 나타날 것이고, 우리가 그 문제에 얼마나 취약한지 정신이 번쩍 들게 해주는 계기가 되었다.

모든 독자는 1장에서 시작해야 하지만 1장 이후로는 마음대로 읽어도 좋다. 각 섹션마다 간략한 개요를 제시하여 독자들이 각자 길을 찾아나갈 수 있도록 했다. 독자들은 한 장씩 차례대로, 책의 서술 흐름을 따라 이 지역 저 지역을 왔다 갔다 하며 읽을 수 있다. 이런 독서 방식이 혼란스럽다면, 특히 한 장에서 다음 장으로 넘어갈 때 연대기적 서술이 뒤로 되돌아가는 것 때문에 혼란스럽다면, 장들을 건너뛰면서 지역별로 탐험하는 것도 괜찮다. 10~11쪽의 '대안적 차례'는 후자의 독서 방식을 선택한 독자들에게 길잡이가 될 것이다. 이는 특정 지역 내에서 과거로부터 현재로 이동하는 데 특히 효과적인 방식이다. 마지막으로 13장을 읽는다면 여러분이 흥미가 있는 지역에 초점을 맞춘 서술과 더불어 이 책의 중심 메시지에 대한 전반적인 이해를 얻으면서 책을 덮을 수 있을 것이다. 이런 접근법을 선택한다면 광범위한 해석이 가능해질 것이다. 그리고 후주의 참고 문헌들을 이용해 각 장의 논의를 더 깊이 파고들 수 있다.

지은이 일러두기

지명은 가장 흔하게 통용되는 방식을 따라 표기했다. 고고학적, 역사적인 유적지는 내가 이 책을 쓰는 데 이용한 출전들에 가장 흔하게 등장하는 방식대로 제시했다. 잘 알려지지 않은 일부 지명들은 명료성을 고려해 지도에 표기하지 않았다. 관심이 있는 독자들은 전문적인 문헌을 참고하라.

후주는 대체로 광범위한 참고 문헌으로, 출전을 강조하여 원하는 독자들은 더 전문적인 문헌에 접근할 수 있게 했다.

이 책은 공동연대이전^{B. C. E.}*과 공동연대^{C. E.}**의 관례를 따랐다. 국제적인 협의에 따라 "현재"는 서기 1950년이다. 1만 2,000년 이전 연대는 통상적인 관례에 따라 지금으로부터 "~년 전"으로 표기했다.

상당한 토론 끝에 우리(편집자들과 나)는 서술을 단순화하기 위해 미터 표기를 사용하기로 했다. 대부분의 과학 분야는 이제 미터법을 따르기 때문이다. 미터법이 헷갈리는 독자들은 1마일은 1.6킬로미터, 1피트는 0.3미터, 1인치는 2.54센티미터라는 것을 참고하라. 나는 이 세상을 미터법에 따라 생각하기를 거부하는 사람들로부터 조만간 한소리를 들을 것이다. 그러나 제아무리 난해해도 요즘은 어떤 단위든 계산기나 컴퓨터로 몇 초 만에 변환할 수 있다.

해도와 항해 지침에서 흔히 쓰이는 1노트(1해리)는 1.85킬로미터이다. 여기서는 배의 속력과 해류와 조류의 속도를 나타낼 때 일반적인 해상 관례를 따라 해리를 이용했다.

모든 방사성탄소연대는 지속적으로 개정되는 검량곡선의 최신 내용에 맞춰 조정되었다. 검량곡선은 www.calpal.de.에서 볼 수 있다. 일반적인 해상 관습에 따라 풍향은 바람이 불어오는 방향으로 기술했다. 예를 들어 서풍은 서쪽에서 불어오는 바람이고, 북동무역풍은 북동쪽에서 불어오는 바람이다. 그러나 해류와 조류는 흘러가는 방향으로 묘사된다. 따라서 북풍과 북향 조류는 서로 반대 방향으로 이동한다.

---

* Before Common Era. 본문에서는 국내 관행에 따라 '기원전'으로 표기했다.
** Common Era. 본문에서는 국내 관행에 따라 '서기'로 표기했다. 다만 오독의 위험이 없다고 판단되는 경우에는 '서기'를 빼고 연도만 표기했다.

1

상승하는 바다
[122미터 아래로부터 상승]

2012년 10월 28일, 대서양 허리케인 가운데 가장 큰 허리케인으로 기록된 샌디가 뉴저지 주 연안에 상륙했다. 샌디의 강습과 해일로 바닷물이 인근 지역과 가옥을 휩쓸었고, 주차장과 터널이 침수되고 공원들은 호수로 변했다. 모든 상황이 끝나고 물이 빠졌을 때 미국 북동부 연안 일대는 황폐한 달 같았다. 샌디보다 큰 피해를 입힌 허리케인은 2005년 뉴올리언스를 휩쓸고 간 카트리나뿐이었다. 거대한 해일을 불러온 카트리나는 저지대 연안에 사는 사람들에게 큰 경종을 울렸지만 재난은 곧 대중의 의식에서 사라져갔다. 7년 뒤 샌디는 인구가 밀집한 미국 북동부 회랑 지대의 심장부를 강타하며 수백만 명의 삶에 엄청난 충격을 안겼다. 해수면과 비슷한 높이의 해안 지대에 수천만 명이 살고 있는 세계에서 샌디는 파괴하고 살상하며 공격해오는 바다의 위력을 기념비적으로 과시했다. 이번에는 사람들도 진짜 정신을 차렸고, 앞으로 더 따뜻해질 미래에 이런 유형의 기상이변이 더 자주 일어날 가능성이 크다는 현실을 인식했다. 이 책이 강조하려는 대로 해수면 상승과 그것이 인류에 제기하는 위험에 대한 진지한 논의가 마침내 시작된 것일지도 모른다. 물론 그렇지 않을 수도 있다.

샌디는 10월 22일 자메이카 킹스턴 남쪽의 열대성 저기압에서 발달했다. 이틀 뒤 허리케인은 자메이카 상공을 통과한 뒤 쿠바와 아이티를 지나면서 71명의 사망자를 낳은 다음 바하마를 가로질렀다. 10월 28일 샌디는 다시금 세력이 강해졌고, 결국 시속 150킬로미터의 강풍을 동반하며 뉴저지 주 애틀랜틱시티 남서부 8킬로미터 지점에 상륙했다. 그때쯤 샌디는 매우 이례적인 대형 허리케인일 뿐만 아니라 하이브리드 폭풍이 되어 있었다. 북쪽에서 생성된 강한 북극기류가, 보통 때라면 탁 트인 대서양으로 방향을 틀어 그곳에서 점차 소멸했을 샌디를 왼쪽으로 급선회해 인구가 집중된 북동부 지역으로 향하게 만들었다. 북극기류와 샌디의 결합은 직경 1,850킬로미터에 이르는 초강력 폭풍을 낳았는데, 연안지대와 뉴욕에 지금보다 훨씬 적은 수의 사람들이 살았던 1888년 이래로 가장 큰 규모라고 보고되었다. 불행히도 폭풍은 하필 천문학상으로 최고조에 달하는 보름에 상륙했다. 샌디는 1등급 허리케인에 불과했지만 대규모 자연재해를 초래했는데, 그것은 수천 채의 주택과 여타 부동산이 해수면에서 고작 몇 미터 높이에 자리한 인구 밀집 연안에 샌디가 상륙한 데서 부분적인 원인을 찾을 수 있다. 그렇다면 최고 등급인 5등급 폭풍이 낳았을 피해를 상상해보라. 미래에 일어날 수도 있는 일이다.

파괴의 규모는 믿기 힘들 정도였다. 샌디는 유럽보다 큰 미국 동부 지역에 집중호우와 폭설, 엄청난 강풍을 몰고 왔다. 샌디의 영향권에 들었던 주들에서는 100명이 넘게 사망했고, 그 가운데 40명은 뉴욕 시민이었다. 15개 주와 컬럼비아특별구(워싱턴 D.C.)의 거주자 가운데 480만 명이 폭풍으로 인해 며칠 동안 전기 공급을 받지 못했다. 뉴욕에서만 정전으로 피해를 입은 주민 수가 1,514,147명이었다. 가장 무시무시한 피해는 4.26미터에 이르는 기록적인 강력한 해일이 10월 29일 저녁 뉴욕 항을 덮쳤을 때 발생했다. 밀려들어오는 바닷물로 로어맨해튼(남부 맨해튼)과 스태튼 섬 등의 거리와 터널, 지하철이 침수되었다. 전기 폭발과 고장 난 전력 배선으로 인한 화재는 가옥과 사업체를 파괴하고, 퀸즈의 브리지포인트 지역에서만 100채가 넘는 주택이 파손되었다. 심지어 그라운드제로 공사 현장마저 물에 잠겼다. 다행스럽게도 관계 당국은 사전 경고를 받은 상태였다. 폭풍이 몰려오기 전에 모든 대중교통의 운행이 중단되었고, 페리 선도 운항이 중단되었으며, 공항도 안전한 비행이 가능해지기 전까지 폐쇄되었다. 뉴욕 시로 통하는 모든 대형 다리와 터널도 폐쇄되었다. 뉴욕증권거래소는 이틀간 폐장했다. 휘발유 부족으로 사람들이 길게 줄을 선 가운데 초반의 피해 복구 과정은 느리게 진행되었다. 도시 고속 수송 시스템은 서서히 가동되었지만, 로어맨해튼에서는 폭풍 해일로 인한 피해로 몇몇 주요 연결 수단의 개통이 며칠 동안 지연되었다.

북동부를 상징하는 휴가지인 저지쇼어는 가장 심각한 피해를 입었다. 거의 150년 동안 사람들은 해변에 드러눕기 위해 덥고 북적이는 도시를 벗어나 저지쇼어로 몰려들었다. 몇 대째 찾아오는 가족도 흔했다. 그들은 아이스크림과 피자를 먹고, 한때 그들의 조부모들이 이용하던 아치형 상점가에서 놀고, 바에서 음료를 마시고, 교회에 갔다. 저지쇼어는 인종 갈등이 만연하고, 때로는 폭력과 범죄로 얼룩지는 지저분한 곳이기도 하지만, 그곳을 찾는 누구에게나 차별 없이 혜택을 나눠주는 곳이었다. 부유한 대저택 거주자든 미스아메리카대회 참가자든, TV 리얼리티쇼 배우든, 알몸 수영객이든 악사든 상관없이 말이다. 브루스 스프링스틴은 저지쇼어를 어슬렁거리며 성장했고, 그의 두 번째 앨범의 수록곡인

⟨4th of July, Asbury Park (Sandy)⟩는 샌디라는 이름의 소녀와 저지쇼어에 바치는 찬가다. 스프링스틴은 "샌디, 오로라가 우리 뒤로 떠오르고 있어. 부두는 우리의 카니발 인생을 영원히 비추네"라고 노래했다. 이 가사는 허리케인이 왔다 간 후 새로운 의미를 띠게 되었다.

다행히 주민들은 폭풍이 다가오고 있다는 사전 예고를 받았다. 10월 26일부터 이미 집을 떠나 대피하는 것이 좋다는 권고를 받았는데, 이틀 뒤 이 권고는 강제 대피령으로 바뀌었다. 뉴저지 주 주지사 크리스 크리스티도 애틀랜틱시티의 도박장 폐쇄를 명령했는데, 이 명령은 샌디가 해안을 사정없이 휩쓸고 지나가면서 오래된 상점가와 보드워크*, 가옥 등을 가루로 만들어버리자 현명한 결정이었다는 것이 드러났다. 애틀랜틱시티는 방문객들이 호텔에 모래를 묻혀오는 것을 막고자 1870년에 처음 보드워크를 깔면서 하나의 유행을 만들어냈다. 오늘날 보드워크 놀이동산은 큰 사업으로, 그중 다수는 바닷가에서 0.8킬로미터 정도 떨어진 산책로에 면해 있다. 저지쇼어의 상징과도 같은 보드워크 중 상당수는 이제 역사가 되었다. 파도와 폭풍해일은 시사이드 하이츠의 롤러코스터도 파괴했다. 롤러코스터는 하얀 파도 속에 반쯤 잠겨버렸다. 가스 누출과 여타 손상으로 인해 시사이드 하이츠의 출입 자체가 금지되었다. 부두와 회전목마도 사라졌다. 바와 레스토랑은 돌무더기가 되었다. 보초**로 이어지는 다리들도 휘어져 섬 주민들은 집으로 돌아갈 수도 없었다. 저지쇼어는 아마도 재건되겠지만 결코 예전 같지는 않을 것이다. 오랫동안 이어져온 전통이 단절되었고, 어쩌면 두 번 다시 되살리지 못할 수도 있다. 저지쇼어는 다시 재건될 것이라는 그 모든 열렬한 다짐에도 불구하

---

* 해변이나 물가에 판자를 깔아 만든 산책길.
** 방파제 구실을 하는 섬. 12장 참조.

바다의 습격

고 인간이 아닌 바다가 주인인 그곳에 해안선을 따라 무엇이 되돌아올지는 아무도 모른다.

파괴의 바닷물이 빠져나가자, 500억 달러의 피해액과 인구가 밀집한 미국 동부 해안에 거주하는 수백만 명이 직면한 위험을 상기하는 흔적이 남았다. 2005년의 카트리나와 2011년의 아이린처럼 샌디는 우리에게 해일을 동반한 잦은 기상이변이 동해안을 따라 들어선 지역사회들—로드아일랜드 주와 델라웨어 주부터 체서피크와 워싱턴 D.C. 일부, 샌디의 맹렬한 정면공격을 피한 저 멀리의 캐롤라이나 주 남쪽 연안과 플로리다 안쪽까지—을 위협한다는 사실을 아주 분명하게 가르쳐주었다. 플로리다에서는 강풍과 높은 파도만으로도 연안 도로가 모래에 뒤덮이고 해안홍수도 약간 발생했는데, 이것은 만약 대규모 허리케인이 플로리다 중부나 남부에 상륙한다면 어떤 일이 생길지 명확히 보여주는 경고였다. 그리고 문제는 그러한 일이 과연 **벌어질 것인가**가 아니다. 그것이 **언제** 벌어질 것인가이다.

120미터와 상승. 120미터는 1만 5,000년 전 빙하기가 끝난 뒤 상승한 해수면의 높이를 가리킨다. 점점 따뜻해지는 이 세계에서 해수면 상승은 천천히, 하지만 사정없이 계속된다. 오늘날 대양은 수백만 명의 집 바로 문 앞에서 철썩인다—문밖에 도사리고 있는 대양은 언제든 폭풍이 불러오는 해일과 홍수로 엄청난 대참사를 부를 수 있다. 우리는 아직 대처할 준비가 되어 있지 않은 미래에 직면해 있으며, 우리 대다수가 그에 대해 얼마나 신경 쓰고 있는지는 의심스럽다. 따라서 카트리나와 아이린, 샌디 그리고 최근의 여러 폭풍의 교훈에 주의를 기울이는 것이 중요하다. 위협에 대한 우리의 이해는 부분적으로 인류와 해수면 상승의 복잡한 관계로부터 시작되어야 하며, 이 책이 1만 5,000년 전의 시베리아와 알래스카를 잇는 낮은 육교^{land bride}로 시작하는 이유이기도 하다.

1만 5,000년 전 시베리아와 알래스카 사이, 늦여름. 인정사정없는 북풍이 대기를 가는 먼지로 가득 채우며 담청색 하늘을 가린다. 단조로운 풍경을 가로지르는 얕은 강의 계곡 군데군데 눈이 쌓여 있다. 소수의 무리가 등 뒤로 바람을 맞으며 계곡을 따라 물가를 터벅터벅 걷고 있다. 그들의 눈길은 식육 동물을 찾아 쉴 새 없이 움직인다. 물결을 미친 듯이 휘젓는 돌풍에 하얀 포말이 일고 있는 얕은 만에서 바다가 으르렁거리는 소리가 들려온다. 며칠 전에 여자들이 버들가지 올가미로 북극 뇌조를 잡았지만 그들의 허리춤에 매달린 얼마 남지 않은 새들은 다음 끼니를 겨우 때울까 말까. 먼지투성이 아지랑이 사이로 어두운 그림자가 어렴풋이 보인다—강가의 진창에서 빠져나오려고 몸부림치는 어린 매머드다.

　남자들은 넓게 흩어진다. 그러고는 바람을 등진 채 놈을 어떻게 죽일 것인지 살펴보며 접근한다. 어린 짐승은 진창에서 며칠을 보낸 뒤라 급속히 기운을 잃어가고 있다. 당장 죽이려고 해봐야 득 될 게 없기에 무리는 매머드한테서 조금 떨어진 곳에서 야영을 하며 포식자들이 가까이 다가오지 못하도록 커다란 불을 피운다. 살을 엘 듯 추운 잿빛 새벽이 밝아오면서 배까지 수렁에 빠져 간신히 숨만 붙어 있는 무력한 매머드를 비춘다. 한 젊은이가 짐승의 털투성이 등에 뛰어올라 날카로운 돌촉이 달린 창을 매머드의 어깨뼈 사이에 꽂고 심장 쪽으로 깊숙이 찔러넣는다. 그러고는 옆으로 뛰어내려 진창 위에 착지한다. 사냥꾼들은 매머드의 고통스러운 최후를 지켜보며 무력하게 죽어가는 먹잇감에 더 많은 창을 꽂아넣는다. 곧 모두가 옆구리의 가죽을 벗기고 살을 발라내기 위해 달려든다. 조금 떨어진 곳에서는 늑대들이 어슬렁거리며 인간들이 떠나면 달려들 기회를 엿보고 있다.

야영지로 돌아온 남자들은 새 매머드 뼈로 낮은 시렁을 만든 뒤 길게 잘라낸 살점을 널어 그칠 줄 모르는 바람에 말리고, 그사이 여자들과 아이들은 불에 고기를 굽는다. 먼지로 자욱한 어둠은 걷히지 않고, 바람이 불고, 대양의 굉음은 결코 그들의 의식에서 떠나지 않는다. 바다는 그들에게 결코 위협이 되지 않는다. 그들의 삶은 육지를 중심으로 돌아가며, 또 잠식해오는 물결을 쉽게 피할 수 있기 때문이다. 늘 해오던 대로, 즉 끝없이 이동하는 것이다.

위에서 상상한 매머드 사냥은 세상이 오랜 혹한기에서 빠져나오고 있을 때의 일이다. 장기간 지속된 빙하기의 혹한은 그보다 7,000년 전경에 정점을 찍었는데, 75만 년 이상의 빙기와 그보다는 짧은 간빙기가 반복되는 가장 최근의 빙하기는 250만 년 전 시작된 것으로 지구 공전 궤도의 변화로 인해 촉발되었다.[1] 2만 1,000년 전, 해수면은 오늘날의 해수면보다 정확히 122미터가 낮았다. 급속한 해빙이 시작되고 빙하가 녹은 물이 지구 북쪽의 바다로 흘러들어가면서 해수면은 가파르게 상승하기 시작했다. 곧 사람들은 시베리아에서 알래스카로 건너가기 위해 가죽신을 필요로 했을 것이고, 매머드 사냥꾼들의 도살장도 더는 존재하지 않게 되었을 것이다.

바다가 122미터 상승하기까지는 기나긴 여정이 있었지만 어쨌든 실제로 바다는 그 높이만큼 상승했고, 상승 과정 가운데 대부분은 지질학적 기준에서 볼 때 숨 가쁠 만큼 급속도로 1만 5,000년 전부터 기원전 6000년 사이에 이루어졌다. 해수면 상승의 대부분은 빙하에서 녹은 엄청난 양의 민물을 남극 주변과 북반구 바다로 흘려보낸 강력한 융수 펄스(파동)에서 기인했다. 물론 그러한 극적인 상승으로 인해 얼음으로 뒤덮인 세상이 변모한 것이 이번이 처음은 아니었지만 1만 5,000년 전의 경우에는 그 이전과 중요한 차이점이 있었다. 처음으로 상당수의 인간이, 어쩌면 수십만 명에 달하는 인간이 바다 가까이서 살았던 것이다.

일부는 먼바다로 나갔다. 심지어 후빙하기가 절정에 달했던 5만 년 전에도 이미 소수의 동남아시아인들은 과감히 오늘날의 오스트레일리아와 뉴기니에 해당하는 탁 트인 열대 바다로 나아갔다. 2만 년도 더 전에 사람들은 남서 태평양 비스마르크 제도의 섬들에서 살고 있었다.[2] 이러한 항해는 녹아내리는 빙하와 상승하는 해수면이 호모사피엔스의 빙하기 세계를 바꿔놓기 오래전에 이루어졌다.

우리는 급속히 따뜻해지는 세계, 인간 활동이 장기적인 기후변화에 중요한 역할을 하며, 석탄 같은 화석연료가 널리 쓰이기 시작한 산업혁명 이후 실제로 중요한 역할을 담당해온 세계에 살고 있다. 그러니 우리가 2만 1,000년 전 세상이 지금과 얼마나 달랐는지 상상하기란 어려운 일이다. 당시 세계의 대부분은 두꺼운 얼음 아래 있었다. 광대한 두 빙상이 대서양부터 태평양까지, 사실상 북아메리카를 모두 뒤덮고 있었다. 로키 산맥과 미국의 서부 해안 일대를 중심으로 한 코르디예라 빙상은 250만 제곱킬로미터를 뒤덮었다. 광대한 로렌타이드 빙상은 서쪽에서 코르디예라 빙상과 만났고, 오늘날의 캐나다에 해당하는 1,300만 제곱킬로미터를 뒤덮었다. 로렌타이드 빙상은 허드슨 만 위로 두께가 거의 3,353미터에 달했다. 이 빙상의 남단은 5대호를 뒤덮었고 오늘날의 미국 안쪽까지 깊숙이 침투했다. 그린란드 빙상은 오늘날보다 면적이 30퍼센트 컸다. 그보다 작은 다른 빙상이 그린란드 빙상을 로렌타이드 빙상의 북쪽 끝자락과 연결하고 있었다.

북유럽에서는 스칸디나비아 빙상이 노르웨이부터 우랄 산맥까지 660만 제곱킬로미터의 면적을 뒤덮었는데, 어쩌면 스피츠베르겐 제도까

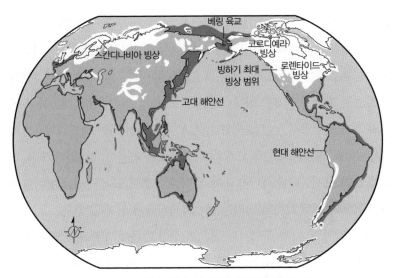

후빙하기 동안 빙하의 대략적 범위와 낮은 해안선을 보여주는 지도.

지 뻗어 있었을지도 모르며, 북독일 평원의 상당 부분까지 뒤덮었다. 더 작은 빙상이 대략 34만 제곱킬로미터의 면적을 아우르며 브리튼 제도에 이르는 중간 지점까지 미쳤다. 빙하는 남부 알프스에서 해수면에 가까운 높이까지 하강했다. 시베리아와 동북아시아의 빙하는 영국 지역의 빙하 보다 적어도 열 배는 컸다. 넓은 빙하가 히말라야 산맥을 덮고 있었다.

남극 빙하는 지금보다 약 10퍼센트 정도 컸다. 계절에 따라 차이를 보이는 해빙海氷은 남극대륙에서부터 800킬로미터까지 뻗어나가기도 했다. 남아메리카의 안데스 산맥과 오스트레일리아 남부, 뉴질랜드에도 대형 빙하가 있었다. 2만 1,000년 전에는 현재의 2.5배에 달하는 빙하가 육지를 뒤덮고 있었다. 그 가운데 35퍼센트는 북아메리카에, 32퍼센트는 남극에, 5퍼센트는 그린란드에 있었다. 오늘날 세계 대륙 빙하의 86 퍼센트는 남극에, 11.5퍼센트는 그린란드에 있다.

아주 많은 물이 대양에서 빨려나와 빙하에 갇혀 있었기 때문에 지구의 해수면은 지금보다 122미터 낮았다. 이 훨씬 낮은 해수면은 대륙들 전체의 형태를 변화시켰다. 아마도 역사적으로 가장 중요한 것은 시베리아와 알래스카를 이은 낮은 베링 육교였을 것이다. 혹독하게 추운 이 자연 도로는 최초의 인류를 아메리카로 인도했다. 마른땅이 알래스카 동남부와 북서 태평양의 섬들을 이었다. 훨씬 남쪽에 자리한 샌프란시스코의 골든게이트 해협은 조석^{潮汐}으로 급류가 흐르는 좁은 협곡이었다. 대륙붕들은 캘리포니아 남부 해안에서 꽤 멀리까지 뻗어 있어서 인근 앞바다의 채널 제도와 본토 사이의 거리는 11킬로미터밖에 되지 않았다.

태평양의 또 다른 쪽에서는 낮은 해수면 때문에 일본 열도와 북쪽의 사할린 섬이 연결되어 있었고, 두 섬은 중국과 한국의 본토와 훨씬 가까웠다. 중국에서는 북쪽의 황허 강과 남쪽의 양쯔 강 같은 주요 강들이 드넓은 평원이 아니라 깊이 갈라진 좁은 계곡을 흘렀다. 완만하게 굽이치는 평원들은 멀리 동남아시아까지 뻗어 있었다. 몇몇 짧은 해역들만이 대륙을 오스트레일리아 그리고 뉴기니와 갈라놓고 있었다. 오스트레일리아와 뉴기니는, 지금은 얕은 아라푸라 해 아래에 잠겨 있지만 당시에는 물 위로 드러나 있던 땅으로 연결된 단일한 땅덩이를 이루고 있었다.

인도양의 모습도 오늘날과 무척 달랐다. 방글라데시는 오늘날 해수면보다 훨씬 높은 데 있었는데, 아주 빠르게 바다로 흘러들던 갠지스 강과 다른 강들로 깊이 파였다. 길이가 29킬로미터인 스리랑카의 라마스브리지는 지금은 석회석 사주^{砂洲}지만 한때는 인도와 연결된 육지였다. 페르시아 만도 육지였고, 만 안쪽의 고원과 평원에서 바다로 물을 흘려보내는 좁은 협곡으로 갈라진 극히 건조한 풍경이었다.

만약 누군가가 1만 8,000년 전에 위성에서 유럽과 지중해를 내려다보았다면 생소한 풍경을 관찰했을 것이다. 대륙붕은 비스케이 만까지 멀리 뻗어 있었다. 현재의 라인 강과 센 강, 템스 강의 물을 실어 날랐던 거대한 강어귀를 건너게 해줄 카누만 있었다면 영국에서 프랑스까지 걸어 갈 수도 있었다. 북해 남부는 얕은 호수와 늪지로 이루어진 육지였다. 지중해는 훨씬 작았고, 지브롤터 해협에 있는 지중해의 좁은 입구는 빠르게 흐르는 물살에 깎여나갔다. 에게 해 북부는 오늘날의 흑해를 대양으로부터 고립시키는 높은 장벽에 막혔다. 북쪽에서 흘러온 민물과 빙하가 녹은 물로 형성된 에욱시네 호수는 자연 제방 뒤에 자리 잡고 있었다. 지중해의 다른 편에는 건조한 나일 강 삼각주와 사구가 오늘날의 너른 바다까지 뻗어 있었다.

템스 강과 라인 강 같은 큰 강은 어디나 오늘날과 무척 다르게 하류 river course와 하구가 훨씬 낮았다. 나일 강은 구불구불한 좁은 협곡을 따라 흘렀으며, 매년 범람하는 강물은 아스완 댐이 건설되기 전까지 넓은 범람원을 뒤덮었던 것과 달리 대부분의 구간에서 물길 주변으로 흘러넘치는 정도에 그쳤다. 아메리카 대륙에는 세인트로렌스 강이 존재하지 않았다. 그 강은 로렌타이드 빙상 아래에 있었다. 미시시피 강과 아마존 강은 현재보다 경사가 훨씬 가팔랐고, 해수면이 상승하면서 발달한 습지대나 웅덩이는 거의 존재하지 않았다.

빠르고 자연적인 지구온난화는 채 1만 년이 안 되는 사이에 후빙하기 세계를 실질적으로 완전히 다른 장소로 탈바꿈시켰다. 이 짧은 기간 동안 세계의 해수면은 122미터 상승했다.

유스타시Eustacy*와 아이소스타시Isostacy**. 해수면의 변화를 묘사하는 용어들은 혀에 잘 감기지만, 아직 부분적으로만 파악된 매우 복잡한 지질

---

* 육지 빙하량. 즉 해수량의 절대적 변동에 따른 범지구적인 해수면의 높이 변화.
** 지각 평형. 지표는 요철을 이루어 표면 중력이 지역에 따라 다르지만 지구 내부의 깊은 곳에서는 지표면의 기복과 관계없이 압력이 일정하여 지각의 평형이 유지된다는 학설.

학적 과정을 제대로 보여주지 않는다. 전 세계의 해수면 상승과 하강을 야기하는 것은 무엇인가? 아이소스태틱(지각 평형적) 변화는 지각층 가운데 가장 상층에 위치한 암석권에서 국지적 융기와 침강으로 야기된다. 지표 한참 아래의 지진 활동과 지각판tectonic plate의 이동 같은 것은 해수면의 변화에 중요한 요인들이다. 삼각주의 침하, 빙하에서의 변화, 심지어 퇴적물의 압밀 작용 등 지각판에 무게를 더하거나 빼는 것은 무엇이든 상하이 같은 곳에서 흔히 볼 수 있는 지각 평형적 해수면 상승을 야기할 수 있다.[3]

유스태틱 변화, 즉 해수면 변화에 따른 범지구적 해수면 상승은 완전히 다른 작용으로, 물 높이의 변화로 표현되는 바닷물 증가분의 척도이다. 열을 가하면 물이 팽창한다는 사실은 모두가 알고 있다. 지구의 대기가 따뜻해질 때 대양은 증가한 열의 상당 부분을 흡수하고 지구의 물은 불어난다. 열팽창은 산업혁명이 화석 연료를 마구 소비하면서 대기에 더 많은 탄소와 어타 오염 물질을 배출한 1860년대 이래, 다시 말해 인간에 의한 지구온난화가 시작된 이래로 지구 해수면 상승의 주요 원인이다. 현재 범지구적인 해수면 상승은 지난 1세기간의 평균에 근거해 계산할 때 1년에 2밀리미터쯤 증가하는 추세이다. 하지만 지난 15년간은 연평균 3밀리미터 정도씩 상승했는데, 이는 분명히 지구온난화에 따른 직접적이고 가속적인 반응이라고 할 수 있다.

최근 몇 년 사이 우리는 위성 기술 덕분에 전 세계의 빙하에 대해 많은 것을 알게 되었다. 우리는 지금까지 고된 현장 조사를 통해서만 가능했던 빙하의 융기, 빙하의 증가량과 감소량 측정 같은 과제를 이제는 위성 기술로 우주에서 측정할 수 있게 되었다. 우리는 움직이는 빙하의 속도를 측정하고 빙하의 접지점(땅과 닿는 지점)을 알아낼 수도 있다. 이 모든 것은 우리에게 세계 빙하에 대한 더욱 완전한 그림을 제공한다. 새로

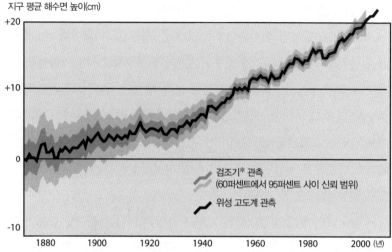

지구 평균 해수면 높이(cm)

검조기* 관측
(60퍼센트에서 95퍼센트 사이 신뢰 범위)

위성 고도계 관측

1870~2000년 검조기 측정 자료의 지구적 평균. 새로운 위성 고도계 자료는 1990년부터 추가되었다. 두 출처에서 나온 자료는 1990년 이후 더 빠른 해수면 상승을 보여주며, 매우 유사하다. 미 항공우주국NASA 제공.

운 그림들은 남극과 그린란드의 빙하가 연간 해수면 상승에 극히 일부만 기여해왔다는 사실을 보여준다―최근까지는. 그러나 이제는 빙하의 기여도가 과거의 두 배에 이르게 되었다. 모든 지표들이 그 속도가 빨라지고 있음을, 그것도 상당히 빨라지고 있음을 보여준다.[4]

빙하는 물과 만날 때 가장 빠르게 후퇴한다. 알래스카 주의 항만 도시인 주노 시 근처의 멘덴홀 빙하는 1760년 이후로 5킬로미터, 2000년 이후로 1킬로미터 후퇴했다. 글레이셔 만의 뮤어 빙하는 1941년 이후로 10킬로미터 후퇴했고, 프린스윌리엄 협만의 컬럼비아 빙하는 1981년 이후로 13킬로미터 후퇴했다. 이런 전반적인 후퇴 현상은 소빙하기(1350년 경~1850년)의 후퇴와 상당히 대조된다. 이 시기에 알래스카 산맥 빙하들

---

* 해수면의 오르내림, 조석 간만의 변화를 자동적으로 기록하는 기기로 부표식과 수압식의 두 가지 방식이 있다.

은 두꺼워졌을 뿐만 아니라 전진하기까지 했기 때문이다.

그린란드 빙하의 면적은 45억 5,000만 제곱킬로미터이다. 이 빙하가 완전히 녹는다면 지구의 해수면은 7미터 상승할 것이다. 다양한 첨단 기술로 측정하고 위성 데이터를 이용해 계산한 결과, 그린란드 빙하는 1996년에 대략 96세제곱킬로미터 손실되었는데, 2006년에는 거의 세 배에 달하는 290세제곱킬로미터가 손실된 것으로 추정된다. 이러한 가속화의 대부분은 최남단 빙하들에서 일어나고 있지만 융해는 점차 북쪽으로 이동하고 있다. 까마득한 과거에 그랬던 것처럼 그린란드 빙하 전체가 녹는다면 현재의 얼어붙은 대륙은 중앙의 바다를 둘러싼 군도가 될 것이다. 지각변동 작용으로 인해 얼음의 무게에서 벗어난 대륙이 융기할 때까지.

지구의 다른 쪽 끝에 있는 남극은 광막한 대륙으로 전체 면적의 98퍼센트가 얼음으로 뒤덮여 있다. 2000년경까지 남극의 얼음 양은 느리게 증가했다. 그러나 최근의 위성 측정 결과를 보면 이제 빙하가 줄어들고 있음을 알 수 있다. 동남극 빙상은 해수면 위에 있고 비교적 안정적이다. 이 빙상이 녹는다면 해수면의 높이는 50미터가량 상승할 것이다. 서남극 빙상의 상당 부분은 해저에 잠겨 있는데 해수면의 온도 변화가 빙상 토대의 안정성에 영향을 미친다. 이 토대가 붕괴되면 빙상의 상부가 떨어져나와 바다 쪽으로 이동할 수 있다. 마지막 빙하기가 끝날 때 일어났던 그러한 융해가 가까운 미래에 다시 일어날지도 모른다. 서남극 빙상 전체가 녹는다면 세계 해수면의 높이는 대략 5미터 상승할 것이다. 만약 그 빙상이 1,200년 이내에 사라진다면 대양은 1세기에 대략 30~50센티미터 상승할 것이다. 융해 기간이 500년이면 1세기에 1미터 정도 해수면이 상승할 것이다.

해수면의 변화를 예측하는 것은 지질학적인 포커 게임과 같다. 안타깝게도 빙상의 변화들이 단지 정상적인 변동 가운데 하나인 10년 주기 변화에 불과한지, 아니면 미래의 훨씬 더 급격한 변화를 예고하는 징후인지 딱 잘라 말하기는 거의 불가능하다. 많은 전문가들은 2100년까지 2미터 상승한다는 전제를 미래 계획의 기초로 삼아야 한다고 생각한다. 지구과학자 오린 필키와 롭 영은 "연안 관리와 계획 입안은 빙상의 해체가 계속되고 가속될 것이라는 가정하에 진행되어야 한다. 이것이 신중하고 조심스러운 접근"이라고 말한다.[5] 필키와 영은 흔히 과도한 공포 조장과 선정적인 헤드라인의 늪에 빠지고 마는 분야에서 침착하고 온건한 목소리를 내고 있다. 하지만 안타깝게도 임박한 기후학적 파국만이(허구일지라도) 뉴스 헤드라인을 장식한다.

그렇다면 우리는 빙하기가 끝난 이후에 일어난 해수면 상승에 관해 무엇을 알고 있는가? 매우 많은 국지적 요인들이 엮여 있기 때문에 지난 1만 5,000년 사이에 일어난 해수면 변화의 개략적인 그림을 제시하는 것 이상을 하기는 어렵다—심지어 그 개략적인 그림마저도 전문가들마다 의견이 엇갈린다. 이제부터는 여러 출처의 데이터에 바탕해 전반적인 뼈대를 제시할 텐데, 이것은 다음 장들에 기준을 제공할 것이다.[6]

대*해빙이 시작되었을 때 빙하는 지질학적인 기준에서 볼 때 가파르게 후퇴했다. 막대한 양의 융해수가 북반구 바다로 쏟아져 들어갔고, 그중 많은 양이 카리브 해 산호와 다른 자료들에 기록된 (흔히 "펄스"라고 하는) 해수면 상승의 극적인 가속화를 야기했다. 지구 역사에는 적어도 네 차례의 주요 펄스가 있었는데, 첫 번째 펄스는 대략 1만 9,000년 전 사건으로, 단 5세기 만에 해수면이 10~15미터 상승했다. 또 다른 주요 융해수 방출은 아무래도 북아메리카 빙상이 녹아서 일어난 듯하며 1만 4,600년 전에서 1만 3,600년 전 사이에 발생했다. 이때 해수면은 16~24

미터 상승했다. 이 대규모 해수면 상승은 1,300년간의 일시적 혹한이 들이닥치기 전, 기원전 1만 800년에서 기원전 9500년 사이 이른바 영거 드라이아스기期(지질학자들이 극지방의 꽃 이름을 따 만든 명칭)가 시작되기 전에 일어났다. 영거 드라이아스기에 해수면은 느리게 상승하다가 기원전 9500년에서 기원전 9000년 사이 또 다른 융해 펄스와 더불어 가파른 상승이 재개되었다. 기원전 6200년에서 기원전 5600년 사이 일어난 네 번째 융해 펄스는 1미터 안팎으로 추정되는 소규모 상승을 가져왔다.

기원전 4000년에서 기원전 3000년 사이가 되자 빙하가 녹아내린 데 따른 국지적 지각변동을 제외하고 지구의 해수면은 사실상 상승을 멈추었다. 빙하로 덮인 지역에서 멀리 떨어져 있던 많은 섬들과 해안 지방은 오늘날 발생하는 것보다 몇 미터나 높은 해수면 상승을 경험했다. 적도 해저 분지에 있던 물이 사라진 빙하 가까이에 있는 침강 지역으로 이동하면서 발생한 얼음의 분포대와 담수량에서의 변화에 지각이 국지적으로 반응했다. 그와 동시에, 증가한 융해수의 무게는 해안선을 육지 쪽으로 밀어올리고 그 일대의 해수면 높이를 낮춤으로써 대륙붕에 영향을 미쳤다. 하지만 이러한 변화에도 지구의 해수면 상승 속도는 서기 19세기 중반까지 매우 느리게 유지되었다.

이제 상황은 적잖게 바뀌었다. 해안 퇴적물, 검조기, 위성 데이터는 해수면이 19세기 후반에서 20세기 초반 이후로 다시금 상승하고 있다는 것을 보여준다. 토펙스-포세이돈 위성에 실린 고도계의 기록은 근년에 보였던 연간 2.8밀리미터 정도의 상승률보다 빠른 속도로 해수면이 상승하고 있음을 보여주며, 해수면 상승이 장기간 가속화될 것임을 시사한다.[7] 위성은 또한 그린란드 빙상과 남극 빙상이 대양으로 더 빠르게 얼음을 쏟아내고 있음을 알려준다. 그러나 섭씨 2도에서 5도까지 다양한 기온 상승 전망을 21세기에 대입해 산출해보면 사실상 완전한 융해에는 수백 년이 걸릴 것으로 예상된다. 서남극 빙상에서 얼음 배출이 가속화될 가능성이 있음을 감안하더라도 해수면 상승 속도가 빙하기 이후 대규모 융해수 펄스들이 야기한 해수면 상승 속도를 능가할 것 같지는 않다.

이러한 전망이 위안을 줄 수도 있다. 하지만 수천 년 전의 해수면 상승은 지구 인구가 오늘날에 비해 한 줌밖에 되지 않던 시기에 일어났다. 최근인 5,000년 전까지도 인구가 가장 밀집한 메소포타미아 우루크 같은 초기 도시들의 인구는 1,000명을 넘지 않았을 것이다. 그 밖의 곳에서 세계는 여전히 자그마한 농경 공동체와 보통은 지속적으로 이동하는 수렵 집단으로 구성되어 있었고, 인구밀도는 제곱마일당 몇 명 수준을 넘지 않았을 것이다. 세계는 혼잡과 거리가 멀었고, 따라서 급속히 상승하는 해수면에 적응하는 일은 야영지를 옮기거나 농경 정주지를 얻기 위해 새로운 땅을 개간하는 문제였고, 어쨌거나 그런 마을들은 몇 세대마다 재건되거나 이전하는 게 예사였다. 오늘날 수백만 명, 수십억 명의 도시인들이 해수면 높이 혹은 그와 비슷한 높이의 해안에서 살아가는 가운데 해수면 상승이 가속화됨으로써 야기된 장기적 과제들은 이전보다 훨씬 더 취약해진 세계에서 이미 뚜렷이 감지되고 있다. 많은 전문가들이 증언하듯이 대양판의 지각변동으로 촉발되어 해안 정주지를 초토화하는 쓰나미의 끔찍한 결과들과는 완전히 별개로, 점점 심해지는 온난화는 초강력 허리케인과 심각한 강풍의 발생률을 높이고, 열대 사이클론과 그에 따른 해일도 더 자주 발생시킨다. 이것들은 단기적 재해일지도 모르지만 치명적이다. 악명 높은 1755년의 리스본 지진과 쓰나미를 보라.

1755년 11월 1일 포르투갈 리스본. 만성절은 가장 중요한 종교적 축일이다. 모두가—부유한 이든 가난한 이든, 젊은이든 늙은이든—대성당과 성당으로 몰려들었다. 그날 미사에 참석하지 않는 것은 이단의 혐의를 자초하는 길이었고, 그건 18세기 포르투갈에서 결코 가벼운 사안이 아니었기 때문이다.[8] 사람들은 자리를 차지하려고 서로 밀쳐댔다. 수많은 인파가 거리로 쏟아져나왔다. 이 코즈모폴리턴 도시에서 대다수의 외국인들은 집에 머물렀다. 성가와 기도 소리가 최고조에 달했을 때 땅속 깊숙한 곳에서 들려오는 우르릉 쿵쾅 소리가 마치 멀리서 울려퍼지는 커다란 천둥소리나 무거운 마차 바퀴 소리처럼 경배의 소리를 압도했다. 그 다음, 땅이 매우 격렬하게 흔들리더니 몇 초 만에 집들이 무너졌다. 종탑과 첨탑들이 걷잡을 수 없이 흔들렸다. 성당의 종들은 끔찍한 불협화음을 울리더니 땅으로 추락했다. 무너지는 지붕과 성당의 담 아래서 회중 전체가 죽음을 맞았다. 거대한 돌무더기와 벽돌 조각이 무력하게 비명만 질러대는 희생자들을 뒤덮고 골목과 거리를 채웠다. 자욱한 먼지구름이 맑고 화창했던 푸른 하늘을 가렸다. 몇 분 만에 리스본은 성당의 촛불과 여기저기로 흩어진 화덕 불 때문에 커진 불길에 휩싸이며 잿더미가 되었다.

생존자들은 위태롭게 무너져내리는 건물과 화염을 피해 탁 트인 공간으로 도망쳤다. 많은 이들이 테주 강의 널찍한 강둑으로 향했고 그곳에서 심판의 날이 왔다고 확신하며 충격에 빠진 채 멍하니 서 있었다. 그들은 큰 소리로 신의 자비를 구했다. 성직자들은 군중 사이로 다니면서 신의 진노 앞에서 회개하라고 촉구했다. 신의 진노가 아니고서야 어찌 가장 거룩한 날 이런 파국이 닥칠 수 있겠는가? 당시에는 믿음직한 과학적 설명이란 것이 없었다.

지진이 일어나고 90분 뒤 물가에 서 있던 군중은 테주 강이 요동치는 것을 보았다. 연안에 정박된 배들은 미친 듯이 빙빙 돌았다. 그다음, "조금 떨어진 곳에서 엄청난 양의 물이 커다란 산처럼 솟아올랐다. 물은 거품을 일으키고 우르릉거리며 물가로 들이닥쳤는데 어찌나 걷잡을 수 없이 달려들던지 우리는 모두 죽을힘을 다해 달아났다".[9] 우르릉거리는

게오르크 루트비히 하르트비히|Georg Ludwig Hartwig의 『화산과 지진』에서 표현된 리스본 지진과 쓰나미. 1887년 출판된 유명한 그림. 지은이 소장.

소리는 높이가 최소한 12미터에 달했다는 거대한 쓰나미에서 나는 소리였다. 구경하던 이들이 달아나는 가운데 쓰나미는 강을 휘젓고 물가를 휩쓸었다. 배를 구할 수 있을까 기대하며 신축 석조 부두 위에 몰려 있던 3,000명 정도의 사람들이 안벽岸壁이 무너질 때 익사했다. 거대한 물의 장벽은 내륙으로 2.4킬로미터까지 들이치며 건물을 침수시키고, 다리를 전복시키고, 손쓸 틈도 없이 그저 바라만 보고 있던 수천 명의 사람들을 건물과 벽에 내동댕이쳤다. 그런 다음 바닷물은 급격하게 빠져나가면서 평소에는 수심 12미터였던 강바닥을 훤히 드러냈고, 수백 명의 희생자들도 바다 쪽으로 쓸어갔다. 원양선들은 도리 없이 물가에 내동댕이쳐졌다. 강둑으로 간 생존자들은 드러난 바닥에 물고기들이 힘없이 파닥거리는 광경을 말문이 막힌 채 바라보았다. 10분 뒤 더 강력한 15미터짜리 두 번째 물결이 강어귀로 밀려들어와 다시금 물가를 뒤덮었고, 곧이어 "바람과 조수와는 역방향임에도 마치 급류처럼"[10] 들이닥치는 세 번째 물결이 뒤따랐다. 바닷물이 하도 빨리 밀어닥치는 탓에 달리던 말도 간신히 피할 정도였다.

리스본 지진과 쓰나미로 2만 명에서 6만 명에 이르는 사람들이 죽었다. 포르투갈 남부와 에스파냐 남부의 도시들 전체가 해일의 제물이 되었다. 쓰나미는 멀리 모로코와 (아프리카 서쪽으로 520킬로미터 떨어진) 대서양의 마데이라 제도 해안까지 휩쓸었다. 아홉 시간 뒤 3.6미터짜리 쇄파가 카리브 해 섬들의 저지대를 덮쳤다. 북부 유럽도 리스본 쓰나미의 여파를 느꼈고, 이 지구적인 자연재해는 그러한 현상에 관한 최초의 진지한 연구를 촉발했다.

쓰나미는 해수면 한참 아래에 있는 지각판들의 충돌로 야기되는 지진처럼 눈에 보이지 않는 지각변동으로 발생하는 예측 불가능한 사건이다. '쓰나미'는 '항구 파도'를 의미하는 일본어로, 적어도 4세기 전에 깊은 바다에서는 쓰나미 파도를 감지하지 못했으나 귀환했을 때 쑥대밭이 된 항구를 보고 어부들이 만들어낸 표현이라고 알려져 있다. 거대 쓰나미는 해저가 수심보다 더 긴 거리, 어쩌면 수백 킬로미터에 달할 수도 있는 광범위한 거리를 움직이기 때문에 일어나는 현상이다. 이런 엄청난 규모의 지진 때문에 발생하는 파도는 그 길이가 엄청나며 최대 시속 640킬로미터의 속도로 먼 거리를 이동한다.[11] 이런 파도들은 해저 산사태 같은 더 국지적인 사건으로 발생하는 소규모 쓰나미보다 훨씬 더 치명적이다. 그런 소규모 쓰나미의 경우에도 큰 파도가 발생할 수 있지만 금방 소멸한다. 대규모 쓰나미의 물결은 무시무시할 정도로 강력하며, 서퍼들이 좋아하는 전형적인 쇄파와는 매우 다르다. 그것은 마찰이나 중력 때문에 속도가 줄고 다시 물러나기 전까지 자기 앞에 있는 모든 것을 휩쓸며 해안가로 밀어닥치는 단단한 물의 벽이다.

1755년의 리스본 쓰나미 이전에 전례가 없었던 것은 아니다. 한 예로 우리는 지난 1만 2,000년 동안 대규모 쓰나미가 대략 1,500년 간격으

바다의 습격

로 적어도 여덟 차례 에스파냐와 포르투갈, 모로코 해안을 강타했다는 사실을 알고 있다. 기원전 6100년 스토레가 해저 산사태는 노르웨이 앞바다에서 막대한 양의 바닷물을 이동시켜 스코틀랜드 북부 앞바다의 오크니 제도까지 쓰나미를 일으켰다.[12] 기원전 1627년경에는 에게 해 산토리니 섬 상당 부분을 날려버린, 모든 자연재해의 어머니라 할 만한 대규모 화산 분출과 그에 따른 쓰나미가 있었다. 그로 인해 오늘날 '아크로티리'로 알려진 도시 전체가 화산재와 부석浮石* 아래로 사라졌다.[13] 주민들은 미리 경고를 받은 것이 분명하다. 재로 뒤덮인 3층 높이에 달하는 주택들에 유골이 전혀 남아 있지 않았기 때문이다. 포도주 단지, 저장 항아리, 침상 잔해, 선명한 프리즈 장식만이 한때 활기 넘치던 공동체가 있었음을 보여주는 전부다. 벽에는 한 어부가 그날 잡은 것을 들고 집으로 돌아오는 모습과 두 소년이 주먹다짐을 벌이는 장면, 노잡이가 다닥다닥 붙어 앉아 있는 빠른 배들이 돌고래 떼에 둘러싸여 마을 옆을 지나가는 그림이 그려져 있다.

아크로티리를 방문하면 정지한 시간의 한순간을 통과해 거니는 기분이 든다. 주민들이 손에 잡히는 대로 소지품을 챙기고 매애 우는 염소들을 배로 몰아넣은 뒤, 펄펄 끓는 물에 부석 덩어리가 떨어지는 가운데 황급히 노를 젓는 모습이 머릿속에 그려진다. 남은 것은 갑작스러운 폭발과 흔적도 없는 소멸. 한때 번영했던 도시는 그리스 고고학자 스피리돈 마리나토스가 1967년 그곳의 가옥과 골목 일부를 발굴할 때까지 잊혀졌다. 폭발의 규모는 상상하기 힘들 정도다. 한때 가로 9킬로미터, 세로 6킬로미터에 달했던 섬 하나가 네 개의 작은 섬이 되었다. 화산재는 멀리 날아가 떨어졌고, 그중 일부는 남쪽으로 177킬로미터 떨어진 크레타

---

* 화산분출물 중 다공질에 지름이 4밀리미터 이상의 암괴. 가벼워서 대부분 물에 뜬다.

섬까지, 즉 당시 광대한 무역 네트워크와 드넓은 올리브 숲, 부유한 왕궁이 있던 미노스 문명의 중심지까지 날아갔다. 화산 폭발 뒤에 일어난 쓰나미는 거대한 파도와 함께 크레타 해안을 강타했는데, 틀림없이 적잖은 피해를 야기하고 광범위한 지역의 상업 활동을 혼란에 빠뜨렸을 것이다. 많은 전문가들은 밀려든 바닷물이 미노스 문명을 영원히 약화시켰을 것이라고 생각한다.

깊이 파인 산토리니 분화구를 방문하면 사라진 대륙 아틀란티스에 대한 플라톤의 기록이 떠오른다. 이 그리스 철학자는 "지진과 홍수"로 멸망한 "경이롭고 거대한 권세"를 누린 왕들에 대한 이야기로 그 섬을 불멸의 존재로 만들었다.[14] 사라진 대륙에 대한 전설에 사로잡힌 사람들의 끈질긴 노력에도 불구하고 아틀란티스는 고대의 상상의 소산일 뿐 결코 존재하지 않았던 게 틀림없다. 아마도 산토리니 섬의 대재앙이나 여타 쓰나미에 대한 민간의 기억일 것이다. 그리스 역사가 투키디데스는 기원진 429년 그리스 동부 앞바다 에우보이아 만의 오로비아이 섬에서 지진을 목격했다. 그는 바다의 모습을 이렇게 기록했다. "해안에서 물러갔다가 거대한 파도가 되어 되돌아와 도시 대부분을 공격한 뒤 빠져나갔으나 도시 일부는 여전히 물에 잠긴 채였고, 따라서 한때 육지였던 곳이 이제는 바다가 되었다. 제때에 높은 곳으로 도망치지 못한 주민들은 죽고 말았다."[15]

리스본 지진처럼 진짜로 거대한 쓰나미는 전 세계에 영향을 미친다. 1854년 12월 1일 일본 도쿄 남쪽 시모다를 강타한 지진과 쓰나미로 샌디에이고와 샌프란시스코까지 작은 물결이 쳤다. 1883년 동남아시아 크라카타우 섬의 화산이 폭발했을 때는 15미터짜리 쓰나미 파도가 자바 섬과 수마트라 섬 해안을 따라 165개 마을을 파괴했다.[16] 순다 해협 연안에서만 3만 5,000명이 사망했다. 리스본 재난과 2008년의 인도양 쓰나미 그리고 2011년의 일본 지진과 쓰나미(10장을 보라)는 대규모 쓰나미가 엄청난 파괴력으로 저지대 해안을 유린하고 지역사회 전체를 쑥대밭으로 만든다는 것을 보여준다. 리스본의 인구가 20만 명이었고, 당시 세계 최대 도시였던 베이징의 인구가 대략 100만 명이었던 1755년보다 오늘날이 훨씬 큰 위험에 처해 있다. 오늘날 수천만 명의 사람들이 해수면보다 불과 몇 미터 위에 위치한 마을과 도시에서 북적이며 살아간다. 리스본 인구만 해도 54만 7,000명이다. 그리고 해수면은 상승하고 있다.

기상이변은 여러 형태로 발생한다. 몇 가지만 언급하면 하늘을 짙게 뒤덮는 눈폭풍, 토네이도, 집중호우, 장기간의 가뭄 등을 들 수 있다. 그러나 가장 위험한 것은 강풍과 굵은 빗줄기뿐 아니라 격렬한 해일을 몰고오는 허리케인과 열대 사이클론이다. 2005년 뉴올리언스를 쑥대밭으로 만든 악명 높은 허리케인 카트리나는 지반 침하와 해수면 상승에 시달리는 해안 저지대 지역들이 이례적인 폭풍의 위험에 눈뜨지 않을 수 없게 만들었다. 13장에서 묘사하겠지만 많은 재산 피해와 인명 손실이 발생한 것은 허리케인급 최강풍*과 비가 아닌 폭풍에 뒤이은 해일과 밀물 때문이었다. 무섭게 밀어닥친 바닷물이 해안가를 휩쓸었고, 교구 전체와 뉴올리언스의 저지대를 보호하는 육중한 인공 제방을 쓸어버렸다.

　카트리나 같은 허리케인은 해안 정면으로 불며 육지로 물을 들어올리는 바람으로 해일을 일으킨다. 1900년 9월 텍사스 주 갤버스턴에서는 허리케인이 일으킨 해일 때문에 거리가 최소 6미터 높이의 물에 침수되었고, 3,500채의 건물이 파괴되고 6,000명이 넘는 사망자가 발생했다. 2005년 미시시피 강 삼각주를 초토화한 것 역시 해일이다. 갤버스턴 참

---

* 초속 32.7미터 이상의 바람.

사 이후로 향상된 조기 경보 시스템, 방조벽, 더 튼튼한 건물은 선진국 쪽의 인명 피해를 줄였다. 하지만 증가하는 도시인구와 복잡하고 많은 자원이 투입되는 경보, 대피, 복구라는 값비싼 시스템은 진짜 파국적인 인적, 물적 파괴에서 벗어나는 것을 갈수록 어렵게 만든다.

열대 사이클론은 세계 여러 곳, 특히 서태평양과 벵골 만에서 크나 큰 위험 요소가 되고 있다. 저지대에 위치한 방글라데시는 벵골 만 꼭대 기에 위치한 거대한 삼각주이며, 열대 사이클론은 이 만에서 생성되어 넓은 지역을 아우르며 인도양 양안이 점차 좁아지며 깔때기 모양이 되는 북쪽으로 이동한다.

우리는 현재 해안선보다 한때 122미터 아래에 위치했던 바다의 사나 운 공격에 어려움을 겪고 있다. 수십억 명의 인류가 바다의 공격 때문에 위험에 처해 있다. 상존하는 지진과 쓰나미의 위협을 고려하지 않더라도 우리의 미래는 만만치 않을 것이다. 역사를 통해 알 수 있듯, 우리가 종 종 공격적인 모습을 띠고 침입해오는 바다에 대해 보이는 취약함은 산업 혁명 시대에 인구가 급속하게 성장한 이후부터 특히 기하급수적으로 증 가해왔다. 최근인 8,000년 전까지도 불과 수만 명 정도만이 해수면 상승 의 위험 속에서 살았던 반면—그리고 그들은 그곳을 떠나 이동함으로써 상황에 쉽게 대처할 수 있었다—오늘날에는 수백만 명이 바다의 공격과 더 따뜻해진 미래에 기다리고 있을 혹독한 기상재해로 인한 일촉즉발의 위험 속에서 살고 있다.

바다의 습격

극적인 변화

우리는 부드러우면서도 무시무시한 파도로 수면 아래에 숨어 있는 어떤
영혼에 대해 말하고 있는 것 같은 이 바다에 어떤 달콤한 신비가 존재하
고 있는지 모른다.

_허먼 멜빌, 1851년

1만 5,000년 전부터 6,000년 전까지 9,000년간의 세월은 인간이 해수면
상승에 적응하는 복잡한 과정뿐 아니라 인간 일상의 주요 변화들도 목격
했다. 해안과 호안에서 살던 선사시대 인류 사회는 어로와 해양 포유류
사냥, 들새 사냥에 크게 의존했다. 많은 집단들이 북유럽이나 동남아시
아, 남아프리카 해안 지대같이 식량이 풍부한 환경에서 몇 세대 동안 같
은 장소에 정주했다. 세계 여러 지역에서 빙하기의 대형 동물들이 멸종
했다. 주변 환경의 기후가 변화하면서 사람들은 식량의 많은 부분들을
더 작은 사냥감과 식물 식량에 의존했다.

어느 곳도 북유럽보다 환경 변화가 심대하지는 않았다. 수만 년 동안 거대한 빙상이 북부 지방 대부분을 뒤덮고 있었다. 1만 5,000년 전에 영국 해협은 커다란 강어귀에 불과했다. 빙하가 최대로 성장한 뒤 찾아온 급속한 온난화 동안 북유럽의 희박한 수렵채집인 사회들은 엄청난 환경 변화와 씨름해야 했다. 첨단 과학은 북해 남쪽 바다 아래에 잠긴 빙하기의 풍경을 밝혀냈다. 그곳의 해안 저지대는 바다의 공격 때문에 한 세대 만에 현저하게 변화했다.

얼마나 많은 사람들이 북유럽에서 살았는지는 아무도 모르기 때문에 합리적으로 추정하는 것이 좋을 듯하다. 8,000년 전, 1,000년간의 단기적 혹한기인 영거 드라이아스기가 끝난 뒤 어쩌면 2,000~3,000명밖에 안 되는 소수의 사람들만이 북유럽을 자신들의 고향이라고 불렀을 것이고, 그들 대부분은 저지대 지방Low Countries*과 이제는 물에 잠긴 북해 남부 저지대에서 살았다.[1] 다시 온난화가 시작되자 인구밀도는 제법 빠르게 증가해 중부와 북부 스칸디나비아까지 포함할 경우 2만 명 정도까지 불어났을 것이다. 풍부한 어장과 초목이 무성한 습지대 근처에 자리 잡은 가장 큰 공동체조차 수십 명 이상을 부양하진 못했을 것인데, 아마 그보다 숫자가 훨씬 적었을 것이다. 수면 아래 잠겨 있어서 거의 알려진 게 없는 북해 세계이자 과학자들이 '도거랜드'라고 부르는 세상에서는 처음에 사람이 매우 적었기 때문에 차오르는 바닷물에 직면했을 때 이동하거나 고지대로 야영지를 옮기는 일쯤은 그리 어려울 것 없는 일상적이고 친숙한 일이었을 것이다.

우리는 도거랜드에서 오늘날의 흑해 자리에 있었던 '에욱시네 호수'로 이동해 차오르는 바닷물이 야기한 극적인 참화, 어쩌면 당시 유럽의

---

* 오늘날의 네덜란드, 벨기에, 프랑스 북서부 지방을 뭉뚱그려 가리키는 지명.

인류 사회에 일생일대의 영향을 미쳤을지도 모를 재난을 살펴볼 것이다. 이곳에서 농촌과 비옥한 농토가 급속히 차오르는 바닷물 아래로 단 몇 주 혹은 몇 달 만에 사라졌다. 이제는 물 아래로 가라앉은 에욱시네 호숫가를 떠나 나일 강 삼각주로, 그다음은 두 강 사이의 땅인 메소포타미아로 떠나보자. 이 두 지역에 수렵인과 자급자족 농경인이 나타났고, 이후 성장하는 도시와 막 태동한 문명들에 영향을 미친 대규모 환경 변화가 일어났다. 뒷장에서 살펴보겠지만, 여기서 언급한 저지대 환경들은 21세기에도 여전히 인간의 정착을 유혹한다.

2

도거랜드
[북유럽]

북해는 얕고 사나우며 급작스러운 기상 변화가 그칠 줄 모른다. 심지어 건들바람 상태 moderate wind*에서도 가파른 물결이 사방에서 공격해온다. 안개는 짙고 악명이 높다. 짙은 아지랑이는 생활의 일부다. 나는 예전에 네덜란드 북부 덴헬더르에서 도버 해협으로 항해한 적이 있다. 우리는 항구에서 나흘을 머무르며 끊이지 않고 불던 강한 남서풍이 잦아들기를 기다렸다. 마침내 강풍이 잦아들고 바람도 북서쪽으로 불기 시작했다. 우리는 순풍을 타고 만조 때 출항했다. 하지만 잔물결만 이는 매끄러운 바다와 상쾌한 산들바람을 누리는 목가적인 항해는 50킬로미터 정도밖에 지속되지 않았다. 몇 시간 만에 기압계 눈금이 4/10로 뚝 떨어졌다. 하지만 우리는 앞바다에 도사리고 있는 위험들로부터 벗어나 있었고 항

---

* 0~9까지의 보퍼트 풍력 등급에서 4단계. 풍속은 초속 5.5~7.9미터이고, 파고가 높지는 않으나 흰 물결이 많아진다.

해를 계속했다. 오후 나절쯤 우리는 돛을 꽤 접었고, 40노트의 강풍을 받으며 전속력으로 달리고 있었다. 고물 쪽에서 불어오는 폭풍까지 동반한 바다는 격렬했고 주방에서 뜨거운 수프를 요리하려면 곡예를 해야 했다. 여섯 시간 뒤, 로테르담 앞바다에 정박한 대형 유조선을 피한 우리는 다시금 잦아든 바람에 정지하게 되었다. 그러나 기상예보에 따르면 35노트 정도의 남풍이 불고 바다에 물결이 꽤 일거나moderate seas* 거친 파도rough seas**가 몰아칠 것이며, 돌풍과 함께 소나기가 예보되어 있었다. 다행스럽게도 남풍은 북서쪽으로 방향을 틀었고 우리는 곧 항해를 계속했다.

"여기가 한때 마른땅이었다는 걸 생각해보세요." 우리가 돛을 펄럭이며 도거뱅크 해상에서 앞뒤로 요동치고 있을 때 승무원 중 한 명이 말했다. 그가 물보라가 곁들여진 커피를 한 모금 삼키고는 말했다. "정말 믿기 어렵지 않나요?" 부끄럽지만 나는 배 위의 유일한 고고학자였는데도 우리가 고작 8,000년 전에는 비록 늪이 많긴 했지만 육지였던 해저 위를 항해하고 있다는 사실을 잊고 있었다는 걸 털어놓아야겠다.

1931년 영국 저인망어선 콜린다호Colinda는 북해 남부에 위치한 레먼 앤드 오워 뱅크스에서 조업 중이었다. 수심 18미터에서 끌어올린 그물에 "무어로그moorlog"***로 알려진 이탄 덩어리가 걸려나오자 일꾼들은 가벼운 욕설을 내뱉었다. 그들은 한때 습지로 뒤덮였던 해저에 사는 물고기를 저인망으로 잡기 위해 주기적으로 물 먹은 나무토막과 진흙 덩어리 위를 그물로 훑고 지나갔다. 그러나 이번 이탄 덩어리는 삽으로 쳤을 때

---

* 0등급부터 9등급까지 10단계로 나뉜 국제 해상 상태 등급표에서 5단계 상태이다. 파고는 1.25~2.5미터이다.
** 국제 해상 상태 등급표에서 6단계 상태로 파고는 2.5~4미터이다.
*** '황무지 통나무'란 뜻으로 잡초와 히스로 뒤덮인 황무지moor의 토질이 흔히 이탄이기에 붙여진 이름이다.

평소와는 다른 소리를 냈다. 선장은 덩어리를 쪼개보았다. 안에서 아름답게 보존된 사슴뿔 작살이 떨어져나왔다. 호기심을 느낀 선장은 발견한 유물을 항구로 가져왔다. 예기치 못한 인공 유물은 대영박물관으로 흘러들어갔고, 박물관은 그것이 대략 8,000년 전에 흔히 사용되던 사냥 도구라고 확인해주었다. 그러나 박물관은 육지에서 발견된 동일한 작살을 이미 세 점이나 소장하고 있었기 때문에 그 유물을 원치 않았다. 결국 콜린다호의 유물은 이스트 앵글리아 노리치 캐슬 박물관에 소장되었다. 1932년 2월 29일, 이스트 앵글리아 선사시대협회 회원들은 박물관의 작살을 바라보며 감탄했다. 그 유물은 북해 저편 덴마크의 발트 해 연안을 따라 발견된 무기들과 모양이 똑같았다. 그것이 어떻게 육지에서 그렇게 멀리까지 이동했을까? 카누에 탄 한 사냥꾼이 깊은 바다로 고기잡이 원정을 나섰다가, 혹은 유럽 대륙으로 건너가다가 물에 빠뜨린 것일까? 아니면 저지 평원이 북서 유럽을 보다 더 높은 고지에 위치한 잉글랜드 남부와 연결했던 시기에 사람들이 대륙에서 브리튼 섬으로 건너온 것일까?[1]

콜린다 작살이 북해 바닥에서 끌어올려진 첫 유물은 아니다. 19세기에 잉글랜드 동부 해안의 얕은 바다에서 굴을 캐던 사람들은 그물에 걸린 멸종동물의 뼈를 꾸준히 끌어올려왔다. 조업 기술이 향상되고 저인망 어선들이 더 깊은 바다로 진출하면서 도거뱅크에서 나오는 유물도 풍성해졌다.[2] 이 유명한 모래톱은 잉글랜드 해안에서 100킬로미터 정도 떨어진 거리에 있는데 해저 위로 약 45킬로미터 솟아 있고, 북쪽에서 남쪽까지의 거리가 약 260킬로미터인 1만 7,600제곱킬로미터의 수중 세계를 구성한다. 초창기의 저인망 조업은 곰과 들소, 말, 매머드, 사슴 같은 동물들의 뼈로 이루어진 언덕의 표면을 훑었다. 오래전에 멸종된 매머드와 털이 많은 코뿔소 같은 동물들의 뼈 일부는 분명 빙하기에서 유래한 반면 많은 뼈들이 누구도 건드린 적 없는 보다 최근 시기의 층에서 저인

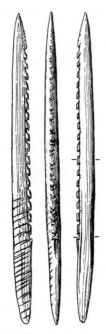

북해 바닥에서 끌어올린 레먼 앤드 오워 뱅크스 작살. 실물 크기의 3분의 2. 선사시대협회 제공.

망에 걸려 나왔다. 그러나 레먼 앤드 오어 뱅크스 작살은 수십 년간 해소되지 않던 지질학적, 고생물학적 수수께끼에 인간의 영역을 추가했다. 바다 한복판에 인공 유물이 있었던 것이다.

수수께끼는 빅토리아 시대의 지질학자 클레멘트 리드가 잉글랜드 동부 해안 일대에 간조 때면 드러나는 오래전에 사라진 숲의 왜소한 나무 둥치에 깊은 흥미를 느끼면서 풀리기 시작했다.[3] 검게 변색된 참나무 둥치, 개암나무, 오리나무, 멸종동물의 뼈는 한때 울창했던 숲의 산물이었다. 일기 작가 새뮤얼 핍스도 템스 강 조선소의 더러운 진흙 속에 보존된 고대 개암나무 파편에 대해 언급한 적이 있었다. 어떻게 그렇게 울창하던 숲이 파도 아래로 사라졌을까? 신심이 넘치던 시대에는 전문적이고 과학적인 관찰자들도 당연히 그 나무들이 성경에 나오는 홍수에 잠긴 거라고 여겼다. 그리고 역시 당연하게도 그 나무들은 노아의 숲으로 알려지게 되었다. 클레멘트 리드만 빼고 모두가 반쯤 물에 잠긴 숲을 외면했다. 숲은 끈적끈적한 진흙과 오물에 덮였다가 만조 때면 바닷물에 잠겼다. 한 전문가가 쓴 대로 "그것들은 지질학의 영역에 속했고, 지질학자들은 그것들은 너무 요즘 것이라 신경 쓸 가치가 없다"고 말했다.[4]

리드는 출렁이는 북해 수면 아래를 주시한 첫 과학자였다. 그는 현재 해수면에서 대략 36미터 아래에 있는, 한때 북해 남부 전체를 뒤덮은 광활한 충적토 평원에 대해 썼다. 식물 잔해들로 판단하건대 물에 잠긴

바다의 습격

땅의 많은 부분은 오늘날의 라인 강, 템스 강과 연결되는 큰 강들이 교차하며, 광대한 사주에 의해 보호받는 늪지와 소택지였다. 클레멘트 리드는 침수된 땅에 이름을 붙이지 않았다. 그럼에도 1913년 자신이 발견한 내용을 짤막한 논문 형태로 출간했는데, 그것이 그의 부고에서 "유쾌한 소책자"로 묘사된 「물에 잠긴 숲」이다. 그는 "해수면의 변화가 아니고는 어느 것도 해안의 숲을 설명할 수 없다"고 말했다.[5] 그는 험버 강과 템스 강 계곡이 당시의 지면보다 대략 18미터 아래를 지나갔다는 사실을 알아냈고, 더 넓은 지역에 이와 유사한 토양 층위가 존재한다는 것을 발견했다. 어쩌면 오늘날의 지면과 해수면보다 훨씬 아래에 있던 평원이 이 커다란 강들 양옆에 펼쳐져 있었을지도 모른다. 리드는 자신이 발견한 가라앉은 땅에서 대담하게 북해 남부 전체를 아우르는 해저 평원을 추정했다.[6]

클레멘트 리드는 물에 잠긴 이름 없는 땅을 남기고 1916년 사망했다. 당시 과학적으로 우세했던 견해는 북해 남부는 광대한 소택지로, 유용한 자연환경이 아니라 사람들이 더 높은 지대로 이동하기 위해 지나다니던 공간이었다는 것이다. 늪지 퇴적물을 연구하기 위해 리드 말년에 스칸디나비아에서 개발된 새로운 과학적 연구 방법의 발달에도 불구하고 여전히 학계의 상황은 오랜 세월 동안 그 상태에 머물러 있었다. 꽃가루 분석으로 알려진 화분화석학은 늪지와 이탄에 보존된 미세한 화석 꽃가루를 연구했다. 케임브리지의 두 식물학자 해리 고드윈과 마거릿 고드윈은 콜린다호의 선장을 설득해 레먼 앤드 오워 뱅크스를 다시 찾아가 꽃가루 분석에 필요한 이탄 덩어리 표본을 채취했다(작살이 들어 있던 원래 덩어리는 선장이 뱃전 너머로 던져버렸다). 고드윈 부부는 곧 이탄 덩어리가 민물에서 형성된 퇴적물에서 나온 것임을 밝혀냈다. 즉 콜린다 작살은 바다에서 잃어버린 것이 아니라 육지에서 떨어뜨린 것이었다. 고드윈 부부의 친구이자 케임브리지의 고고학자 그레이엄 클라크는 1936년 『중석기 시대 북유럽 인류 정착The Mesolithic Settlement of Northern Europe』이라는 획기적인 책을 썼는데, 책에서 그는 스칸디나비아에 자리한 풍요로운 빙하기 이후의 수렵채집인 사회만 묘사한 것이 아니라 이제는 북해 아래 잠긴, 양호한 선사 시대 환경—보다 높은 고지대로 가는 육교—에 대해서도 신이 나서 설명했다.[7]

1990년대에 이르자 지질학자와 지형학자들은 원유 탐사 작업의 일환으로 북해 해저에 관해 방대한 정보들을 수집했다. 그들은 마지막 빙하기에 해수면이 빙하의 최대 성장 시기보다 무려 120미터 상승해 영국 전체보다도 넓은 지역을 침수시켰다는 사실을 확인했다. 그러나 그들의 연구는 지형학적 세부 사항, 즉 잠재적 유적지 지역을 조사하는 고고학자들에게 필요한 종류의 정보를 제공하는 데는 부족했다.

이 무렵 고고학자들이 흥미를 갖고 주목하기 시작했다. 1998년 그들 가운데 한 명인 엑시터 대학교의 브라이어니 콜스가 고대 북해의 지형과 관련해 약 2만 년 전부터 그러한 지형이 최종적으로 사라진 기원전 5500년까지의 모든 증거들을 정리한 중요한 논문을 발표했다.[8] 그녀는 물 아래로 가라앉은 그 지형을 도거랜드라고 지칭했고, 지표가 서서히 사라져가는 과정을 연대순으로 설명하는, 수심 측정을 바탕으로 한 일련의 해저 지형도를 제시했다. 마지막 빙하기의 절정기에 북해는 존재하지 않았다. 육지는 셰틀랜드 제도부터 노르웨이까지 뻗어 있었다. 해수면이 상승하면서 해안선은 커다란 유입구를 형성하는 가운데 서서히 후퇴했고, 좁아지는 바다 동쪽에는 도거 힐스Dogger Hills가 생겼다. 결국 바닷물이 점점 높이 차오르면서 도거 힐스는 섬이 되었다가 물결 아래로 완전히 사라지게 되었다. 콜스의 가설적 지도들은 좀 더 높은 고지대, 특히 브리튼 섬에서 일어난 일은 오늘날의 해수면 아래에서 일어난 일에 비하면 지엽적일지도 모른다는 믿음에 따른 새로운 세대의 연구를 촉발했다. 그러나 북해의 탁하고 요동치는 바다는 클레멘트 리드의 시대에도 그랬듯 2000년대의 고고학자들에게도 여전히 접근할 수 없는 것처럼 보였다.

1만 5,000년 전, 브리튼 섬의 일부와 스칸디나비아 반도의 상당 부분을 뒤덮었던 빙하는 한창 후퇴하고 있었다. 서유럽과 중부 유럽의 상당 부분을 뒤덮었던 내한성 풀과 관목만 볼 수 있던 광막한 극지방 영구동토층에 나무가 무성한 풍경이 등장했다. 그칠 줄 모르는 바람은 씨앗을 북쪽으로 실어갔고, 새와 다른 이동 동물도 마찬가지였다. 1,500년 뒤 자작나무와 소나무, 포플러나무로 이루어진 광대한 숲이 브리튼 섬과 북독일, 남부 스칸디나비아의 상당 부분을 뒤덮었다. 그 무렵, 상승하는 해수면은 도거랜드를 드넓은 해안선과 하구로 이루어진 땅으로 바꾸었다.

　사람들의 생활 리듬도 새로운 현실에 적응하기 위해 변화했다.[9] 가장 커다란 환경 변화가 북유럽의 해안선을 따라 일어났다. 상승하는 해수면은 대륙붕을 침수시키고 하구에 바닷물을 채웠으며, 한때 빠르게 흐르던 많은 강들을 느리게 흘러가는 시내로 탈바꿈시켰다. 잠식해오는 바다는 물고기와 물새가 풍부하고, 조개를 수천 마리씩 잡을 수 있는 풍요로운 해안 환경과 습지대를 창출했다. 식용 가능한 해초 같은 식물도 풍부했다. 이 저지대 해안과 하구 환경 가운데 가장 풍요로운 몇몇 지역은 도거랜드와 나중에 발트 해가 될 커다란 빙하 호숫가를 따라 자리하고 있었다.

　스칸디나비아 빙상이 물러나면서 빙상의 남쪽 가장자리에 오늘날의 북독일과 폴란드 해안을 따라 솟은 낮은 언덕으로 물길이 막힌 빙하 호수가 형성되었다. 빙하의 무게가 줄어들면서 땅이 바다보다 빠르게 융기했다. 냉각화와 온난화의 주기적인 순환은 때로는 바다의 일부가 되고 때로는 호수가 되는 지형을 변화시켰다. 기원전 9500년경에 영거 드라이아스기의 혹한이 끝난 뒤 다시 시작된 온난화로 스웨덴 중앙을 관통하는 유출구가 열렸고, 오늘날의 외레순드 해협 위로 덴마크와 스웨덴을 잇는 육교가 생성되었다. 약 2,500년간 존재하던 바다는 육지가 융기하면서 다시금 호수가 되었다. 둘 다 오늘날 발트 해의 조상이다. 기원전 5500년경 북해가 마지막 남은 도거랜드를 침수시키던 바로 그때, 바닷물이 다시금 진입해 오늘날의 짠 발트 해의 직계 조상을 형성했다.[10] 역동적으로 변화하는 발트 해의 풍경은 일찍이 기원전 7000년이나 어쩌면 그보다 더 전부터 인간의 정착을 끌어당기는 자석이었다.

고기잡이들이 언제든 찌를 준비를 한 채 미늘창을 들고 차갑고 얕은 물에 꼼짝도 않고 서 있다. 발가락 끝으로 진흙을 느끼며 강바닥 도다리의 미묘한 움직임을 감지한다. 창으로 잽싸게 찌르자 펄떡거리는 물고기가 미늘에 꼭 꽂힌 채 수면으로 올라온다. 고기잡이는 재빨리 물가로 철벅철벅 걸어나와 나무 몽둥이로 물고기를 죽인다.

샛강과 모래톱, 습지가 있는 도거랜드와 발트 해의 저지대 해안은 북부 연안을 따라 야영을 하던 수렵 집단에게 진정한 에덴동산이었다. 그들은 고기잡이이자 새 사냥꾼이었고, 식물 식량을 채집하는 데도 능숙했으며 다른 식량 공급이 부족할 때는 조개류에 의존했다. 덴마크와 스웨덴 해안의 입지가 좋은 지점들에서 발견된 버려진 연체동물의 거대한 더미—패총—는 틀림없이 북해 바닷물 아래에도 잠겨 있을 것이다. 식량 공급이 워낙 풍부해서 인구는 여러 세대에 걸쳐 꾸준히 증가했다. 처음에는 모두가 수렵 영역 안에서 장소를 이동해가며 작은 야영지에 머물렀고, 모두에게 공간은 충분했다. 그들의 소유물은 간단하기 그지없고, 대체로 사슴뿔과 뼈, 나무로 만든 도구와 돌도끼로 통나무 속을 파내만든 카누, 나무를 깎아 만든 고기잡이 창, 그물, 통발 등이었다. 두 가지 무기가 특히 중요했다. 가지가 두 개나 세 개인 사슴뿔이나 (레먼 앤드 오워 뱅크스 작살처럼) 머리뼈로 만들어 강꼬치고기나 연어 같은 물고기를 뾰족하게 갈라진 끝으로 꿸 수 있는 고기잡이 미늘창과 화살이었다. 사냥꾼들은 작지만 치명적인 날카로운 돌촉을 단 화살로 날아가는 새를 잡았다. 그들은 사슴뿐 아니라 가공할 사냥감인 야생 들소도 사냥했다.

온갖 식량이 풍부하게 공급되었기 때문에 많은 무리가 매우 한정된 영역에서 살았다. 그러나 풍요로운 발트 해의 환경도 강어귀와 늪지, 낮은 등성이, 얕은 계곡, 광범위한 습지가 얕은 부조 장식처럼 길게 펼쳐진 도거랜드의 환경에는 비교가 되지 않았을 것이다. 그리고 바로 이곳에서, 이제는 물에 잠긴 세계에서 가장 조밀한 수렵 인구가 급격히 변화하는 세계에 점진적으로 적응해가며 번성했을 것이다.

도거랜드는 과연 어떤 모습이었을까? 어떤 다양한 환경이 예전의 북해 아래에 있었을까? 중요한 돌파구는 버밍엄 대학교의 고고학자 빈센트 개프니와 사이먼 피치가 정유 회사가 수집한 지진 데이터를 꼼꼼이 파고들었을 때 찾아왔다.[11] 석유 탐사는 인공 유물이 발견될지도 모르는 해저에 가깝고 지질학적으로 좀 더 근래의 퇴적물이 쌓이는 천해가 아니라 심해의 퇴적물에 집중했다. 페트롤리엄 지오서비스PGS, etroleum Geo-Services라는 지구물리학 탐광 회사는 고고학자들이 시범 연구를 위해 도거뱅크에서 얻은 6,000제곱킬로미터 범위의 지진 데이터에 접근하는 것을 흔쾌히 허락했다. 한 달이 채 못 되어 고고학자들의 컴퓨터 모니터에 도거뱅크 위를 40킬로미터에 걸쳐 구불구불 흐르던, 그때까지 알려지지 않은 강의 희미한 물길이 나타났다. 예비 조사 결과가 아주 성공적이었기에 PGS는 북해 남부의 영국 영해에서 나온 무려 2만 3,000제곱킬로미터를 아우르는 3차원 입체 지진 데이터를 무상으로 제공했다. 조사 영역은 벨기에보다 조금 작은 규모였다. 고고학자와 지질학자, 고환경학자들로 구성된 연구팀은 선사 시대 미지의 땅을 탐험하며 18개월을 보냈다.

지진 데이터는 강과 하구, 호수는 물론 짠물 늪지와 해안선에 관한 정보도 제공했다. 연구팀은 약 1,600킬로미터에 이르는 강의 물길과 24개의 호수 혹은 늪지를 찾아냈는데, 호수나 늪지 가운데 가장 큰 것은 그 면적이 300제곱킬로미터를 넘을 정도였다. 도거랜드는 습기가 매우 많은 지형이었다. 그 중심에는 오늘날 아우터 실버 핏Outer Silver Pit으로 알려진 거대한 해저 침강 지대가 있는데, 그것은 어쩌면 도거뱅크에서 조금 떨어진 하구나 호수였을지도 모르며 1,700제곱킬로미터에 걸쳐 나타난다. 동쪽 끝의 거대한 모래톱은 그것이 결국에는 동쪽과 남쪽에서 진입하는 두 개의 주요 강이나 물길의 어귀가 되었음을 암시한다. 해수면이 상승하면서 강 입구는 늪지가 되었을 것이며, 그 가운데 드넓은 짠물 늪지는 풍부한 물고기와 새, 식생으로 그 지역 사냥꾼들의 주요 자원이 되었을 것이나.

적어도 세 개의 강은 오늘날의 도거뱅크인 살짝 더 높은 지대에서 흘러내렸다. 그 강들은 무수한 작은 시내와 합류하면서 넓은 계곡을 따라 굽이굽이 이어졌다. 더 높은 지대에 있는 현재의 계곡들에 관해 우리가 아는 것을 근거로 판단해보면, 크고 작은 물길은 오늘날 템스 강이나 라인 강의 잘 정비된 물길과는 사뭇 다른 그물처럼 복잡한 물길을 통과해 흘렀다. 수로는 갑작스러운 홍수와 작은 물줄기back channel*, 샛강, 늪으로 복잡하게 얽힌 미로를 만드는 물길의 이동으로 인해 끊임없이 변화하고 불안정했다.

단조롭고 물이 가득한 지형이었다고 생각할지도 모르지만 환경은

---

* 강의 물줄기가 하중도를 만나 두 갈래로 갈라질 때 더 작은 쪽의 물줄기.

바다의 습격

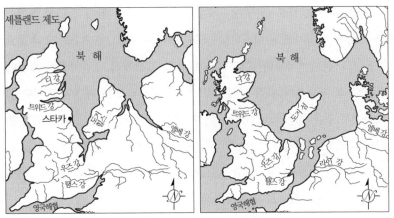

도거랜드의 주요 지형. 1만 년 전의 모습(왼쪽)과 6,500년 전의 모습(오른쪽).

그곳에서 살아가던 수렵 집단에게 풍부한 잠재성과 길을 찾는 데 필요한 온갖 미묘한 지형지물을 제공했으리라. 흰 모래 노출부, 작은 연못 위로 늘어진 나무 덤불, 들키지 않게 사냥 기지를 유지할 수 있는 깊은 갈대밭. 모든 것이 눈에 확 띄지 않는 지표가 되었다. 사냥꾼이 유인용 머리 장식 모자를 쓰고 수면에 떠 있는 오리 사이로 조용히 헤엄쳐가서 물 아래서 발을 잡아당겨 오리를 잡을 수 있는 얕은 호수도 마찬가지였다. 사슴과 돼지, 다수의 소형 포유류와 물새들 역시 강둑, 호숫가, 늪지로 모여들었다. 물고기는 식사의 상당 부분을 차지했을 것이다. 연어가 지나다니는 실개천만으로도 몇몇 무리가 몇 달간 살아갈 수 있었을 것이다. 식물 자원도 풍부했다. 이곳의 지형을 가로질러 숲이 퍼지면서 바구니와 통발, 오두막을 만드는 갈대뿐 아니라 식량 자원으로 이용할 수 있는 철따라 열리는 다양한 종류의 산딸기와 열매, 개암, 도토리도 풍부했다. 각 가족과 집단은 크고 작은 사냥 영역을 가로지르는 지형을 상세히 그려내는 끝없는 기억술에 의지해 철따라 변하는 식량 공급에 관한 지식을 대대로 전수했을 것이다.

안타깝게도 지진 데이터는 해수면 한참 아래에 있어 접근이 불가능한 고고학 유적지에 관한 정보는 제공하지 않는다. 개프니와 그의 동료들은 도거랜드에 위치한 다양한 지형들을 고고학적 발견이라는 측면에서 잠재적 가능성에 따라 등급별로 분류했다. 더 높은 지대에 위치한 유적지에서 얻은 경험으로 예상해볼 때, 가장 등급이 높은 곳은 호수와 늪지대 그리고 해안이다. 언젠가 상세한 지도가 배를 이용한 더 철저한 탐사에 충분한 정보를 제공해줄지도 모른다. 그때쯤이면 수면 아래의 퇴적물 표본을 추출하는 코어 굴착기를 이용해, 의도적인 삼림 개간이나 새로운 생장을 촉진하기 위해 인간이 놓은 불에 대한 기록을 담고 있는 꽃가루 입자 등 인간 활동의 대체물에 대한 흔적을 발견할 수도 있으리라. 그러나 당분간 우리는 더 높은 지대에 위치한 이미 알려져 있는 유적지를 통해 외삽 추정을 하는 수밖에 없다.

기원전 8500년경, 한 수렵 집단이 오늘날의 잉글랜드 북동부에 있는 작은 빙하 호숫가에서 야영을 했다. 울창한 갈대밭이 호수를 둥글게 에워싼 곳이었다. 자작나무 숲이 호수 가장자리까지 퍼져 있었다. 그 결과로 생겨난 스타카Star Carr로 알려진 물이 흥건한 고고학 유적지는 수렵채집인의 생활을 보여주는 미립적 연대기를 잘 보존하고 있다. 그리고 더 동쪽의 도거랜드에서도 분명히 이와 유사한 풍경이 전개되었을 것이다. 레먼 앤드 오워 뱅크스로 명성이 높은 그레이엄 클라크는 1949년부터 1951년까지 스타카를 발굴했다.[12] 그는 사슴 사냥꾼들이 이용한 호숫가 갈대밭 깊숙한 곳에 자리한 작은 겨울 수렵 기지에 관해 썼다. 클라크는 엘크사슴의 뿔로 만든 곡괭이 머리(나무 손잡이의 끄트머리가 여전히 붙어 있었다) 등 뼈와 나무로 만든 일련의 뛰어난 도구들과 나무로 만든 카누 노, 송곳, 심지어 불을 붙이는 데 이용한 돌돌 말린 나무껍질과 이끼 덩어리까지 묘사했다. 클라크 후대의 여러 발굴자들은 다시 스타카로 돌아가 오늘날 최첨단 고고학의 모든 자원들을 동원해 유적지를 재해석하기 위해 애쓰고 있다.

　클라크는 유적지에서 침수된 부분에 집중했다. 그에 비해 최근의 연구자들은 스타카에서 보다 건조한 지역을 추적했고, 그곳이 한때 호숫가에서 120여 미터나 펼쳐진 상당히 넓은 정착지였다는 사실을 밝혀냈다. 페트라 다크는 미세한 숯 입자의 연대를 측정함으로써 스타카 주민들이 아마도 호수와 주변 지형을 더 잘 조망하고, 좋은 카누 상륙 장소를 만들기 위해 갈대밭을 주기적으로 불태웠다는 것을 밝혀낼 수 있었다. 그러한 반복적인 인공 화재는 130년 정도 지속되었다. 그리고 1세기 동안 화재가 일어나지 않았고, 다시 80년 동안 화재가 지속되었다. 스타카의 사냥꾼들은 10~11개월 된 사슴을 많이 잡았는데, 사슴은 3월과 4월 사이에 잡혔을 것이다. 사람들은 매년 3월부터 6월이나 7월까지 스타카에 거주했고, 갈대 표본과 사시나무의 눈도 3~4월의 것으로 추정된다. 최근의 발굴을 통해 적어도 18개의 나무 기둥과 너비 3.5미터의 푹 꺼진 바닥, 그리고 깎아 다듬은 목재로 만든 단이 있는 원형 가옥이 발견되었다. 상당한 크기의 이 거주지는 1만 500년 전의 수렵인들에게 흔히 상정되는 것보다 더 영구적인 정주지를 보여주고 있는지도 모른다. 사람들이 주기적으로 찾았던 스타카와 유사한 중요한 장소가 도거랜드에 있었는지는 물론 알려지지 않았다. 그러나 오늘날의 북해 남부에 해당하는 광대한 지역의 환경 조건이 스타카와 상당 부분 동일하기 때문에 그곳에 그런 장소가 없었다고 볼 이유는 없다.

　슥슥 삭삭. 석기 긁개로 말뚝에 걸쳐놓은 사슴 가죽을 깨끗하게 긁어내리는 부드러운 소리가 기원전 7000년에 도거랜드 수렵 야영지를 찾아온 방문객을 맞이했을 것이다. 춥고 자주 비가 흩뿌리는 이 세계에서 가죽 외투와 털옷은 노소를 불문하고 필수적이었다. 모든 사냥꾼들과 마찬가지로 여자들은 아마도 질긴 물개 가죽으로는 부츠를, 부드러운 토끼털로는 장식과 아기 옷을 만드는 등 의류의 종류에 따라 다양한 가죽을 이용했을 것이다. 어쩌면 중앙에 놓인 화덕과 개와 아이들, 그리고 생선 썩는 냄새를 풍기는 풀집이 옹기종기 모여 있는 광경은 다른 수십 군데의 비슷한 야영지에서도 쉽게 찾아볼 수 있었을 것이다. 이런 무리는 도통 사람이라고는 구경하지 못한 채 몇 주, 심지어 몇 달을 보낼 수도 있었다. 만약 사람을 구경한다면 그것은 특별한 사건, 조심스러운 접근과 잠재적인 친족 관계의 형성을 위한 탐색이라는, 신중하게 다루어야 할 사안이었을 것이다. 도거랜드의 인구는 결코 많지 않았을 것이며, 사구와 호수, 습지, 숲이 한없이 이어지는 것 같은 세계 앞에서 한없이 작아 보였을 것이다. 인간의 모습을 언뜻언뜻 구경했겠지만 그런 경우는 드물었을 것이고, 그들은 보통은 약간 더 높고 물이 더 잘 빠지는 땅이나 갈대밭에서 혹은 호수나 강가에서 야영하는 이들이었을 것이다. 화덕에서 피어오르는 한 줄기 나무 연기, 슥슥 삭삭 돌까뀌로 통나무 카누 속을 파내는 소리, 축축한 땅 위에 박은 말뚝에 쫙 펼쳐 넌 사슴 가죽을 벗기는 소리. 눈앞의 인상들은 늪지의 풍경 앞에서 한없이 작아지며 순식간에 스쳐지나간다. 사냥꾼들이 호수와 시내에 더 쉽게 접근할 수 있게, 또 사냥감이 먹을 새로운 식물이 더 잘 자라도록 봄에 덤불에 불을 놓으면 군데군데 마른 갈대밭에서 검은 연기가 솟아오를 것이다.

이 낮게 꺼진 땅 어디서나 사람들은 상승하는 바다에 꼼짝없이 좌우된 채 살아갔는데, 심지어 한 세대 내에서도 바다가 상승해 한때 그들의 선조들이 식량을 채취하던, 홍합이 자라는 해변과 군락지를 침수시킨 일이 그리 까마득한 기억은 아닐 것이기 때문이다. 강은 경고 없이 물길을

기원전 7000년경 도거랜드 수렵 야영지의 생활상 복원도. ⓒ Bob Brobbel.

바꾸었으리라. 매서운 겨울 폭풍은 해일과 이례적으로 높은 밀물을 불러왔을 것이다. 사구는 사람들이 즐겨 찾던 습지를 잠식했을 것이다. 물은 가차 없었고, 계속 침입해 들어올 뿐 결코 후퇴하는 법이 없어서 단 몇 년 만에 기존의 만조선이 간조선이 될 정도에 이르렀다. 한때 눈에 확 들어오던 등성이는 얕은 물로 둘러싸인 섬이 되었다. 바닷물이 상승하면서 무리도 저마다 더 제한된 영역에 쉽게 적응하거나 더 높은 지대로 이동했다.

도거랜드는 점점 커지는 호수가 여기저기 흩어져 있고, 해수면이 상승하면서 경사도가 줄어들고, 유속이 점점 느려지며 강둑 너머로 범람하는 강이 곳곳으로 흐르는 물의 세계로 점차 변해갔다. 세기가 지날수록 습지대는 사라지고 북해는 점차 복잡한 다도해가 되었다. 섬 가운데 가장 큰 것은 도거 힐스로, 도거랜드의 나머지 부분이 사라진 뒤에도 오랫동안 수면 위에 남아 있었다. 그 무렵 대부분의 사람들은 오늘날의 저지대 지방이나 브리튼 섬인 고지대로 옮겨갔다. 갈수록 도거랜드는 민간의 기억으로만, 한때 공경받는 선조들이 살았던 사라진 영역으로 남게 되었으리라. 맹렬한 폭풍우와 짧고 가파른 물결이 이는 잿빛의 혼탁한 바다는 사자死者, 먼저 온 자들의 안식처가 되었다. 더 높은 지대에서 발견한 증거들을 바탕으로 유추한 내용이 믿을 만하다면 그 죽은 자들은, 적어도 일부는 바다 한가운데 섬에 묻혔다. 바닷물이 차오르고 섬이 사라지면서 죽은 자들도 구전 전통과 민간전승으로만 기억되는 먼저 간 자들의 영역으로 들어갔다. 영국 남서부 서머싯에 그러한 매장지가 있는데 그곳의 수렵인들은 죽은 자를 서머싯 레벨스라는 습지대 한가운데 낮은 섬에 묻었다.

1만 년 뒤 기원전 5500년경이 되자 도거랜드는 북해가 되었다. 도거 힐스의 마지막 부분도 물에 잠겨 사라졌다. 이제는 바다가 된 곳의 이전 거주민들은 오래전에 더 높은 지대로 옮겨갔지만, 그들 중 다수는 여전히 점진적으로 물에 잠기는 해안선과 근처의 하구에 남아 있었다. 인구가 가장 조밀한 곳은 발트 해 연안과 특히 덴마크였는데, 덴마크에는 얕은 물속과 더 높은 지대에 버려진 야영지 수백 군데가 남아 있다. 그렇게 침수된 장소들은 고기잡이 그물과 통발 같은 좀처럼 보존되기 힘든 고고학적 유물과 사슴뿔, 뼈, 나무 창, 심지어 노와 보기 드문 통나무 카누를 발견할 수 있는 보물 창고임이 드러났다. 덴마크의 울케스트룹 유적지에서 사람들은 호수 옆 늪지 안에 자리 잡은 이탄 섬에서 나무껍질과 나무로 바닥을 깐 커다란 오두막을 짓고 살았다. 한 오두막은 한때 카누들이 정박했던 곳에 가까이 있었다. 이들은 도거랜드 피난민들이 그랬던 것처럼 물고기와 연체동물, 물새를 잡으며 인근의 얕은 물과 습지대에서 번

바다의 습격

성했다.

온난화가 계속되면서 사람들이 가장 선호하는 해안 지대에서 인구가 증가했다. 수렵 영역은 점점 더 줄어들었다. 예를 들어 스웨덴 남서부 해안 근처에 있던 세게브로 정주지는 이제 짠물 속에 잠겨 있다. 거주민들은 연중 그곳에서 살았지만 주로 봄과 여름철에 거주했다. 그들의 유골을 탄소동위원소로 분석한 결과, 물고기와 해양 포유류가 식단의 60퍼센트까지 차지했음을 알 수 있다. 무려 66종의 동물 유해가 유적지에 남아 있었다.

마침내 도거랜드가 침수된 지 약 1,000년이 지난 기원전 4600년에 이르자 많은 수렵 집단들은 다소 정주의 성격이 짙은 생활을 하게 되는데, 그 기간이 종종 한 번에 몇 달씩 이어지곤 했다. 상승하는 바닷물 때문에 최상의 수렵지가 줄어들면서 영역들은 더 줄어들고 경계는 더 철저하게 구분되었다. 가장 풍요롭고 환경적 다양성이 높은 곳에서 인구밀도가 더 높아지면서 그곳의 사회들은 더 복잡해졌고, 문화적 차이들이 더 큰 중요성을 갖게 되기라도 한 듯 인공물과 예술 양식도 더 다양해졌다. 차이는 존재했겠지만 이웃하는 집단들이 꽤 거리가 멀었는데도 도구 제작용 돌 같은 상품을 교환하는 등의 교류를 했음을 보여주는 흔적이 존재한다. 그와 동시에, 인구가 점점 밀집하면서 식량을 찾으려는 노력이 강화되었다.

식량을 얻기 위한 활동의 강화는 귀중한 식량 자원을 차지하기 위한 경쟁이 치열해진 이 변화하는 세계에서는 불가피한 것이었다. 이웃들은 서로 인근의 굴 군락지나 어장에 눈독을 들였다. 사냥꾼들은 봄이나 가을에 작은 호수에 머무는 철새를 잡을 권리를 두고 다퉜다. 연어가 다니는 시내와 장어가 풍부한 만의 소유권은 틀림없이 반목과 이따금의 폭력 사태로 이어졌을 것이다. 사람들은 더 이상 훌쩍 떠나 임자 없는 땅을 탐험할 수 없었다. 이제 이웃 집단이 가까이 존재했고, 사람들이 선조들의 땅 가까이에 뿌리를 내리고 이럭저럭 영구 정착지를 건설하게 되면서 영토의 경계는 갈수록 신성불가침이 되었다. 때로는 찾아다닐 만한 식량이 충분하지 않았을지도 모른다.

정착 생활을 하게 되면서 많은 공동체들은 죽은 자들을 공동묘지에 묻었다. 덴마크의 베드베크 보게바켄에 있는 기원전 5000년경의 공동묘지에는 다양한 연령의 시신 22구가 얕은 무덤에 안장되어 있다.[13] 일부는 끔찍한 죽음을 맞았는데, 그중 한 명의 목구멍에는 뾰쪽한 뼈 촉이 박혀 있었다. 몇몇 매장지들로 이 변화하는 물가를 따라 발생한 폭력의 실상을 완전하고 정확하게 알 수는 없겠지만 바다가 육지를 공격적으로 압박해오는 세계에서 갈등—심화되는 인구 집중으로 인한—의 흔적은 볼 수 있다. 예전보다 돌아다닐 수 있는 수렵 영력이 훨씬 줄어들었다. 수천 년 동안 도거랜드 수렵인들은 바다의 상승에 직면하면서 지속적으로 이동했다. 이제 그들의 시원적 고향은 미니먼 인간 기억의 저편으로 사라졌다. 그러나 여전히 공격해오는 바다는 그들의 까마득한 후손들이 한곳에 정착해서 더 다양한 식량을 개발하도록 강요했고, 일부를 경쟁과 폭력으로 내몰았다.

수천 년 동안 수렵채집인으로 구성된 희박한 인구는 말 그대로 자신들의 문지방 앞에서 넘실대는 대양과 복잡 미묘한 미뉴에트를 춰왔다. 마른땅과 늪지가 수중으로 사라지면서 규모가 큰 집단조차도 모두가 선호하는 물가에서 단 몇 년만 머무르고 다른 곳으로 떠나곤 했다. 세대의 기억과 소중한 구전 전통은 환경 변화가 아니라 이동에 의해 규정되는 삶의 방식의 근간이 되었으리라. 이제 일상생활의 조건들이 변화하고 있었다. 사람들은 몇십 년씩, 심지어 몇 세기씩 거주하는 더 큰 정주지에서 살았다. 그들은 공격해오는 바다에 대해 이주라는 방법으로 계속 대응할 수 있었지만, 많은 이들이 조상 때부터 이어져온 수렵 영역과 어장에 대한 관계로 규정되면서 복잡한 사회적 현실과 얽혀 그 대응 과정은 더 복잡다단해졌다. 이런 변화들 속에서 우리는 좀 더 많은 사람들로 북적이는 세계에서 해수면 변화에 대한 인간의 상존하는 취약성의 첫 신호를 감지할 수 있다.

3

에욱시네와 타메후

[흑해, 나일 강]

기원전 5500년, 터키의 마르마라 해. 강한 겨울 폭풍이 좁은 해협에 불어닥친다. 거대한 파도가 우레와 같은 소리를 내며 해협 상단에 낮게 자리한 모래사장에 부딪힌다. 물보라가 흩날린다. 폭풍이 거세지면서 협만의 수위가 상승한다. 높은 파도가 해안에서 거리가 떨어져 있는 작은 도랑들에 밀어닥쳤다가 물러가면서 좁은 협곡을 침식하고 유입구를 형성한다. 바람이 잦아들고 파도가 물러가자 지중해와 훨씬 아래에 위치한 거대 호수를 분리하는 태곳적 등성이는 그 어느 때보다 좁아진다. 봄마다 현지의 농부들은 가축을 데리고 줄어들고 있는 모래턱을 건너 서쪽의 더 높은 지대로 향한다. 그리고 가을이 되면 다시 까마득한 옛날부터 이용했던 길을 따라 돌아온다. 가축들이 길을 가득 메우는 가운데 양치기는 한참 아래쪽에 있는 잔잔한 물결이 이는 호수의 푸른 물과 겨울 목초지를 풍요롭게 만드는 호숫가의 푸른 풀밭을 내려다본다.

해가 지날수록 협곡은 점점 좁아진다. 폭풍이 몰아칠 때마다 해수면이 미세하게 상승하면서 침식은 계속된다. 거친 파도가 해변과 모래 절벽을 조금씩 먹어치운다. 그런 다음, 커다란 폭풍우가 가장 거세게 몰아닥칠 때 거친 쇄파 때문에 바닷물이 쇄도하면서 반대편 등성이까지 들이닥친다. 이미 둔덕은 무너져버렸고 물길이 형성된다. 파도가 칠 때마다 도랑은 깊어지며 마침내 날씨가 고요할 때조차 바닷물이 도랑을 통과해 흘러든다. 이제 가차 없는 중력이 작용할 차례다. 유입구는 더 깊고 넓게 흐르는 짠물의 어귀outlet*가 된다. 며칠 사이에 도랑은 급류가 되었다가 시속 90킬로미터가 넘는 속도로 흐르는 세찬 폭포수로 변한다. 물이 둔덕을 더 깊이 파고들수록 유속은 더 빨라진다. 계산에 따르면 오늘날 맨해튼을 거의 1킬로미터 깊이로 침수시킬 만큼 많은 물이 매일 흘러갔다. 몇 주 만에 에욱시네 호수의 수면은 급격히, 아마도 하루에 15센티미터씩 상승한다. 2년간 물이 유입된 뒤 에욱시네 호수는 지중해의 해수면과 같은 높이까지 채워지고, 오늘날 흑해로 알려진 짠물의 바다가 되었다.

후빙하기 동안 지중해(때로 중간해the Middle Sea로 불린다)는 영하의 기온과 혹한을 불러오는 매서운 북풍이 종종 몰아치는 쌀쌀하고 훨씬 작은 바다였다. 대부분의 기간 동안 해수면 상승은 일정하고 급격하지 않아 연안 부족들에게는 기껏해야 한 세대 정도의 영향을 미치는 변화를 가져오는 정도였다. 하지만 에욱시네 호수의 침수는 그와 달리 잠재적으로 파국을 불러일으킬 수 있는 규모의 지질학적 사건으로, 도거랜드의 침수보다 훨씬 더 삶에 위협적인 일이었다. 우리는 미세한 규조류와 다른 단서들에서 물의 염도 변화 추이를 보여주는 심해 코어**를 통해 이 침수에 대해

---

* 호수, 못 등에서 흘러나오는 수로.
** 기다란 튜브로 구멍을 뚫어 해저에서 채취한 침전물의 원상 표본.

바다의 습격

알고 있다. 또한 우리는 이 침수가 대서양 반대편에서 발생한 사건, 다시 말해 캐나다 북부를 덮고 있던 거대한 로렌타이드 빙상이 마침내 붕괴하여 발생했다는 것도 알고 있다. 1만 5,000년 전부터 빙하는 급속히 후퇴하고 있었고, 기온 상승에 직면해 지구의 해수면 높이는 상승하기 시작했다. 그리고 기원전 6200년경, 엄청나게 축적된 융해수는 마침내 줄어드는 빙상의 기반을 약화시켰다. 로렌타이드 빙상이 내부에서 붕괴한 것이다. 커다란 빙하호 아가시 호수에서 흘러나온 막대한 양의 융해수가 북대서양과 멕시코 만으로 쏟아져들어갔다. 해수 온도는 급속히 낮아졌다. 멕시코 만류를 북대서양으로 실어가는 거대한 해양 순환이 느려졌다.[1] 느려진 순환은 마치 전등 스위치처럼 유럽과 동지중해에 비를 내리는 습윤한 서풍을 약화시켰다. 발칸 지역과 동지중해는 심한 가뭄을 겪었는데, 4세기 정도 지속된 한랭 건조한 기후 속에서 호수가 바닥을 드러내고 강과 시내가 말라가면서 많은 농경 사회가 마을을 버려야 할 정도였다.

이것이 빙하기가 끝난 뒤 유럽과 중동 지방에 영향을 미친 첫 혹한기는 아니다. 유사한 사건인 영거 드라이아스기 역시 빙하가 녹아서 야기된 것으로, 6,000년 전에 적어도 부분적으로 멕시코 만류를 차단했고, 훨씬 오랫동안, 적어도 10세기 동안 지속된 한파와 가뭄을 불러왔다. 그 긴 가뭄 주기 동안 중동 지역의 수렵 사회는 견과류와 들풀에 대한 철저한 의존에서 벗어나 곡물을 재배하고 동물을 가축으로 길들였다. 농경으로의 전환은 줄어드는 목초지에 대한 전적으로 당연한 대응으로, 결코 쉬운 일은 아니었겠지만 인류의 역사에 혁명을 가져왔다. 혹한기와 그에 동반한 가뭄이 잦아들자 새로운 농업 경제활동은 중동 전역과 동지중해 연안을 따라 급속히 확산되었다.[2] 농부들은 쉽게 경작할 수 있는 옥토를 열심히 찾았고, 많은 경우 강 주변의 범람원과 호수 근처에서 구할 수 있었다. 그들은 그곳에서 번영을 구가했다. 하지만 한랭 기후가 또다시 찾

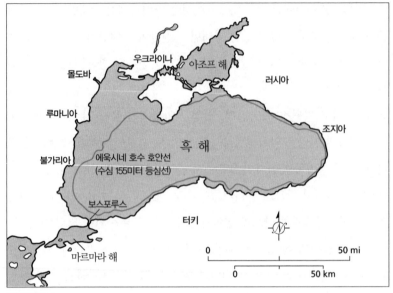

에욱시네 호수.

아오자 가뭄이 이어졌고, 결국 많은 마을들은 귀한 영구적 수원을 중심으로 뿌리를 내리게 되었다. 북쪽의 빙하가 녹은 물이 거대한 분지에 고여 생성된 에욱시네 호수의 물가도 한때 그러한 피난처였을 것이다.

에욱시네 호수는 오늘날의 터키 남쪽에 위치한 아나톨리아 고원보다 900미터 정도 낮았는데, 고원에는 이미 여러 세기 전에 농부들이 정착해 있었다. 어쩌면 호수 분지는 거대한 오아시스였을 것이다. 호안의 기온은 한랭한 세기 동안 다른 지역보다 제법 높았을 것이며, 물은 풍부하고 토양은 비옥했을 것이다. 심해 코어에서 추출한 꽃가루 입자는 호수 주변의 호안평야가 초원과 스텝 지대를 지탱했다는 것을 보여준다. 이곳에서의 농경에는 돌도끼만 있는 사람들에게는 만만찮은 과업인 대규모 삼림 개간이 필요하지 않았다. 다른 어느 지역보다 에욱시네 호수 주변으로 가장 많은 인구가 집중되었을 것이다. 그들은 옹기종기 모여 있는 진

바다의 습격

흙 벽돌집들이 좁은 골목으로 연결되어 있고, 군데군데 들판과 목초지가 둘러싸고 있는 작은 마을에서 살았을 것이다. 간혹 규모가 더 큰 공동체도 있었을 텐데, 그런 공동체는 특히 도구 제작용 돌 같은 귀중한 상품의 원산지와 가까운 장소에 자리 잡았을 것이다. 그들은 또한 같은 시기 멀리 중동 전역에 걸쳐 살고 있던 사람들처럼 조상들의 시대부터 몇 세대에 걸쳐 농사를 지어온 땅과 긴밀한 유대 관계를 맺고 있었으리라.

이들은 한곳에 뿌리 내린 농부였겠지만 먹을 것이 풍부하지 않은 단경기端境期에는 사냥과 고기잡이, 채집에도 의존하면서 후대보다는 사람들이 덜 붐비는 풍경에서 살아갔다. 그들의 농업은 쉽게 갈아엎을 수 있는 가벼운 토양으로 이루어진 땅뙈기를 주의 깊게 골라 경작하는 일에 달려 있었는데, 인위적으로 나무를 베어내지 않은 광범위한 땅, 야생식물과 사냥감 등 먹을 것이 풍부한 풍경이 정주지를 둘러싸고 있었다는 뜻이다. 이는 그들에게 작물이나 저장한 곡물 말고도 다른 식량으로 상당 기간 동안 생존을 유지할 수 있는 유연성을 제공했다. 하지만 갑작스러운 기후변화가 모든 것을 흔들어놓았다.

기원전 5800년경, 로렌타이드 빙상 융해의 효과가 줄어들면서 멕시코 만류도 정상적인 순환을 재개했다. 더 온난한 서향 기류가 다시 지중해 전역에 흐르기 시작했다. 고기압이 아조레스 해에 자리를 잡았다. 지속적인 서풍은 유럽 전역에서 기온을 상승시켰고 2,000년간 지속된 "기후 최적화"로 이어졌다. 기원전 6000년이 되기 전, 이미 농경 사회는 에게 해에서 헝가리 대평원과 도나우 강 유역으로 옮겨왔다. 그들은 더 온화한 기후 조건에서 번성하여 그리스 북부와 오늘날 불가리아 지방 사람들은 여러 세기 동안 한곳에 거주할 정도였다.[3]

그와 같은 온난한 기후 조건은 로렌타이드 빙상이 붕괴하면서 다량의 물이 대양으로 유입됨에 따라 지중해 전역에서 다시금 해수면 상승을 초래했다. 한랭한 세기 동안 지중해는 현재 높이보다 15미터가량 낮았다. 기원전 5600년경, 상승하는 바닷물은 마르마라 해와 건너편에 그보다 150미터가량 낮게 위치한 빙하 호수 에욱시네를 분리하는 자연 제방에 넘실대고 있었다. 그다음에 일어날 수밖에 없는 불가피한 일은 분명해졌다. 제방이 뚫리고 에욱시네 호수는 소금기를 띤 바다가 되었다.[4]

바닷물에 잠긴 에욱시네 호수는 진정으로 획기적인 환경 변화였다. 호수 주변에서 살아가던 농부들에게 그 결과는 어땠을까? 우리는 호수의 물이 차오르기 시작하고 매일같이 물이 점점 짠맛을 띠어가면서 일어난 갑작스러운 혼란을 상상할 수 있다. 쇄도하는 바닷물은 호숫가 늪지대를 완전히 물에 잠기게 하고 재배 중인 작물을 덮쳤을 것이다. 카누 상륙장은 며칠 만에 사라졌을 것이다. 강의 삼각주들은 흙탕물에 침수되었으리라. 수천 마리의 죽은 물고기가 이제는 소금기를 띤 물 위로 둥둥 떠올랐을 것이다. 얼마 안 있어, 가옥 아래 저장 단지를 묻어놓은 오래된 마을들은 범람한 바닷물 아래 사라졌으리라. 속수무책인 마을 주민들에게 소지품을 챙기고, 저장 단지를 비우고, 더 높은 지대로 가축을 몰아갈 시간이 조금은 있었을 것이다. 하지만 얼마나 많은 시간적 여유가 있었든 간에 많은 공동체가 새로운 마을을 건설하고 상승하는 호수로부터 멀찍이 떨어져 새로운 땅을 개간할 때까지 틀림없이 굶주림에 시달렸으리라. 공경하는 조상들이 지켜주던 땅이 영원히 사라져버렸기 때문에 심리적 측면에서도 이주는 깊은 정신적 상흔을 남겼을 것이다.

호숫가 삶의 역학은 완전히 바뀌었다. 한때 호수로부터 한참 물러나 있던 마을들은 이제 만 안쪽이나 노출된 해안가에 위치하게 되었다. 그보다 앞서 틀림없이 많은 공동체들이 무수한 작은 강과 개울을 따라 들어서 있었을 것이고, 그 강과 개울을 따라 내륙으로 들어가면 끝없는 숲이라는 미지의 세계가 펼쳐졌을 것이다. 그들은 더 가벼운 토양과 더 쉽

바다의 습격

게 개간할 수 있는 땅뙈기를 찾아 가축을 몰고 내륙으로 이주해 사방으로 퍼져나갔으리라. 몇 세대 만에 이 농경인들 가운데 일부는 불가리아 평원에 출현했고 도나우 강 유역을 따라 전에 결코 발 디딘 적 없던 중유럽 심장부에 진입했다. 인류 역사에서 가장 의미심장한 인구 이동 가운데 하나였던 이 사건을 통해, 상승하는 흑해 때문에 삶의 터전을 잃은 농경인들의 후손은 헝가리 서부에서 북해에 이르기까지 경작하기 쉬운 빙하 퇴적토와 강 유역에 정착하게 되었다.

온난화와 해수면 상승으로 빙하기 지중해가 현재 높이에 근접하기까지는 약 1만 년이 걸렸다. 기원전 5000년경이 되자 해안선은 현재의 높이 근처에서 기본적으로 안정되었다. 물론 강의 유속이 더 느려지고 봄 홍수에 실려 내려온 토사가 수심이 깊은 앞바다까지 흘러가기보다는 해안 범람원에 퇴적되면서 수위가 더 높아지는 국면은 지속되었다. 지중해 세계 가운데 어느 곳에서도 이러한 효과가 나일 강 유역보다 두드러지게 나타난 곳은 없다. 하지만 오늘날의 이집트에 해당하는 지역에서의 변화는 에욱시네 호수에 바닷물이 유입되었을 때와 달리 수천 년에 걸쳐 전개되었다.

1세기 전, 1960년대에 아스완 댐이 건설되어 토사 퇴적층을 감소시키기 훨씬 전에는 이집트 해안에서 멀리 떨어진 앞바다에서까지 나일 강의 존재를 감지할 수 있었다. 깊게 켜켜이 쌓인 토사와 강바닥 진흙은 연안의 물 색깔을 결정했을 뿐 아니라 먼 앞바다까지 뻗어 있었다. 방랑벽이 있었던 저 그리스인 여행가 헤로도토스는 실제로 25세기 전에 바다에서 나일 강으로 접근하는 경험을 했다. "이집트 지리의 물리적 특성은 이러하다. 바다를 통해 그 나라에 접근할 때, 육지까지 여전히 하루가 걸리는 거리에서조차 측심줄을 물에 넣으면 11패덤(20미터) 깊이에서 진흙을 퍼 올릴 수 있다. 이렇게 먼바다에까지 토사가 많다는 것을 알 수 있다."[5] 북풍이 탁월풍(우세풍)일 때 낮은 해안가에 상륙하는 일은 뛰어난 판단력을 요구했다. 헤로도토스는 분명 선장이 연안까지의 거리가 얼마나 남았는지 측정하기 위해 끝에 밀랍을 바른 측심줄을 이용해 강의 토사를 끌어 올리는 모습을 지켜보았을 것이다.

육지에 서서히 접근하면서 헤로도토스와 다른 승객들은 긴 모래사장과 이따금 눈에 들어오는 야자나무가 아른거리는 낮게 자리 잡은 해안선을 응시했으리라. 나일 강 삼각주는 고대의 경이를 기대하면서 용기 있게 바다를 건너온 여행객들에게는 김빠지는 결말이었다. 이 단조로운 해안에 돌로 지은 신전이나 거대한 기념비 따위는 없었다. 물론 그들의 목적지이자 곧 고전 세계 최대의 도시 가운데 하나가 될 성장일로의 알렉산드리아에는 경이로운 볼거리가 많았지만 말이다. 여러 세기 뒤에 크림 전쟁에서의 간호 활동으로 유명한 플로렌스 나이팅게일은 1849년 이곳의 주변 풍경에 대해 적절하게 묘사했다. "짙은 물빛, 거대하고 단조로운 평평한 들판, 변두리 여기저기에 띠 모양으로 늘어선 대추야자가 전부다."[6] 사람들은 당나귀나 보트에 올라타고 관개 운하와 작은 밭, 마을로 이루어진 평탄한 장애물 코스를 가로질러 이동한다. 경이로운 여름 홍수와 더불어 나일 강을 둘러싼 전설은 헤로도토스 시대에 이르러 이미 널리 퍼져 있었지만 강에는 원양 항해선으로 북적이는 장관을 연출하는 하구가 없었다. 대신 강은 지중해 해안으로부터 상류로 거슬러가는 데 여러 날이 걸리는 거대한 부채꼴 삼각주로 탈바꿈해 점차 사라진다.

헤로도토스는 이집트에서 아주 즐거운 시간을 보냈다. 그의 『역사』는 사실과 공상이 기가 막히게 혼합된 이야기로 나일 강 유역을 휘감는다. 그는 죽은 자를 미라로 만드는 고대 이집트의 풍습은 바르게 묘사한 반면 기자의 피라미드는 쿠푸 왕의 딸이 매춘으로 번 돈으로 건축된 것

바다의 습격

이라는 공상적 이야기를 늘어놓으며, 잘 속는 관광객들을 등쳐먹는 사제들이 들려주는 온갖 종류의 소문과 쑥덕공론을 기록해놨다. 그러나 그 모든 허풍에도 불구하고 그는 이집트와 그곳 사람들이 나일 강의 여름 홍수와 그 거대한 삼각주의 옥토에 의지하고 있음을 깨달았다. 나일 강 유역에서의 삶은 홍수와 끊임없이 변화하는 해수면으로 특징 지워지는 환경과 균형을 잡는 까다로운 행위를 중심으로 돌아갔다. 헤로도토스는 마치 예언을 하듯 만약 나일 강이 삼각주로 더 이상 물을 대주지 않는다면 사실상 비가 내리지 않는 이집트의 사람들은 그리스인들처럼 기아의 고통을 겪게 될 것이라고 언급했다.

남쪽에서 북쪽으로 거의 수직으로 흐르며, 총연장 6,650킬로미터에 이르는 나일 강은 세계에서 가장 긴 강이다. 북쪽에 이른 나일 강은 지구에서 가장 건조한 풍경의 일부를 통과해 흘러간다.[7] 헤로도토스의 시대에는 아무도 나일 강의 길이가 어느 정도인지, 또 그 수원은 어디에 있는지 몰랐다. 초여름이면 범람한 나일 강의 물이 지중해에서 남쪽으로 약 1,127킬로미터 떨어진 오늘날의 아스완, 즉 이집트의 국경 지대 도시 스웨넷 위쪽에 위치한 나일 강 제1급류에 마법처럼 도달했다. 울퉁불퉁한 화강암 노두 위로 물이 넘쳐흐르면서 얼마나 땅이 요동치는지 이집트인들은 강이 급류 아래의 광대한 지하 동굴에서 시작된다고 믿을 정도였다. 그들은 사막 코끼리의 상아 무역과의 연관성 때문에 엘레판틴 섬이라고도 불리는 하중도 아부 섬에 있는 비의 신 크눔에게 제물을 바쳤다. 눈금이 새겨진 기둥으로 된 이곳의 나일 수위계는 사제들과 관리들이 임박한 하류의 홍수 수위를 가늠할 수 있게 해주었다.

급류에서부터, 좁고 푸른 나일 범람원은 마치 화살처럼 동부 사하라 사막을 가로질러 통과한다. 고대 이집트는 거대한 연꽃 같은 모양새다. 줄기는 상上이집트의 좁은 계곡을 통과한 다음 하下이집트의 부채꼴 삼각주에서 꽃을 피우는데, 하이집트는 파라오들에게 타메후, 즉 "물에 잠긴 땅"으로 알려져 있었다(나일 강은 남쪽에서 북쪽으로 흐르기 때문에 상이집트가 남쪽에 있는데, 많은 이들에게 혼란을 일으키는 명칭이다). 오늘날의 카이로(중세 이슬람 도시) 인근 지역에서부터 단조로운 지형 사이로 삼각주가 극적으로 펼쳐진다. 마치 다른 나라로 들어가는 느낌이다. 그래서 고대인들은 자신들의 나라를 두 왕국이라고 불렀던 것이다. 나일 강은 지중해 연안에 가까워지면서 한때 광범위했던 늪지대와 소금기를 띤 석호가 되어 점차 모습을 감추는데, 이를 이집트 학자 토비 윌킨슨은 "마른땅과 바다 사이에 자리 잡고 변화하는 풍경"이라고 불렀다.[8] 여기서 한때 주민들은 무수한 새 떼가 모여 있고 얕은 개울에는 메기가 노니는 무성한 갈대밭으로 둘러싸인 좁은 둑길을 따라 마을에서 마을로 이동했다.

상나일과 하나일 간의 경계는 고대 이집트인들이 두 왕국의 저울이라고 부른 지역으로, 이곳에서 나일 강은 단선적인 계곡에서 무수한 지류로 분기한다. '저울' 지방은 초대 파라오 나르메르가 기원전 3000년경 두 왕국을 단일 왕국으로 통일했을 때 이집트 행정의 중심지가 되었다. 파라오들은 인근의 멤피스에서 3,000년 동안 왕국을 다스렸다. 파라오들이 사막 끄트머리에 세운 일련의 피라미드들은 고대 수도의 서쪽 사막 절벽의 가장자리를 따라 거의 32킬로미터 정도 뻗어 있다. 수도가 왜 두 왕국의 저울에 위치했는지 궁금하다면 이 점을 생각하면 된다. 타메후는 5,000년이 넘는 기간 동안 이집트의 곡창지대였던 것이다. 오늘날 이집트에서 거주 가능한 땅의 3분의 2에 상당하는 삼각주의 들판은 이집트 농업 생산량의 3분의 2를 제공한다. 3,000년 전에도 파라오들은 백성을 먹이기 위해 이 땅에 의존했고, 따라서 그들은 왕국의 수도를 곡창지대 가까이에 두었다. 그들은 또한 타메후가 자신들 영토의 북쪽 경계인 지중해로부터 공격받고 있다는 것도 잘 알고 있었다.

바다의 습격

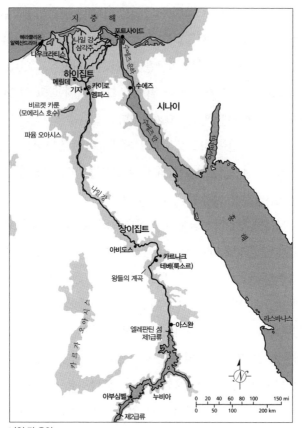

나일 강 유역.

나일 강 삼각주는 세계에서 가장 넓은 삼각주 중 하나다. 삼각주는 지중해 해안을 따라 240킬로미터 정도를 아우르며 카이로 인근에서 위쪽으로 약 160킬로미터 뻗어 있다. 이것은 밑면이 둥그런 역삼각형 모양(부채꼴 형태)의 삼각주다. 삼각주는 해수면 상승에 언제나 취약했는데 육지와 바다가 만나는 장소이기 때문이다. 오늘날 삼각주의 가장 바깥쪽 가장자리는 탁월풍과 겨울 폭풍이 몰고 오는 파괴적인 파도 때문에 깎여나가고 있다. 곳곳에서 해안선이 바다 쪽으로 1년에 91미터씩 전진하고 있다.

전문가들은 2025년이 되면 해수면이 30센티미터 상승할 것으로 내다보는데, 그렇게 되면 약 200제곱킬로미터의 농경지가 침수될 것이다. 나일 강 삼각주는 천천히 소금기를 머금은 불모지가 되어가고 있다. 하지만 이집트의 8,000만 인구 가운데 약 절반이 그 지역에 살고 있으며, 농업 인구만 1제곱킬로미터당 평균 1,000명이다.

오늘날 조밀한 인구에도 불구하고 타메후는 지질학적으로 젊은 땅이다.[9] 1만 8,000년 전, 후빙하기의 나일 강은 오늘날보다 훨씬 낮은 지중해로 흘러들어갔다. 삼각주 퇴적물과 그 아래 기반암에서 추출한 심해 코어 표본은 해안선이 오늘날보다 적어도 50킬로미터 더 북쪽에 있었음을 가르쳐준다. 당시에 나일 강은 무수한 작은 물길로 나뉘는 충적 평야를 가로질러 흘렀다. 그 시절 빠르게 흐르는 강물은 미세한 토사를 실어와 평야에 쌓았다. 당시에 우리가 나일 강 어귀를 방문했다면 오늘날의 푸르른 범람원과 뚜렷하게 대비되는 사막과 비슷한 부드럽게 굽이치는 땅을 목격했을 것이다. 우리의 발은 여름 홍수가 실어온 굵은 자갈을 밟았을 터이다. 나일 강 자체도 오늘날보다 가파른 경사를 따라 맹렬하게 흘렀을 것이다. 홍수기에 일부 강물은 얕은 침강 지대로 흘러넘쳐, 생장이 늦어진 그곳의 풀은 물이 빠져나간 뒤에도 남아 있는 습기에 의지해 자랐을 것이다. 그러나 그곳은 심지어 물가마저도 황량하고 사람이 살기 힘든 지형이었을 것이다. 석호와 호수는 나중에 생성되었기 때문이다.

기원전 7500년경 이후로 해수면은 급속하게 상승했다. 지중해가 드넓은 해안 지대를 침수시키고 넓은 지역에 바닷모래를 쌓으면서 불안정하고 지속적으로 변하는 해안선은 남쪽으로 이동했다. 그러나 강바닥 경사면이 점점 덜 가팔라지는데도 사람들은 여전히 고운 강 토사보다는 자갈을 밟았을 것이다. 해안선 일대는 강과 그 지류들을 제외하고는 여전히 물을 볼 수 없는 모래 해변과 바람에 흩날리는 사구로 이루어진 황량한 불모지였을 것이다. 기원전 5500년경 해수면 상승 속도가 느려지면서 페르시아 만에서도 그랬듯 커다란 변화가 찾아왔다. 이제 훨씬 더 느려진 나일 강은 오늘날 카이로 인근에서 고이기 시작했다. 여기, 두 왕국의 저울에서 연꽃 줄기—비교적 좁은 계곡—는 이제 드넓은 삼각주, 긴 식물의 꽃으로 활짝 피어났다. 물이 고이고 이제 훨씬 느리게 흐르는 나일 강은 하도를 따라 엄청난 양의 토사를 실어 날랐고, 삼각주는 기본적으로 오늘날과 같은 형태를 띠게 되었다. 이제 수십 개의 크고 작은 물줄기로 갈라진 강은 바다로 이어졌다. 범람기에 불어난 물은 삼각주 전역으로 흘러넘쳐 실질적으로 지역 대부분을 침수시켰다. 한편 삼각주 서부에 있는 나일 강의 세베네틱 지류^{Sebennetic}는 많은 양의 굵은 모래를 해안으로 실어 날라 광범위한 모래 제방, 다시 말해 상승하는 해수면에 맞서는 일종의 자연 방벽을 형성했다. 이제 극소수의 수렵채집인들이 평탄한 지형에 정착했을 것이다. 평지라기보다는 해안선 뒤에 생성된 광범위한 석호와 호수, 늪지대로 이루어진 풍경이었다. 남부 메소포타미아와 마찬가지로 이곳에서도 광범위한 습지는 소수의 인간만이 아니라 대$^\curvearrowright$나일 유역의 비행길을 따라 철마다 이동하는 물새를 끌어당기는 자석으로 작용했다. 물고기와 식물 식량이 풍부하고 집과 카누를 짓는 데 쓰는 갈대도 풍부한 해안 수로들은 곧 사냥꾼을 끌어들였고, 얼마 지나지 않아 농부와 목축인도 유혹했다.

인간이 삼각주에 정착하는 가운데 강과 바다가 초래한 변화는 줄어들었다. 기원전 4500년에 이르렀을 때 지중해는 여전히 지금의 해수면보다 약 10미터 낮았고, 강의 경사도는 오늘날보다 다소 가팔랐으며, 기후도 다소 습했다. 그러나 기원전 2000년경 기후가 상당히 건조해지면서 해수면 상승은 더 느려졌고, 삼각주의 경사도 완만해졌다. 아직도 무려 다섯 개의 지류가 해안을 따라 대량의 토사를 실어 날랐다. 2,000년 뒤, 대략 예수가 활동하던 시대에 해수면은 현재 높이보다 약 2미터 낮았을 뿐이다. 광범위한 습지대는 갈수록 파도와 해수면 변동에 의해 형성되는 해안을 따라 번영을 이어갔다. 기후가 더 건조해지자 해안의 석호와 호수는 물고기와 물새, 여타 식량의 주요 공급원이 되었다.

해수면 상승과 강의 토사가 타메후와 그 습지대를 형성했지만, 궁극적으로 삼각주와 이집트 전부를 정돈된 오아시스라고 부를 수 있는 것으로 탈바꿈시킨 것은 인간이었다. 그 과정은 여러 세기가 걸렸고, 오늘날에도 계속되고 있다.

1만 5,000년 전, 빙하기가 끝났을 때 수단에서 지중해까지 나일 강 유역의 전체 인구는 1,000여 명에 불과했을 것이다. 그들은 나일 강 강둑을 따라 넓은 수렵 영역에 흩어져 작은 무리를 이루며 살았다. 해수면이 상승하고 강이 퇴적물로 계곡을 채우자 수렵 인구는 특히 인기가 많은 지역에서 증가했는데, 그 가운데 하나는 틀림없이 삼각주의 해안 습지대였을 것이다. 그러나 인간의 자취는 희미했을 것이다. 갈대밭 가장자리에 피운 모닥불에서 피어오르는 연기, 개 짖는 소리, 이따금 얕은 물에서 창으로 메기를 잡는 고기잡이가 전부였다. 삼각주의 사람들은 휴대가 매우 간편한 도구에 의지했고, 넓은 영역 안에서 철따라 이리저리 이동했다.

활짝 핀 연꽃인 삼각주는 훨씬 넓은 동지중해 세계에 열려 있었다. 동지중해 세계에서 농경이 시작된 것은 기원전 9000년 이전으로, 기원전 8000년 이후 지중해 전역으로 농경이 빠르게 확산되던 시기에 삼각주는 급속히 변화하는 해안선과 더불어 여전히 건조한 범람원이었다. 그러한 사실을 고려할 때, 기원전 5500년 무렵에 해수면 상승 속도가 느려지고, 범람한 물과 토사가 평평하고 척박했던 지역에 양분을 공급하기 전까지

바다의 습격

농경은 시도하기 어려운 기획이었을 것이다. 나일 강 어귀 근처에서 살아가던 대부분의 수렵 집단은 물고기와 물새는 물론 갈대와 다른 식물 식량이 풍부한 해안 뒤쪽 습지 가까이에 정착했을 가능성이 가장 크다. 강과 상승하는 바다 간의 상호작용으로 생성된 늪지의 풍부한 식량 자원은 길게 이어진 습지대 환경을 조성한 도거랜드와 남부 메소포타미아의 상황과 비슷했다. 유럽이든 지중해 연안의 육지든, 손만 뻗으면 구할 수 있는 습지대의 식량이 흉작에 대비한 예비 자원으로 기능하는 지형에서 농경은 사냥감, 물고기, 채집 식물로 구성된 식단을 보조하는 부대 활동으로서 시작되지 않았을까?

곧 농경은 인간 생활에서 보다 두드러진 역할을 하기 시작했다. 나일 강 세계는 1,000년 사이에 완전히 바뀌었다. 농경이 나일 강 유역의 고립된 세계로 언제 유입되었는지는 아무도 모른다. 결코 입증할 수는 없겠지만 깊이 퇴적된 토사 덕분에 이집트 최초의 농경 공동체가 삼각주 북부의 변화하는 풍경 가운데 타메후의 늪지대 가까이에서 발전했을 가능성이 가장 크다는 사실을 알 수 있다. 처음에는 변화가 별로 없었을 것이다. 고기잡이들은 매일 카누 위에 서서 고요한 석호에서 창으로 고기를 잡았으리라. 철새가 수천 마리씩 돌아오는 겨울이면 마을 주민들은 덫이나 활과 화살로 물새를 사냥했을 것이다. 삶은 몇 세기 동안 그런 식으로 돌아갔고, 갈대로 지은 오두막이 모여 있는 작은 마을 가까이에 개간된 땅뙈기가 군데군데 눈에 들어오는 것을 제외하면 여전히 그렇게 이어졌다. 그리고 겨울이면 그 땅에 심은 밀이 무르익었을 것이다. 남부 메소포타미아 늪지 아랍인의 선조들처럼(4장을 보라) 그러한 공동체는 좁은 물길과 울창한 갈대밭으로 바깥 세계로부터 보호받으며, 분명 여러 세기 동안, 아마 파라오의 시대가 오고 나서도 주변부 사람들로서 한참 번영했을 것이다.[10]

다른 곳에서도 농경은 곧 일상을 바꾸었다. 물고기와 사냥감은 여전히 중요했다. 새벽에 농부들은 돌촉을 단 화살로 물새를 잡으러 가거나 창을 들고 고기잡이를 나갔다. 모두가 여전히 갈대와 거친 섬유를 짜서 지은 낮은 반지하 집에서 살아갔다. 작은 논밭은 물 가까이에 있었고, 작물은 날카로운 돌날을 단 낫으로 봄에 수확했다. 곡물은 지하 구덩이에 저장되었고, 수천 년 뒤 고고학자들에 의해 종자가 발견되었다. 이 소박한 농경 정주지는 커다란 강을 따라 들어섰든 삼각주의 습지대와 호수 주변에 들어섰든 훗날 고대 이집트 문명의 정교한 체제를 지탱한 수천 개의 농촌의 원조였다.

삼각주의 잘 알려져 있지 않은 습지대 공동체 가운데 일부는 여러 세기 동안 번영했지만, 다른 농부들은 늪지에서 멀찍이 떨어진 삼각주에서 범람이 있은 후 몇 달 동안 작물을 재배하며 번영했다. 우리는 카이로 북서쪽의 메림데 베니살라메라에서 그런 마을의 모습을 살짝 엿볼 수 있다. 일찍이 기원전 4800년부터 인간이 거주한 그곳에서 농부들은 1,000년이라는 긴 세월 동안 정주했다.[11] 메소포타미아 최초의 농부들처럼(4장을 보라) 메림데 사람들도 현지의 원자재, 특히 갈대에 크게 의존했다. 그들은 타원형 바닥에 윗가지와 갈대를 엮어 지은 작은 오두막에서 살았다. 늪지대 근처에, 비바람에 시달린 크고 작은 집들이 둥그렇게 모여 있는 정주지를 그려보라. 작은 논밭에 둘러싸여 키 큰 갈대밭 안에 아늑하게 들어선 마을은 범람기에도 침수되지 않게 다른 곳보다 살짝 높은 지대에 자리했다. 무더운 늦여름에 강물이 물러가면 앞서 수확한 작물의 그루터기가 모습을 드러냈을 것이다. 물이 발목까지 잠기는 밭에 서서 사람들은 뒤지개와 돌날이 달린 괭이로 비옥한 흑토와 새로 퇴적된 토사를 갈아엎었다. 홍수가 아낌없이 베풀어준다면 파종한 지 몇 주 뒤에는 축축한 땅에서 푸른 밀 새싹이 솟아날 것이다.

바다의 습격

기원전 4000년에 이르자 삼각주 여기저기에 메림데 같은 작은 농촌 마을이 수십 개 형성되었고, 그곳의 삶은 나일 강 강물에 지배된 채 수세대 동안 변함없이 이어졌다. 늦여름이면 상류의 홍수로 불어난 물이 삼각주에 도달해 얼기설기 얽힌 무수한 지류 좌우로 흘러넘치고 수확을 마친 밭에 고였다. 홍수로 불어난 물이 빠지면 물속에 떠 있던 고운 토사가 개간지에 쌓였다. 대부분의 세월 동안 마을 주민들은 작은 도랑을 파서 좁고 긴 논밭에 물을 대고, 새 작물을 심기 위해 뒤지개와 돌날이 달린 괭이로 땅을 갈았을 것이다. 그리고 나면 작물을 심어 재배한 뒤 몇 달이 지난 후 수확을 하는 끝없는 순환, 심지어 홍수가 알맞게 일어난 풍년기에도 등골이 휘는 노동이 필요한 끝없는 순환이 계속되었다. 매년 일어나는 홍수는 땅에서 소금기를 씻어냈다. 강 토사는 토양을 비옥하게 하고 바닷물이 들어오는 것을 막았다.

마을들은 저마다 고립된 공동체처럼 보였지만 오래된 친족 관계와 복잡한 혼인 관계, 사회관계는 멀고 가까운 정주지를 서로 연결했다. 삼각주에 살고 있는 사람들은 모두가 습지대와 작은 들판 너머의 더 넓은 세상을 분명 알고 있었을 것이다. 이러한 인지는 카누를 타고 이동하며 더 큰 정주지를 방문한 여행자들로부터, 입에서 입을 통해, 그리고 때로는 멀리 수평선 너머에서 나일 강으로 실려온 윤기 나는 구리 장식과 도끼 같은 이국적인 물품의 형태로 가능했다.

타메후는 처음부터 나일 강과 수평선 너머의 세계, 그 둘 다와 결합된 사람들이 살아가는 교차로였다. 아마 삼각주를 방문한 최초의 무역상들은 시나이 반도 너머에서 당나귀를 타고 왔을 것이다. 그들은 안장 뒤에 매단 자루에 쉽게 담아올 수 있는 구리와 준보석, 도구 제작용 돌로 귀하게 여겨지던 빛나는 흑요석, 윤기 나는 구슬 같은 작은 이국적인 상품들을 가져왔다. 삼각주와 상류의 계곡은 야자나무 외에는 나무가 없었고, 모두가 바닥이 평평한 배를 타고 물길을 따라 이동하는 세계였다. 탁월풍인 북풍은 화물과 사람을 나일 강 상류의 도시와 소왕국으로 실어 날랐다. 강물의 흐름은 그들을 다시 하류로 데려갔다. 강을 따라 운행되던 이 배들 가운데 일부가 바다로 나가 해안을 따라서 힘겹게 동쪽으로, 전설적인 레바논의 삼나무가 이미 널리 귀중하게 여겨지는 곳으로 모험을 떠나는 것은 시간문제였다.

기원전 3500년이 되자 삼각주의 일부 정주지는 규모가 훨씬 커졌다. 지금은 카이로 교외의 땅 밑에 있는 마디의 18헥타르 규모의 마을과 공동묘지가 특히 이 시기 여러 유적지들 가운데 하나로 꼽힌다.[12] 일단 주민들은 농부와 목축인이었지만 정주지에서 나온 인공 유물은 그곳이 일종의 문화적 교차로였다는 것을 드러내 보여준다. 출토품은 상이집트와 사막에서 온 토기, 레반트에서 만들어진 것과 똑같은 석기와 무수한 구리 물품, 그리고 바늘 같은 단순한 인공물만이 아니라 돌날을 대체한 쇠붙이 도끼날, 시나이 반도 남동쪽 구석에서 온 광석까지 그 종류가 다양하다. 알렉산드리아에서 서쪽으로 95킬로미터 떨어진 또 다른 중심지에서는 이집트 사회가 특유의 신앙과 궁극적으로는 파라오 이데올로기를 발전시키면서 점점 증대되던 사회적 복잡성의 증거를 볼 수 있다.[13]

빙하기가 끝난 후 가장 극적인 해수면 변화는 도거랜드의 최종적인 침수와 더불어 베링 해의 단절과 아시아, 북아메리카 동부, 그 밖의 지역 앞바다에 있는 대륙붕의 침수로 절정에 달했다. 인류에게는 다행스럽게도 단 몇백만 명만이 지구에 살고 있었고, 거의 모두가 공격해오는 바다에 순응하는 수렵인, 채집인, 어로인이었다. 게다가 발트 해 연안처럼 인구가 더 조밀한 몇몇 지역들을 제외하면, 온갖 방식의 환경 변화가 두드러지며 따뜻해지던 당시의 세계에는 모두에게 충분한 공간이 있었다. 기원전 6000년이 되자 해수면의 상승 속도도 느려지기 시작했다. 에욱시네 호수의 침수 같은 드문 사건을 제외하면 극적인 환경 변화도 줄어들었다. 그럼에도 해수면 변화에 대한 우리의 취약성은 크고 작은 환경 변화와 꾸준한 인구 성장의 수천 년을 거치면서 서서히 증대했다.

바다와 나일 강이 대결한 이집트의 삼각주 타메후보다 이 점을 더 뚜렷하게 보여주는 곳도 없다. 지중해의 해수면이 상승하면서 나일 강의 강물이 고였다. 토사가 축적되었고, 농부들은 새 땅에 물을 댔다. 침전물이 풍부한 토양과 해마다 일어나는 범람이라는 영구적인 리듬은 고대 이집트 문명의 토대를 놓았다. 수천 년 동안 삼각주는 곡창지대로 기능했고, 도시와 농촌 인구가 급속히 불어났다. 현대에 들어 해수면이 더 공격적으로 상승하기 전까지는 만사가 순조로웠다. 새롭게 공격성을 띠게 된 바다에 인간의 취약성이 결합한 시한폭탄이 탄생하기 전까지는 말이다

4

수면 위에
갈대 한 줄기를 놓다

[메소포타미아]

세계와 인류의 창조자이자 천둥신인 마르두크는 메소포타미아의 커다란 두 강 티그리스와 유프라테스 사이에 자리한 시원의 우주를 다스렸다. 그는 혼돈의 용들을 물리치고 지구 최초의 도시 거주자인 수메르인들의 영적 세계와 인간 세계를 만들어냈다.

그러고 나서 인간을 창조했다.

나는 피를 모으고 뼈가 생겨나게 하리라.
나는 야수를 세울 것이니 '인간'이 그의 이름이 되리라.
매우 야수 같은 인간을 창조하리라.
그는 신을 섬겨야 할 것이니라.[1]

메소포타미아 문명은 5,000여 년 전에 유프라테스 강과 티그리스 강 사이 오늘날의 이라크 남부에서 각양각색의 작은 도시국가들의 집합 형태로 발전했다. 수메르의 왕들은 맹렬한 폭풍과 갑작스러운 홍수가 일어나는 거칠고 격동적인 풍경을 다스렸다. 그들의 문명은 극단적 기온, 무성한 늪지, 사막, 해수면 상승, 전형적인 우주적, 환경적 혼돈을 창조하기 딱 좋은 요소들을 혼합한 배양기 안에서 출현했다. 그러나 짠물과 민물 사이의 갈등 속에서 이 복잡하고 자주 변화하는 풍경은 지구에서 최초의 도시들을 키워냈다.

수메르 신화에 따르면 "신들 가운데 가장 힘이 세고 현명한" 마르두크는 폭풍 전차에 올라타 홍수와 번개, 폭풍우로 혼돈에서 질서를 만들어냈다. 질서와 혼돈, 거대한 늪지, 홍수의 위협, 자연 세계와 우주 영역에서 재개된 폭력. 수메르인들은 푸르고 관개가 잘된 땅에 살았지만 그들의 운명은 난폭한 강과 변화하는 해수면에 좌우되었다. 고온 다습한 여름에는 기온이 수시로 섭씨 49도(화씨 120도)까지 치솟고, 겨울에는 으슬으슬한 추위와 거친 폭풍과 폭우가 찾아왔다. 오로지 티그리스 강과 유프라테스 강만이 홍수를 통해 이런 극단적인 기후에 시달리는 메마른 평원에서 살아가는 것을 가능케 했다. 커다란 강들은 늪지대가 많은 삼각주를 통과해 소위 하해下海, Lower Sea인 페르시아 만으로 흘러들어갔다. 이 늪지들과 페르시아 만의 해수면 상승은 문명의 출현에 중요한, 심지어 결정적인 역할을 했다.

이야기는 하해에서 시작된다. 2만 1,000년 전, 빙하기가 마지막 절정에 달했던 그 시기에 페르시아 만은 거의 대부분이 마른땅으로, 단 하나의 강만이 협곡을 반으로 가르는 깊은 축을 따라 오늘날보다 해수면이 100미터 이상 낮은 오만 만까지 흘러가는 메마른 침강 지대였다.[2] 과학자들은 오늘날의 유프라테스 강, 카룬 강, 티그리스 강으로 이루어진 이 물길을 우어샤트Ur-Schatt*라고 부른다. 현재는 걸프 만 안쪽에 퇴적물로 흐름

바다의 습격

이 막힌 강 삼각주가 있지만 당시에는 비교적 가파른 경사를 따라 급류가 흐르는 강 양쪽에 좁은 범람원만이 존재했다.

이곳의 해수면은 세계 다른 곳에서와 마찬가지로 1만 5,000년 전 이후 상승했다. 속도가 느려지는 기원전 7000년경까지 해수면은 연평균 1센티미터 정도 상승했던 것 같다. 1년에 1센티미터는 별로 대단한 것 같아 보이지 않는다. 하지만 사반세기만 누적되어도 바닷물이 수직적이기보다는 수평적으로 빠르게 퍼졌을 평탄한 지형에서는 그 결과가 더 두드러졌을 것이다. 6,000년간 진행되어온 급속한 해수면 상승은 나중에 페르시아 만이 될 분지에 엄청난 효과를 가져왔다. 첫 4,000년 동안에는 우어샤트의 깊이 갈라진 협곡의 중간부와 하부 지역을 바닷물로 채웠다. 이후의 해수면 상승은 그 지역의 보다 넓고 얕은 부분을 침수시켰다. 물은 연간 약 110미터의 속도로 횡으로 퍼졌는데 빙하기 이후 세계 어느 곳에서보다 빠른 속도였다. 기원전 7000년경 마침내 해수면 상승 속도가 느려지기 전에 보다 평탄한 지형을 뒤덮는 횡적인 침수는 1년에 거의 1킬로미터를 넘었을 것이다.

상승하는 바닷물은 기원전 7000년에서 기원전 6000년 사이에 오늘날 페르시아 만 북부 지역에 도달했다—영국해협이 영국과 대륙을 분리하고 도거랜드가 결국 북해 아래로 자취를 감추었던 것과 대략 같은 때이다. 얕은 만의 물은 낮은 곳에 자리한 삼각주 지역을 재빨리 침수시켜 지하수면을 높이는 동시에 강의 경사도를 완만하게 만들면서 삼각주를 얕은 해양 석호 지형으로 탈바꿈시켰다. 유프라테스 강과 티그리스 강의 홍수로 불어난 물은 여전히 바다로 들이닥쳤지만 이전 시대의 깊은 물길

---

* 유프라테스 강과 티그리스 강이 합쳐져 형성되는 오늘날의 샤트알아랍 강Schatt-al-Arab의 원조란 뜻이다.

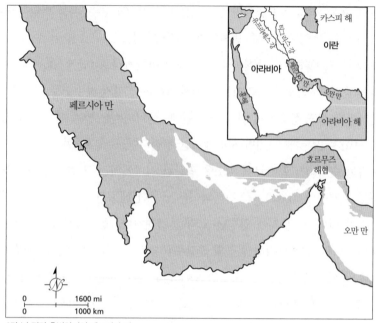

2만 년 전경 후빙하기의 페르시아 만.

은 상류에서 실려와 이제 갈수록 깊이 쌓이는 토사층 아래 있었다. 여름
마다 홍수로 불어난 물은 자연 제방이나 얕은 강둑 너머로 흘러넘쳐 평
탄한 지형을 침수시켰다. 광범위한 해양성 하구^{marine estuary}*는 확장되는
해안선의 연안을 형성했다. 기원전 4000년에 이르자 만의 해안선은 일
부 지역에서 오늘날보다 2.5미터 높아져 지질학자들이 고대 해양 퇴적물
을 오늘날 페르시아 만 북부 해안선 북쪽으로 400킬로미터 정도 떨어진
곳에서 발견할 정도이다. 한 학자는 페르시아 만의 북부 해안선이 근래
인 기원전 3200년에 현재 연안보다 북쪽으로 200킬로미터 위치에 있었

---

* 염하구라고도 한다. 조석의 영향을 받는 반폐쇄 지형의 하구로서 강물과 바닷물이 만나 혼합
되는 환경이다.

바다의 습격

다고 추정한다.

해수면 상승은 기원전 9000년경에서 기원전 8000년 사이에 아라비아 반도와 메소포타미아 남부에서 있었던 계절적 강우의 증가와 일치하는데, 이 강우는 기원전 4000년경까지 지속된 강력한 인도양의 계절풍 활동과 연관되어 있다. 강의 유출수**가 증가했다. 아라비아 반도의 사구들 사이사이에 호수가 생성되었다. 이스라엘과 오만에서 나온 꽃가루 입자는 이 지역 전역에 걸쳐 덜 건조한 식생이 존재했었다는 사실을 증언한다. 그보다 덜 직접적인 지질학적 증거도 살짝 더 물이 잘 공급되는 지역이라는 인상을 강화하는데, 간접적 증거 중에는 계절적으로 생성되며 커져가는 페르시아 만과 아라비아 해로 흘러들어가던 와디***가 있다. 페르시아 만과 아라비아 해 심해에서 추출한 코어 표본과 육상 지표종은 이 지역의 습도가 기원전 4000년경까지 비교적 높았다는 것을 알려주는데, 그 이후로 건조도는 여러 세기에 걸쳐 점진적으로 증가했다.

강우 패턴의 변화는 인도양 열대수렴대가 북쪽 방면으로 이동하며 계절풍 패턴을 변화시켰기 때문에 초래된 것이었다.[3] 지구 자전축의 기울기가 미세하게 변화하면서 더 따뜻한 여름과 더 추운 겨울이 도래했다. 기원전 3500년경에 계절풍은 더 약해졌고, 기후 조건은 훨씬 더 건조해졌다. 호수가 말라붙었다. 페르시아 만 남쪽 주변부에 걸쳐 사구가 형성되었다. 아라비아 해에서 추출한 코어 표본은 대규모의 모래 폭풍이 있었다는 사실을 보여준다. 건조도의 증가는 해수면 상승의 감속과 일치하며 메소포타미아의 환경을 적잖게 변화시켰다. 강은 홍수가 날 때 바깥으로 흘러넘치며 고였고, 멀리서 실어온 고운 침전물로 이루어진 두꺼

** 땅 위로 흐르는 빗물이나 강물.
*** 사막에서 오로지 우기에만 물이 흐르는 협곡이나 도랑.

4장_수면 위에 갈대 한 줄기를 놓다　　　　　95

운 퇴적물을 평탄한 지형을 가로질러 북쪽까지 퍼뜨렸다. 결국 유프라테스 강과 티그리스 강은 말하자면 슬그머니 미끄러지듯 계곡의 중앙 축을 따라 느리게 생성된 충적토 언덕 양옆으로 흘러갔다. 지하수면은 하류로 1킬로미터씩 내려갈수록 점점 더 높아졌다. 시간이 흐르면서 짜고 소금기를 띤 이전 시대의 석호는 점진적으로 광대하게 펼쳐진 민물 늪지와 호수가 되었다. 울창한 갈대밭은 고운 토사를 가두어 평탄한 지형이 유지되는 데 일조했다. 하구, 강, 습지대, 늪지로 이루어진 복잡한 모자이크가 오늘날의 이라크 남단 상당 지역에 걸쳐 점진적으로 생성되었다. 기원전 3000년부터 기원전 2000년 사이에 광범위한 습지대 지역이 강들을 따라 200킬로미터에 걸쳐 형성되었다.

반건조 분지였던 페르시아 만은 해수면 변화와 기후변화 때문에 어귀의 폭이 39킬로미터에 길이가 약 1,000킬로미터인 얕은 물길로 변해, 인도양 북동쪽의 오만 만 안쪽에 자리한 호르무즈 해협에 닿게 되었다. 낮은 해수면 때문에 형성된 이 험난한 침강 지대에 수렵 집단이 살았을까? 기원전 1만 년경에 적어도 좁게 띠를 이룬 습지대와 늪지가 우어샤트 근처와 그 범람원에 있었던 것은 확실하며, 반건조 지형에서 그런 곳은 소규모 수렵채집인 집단을 끌어당겼을 것이다. 강은 북부 메소포타미아의 고지대부터 당시에는 말라 있던 페르시아 만 양쪽에 위치한 지방과 낮게 자리 잡은 분지까지 이어진 자연 회랑이었다. 기원전 8,000년경, 상승하는 해수면이 강에서 횡으로 퍼져나가면서 페르시아 만은 급속히 침수되었다.[4]

해수면 상승이 일어난 것은, 중동의 넓은 지역에 걸쳐 수만 년간 사냥을 하고 야생식물을 채집하며 살아온 사람들이 농경과 목축을 채택하면서 인간의 삶이 극적으로 변화했을 때였다. 기원전 8000년경 더 습한

바다의 습격

기후가 되돌아오면서 새로운 경제활동은 빠르게 확산되었다. 작은 농업 공동체들이 지중해와 인도양 사이, 그리고 서남아시아와 페르시아 만의 광범위한 지역 곳곳에 등장했다—그렇다고 우리가 그들에 대해 많이 아는 것은 아니다. 주로 석기를 통해 알려진 작고 일시적인 농경 정주지의 흔적이 페르시아 만 북동부 연안을 따라 남아 있다. 아라비아 반도 전역의 이제는 말라버린 호숫가에 위치한 자그마한 마을들은 기원전 7600년에서 기원전 3500년 사이의 것으로 추정된다. 기원전 5300년이 되자 유사한 정주지가 페르시아 만 서쪽 연안을 따라 고립된 지점들에서도 번성했다.

우리가 아는 한 이 사람들은 염소와 양을 방목했고, 간헐적인 농경과 채집, 작은 사냥감에 의존했다. 연안의 입지가 좋은 곳에서는 연체동물을 채집하고, 물고기와 바다거북도 잡았다. 우리는 일찍이 기원전 6000년에 일부 농부들이 지구에서 가장 풍요롭고 생물학적으로도 가장 다양한 환경으로 변해가던 지역과 그 변두리인 오늘날의 이라크 땅 남단에 살았다는 사실을 안다. 그 이후로 5,000년이 넘는 세월 동안 인간은 늪지의 물길을 넓히고, 물길 바닥에 쌓인 토사를 긁어내고, 밭에 물을 대고, 갈대 다발을 힘겹게 쌓아올려 건설한 인공 섬 꼭대기에 갈대집을 지었다. 이 늪지대는 이후 몇천 년 안에 나타나는 마을과 도시, 관개된 지형의 지주支柱가 될 것이었다.

최근인 1950년대까지도 페르시아 만 안쪽에는 1만 5,500제곱킬로미터 면적의 늪지들이 있었다. 그보다 이전 시대에 늪지대가 얼마나 넓었는지는 아무도 모른다. 1,000년이 넘게 그 경계에서 살아온 사람들은 무성한 늪지대 위에 단단히 발을 디디고 있었다. 수메르의 통치자들은 여기서 사자를 사냥했고, 이 가공할 사냥감이 인간의 사냥으로 이 지역에서 자취를 감추게 된 것은 20세기에 와서이다. 아시리아의 왕 센나케리브는 기원전 703년 바빌론을 정복하고 칼데아 왕국의 군주 메로다크-발라단을 쫓아 남쪽으로 향했다. 센나케리브는 "나의 전사들을 소택지와 늪지로 보냈고, 그들은 닷새 동안 그를 추적했지만 그가 숨은 곳을 찾을 수 없었다"고 말한다. 9년 뒤 엘람 원정은 센나케리브의 배를 "유프라테스 강이 무시무시한 바다로 물을 흘려보내는 강 어귀의 늪지로 보냈다".[5]

습지대와 늪지의 상류에서 지형은 더 건조한 곳으로 바뀌었고, 그곳의 인간 정착지는 주요 물길 근처와 홍수가 일어나면 섬이 되는 자연 제방과 자연 능선 위에 모여 있었다. 홍수의 규모는 해마다 크게 달랐다. 인근 늪지와 습지대는 풍부한 식물과 야생동물, 물고기로 다수의 초기 농경 공동체가 뿌리 내릴 수 있게 해주는 지주로 기능했다. 그런 식량들은 빠르게 흐르는 강물이 삼각주 하부의 늪지와 스펀지 같은 갈대에 흡수되기 전에 생장 중인 밀과 보리를 휩쓸고 가버릴 때에 대비한 보험이 있기 때문이다. 수많은 농촌과 흔히 수메르로 불리는 곳에서 세계 최초의 도시들이 울창한 늪지와 가까운 거리에서 번영한 것은 우연의 일치가 아니다. 이 완전히 다르고, 삶을 지탱시켜주는 환경은 수메르 세계에서 해수면 상승의 직접적인 결과로서 거의 신화적인 지위를 차지했다.

늪지는 키 큰 갈대 장벽과 좁은 물길을 만들어냈고, 골풀과 사초, 탁 트인 수면이 여기저기에서 눈에 띄었다. 눈에 잘 띄지 않는 샛강은 갑작스레 호수와 만나며 맑고 푸른 물을 쏟아내고, 그 위에서는 새들이 활기차게 선회했다. 나는 이곳 늪지에 가본 적은 없지만 그와 유사한 물에 잠긴 다른 풍경들에서, 머리 위로 오로지 푸른 하늘만 보이는 이름 없는 샛강에서 카약에 앉아 빽빽한 갈대 사이로 노를 저어가는 느낌은 잘 알고 있다. 갈대에 에워싸인 채 세상과 동떨어져 있지만 안전한 느낌이다. 영국인 여행가 윌프레드 테시저는 여전히 늪지 아랍인들의 전통적인 생활

이 번성했던 1940년대와 1950년대에 그들과 오랫동안 함께 지냈다. 그는 완전히 대비되는 환경을 묘사했다. "때로 배경은 겨울이다. 저 멀리 루리스탄의 눈밭에서 비롯해 늪지대로 휘몰아치는 싸늘한 바람 아래의 얼음장처럼 차가운 물. 때로는 여름이다. 습기를 잔뜩 머금은 공기, 높이 자라 있는 어두컴컴한 갈대 밑둥 부분의 터널에서는 모기들이 구름처럼 떼를 지어 윙윙거린다. 찌는 듯한 더위."[6]

늪지대의 식물 식량과 야생동물, 물고기, 새의 종류는 놀라울 정도로 다양했다. 커다란 멧돼지와 보기 드문 수생 게르빌루스쥐를 비롯해 적어도 40종의 포유류가 늪지대와 그 주변에서 번성했다. 조류의 수도 엄청났다. 저널리스트 개빈 영은 1950년대에 그곳을 방문한 뒤 이렇게 썼다. "우리가 갈대밭 사이를 통과할 때마다 갈대는 그 속에 숨어 있는 야생동물로 부스럭거리거나 소란스러웠다. 수달, 왜가리, 검둥오리, 개개비, 요란한 빛깔의 자색쇠물닭, 꼬마 가마우지, 커다랗고 위험한 멧돼지가 있었다."[7] 42종의 조류가 늪지에서 서식했는데 이곳 늪지는 유라시아 서부와 멀리 서부 시베리아에서까지 온 철새들이 겨울을 나는 주요 지역이기도 했다. 서부 시베리아-카스피 해-나일 강을 잇는 이동 경로는 서부 유라시아의 세 가지 주요 비행 경로 가운데 하나다. 적어도 68종의 물새와 15종의 맹금류가 이 습지대에서 겨울을 나는 것으로 알려져 있다. 유프라테스 강과 티그리스 강의 늪지들은 철새들이 다음 구간을 이동하기 전에 기운을 회복하고 지방을 비축하기 위해 잠시 머무는 주요 준비 지점이었다. 봄이 지나면 대부분의 새들은 그곳을 떠난다.

그다음, 아마도 가장 중요한 자원일 갈대가 있었다. 끝에 수염이 풍성한 커다란 갈대는 대나무와 비슷했는데, 줄기가 아주 강해서 뱃사람들은 그 줄기를 갈대 다발에 역청을 발라 만든 카누의 삿대로 이용했다. 대체로 나무가 없는 환경에서 갈대는 인간의 생존을 위한 진정한 기반이었

티그리스 강과 유프라테스 강이 만나는 남부 이라크 사이갈 늪지의 아랍인 마을을 하늘에서 촬영한 사진. 흙을 갈대와 다져 쌓은 작은 섬 위에 갈대로 만든 개별 가족들의 복합 주택을 보여준다. ⓒ Nik Wheeler/Flickr.com.

고, 마르두크 신이 갈대를 이용해 신과 인간의 거처를 지은 것은 그래서
였다. 그 이후 대부분의 마을은 돗자리로 만든 집들이 들어선 인공 섬들
의 지역이었다. 고대 정주지도 다를 바 없었을 텐데, 그렇게 물에 잠긴
지형에서는 달리 살아갈 길이 없기 때문이다. 가족들은 집을 얼마나 크
게 지을 것인지 결정한 다음, 거대한 갈대 무더기를 모아 물속에 단단히
꽂아넣고 집터를 갈대 울타리로 에워쌌다.[8] 섬유질의 작은 언덕이 수면
위로 솟아오르면 울타리로 언덕을 합치고, 더 많은 갈대 혹은 진흙과 갈
대 울타리를 더해 단단한 한 덩어리를 이루도록 박아넣는다. 마침내 집
터 바닥은 사실상 훼손되지 않는 상태가 되며 종종 몇 세대 동안 사용된
다. 홍수가 일어나면 집주인은 흙무더기에 갈대를 더 많이 넣고 불어나
는 물에 잠기지 않게만 하면 되었다. 집에는 갈대 다발로 만든 구부러진

바다의 습격

들보를 대었다. 동일한 재료로 솜씨 좋게 짠 돗자리는 지붕과 벽을 이루었다. 어디가 되었든 물 근처에 사는 사람들은 늪지 가장자리나 늪지 안의 갈대 없이는 살아갈 수 없었다. 갈대는 수위가 3미터까지 도달하는 봄 홍수를 통해 무럭무럭 자랐다. 한 수메르 연대기에서는 다음과 같이 언급한다. "물은 언제나 불어나고 우리에게 홍수를 가져다준다." 연대기는 덧붙인다. "모든 땅은 바다였고, 그다음 에리두(수메르의 가장 오래된 도시)가 태어났다."[9] 여기서 복잡한 역사의 궤적이 느껴진다. 해수면 상승, 그다음에는 강물이 고이면서 한때 바다까지 떠내려갔던 퇴적물이 가라앉으며 사막뿐만 아니라 늪지 범람원을 형성했다. 그리고 궤적의 일부로서 농부들이 늪지 가장자리와 안쪽에 정착했다. 그들의 먼 후손들은 세련된 도시 문명을 탄생시키는 데 일조했다.

물론 해수면 상승이 문명을 탄생시켰다거나 20세기 늪지대 아랍인과 그들의 고향이 5,000년 전의 사람들과 그들이 살던 곳의 모습을 비추는 현존하는 거울이라고 말하는 것은 아주 복잡한 사건들에 대한 형편없이 부적절한 설명이다. 그럼에도 페르시아 만의 확장이 나중에 수메르가 되는 첫 인간 정주지의 건설에 결정적인 역할을 했다는 것은 의문의 여지가 없다. 수세대 동안 우리 고고학자들은 최초의 농경인들이 북쪽에서 관개농업을 들여와 아마도 기원전 6000년경에 삼각주를 식민화했다고 주장해왔다. 그러나 이를 다른 식으로, 즉 농경인들이 물에 잠기는 페르시아 만에서 습지대를 찾아 북쪽으로 간 다음, 해수면이 안정되자 커다란 강인근의 습지대 변두리나 늪지 안의 인간이 쌓은 언덕에 정착했다고 설명할 수도 있다. 하지만 그러한 시나리오는 추정에 불과하다. 물에 잠긴 지형에서의 발굴과 조사는 불가능에 가깝고, 어쨌거나 그 시기 대부분의 농촌은 강의 충적토 한참 아래쪽에 있다. 해수면이 최고조에 달하고 늪

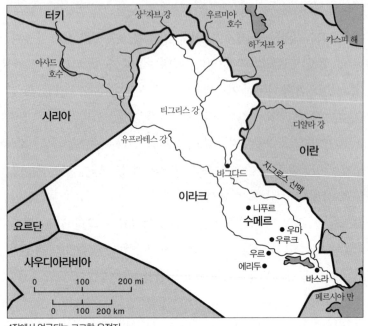

4장에서 언급되는 고고학 유적지.

지가 남쪽의 삶을 대체로 규정했을 때 인간의 삶이 어떤 모습을 띠었는
지는 아주 이따금씩만 언뜻 엿볼 수 있다. 거의 어김없이 이 짤막한 삶의
초상은 사람들이 오랜 세월에 걸쳐 거주해온 고대 도시 언덕의 기반에서
나온다─신들이 땅에 갈대를 던져 그 군락지를 만들었다고 전해지는 몇
몇 유적지에서 말이다.

　4분의 3세기 전에 카리스마 넘치는 영국인 발굴자 레너드 울리는
1922년부터 1934년까지 열두 시즌 동안 고대 도시 우르, 즉 구약성경에
서는 아브라함과 연관되어 등장하는 성경의 도시 칼라의 폐허를 발굴했
다. 울리가 발굴한 규모는 어마어마했다.[10] 수백 명의 일꾼들이 한 유프
라테스 강 뱃사공의 구성진 노랫가락을 들으며 표토를 걷어냈는데, 그
뱃사공을 추천한 울리의 전설적인 현장 감독 세이크 하모우디는 일생 동

바다의 습격

안 고고학과 폭력에 빠져 살았던 사람이었다고 한다. 어떤 경우에도 당황하는 법이 없는 결단력 있는 지도자였던 울리는 소수의 유럽인 동료들과 함께 작업하며 몇 톤의 흙을 옮겼다. 그는 기원전 21세기에 건설되어 폐허가 된 채 여전히 우뚝 솟아 있던 수메르 왕 우르나무의 거대한 지구라트 피라미드를 발굴했다. 그의 일꾼들은 도시 전역을 덮고 있던 흙을 모조리 걷어냈고, 거기서 울리는 유적지를 찾은 방문객에게 집주인의 신원을 밝혀주는 문지방에 새겨진 쐐기문자 비문을 신이 나서 구경시켜주었다.

이 비범한 고고학자는 도시 아래 감춰져 있던 화려한 왕릉들, 특히 푸아비 왕의 무덤을 발굴하면서 세계적인 명성을 얻었다. 울리는 유려하고 자연스러운 스타일로 과거를 생생하게 되살리는 글을 쓰는 저자이기도 했다―비록 일부 세부 사항은 그의 관찰 내용과 전적으로 일치하지는 않았지만 말이다. 그는 엄숙한 국왕의 장례 행렬에 줄지어 서 있는 궁정인들이 점토로 빚은 컵을 건네받고 다 함께 주군을 따라 사후 세계로 가기 위해 독배를 들이켜는 장면을 묘사했다. 어떤 고고학적 기준에서 보더라도 굉장한 이야기지만 안타깝게도 그의 설명 가운데 상당 부분은 사실로 확인되지 않았는데, 울리의 발굴 일지는 요즘 기준에서 볼 때 불충분하기 때문이다. 그러나 왕릉은 거대한 도시 언덕의 기반 바로 아래에 깊이 파여 있던 구덩이 바닥에서 발견된 것들에 비하면 금세 빛이 바랬다.

울리는 우르의 연대를 추정하는 연구의 일환으로 도시에서 북쪽으로 약 6킬미터 거리에 있는 알우바이드라는 작은 봉분을 발굴했다. 이전 발굴자가 여기에서 우르의 초대 수메르 국왕이 지은 아주 초기의 신전을 발견했기에 분명 추가 발굴이 필요한 장소였다. 새로운 발굴을 통해 신전에서 55미터 정도 떨어진 곳에서 약 1.8미터 깊이의 낮은 봉분이 있다는 것이 밝혀졌다. 작은 마을―범람원을 덮은 깨끗한 강 토사로 형성된 낮은 언덕 위의—이 모습을 드러냈고, 수백 개의 채색 토기 파편과 작은 돗자리 가옥의 잔해, 흑요석(화산성 유리)으로 만들어진 도구가 출토되었으나 금속 유물은 전혀 찾지 못했다. 탄소연대측정이 가능하기 이전 시절이라 울리는 마을의 연대를 추정할 수 없었지만, 그것은 수메르 신전과 그가 우르에서 그때까지 발견한 어느 것보다도 이른 시기의 것이었다. 그는 이 소박한 농부들이 유프라테스 강변을 따라 인류 역사상 최초의 도시들이 들어서기 훨씬 전에 남부 메소포타미아에 처음으로 거주한 사람들이라고 짐작했다.

알우바이드와 왕릉을 발굴한 뒤 울리는 우르 언덕의 기반부로 시선을 돌렸다. 시험적으로 판 소규모 호에서 "깊은 홍수 퇴적물 아래 메마른 모래 위에 알우바이드의 것과 유사한 토기 파편"이 출토되었다. 두꺼운 진흙층은 울리를 어리둥절하게 만들었다. 그의 발굴팀 역시 어리둥절하기는 마찬가지였다. 그때 울리의 아내 캐서린이 현장에 들렀다. 그녀는 호를 둘러보고는 별생각 없이 말했다. "그야 당연히 대홍수 때문이지." 성경의 역사적 사실성을 입증하는 데 여전히 꽤 집착하던 시대에 울리도 혹시 홍수 때문은 아닐까 생각하기도 했지만 "그저 손바닥만 한 면적의 구덩이에 근거해 대홍수를 주장할 수는 없는 노릇이었다".[11]

그는 1930년 같은 현장으로 돌아와 기반암까지 거의 20미터를 내려가는 거대한 구덩이를 팠다. 거대한 호는 훗날 수메르 최초의 도시에서 절정에 달하는 이전 시기 정주지의 연대기를 드러냈다. 처음에 발굴자들은 여덟 개의 가옥층을 파낸 다음 도기공들이 "하자가 있는 불량품"을 내버리고 깨진 토기 무더기 위에 새 가마를 만들었던 토기 공장의 두꺼운 층을 파냈다. 발굴자들이 더 깊이 파내려가는 동안 울리는 도기 양식에서 나타나는 변화를 추적했다. 그는 가옥 안에서 발견된 그릇에서 시작해 도공 구역에서 나온 그릇들을 살펴보았다—민무늬 붉은 단지와 초

레너드 울리가 발굴한 우르의 소위 '홍수 구덩이'. ⓒ University of Pennsylvania Museum.

록빛이 도는 점토를 구워 검은색과 붉은색을 칠한 그릇은 알우바이드 인근에서 나온 것과 꼭 같았다.

붉은 그릇의 주인들 일부는 도공의 작업장 아래의 메마른 강 토사를 파서 만든 무덤에 누워 있었다. 발굴은 유프라테스 강에 의해 퇴적된 깨끗한 강 토사층을 거의 3미터 정도 관통하는 부분까지 이루어졌다. 그 아래에 알우바이드 원原유적지의 가옥과 똑같이 생긴 진흙 벽돌과 갈대로 만들어진 3개의 가옥층이 있었다. 마침내 발굴자들은 한때 늪지대였던 딱딱한 녹색 점토, 울리가 "메소포타미아의 바닥"이라고 부른 곳에 도달했다. 아무래도 우르의 최초 거주민은 쓰레기를 늪지에 버려 낮은 언덕을 만든 다음 그 위에 정착해, 뜻하지 않게 훨씬 나중에 건설된 도시의 단단한 내부를 만들었던 모양이다.

곧 우르의 홍수 구덩이로 알려지게 된 유적지의 발굴은 레너드 울리에게 그의 유려한 글솜씨를 발휘할 수 있는 둘도 없는 기회를 제공했다. 그는 거침없는 상상력으로 자신의 문학적 자질을 자유자재로 발휘했다. 울리는 이곳에 에덴동산과 연관된 대홍수의 증거뿐 아니라 점토판에 보존된 아시리아와 수메르의 서사시가 묘사하는 대홍수에 대한 고고학적 확증이 있다고 주장했다. 홍수 이전 시대의 알우바이드인들은 성경의 홍수로 몰살되지 않았고, 살아남아 수메르 문명의 씨앗을 뿌렸다. "그리고 그들의 후계자들에게 물려준 것 가운데는 대홍수 이야기가 있었다 (⋯) 그들이 아닌 누구도 그 이야기에 책임이 있을 리 없다."[12] 심지어 역대 수메르 왕의 목록도 비록 성경에서 말하는 홍수는 아니지만 틀림없이 한 시대를 가르는 홍수였을 대홍수 이전과 이후에 재위한 왕들에 대해 언급했다.

언덕이 홍수의 힘을 분쇄한 도시 북쪽의 토사 퇴적물이 가장 깊이 쌓여 있었다. 울리는 홍수가 수백 곳의 마을과 소읍을 파괴하며 적어도 세로로 480킬로미터, 가로로 160킬로미터에 달하는 면적을 뒤덮었을 거라고 추정했다. 고대 언덕 위에 세워진 가장 오래된 도시들만이 안전했다. 재앙은 틀림없이 엄청난 파국을 불러왔을 것이며, 여러 세대 동안 인간의 기억에 남아 있었을 것이다. "그들이 그 참사에서 죄를 지은 한 세대에 대한 신의 징벌을 보고 종교적 시에서 그렇게 묘사한 것도 당연한 일이다."[13]

거대한 침수의 증거를 보여주는 대홍수 구덩이는 당시에 다른 도시 언덕 한가운데에서 발견된 유사한 홍수 퇴적물 구덩이를 초라하게 만들면서 국제적 주목을 끌었다. 그러나 오늘날의 고고학자들과 언어학자들은 우르 홍수나 다른 홍수들이 메소포타미아 홍수 이야기의 원천일지 의심스러워한다. 그들은 그 홍수 이야기들이 범람원의 경사도가 700킬로미터에 걸쳐 단지 30미터만큼 변화하는 남부 메소포타미아 지형에서 고질적이고 때로는 파국적인 침수의 증거일 뿐이라고 여긴다.

오늘날, 석재 인공물 같은 평범한 유물과 우르에서 나온 것과 같은 특징적인 초록빛이 도는 흙으로 빚은 알우바이드 채색 도기는 남부 메소포타미아의 광범위한 지역에서 융성했던 소박한 농경문화를 증언한다. 습지대와 늪지 상류는 메마른 지형으로 바뀌었고, 그곳의 인간 정주지는 주요 물길 근처 그리고 홍수가 일어나면 섬이 되는 자연 둑길과 제방 위에 모여 있었다. 인근 늪지와 습지는 식물과 야생동물, 물고기가 풍부해 다수의 초기 농경 공동체에 지주로 기능했는데, 그러한 식량은 빠르게 흐르는 강물이 하부 삼각주의 스펀지 같은 갈대와 늪에 흡수되기 전에 생장 중인 밀과 보리를 쓸어가버릴 때 의지할 수 있는 대체 식량이었기 때문이다.

이 보험은 잘 통했다. 대략 2,000년 사이에 심대한 변화가 남부 메소포타미아에서 진행되었기 때문이다. 페르시아 만은 조금씩 후퇴하고 있었다. 민물 습지대가 짠물 석호를 대체하면서 긴요한 기본 산품을 갖춘, 생명을 지탱하는 늪지가 급증했을 것이다. 농경을 시작한 아주 이른 시기부터 유프라테스 강과 티그리스 강에 기대어 살아가던 사람들은 홍수로 불어난 물이 좁은 도랑으로 흘러, 입지를 고려해 일부러 샛강 근처에 만든 자그마한 밭으로 들어가도록 했다. 밀과 보리는 비옥한 토양에서 잘 자랐고, 초여름 홍수는 작물 생장의 결정적인 순간에 찾아왔다. 수세기가 흐르면서 자그마한 갈대 가옥 군락은 점점 커져, 제방과 낮은 둑길 위에 건설된 훨씬 영구적인 공동체가 되었다. 촌락들이 통합된 후, 우르 근처 알우바이드의 낮은 구릉 위에 건설된 소박한 정주지처럼 수호신을 모시는 신전을 중심으로 형성된 더 큰 마을과 소읍으로 바뀌었다. 하지만 이 커져가는 공동체에서 살아가는 누구도 환상을 품지는 않았다. 그들은 변덕스러운 인근 강들에서 홍수가 나 단 몇 시간 만에 다닥다닥 붙은 집들을 쓸어가버리고 아무런 예고도 없이 물길을 바꿔버리는 환경에서 농사를 짓는 데 따르는 위험성에 대해 잘 알고 있었다.

관개사업과 늪지에서 얻는 식량의 결합은 효과를 거두었고, 더 큰 읍 가운데 일부는 세계 최초의 도시가 되었다. 우루크는 신화 속 인물인 길가메시, 즉『길가메시 서사시』의 주인공의 고향이자 지구 최초의 도시 가운데 하나였다. 세월에 닳은 도시의 언덕은 오늘날 유프라테스 강 동쪽의 메마른 풍경 속에, 예전에는 관개용수를 제공하고 하류와 상류로 통하는 교역로에 접근할 수 있게 해주었지만 이제는 말라버린 고대의 닐수로 강둑 위에 자리하고 있다. 운하들이 북적이는 우루크의 주변 지역들 사이를 가로질렀고, 상상력이 풍부한 현대의 몇몇 관찰자들은 우루크를 메소포타미아의 베네치아라고 불렀다.『길가메시 서사시』에 따르면 우루크는 세 구역으로 나뉘었는데 "한 리그(약 4.8킬로미터)는 도시, 한 리그는 야자나무 정원, 한 리그는 저지대 이슈타르 신전 공터이다".[14]

당초 도시는 기원전 5000년 무렵 커다란 두 마을이 합해져 하나의 정주지가 되면서 생겨난 것이었다. 본격적인 성장은 1,000년 후 작은 가옥이 밀집한 근린 지대가 주요 신전을 중심으로 뭉치면서 이루어졌다. 기원전 3500년이 되자 우루크는 커다란 소도시를 뛰어넘는 수준으로 성장했다. 각각 관개시설을 갖춘 위성 농촌들이 사방으로 10킬로미터 정도 뻗어 있었다. 우루크와 그곳의 신전은 커다란 강들을 따라 오르내리며 멀고 가까운 곳을 교역으로 잇는 주요 무역 중심지가 되었다. 그러나 번창하는 도시는 내내 각종 주문과 신화에서 두드러지게 등장하는 인근 늪지에 의존했는데, 마르두크 신이 이 난폭한 땅에 첫 거처를 지을 때 바로 갈대를 가져다 지었기 때문이다.

마르두크는 수면 위에 갈대 한 줄기를 놓고
흙을 만들어 갈대 옆에 부었다.
신들이 자신들이 바라는 곳에 기거할 수 있도록.[15]

이 갈대들은 남쪽에 있는 하해의 상승과 하강이 없었다면 결코 자라지 못했으리라.

먼 곳의 보이지 않는 힘들이 수메르 도시국가들의 운명을 지배했다. 수천 년 동안 하류에서 일어난 해수면 상승 때문에 자연 둑길이 홍수 위 위로 솟은 곳을 제외하고는 우르 남쪽의 평평한 지형 가운데 상당 부분이 인간 거주에 부적합했다. 그러고 나서 페르시아 만의 해안선이 기원전 4000년 이후 상당한 수준으로 후퇴했다. 늪지가 생성되어 인간 생활의 근거지가 된 반면 강들은 여전히 예측 불가능한 힘이었다. 유프라테스 강과 티그리스 강은 커다란 원을 그리며 그 지형 너머로 구불구불 흘러갔고, 커다란 홍수가 일어날 때면 강둑 너머로 흘러넘치며 이따금 물길을 바꾸었다. 유프라테스 강은 자연적 풍경과 인간이 개조한 풍경을 근본적으로—때로는 파국적으로—변형시키면서 예고 없이 몇 번이고 하류 유역을 바꾸어놓았다. 모든 마을과 도시는 며칠 사이에도 변화할 수 있는 만만찮은 지형 앞에 놓여 있었다. 메소포타미아 남부 어느 강의 물길도 영구적이지 않았다. 한 급류의 이동은 유프라테스 강이 한창 성장 중이던 도시 니푸르 동쪽에서 훨씬 서쪽으로 급작스레 물길을 틀게 했고, 도시를 말 그대로 물 밖으로 버려지게high and dry* 만들었다. 우루크는 유프라테스 강이 도시를 관통하는 물길에서 또 다른 도시인 우마에 유리한 더 동쪽으로 물길을 틀었을 때 크나큰 피해를 입었다.

이 모든 것은 불안정한 정치적, 사회적 환경이 조성되는 것뿐 아니라 주요 물길 그리고 그 주요 물길과 나란히 흐르는 작은 물길을 따라 길게 이어진 강둑 위로 정주지가 들어서는 무계획적인 정주 패턴이 만들어지는 데도 기여했다. 메소포타미아는 페르시아 만의 상승과 하강 그리고 강의 홍수 범위에 따라 그 모습이 시시각각 바뀌는, 불안정하고 변화무쌍한 풍경이었다. 이는 왜 수메르 문명이 극도로 경쟁적인 도시국가들이 복잡한 퍼즐처럼 맞물린 체제였는지를 설명해준다. 각 도시국가에는 촌락과 관개 용지로 이루어진 배후지가 있었고, 그들은 자연환경과 멀리 지평선 너머에 있는 바다의 변덕에 전적으로 좌우되었다.

이곳에서 해수면 상승은 농경과 문명을 창출하는 데 일조했으나 그와 동시에 그 이후로 티그리스 강과 유프라테스 강 사이에서 농사를 짓는 이들을 줄곧 괴롭혀온 환경문제—그중에는 염도의 증가도 있다—도 낳았다. 또한 환경 변화는 강의 물길 이동과 해수면 상승의 형태로 도시

---

* 관용적으로는 살길이 막막하게 버려졌다는 뜻이나 여기서는 축자적인 의미까지 포함한 중의적인 의미를 갖고 있다.

간 분쟁과 자잘한 전쟁들에 결정적인 역할을 했다. 역사상 최초로 상비군이 통치자의 정책 도구가 되었다. 이곳과 그 밖의 곳에서 전쟁은 인간 생활에 만연한 현상이 되었다. 또한 최초로, 변화하는 국제무역 패턴은 대양의 가장자리에 위치한 정박지와 항구를 문명의 흥망성쇠와 대양과 인간의 관계에서 중요한 요인으로 만들었다.

파국적 힘

6,000년 전경, 지구의 바다는 대체로 지금과 같은 수위에 도달했다. 국지적 지각변동과 지각운동에 의한 일부 해안선의 상승과 하강, 그리고 자연 침강을 제외하면 급격한 지리학적 변형은 과거의 현상이 되었다. 바다는 여전히 공격해왔지만 인간의 입장에서 보면 방식이 달라져 있었다. 노출된 해안에 거주하던 이들은 언제나 맹렬한 폭풍과 폭풍이 일으키는 해일, 쓰나미를 겪어왔지만, 그들의 수는 적었고 대부분의 지역 공동체는 오랫동안 거주해온 어로 야영지나 촌락, 소읍에 불과했다. 해일과 쓰나미, 바다가 일으킨 자연재해 때문에 희생자가 발생했다. 희생자는 언제나 있었고, 또 앞으로도 계속 생겨날 것이다. 그럼에도 연안 거주자와 해수면 가까이에서 살아가는 이들의 수는 로마가 지중해 세계를 지배하고 진시황이 중국을 단일 왕국으로 통일한 2,000년 전의 기준에서 보더라도 극소수에 불과했다. 심한 악천후와 자연재해에 의한 피해는 5,000년 전 최초의 도시들이 세워지고, 크고 작은 항구에서 출항하는 선

박에 의해 대부분 수행되는 장거리 교역의 중요성이 커지면서 급격하게 증가했다.

다음 여섯 개 장에서는 6,000년 전 이후로 바다에서 발생한 기상이변들 때문에 인간 사회에 생겨난 변화들 가운데 일부를 검토할 것이다. 우리의 출발점은 기원전 5000년경이지만 대부분은 그 이후를 다룰 것이다. 여기서 나는 처음으로 이따금 과거에서 현재로 넘어갈 텐데, 이런 식의 서술은 11장부터 더 길게 나타날 것이다. 내가 과거에서 현재로 넘어가는 것은 이야기에서 추적할 가치가 있는 연속성을 발견한 대목, 가령 지중해 역사의 보다 넓은 맥락이나 중국에서 현대 상하이의 탄생을 가져온 양쯔 강 같은 부분에서이다. 여기서도 우리는 해수면과 가까이에서 살아가는 나라들이 직면한 몇몇 쟁점들에 대해 밝힌다. 우리는 지금 이자리에 그대로 있으면서 변화에 순응한 채 공격해오는 바다에 굴복할 것인가, 아니면 상승하는 해수면과 맹렬한 폭풍해일을 차단하는 방벽을 세워 우리를 보호할 것인가? 이러한 쟁점들은 수세기 동안 언제나 베네치아인들의 생각 첫머리를 차지해왔고, 중세 이후로 저지대 지방의 해안 방어 시설과 정부 정책을 좌우해왔으며, 영국령 인도 곳곳의 관청에 반향을 일으켜왔다. 다음의 장들은 말하자면 이야기를 마무리하는 장인 오늘날의 침수라는 주요리를 위한 전채 요리이다.

이전과 마찬가지로 이야기는 북유럽에서 시작된다.

5

파도에 휩쓸려간 사람들

[북유럽]

마지막까지 남아 있던 도거 힐스의 봉우리들이 수위가 높아지는 북해의
출렁이는 물결 아래로 잠기며 도거랜드는 기원전 5500년경 마침내 자취
를 감추었다. 이것은 급격하게 벌어진 사건이 아니었으며, 단지 바닷물
이 저지대로 점진적으로 침범해와 생긴 일이었다. 지하수와 바다의 수위
가 상승하면서 내륙 늪지와 담수호가 오늘날의 저지대 지방의 해안을 따
라 생성되었다. 여러 세기에 걸쳐 이탄층이 발달했지만 아주 두꺼워지지
는 않았다. 또한 북해는 수위가 상승하면서 해안 지형의 상당 부분을 썰
물 때 물이 완전히 빠지는 드넓은 영역과 갯벌로 탈바꿈시켰다. 해수면
이 서서히 상승했을 때는 연안 쇄파가 사주를 만들었고, 그것은 결국 사
구가 되었다. 해안 가까이에 있던 석호는 마침내 토사가 쌓여 막히면서
민물 늪지가 되었고, 그곳의 이탄이 계속 증가하면서 네덜란드 지형의
상당 부분을 하나의 거대한 이탄 수렁으로 바꾸었다. 오늘날 인구가 밀
집한 이 현대 국가의 3분의 2는 기본적으로 홍수에 취약한 충적 평야다.

상승하는 바다는 거침없이 육지를 잠식해왔다. 하지만 인간의 생활은 전과 다름없이 이어졌다. 과거 도거랜드에서 그랬던 것처럼 작은 수렵 집단은 식물과 물고기, 사냥감이 풍부하고 사시사철 새를 잡을 수 있는 호수와 늪지, 습지대를 즐겨 찾았다. 브리튼 섬과 저지대 지방의 낮은 해안선을 따라 자리한 많은 지역들은 도거랜드가 사라지고 로마 제국이 유럽을 식민화하는 사이의 5,000년 동안 나타난 생산성 높은 환경의 엄청난 다양성을 뒷받침했다. 오늘날의 벨기에 해안을 따라 길게 띠를 이룬 사구 지대 너머로 조간대와 석호, 민물 이탄 지대가 잡다하게 자리 잡고 있었다. 더 북쪽의 네덜란드 서부에서는 광범위한 염습지와 갯벌이 있는 네 개의 주요 하구가 사실상 중단 없이 이어진 사구 장벽을 분리했다. 민물의 이탄 늪은 자연 방파제 뒤쪽의 바람과 파도로부터 보호되는 환경에서 발달했다. 더 노출된 해안 평야는 앞바다 낮은 섬들의 부분적 보호를 받으며 네덜란드 북부와 독일 해안을 구성했다. 이곳에서도 갯벌과 염습지, 민물 늪이 드문드문 교차하는 풍경이 펼쳐졌다. 잉글랜드 동부의 강들과 늪지성 하구 또한 수천 년 동안 수렵 집단을 부양해주었다. 이런 저지대 풍경에서는 바다가 아니라 (산란기에 강물을 거슬러오는) 물고기 떼, 철따라 이동하는 물새, 사슴 사냥, 식물 식량을 얻는 계절 등이 거의 1,000년 동안 인간 생활의 패턴을 결정했다.

기원전 3800년 한겨울의 네덜란드 해안. 살을 에는 바람이 염습지 너머로 윙윙거리며 몰아친다. 빠르게 밀려들어오는 밀물이 으르렁거리는 바다의 소리를 실어온다. 폭풍과 함께 눈보라가 휘몰아친다. 바람이 더 강해지면서 눈발은 소용돌이치기 시작한다. 강풍에 맞선 가냘픈 요새인 좁은 둑은 평탄한 지형과 사납게 요동치는 바다를 굽어보고 있다. 풀과 갈대를 이어 만든 오두막집 몇 채가 둑 꼭대기, 양 떼와 소 떼가 북적이는

바다의 습격

나무 울타리 안에 옹기종기 모여 있다. 시간이 흐르면서 밀물로 수위가 높아진 바다가 둑을 공격한다. 커다란 파도가 낮은 제방에 부딪혀 부서진다. 물보라가 낮게 자리 잡은 거주지 위에서 부서진다. 물을 흠뻑 뒤집어쓴 가축 떼가 괴로워하며 울부짖는다. 쇄파가 정주지 가장자리를 휩쓸면서 물이 오두막 하나에 밀려들자 갈대와 나무 막대기가 어지러이 무너져내린다. 흠뻑 젖은 가족은 재빨리 집에서 나와 멀리 다른 피난처로 몸을 피한다. 마을 주민들은 다가오는 해일을 초조하게 바라본다. 결국 조류가 바뀌고 바닷물이 물러가리라는 것을 알면서도.

물론 이것은 짐작일 뿐이지만 새로운 현실을 반영한 것이다. 농경은 북해를 따라 살아가는 삶에 완전히 새로운 동력을 도입했다. 쉽게 휴대가 가능한 소유물에, 이동에 익숙한 삶을 사는 수렵 집단은 해안선과 더불어 밀려왔다 밀려갈 수 있었다. 그러나 농경은 사람들을 땅에, 그들이 재배하는 작물에, 양 떼와 소 떼가 풀을 뜯는 목초지에 뿌리박게 했다. 이제 북해는 일상생활의 배경 소리를 훨씬 넘어서는 요소가 되었다. 바다는 몇 시간 만에 밭을 쓸어버리고 목초지를 침수시켜 사람들을 굶주리게 만들 수 있는 잠재적인 적이 되었다.

　기원전 4700년쯤으로 추정되는 어느 시기에 몇몇 수렵 집단이 고지대로 추정되는 곳의 농경 공동체로부터 소와 어쩌면 양도 얻었던 것 같다.[1] 그들이 어째서 목축을 하게 되었는지는 여전히 수수께끼다. 어쩌면 해수면 상승과 인구 증가가 수렵 자원의 부족을 낳아 식량 부족을 야기했는지도 모른다. 그러므로 가축화된 동물을 목축함으로써 식량 공급원을 다양화하는 것은 당연한 수순이었을 것이다. 짐작건대 처음에는 더 높은 고지대의 농부들에게 얻은 매우 극소수의 동물만을 여름 동안 소금기가 있는 늪지로 몰고 가 사육했을 것이다. 수세기가 흐른 뒤 습지대에서 곡물을 재배하기 시작했다. 자위더르 해 근처의 스비프터르반트 발굴을 통해 판단하건대 사람들은 점토 제방 위의 식생을 걷어낸 뒤 작은 밭에 에머밀과 보리 같은 여름작물을 재배했던 것 같다. 그들은 개암을 비롯한 다수의 야생식물도 수확했는데, 저장을 할 수 있었다면 중요한 주식이었을 것이다. 1세제곱미터의 개암은 다양한 성별과 연령으로 구성된 20명의 혼합 인구 집단에게 연간 필요 에너지의 10퍼센트를 충분히 제공한다.[2]

생활 방식의 전환은 처음에는 계절적으로 정해진 일과에 별다른 변화를 가져오지 않았다. 봄이면 가족들은 양 떼와 소 떼를 염습지와 평지로 몰고 가 풀을 뜯게 했다. 겨울이 오면, 각 공동체들은 틀림없이 가축들을 가능한 한 만조 수위보다 훨씬 더 높은 곳으로 몰고 갔을 것이다. 곡물 경작과 목축이 자리를 잡으면서 습지대에 대한 인간의 통제력도 항구적인 사안이 되었다. 해수면이 살짝 낮아졌을 때 소규모 무리가 물이 더 잘 빠지는 이탄 늪 가장자리와 작은 만의 높은 둑에 영구적으로 정착했을 것이다. 그들은 그곳에서 목축과 농경을 통해 자급자족할 수 있었을 뿐 아니라 야생식물과 견과를 수확하며, 원한다면 각종 물새와 물고기를 잡을 수 있었다. 기원전 첫 밀레니엄에 이르자 비록 인구는 여전히 적었지만 영구적 정주지는 흔해졌다. 그렇게 된 데에는 타당한 이유가 있었다. 해안 근처의 소박하나 항구적인 농경 정착지는 대규모 폭풍과 고조위高潮位, 빠르게 내륙까지 들이닥쳐 눈앞의 모든 것을 쓸어가버리는 해일에 대한 취약성의 비약적 증가를 가져왔다. 삶은 북해에 맞선 항구적인 싸움, 오늘날까지 이어지는 전쟁이 되었다.

등골이 휘는 노동과 끊임없는 경계는 바다에 맞선 인간의 유일한 무기였다. 유일한 자연 방벽이 사구와 자연 제방뿐인 지형에서는 그리 크지 않은 둑을 쌓는 데도 며칠 간의 가혹하고 고된 노동이 요구되었다. 조

5장과 14장에서 언급되는 지명의 위치. 독일 슈트란트 주변 섬들은 표시하지 않았다.

수에 의한 홍수와 해일이 잦은 저지대 지방의 북부 해안을 따라 특히 문제가 심각했다. 그런 기상재해는 눈앞의 모든 것을 쑥대밭으로 만들기도 했지만 한편으로 높은 곳에 위치한 연안 늪지대와 늪지대 뒤의 민물 수렁 형성으로 이어졌다. 배수 상태가 개선되자 기원전 6세기경에는 네덜란드 해안을 따라, 그리고 몇 세기 뒤에는 북서부 독일 연안을 따라 촌락이 형성됐다. 기원전 1000년 이후에 해수면이 살짝 높아지자 일부 농부들은 고향을 떴지만 다른 이들은 테르펀terpen(단수형은 테르프terp)으로 알려진 뗏장(이탄+잔디)과 진흙으로 된, 인공적으로 쌓아올린 둔덕으로 저항했다. "물 위에 남아 있는"이라는 뜻의 테르펀은 대부분의 시간 동안 만조 수위에서 벗어난 위치에 있었다.[3] 그러한 둔덕의 숫자는 수위 변동에 따라 오르내렸고, 해안선이 상승하던 서기 4세기경에 이르자 가장 높은 곳에 위치한 연안 늪지대에서만 여전히 인간이 거주할 수 있었다.

많은 테르펀이 오랜 역사를 갖고 있다. 기원전 5세기 흐로닝언 근처 에징어의 첫 정주지는 염분 늪지 위, 대략 너비 30미터의 울타리 안에 자리 잡고 있었다.[4] 울타리 안에는 윗가지에 흙을 발라 만든 벽과 이엉을 얹은 지붕으로 이루어진 직사각형 가옥 세 채가 저장 곡물을 건조 상태로 유지하기 위해 나뭇더미 위에 지은 헛간과 나란히 있었다. 3세기 정도 뒤에 나타난 다음 정주지는 대략 높이 1.2미터, 너비 35미터의 잔디 뗏장이 덮인 둔덕 위에 있었다. 농가 네 채가 겨울 폭풍으로부터 보호받기 위해 둔덕 위에 모여 있었다. 후대의 농부들은 둔덕에 뗏장을 반복적으로 추가했고, 결국 둔덕은 높이 2.2미터, 폭 100미터에 이르렀다. 둔덕은 로마 시대를 거치며 더 커졌지만 네 채의 농가는 변함없이 존재하다가 서기 3세기에 화재로 소실되었다.

대부분 염습지의 바다 쪽 가까이에 위치한 테르펀은 해안과 평행하게 형성된 낮은 둑 위에 있었다. 로마 시대의 위대한 저술가 대플리니우스는 『박물지Natural History』에서 그런 정주지에 대해 다음과 같이 썼다. "…바다에서 범람하는 파도 때문에 밤낮으로 하루에 두 번씩 침입을 당하는 (…) 먼 북쪽 지방에서 비참한 종족을 만날 수 있다. 그들은 다른 곳보다 지대가 높거나 인공적으로 높게 쌓은 곳에 사는데, 경험을 통해 그 높이라면 최고 만조위에도 물에 잠기지 않는다는 것을 알고 있다." 둔덕 위에 거주하는 이들은 가축을 치지 않았고, 사초와 골풀을 엮어 만든 그물로 "물고기를 잡았다".[5]

2,000년 전경 네덜란드 에징어 테르프 위의 농가 복원도. ⓒ Bob Brobbel.

　고고학은 테르펀에 사는 사람들이 고기잡이에 불과했다는 플리니우스의 말이 틀렸다는 사실을 가르쳐준다. 둔덕의 사람들은 염분 토양을 제법 잘 견디는 보리와 아마 같은 작물들을 재배한 능숙한 농부였다. 그들은 소뿐만 아니라 소금기가 있는 늪지대에서도 잘 크는 양을 길렀다. 습지대 농업은 아마도 외부인과 거의 접촉하지 않았을 사람들에 의해 자신들만의 방식으로 이루어진 듯하다.

　로마인들은 홍수에 시달리는 네덜란드의 늪지대와 축축한 삼림지대에 별다른 매력을 느끼지 못했다. 그곳에는 광물도 없었고, 농업 잠재성은 낮아 보였으며, 인구도 적었다. 네덜란드의 지리적 위치만이 중요했는데, 마스 강과 라인 강이 서유럽 깊숙한 곳까지 이어져 있어 적대적인 게르만 부족들이 그 강을 따라 풍요로운 갈리아 지방에 침입할 수 있었기 때문이다. 기원전 57년 율리우스 카이사르가 북부 변경 지대의 평정을 처음으로 시도했지만 로마인들의 네덜란드 지배는 명목상의 지배에 불과했다. 잦은 게르만 정벌은 때때로 참사로 끝나기도 했다. 서기 12년 로마 장군 푸블리우스 비텔리우스의 원정도 그중 하나다. 타키투스는 북해의 혹독한 겨울 폭풍이 부는 늪지대를 통과해 비텔리우스가 겨울 숙영지로 출발했을 때 무슨 일이 일어났는지를 알려준다.

얼마 뒤 세찬 북풍과 춘분 때 불어오는 모진 바람의 기세 때문에 바닷물이 가장 높이 치솟자 그의 군대는 이리저리 떠밀리고 내동댕이쳐졌다. 땅에서도 홍수가 일어났다. 바다와 바닷가, 벌판이 하나가 되었고, 위험천만한 유사流砂와 단단한 땅을 구분하거나 깊은 물과 얕은 여울을 구분할 수 없었다. 사람들이 파도에 휩쓸려가거나 소용돌이 아래로 빨려들어갔다. 짐을 진 짐승과 군낭, 죽은 시체들이 둥둥 떠다니며 길을 막았다.[6]

많은 사람들이 북해와 발트 해는 도거랜드가 침수된 이후 안정되었고, 기원전 5000년경 이후로 대체로 변화가 없었다고 추정한다. 이러한 추정은 인간이 야기한 지구온난화 탓에, 유례없어 보이는(그러나 실제인) 오늘날의 해수면 상승이 재앙을 불러올 것이라는 히스테리컬한 예측으로 이어진다. 사실 북해 연안은 지난 7,000년간 불규칙적이고 종잡을 수 없이 변해왔다. 아마 우리는 매우 개략적인 방식을 제외하고는 북해에 영향을 미쳐온 온갖 자잘한 해수면의 변화 과정을 설명하지 못할 것이다. 국지적 지형, 연안의 생김새, 조수의 흐름, 지각판의 변동 등, 이 모두가 그 과정에서 중요하지만 여전히 그 역할들에 대해 거의 알려진 바가 없다. 그러므로 아래에 서술되는 기원전 1000년 이후의 상황에 대한 간단한 요약은 기껏해야 피상적인 설명에 불과하다.[7]

기원전 첫 밀레니엄 후반 동안 염습지와 갯벌은 북서 유럽 연안의 습지대 대부분을 구성했고, 그 뒤로 많은 지역에서 광범위한 민물 늪지가 형성됐다. 기원전 1세기에 이르자 영국 동부와 저지대 지방 대부분에서 해수면이 상대적으로 안정되고 심지어 하강하기도 했다. 그러나 로마 시대 후기와 그 이후 한동안, 즉 서기 3세기에서 5세기 사이 해수면이 다시 상승했음을 보여주는 흔적이 곳곳에서 발견되는데, 이는 무수한 습지대 정주지와 한때 사람이 정착했던 농경지의 침수로 이어졌다. 이 촌락들이 버려진 것이 전적으로 해수면 상승 때문인지는 의문의 여지가 있다. 이때는 대규모 경제적, 사회적 격변의 시기이기도 했기 때문이다. 여러 세기에 걸쳐 해수면 가까이에서 살아가던 사람들은 현실을 받아들여 더 높은 지대에 정착하거나 최초의 인공 방벽을 세워 바다에 반격했다.

처음에 북해 양안의 농부들은 자연 운하나 샛강, 배수로 가까이에 있는 살짝 더 높은 지형에 정착했다. 촌락민들은 신중한 접근과 공동의 노력을 통해 주로 소 떼를 방목하던 작은 땅뙈기에서 물을 빼낼 수 있었다. 또한 여름 홍수로부터 지역을 보호하기 위해 낮은 둑을 쌓았다. 농촌이 간석지 안에 항구적으로 자리한 네덜란드 북부와 독일의 테르펀은 이러한 지형 개조의 당연한 귀결이었다. 거기서, 즉 늪지대 변형에서 흙으로 방조벽을 건설함으로써 부분적 지형 변형이라는 다음 단계로 나아가는 일은 어렵지 않았다. 일단 낮게 흙을 돋우워놓은 다음 농부들은 현지 인구가 증가하는 가운데 그때그때 저마다 조금씩 울타리를 둘러 정착할 수 있었다. 한편 드문 일이기는 하지만 계획적이고 체계적으로 넓은 지역을 간척하는 경우도 있었다.

처음에 네덜란드 해안에는 방조벽이 없었다. 그럼에도 농부들은 둑과 통문sluice으로 홍수를 통제하려고 시도했다. 서기 1세기의 네덜란드 서부 플라르딩언에서는 목초지와 농가가 조류 세곡tidal creek*을 따라 형성되어 있었다.[8] 갈대와 사초를 겹겹이 얹은 찰흙 뗏장을 쌓고 날카로운 말뚝을 박아넣어 단단히 다진 둑이 샛강과 측면 배수로를 차단했다. 속이 빈 나무 둥치로 만든 배수로의 양 끝에는 경첩이 달린 나무 여닫이 밸브가 있어서 둑 아래로 민물을 흘려보낼 수 있었다.

---

* 연안의 주 조류로와 조간대를 연결하는 비교적 작은 규모의 수로.

간척 사업은 소규모라 할지라도 오랜 경험과 조류와 파도 패턴, 자연 배수에 대한 매우 철저한 지식을 요구했다. 심지어 몇 미터 높이의 그리 크지 않은 흙 방조벽을 쌓는 일도 야심찬 기획, 좋게 말해도 고위험 사업이었다. 비가 오나 눈이 오나 몇 달 동안 등골이 휘게 자갈층을 파내고 두툼한 찰흙과 뗏장이 담긴 작은 망태를 쌓아올린 작업의 결과가 단 몇 시간 만에 바닷물에 휩쓸려가버릴 수도 있었다. 일을 계획하는 데만도 며칠을 논쟁과 토론으로 보낼 수도 있었다. 기반 굴착, 뗏장 모으기는 누가 맡을 것인가? 흙을 퍼 나를 튼튼한 망태는 누가 짤 것인가? 무엇보다도 공동체에, 그리고 혹시 그 주변에는 어떤 장기적인 혜택이 있는가? 우리는 눈앞에 놓인 과제, 즉 축조 공사뿐 아니라 축조된 둑을 유지하는 일에 아무런 환상도 품지 않았던 사람들 사이에서 오랜 토론과 반박이 오갔음을 짐작할 수 있다. 장기적 보상이 아직 태어나지 않은 세대에까지 미칠 혜택이 적지 않겠지만 그만큼 위험이 크다는 것을 모두가 알고 있었다. 방조벽은 고조高潮와 해일에 피해를 입기 쉬웠고, 방조벽 너머에서 살아가는 사람들에게 끊임없는 경계와 유지 보수라는 무거운 짐을 안겼다.

여러 세기에 걸쳐 어렵사리 쌓은 경험이 방조벽 축조에 중요한 역할을 했다. 각각의 방조벽은 서로 연결되어, 1년 내내 홍수를 방지하고 물이 흥건한 토지의 면적을 감소시켰다. 물기가 없으면 토양에 통기가 잘되고 봄에 땅이 더 빨리 따뜻해졌다. 첫 단계로 주요 홍수 원인들을 통제할 필요가 있었는데, 조수뿐 아니라 고지대에서 흘러오는 유거수도 문제였다. 일단 이 정도의 통제가 이루어지면 배수 시스템을 갖춰 수위를 낮출 수 있었다. 이 모든 일에는 많은 시간과 노력이 들어갔고, 대부분은 개별 지역사회들에 의해 느리게 진행되었다. 굴착 작업을 하는 사람들에게는 다행스럽게도 초창기 북해 연안의 방조벽은 비교적 규모가 소박했

바다의 습격

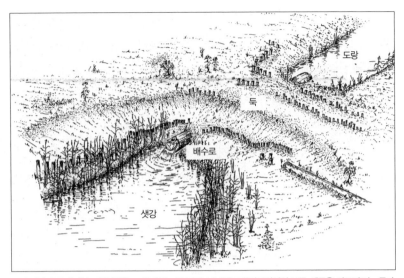

로마 시대의 둑과 배수 시설 복원도. 서기 75~125년경. 네덜란드 플라르딩언의 조류 세곡을 가로지르는 둑과 배수 시설. 배수로는 속이 빈 두 개의 나무 둥치를 서로 맞댄 것이다. 양 끝에는 경첩이 달린 여닫이가 있다. ⓒ B. Koster/Vlaardings Archeologisch Kantoor.

는데, 당시 해수면이 낮았기 때문이다. 나중에 일어난 해일과 조수가 미친 영향 때문에 정확한 규모는 파악하기 어렵지만 서기 11~12세기까지도 네덜란드 북부 엥크하위전 근처의 제방은 현재 높이인 6미터에 비교하면 한참 낮은 1.6미터에 불과했다.[9]

둑이나 방조벽 같은 토목공사를 하기 위해서는 인근 늪지와 전빈 foreshore*에서 원자재를 파내야 했다. 각 지역사회는 다리와 통문을 만들기 위해 내륙에서 수백 그루의 나무를 베어낸 다음 늪지대 위로 난 좁은 길을 따라 통나무를 끌어왔다. 방조벽을 완성하는 데에는 여전히 많은 작업이 필요했다. 축조자들은 제방 뒤쪽의 자연 배수로를 이용할 수도 있었지만 전적으로 인공적인 시스템을 만들어내야 했다. 방조벽이 완

---

* 조차가 크지 않은 사질 경사의 해안 단면에서 사면 턱에 있는 만조선부터 간조선까지의 사면.

공된 다음에도 작업은 결코 끝나지 않았다. 정기적으로 시설을 점검해야 했는데, 겨울 폭풍이 불고 난 뒤에는 특히 그랬다. 마을 주민들은 주기적으로 배수로 아래 깔린 찌꺼기나 진흙을 손으로 걷어내야 했다—다행스럽게도 진흙은 근처 밭에 뿌려 토양의 비옥도를 높일 수 있었다. 해일과 파국적인 재해의 위험성은 늘 존재했다.

초기 간척 사업은 보통 늪지 찰흙에 윗가지 울타리, 돌, 지푸라기, 통나무 말뚝으로 강화한 단순한 흙 제방만으로도 충분했다. 공사는 빨리 끝내야 했다. 겨울 폭풍은 완공되지 않은 방어 시설을 금방 쓸어가버렸다. 일단 방조벽이 완공되면 높은 지대에서 흘러내리는 물은 도랑을 파든지, 고가 수로를 이용해 간척지 너머로 물길을 돌려야 했다. 바닷물은 종종 쟁기로 파낸 밭고랑과 손으로 파서 만든 폭이 더 넓은 수로로 구성된 정교한 도랑과 수로 시스템을 통과해 빠져나갔는데, 이는 여러 밭들을 구획하는 경계선 역할도 했다. 또한 이 도랑은 가축들에게 물을 제공했다. 몇 년 안에 간척지에서는 소금기가 모조리 빠져나가고, 땅도 방목지로 활용하거나 석회나 이회토, 거름으로 토양을 기름지게 만들어 경작지로 변경할 수 있었다. 하지만 이 모든 노력은 둑과 거주지, 가축과 사람을 휩쓸고 가버리는 한사리나 겨울 폭풍, 해일 앞에서 허사로 돌아갈 수도 있었다.

바다로부터의 위협은 언제나 존재했다. 기독교가 자리 잡으면서 자연재해는 신의 진노의 상징이 되었다. 누구도 거센 강풍이나 폭풍이 일으키는 해일을 예측할 수 없었다. 높은 파도와 빠르게 흐르는 조수는 해마다 찾아오거나, 수세대 동안 드러나지 않은 말없는 위협으로 남아 있을 수도 있었다. 그러한 재해의 대부분은 오래전에 역사적 망각 속으로 사라졌지만 몇몇 기억할 만한 파국이 중세 기록으로 전해진다. 『앵글로색슨 연대기The Anglo-Saxon Chronicle』는 1014년 잉글랜드 동부에서 일어난 홍수에 대해 다음과 같이 묘사한다. "그해 성 미카엘 축일 전야에 이 땅 전역에 엄청난 바닷물이 밀려들어와, 전에는 닿은 적 없는 곳까지 이르렀고, 많은 마을과 무수한 사람들을 쓸어가버렸다."[10]

서기 500년과 800년 사이의 해수면 하강은 오늘날 북쪽의 덴헬더르에서 남쪽 훅판홀란트까지 사실상 중단 없이 죽 이어진 해안 방벽인 이른바 어린 사구Young Dunes의 형성을 가져왔다. 하지만 뜻밖의 해수면 상승이 서기 800년과 950년 사이에 사구 지대 깊숙이 침투했고, 마침내 그 시점에서 본격적인 둑 건설이 시작되었다. 더 높아진 해수면 때문에 북부 네덜란드와 북서부 독일의 테르펀은 서기 10세기 때 그 숫자가 가장 많았는데, 그 대부분이 습지대와 충적 언덕 위에 있었다. 일부는 이제 둥그런 길과 도랑에 둘러싸여 상당한 규모에 이르렀다. 마을 중앙에는 보통 민물 방죽이 있었다. 지하의 이탄과 모래에 깊숙이 박아넣은 나무통으로 둘러싸인 연못은 또 다른 수원이 되었다. 나무가 없는 염분 방목지 한가운데 과수원과 나무 사이로 종탑이 한눈에 들어오는 마을의 모습은 섬처럼 보였다.[11]

서기 1000년경 북해는 다시금 살짝 후퇴하며 폭풍해일과의 싸움에서 다소간 숨을 돌릴 여유를 주었다. 인구가 증가했다. 많은 지역사회가 이제 서서히 침투하는 고약한 소금물과 폭풍으로부터 자신들의 땅을 보호하기 위한 작업에 착수했다. 최초의 둑들은 한 테르프에서 다른 테르프로 이어지는 높은 둑길에 불과했으나 곧 확장되어 폐쇄된 방조벽을 형성했다. 단순한 방벽들이 샛강이나 도랑을 가로질러 건설되었는데, 처음에는 완전히 분리되는 방식이었으나 이후에는 밀물과 썰물에 따라 열렸다 닫혔다 하는 단순한 나무 통문으로 대체되었다.

이러한 해안 방어 시설에도 불구하고 서기 1000년 이후의 보다 따뜻해진 중세 후기 온난기에도 해수면이 상승하는 동안 반복적으로 홍수가 일어났다. 1287년 북쪽에서는 오늘날의 자위더르 해에 있는 스타보런과 엠스 강 입구 사이에서 발생한 폭풍해일 때문에 수만 명이 목숨을 잃었다. 그에 뒤이은 홍수가 연안 지방의 방대한 면적을 침수시켰다. 당시의 유일한 방책은 테르펀의 높이를 높이는 것뿐이었다. 에징어는 이제 주변 지형에 비해 18미터가 높았고, 너비는 거의 425미터에 달했다.

남쪽에서는 950년과 1130년 사이에 해수면 상승이 둔화되었는데, 이 시기는 노르드인의 지속적인 침략 위협이 잦아들어 인구가 증가하던 시기와 일치했다. 농부들은 더 많은 경작지를 필요로 했다. 보다 건조하고 덜 혹심한 겨울과 악천후의 감소는 늪지를 따라 나 있는 식생을 불태운 뒤 배수와 토지의 경계 표시를 위한 도랑을 파는 방식의 공격적인 정착으로 이어졌다. 광범위한 식민화는 그때까지 사람이 살지 않던 이탄 늪지를 농경지로 탈바꿈시켰다. 곧 대지주들은 갈수록 더 큰 규모의 간척 사업을 벌였다.

1130년경의 악천후 증가와 해수면 상승은 엄청난 혼란을 야기했다. 예측하기 힘든 해일이 이어지면서 개별 지역사회들은 대체로 빈약한 방어 시설 뒤에서 불안에 떨었다. 어쩌면 그들은 신의 진노 앞에서 할 수 있는 일이 아무것도 없다고 느꼈는지도 모른다. 이런 무력감은 해안 방어 시설을 조직할 동기를 제공하는 데 별로 보탬이 되지 않았다. 자신의 밭과 방목지를 넘어 더 먼 곳까지 내다보거나 자신의 지엽적인 이해관계를 넘어 생각하는 마을 사람들은 거의 없었다. 유력한 대지주들과 신심이 깊은 집안들이 앞장서서 더 큰 규모의 제방 축조 사업을 담당했다. 그들의 노력 덕분에 길게 뻗은 해안을 따라 서서히 확장된 해안 방어 시설은 둑이 터져 강물이 쏟아져 들어오는 것을 막았다. 그러나 많은 경우 이런 사업은 두서없이 이루어졌다.

방조벽과 제방을 축조하는 일과 그것을 유지하는 일은 전혀 다른 문제였다. 무기력한 농촌 공동체는 방어 시설을 방치했는데, 자신들은 신의 진노에 괴로움을 겪을 수밖에 없는 운명이라는 비관적인 믿음에서였는지도 모른다. 모든 기독교도의 마음 깊은 곳에는 "그날의 계시가 모든 피조물에게 매우 끔찍할" 최후의 심판의 무시무시한 이미지가 자리 잡고 있었다.[12] 대부분의 시간 동안 농부들과 지주들은 단합하는 대신 제방을 유지하는 비용을 둘러싸고 끊임없이 다투며 아무것도 하지 않았다. 당연하게도 방치된 해안 방어 시설은 황폐해졌다. 그리고 역시 당연하게도 예기치 못한 홍수는 마을 전체를 파괴하고 전 가구를 몰살했다.

더 넓은 세상에 대해 아무것도 모른 채 옥신각신하는 농부와 지주들은 짐작도 못하고 있었지만 거대한 해일은 대서양 저 멀리 온대 저기압 때문에 발생한 거센 바람에서 생겨난 것이었다. 그러한 폭풍우는 방대한 지역을 아울렀다. 강풍급 바람은 바다 위로 수백 킬로미터에 걸쳐 불었다. 과거에 그들을 괴롭혔고 지금도 여전히 북해를 괴롭히는 해일은 보통은 영국 북부 먼 바다 폭풍우에서 발생했다. 해일은 스코틀랜드와 잉글랜드 동부 해안을 따라 남쪽으로 이동해 템스 강까지 거슬러왔다. 강한 저기압과 강력한 북풍은 북해의 표층수를 남쪽의 좁아지는 해분으로 몰아갔고, 늘어난 수량으로 저지대 지방을 잔혹하게 공격했다.[13] 가장 파괴력이 큰 폭풍해일은 이례적으로 높은 만조와 겹칠 때 발생하는데, 이때 바닷물은 멀리 내륙까지 밀려들어와 고지대의 담수 배출을 저지했다. 맹렬한 파도와 밀어닥치는 조류는 전방의 모든 것을 쓸어가며 해안을 초토화했고, 민간의 기억에서 거의 신화적인 지위를 차지했을 인간의 비극을 야기했다.

우리는 1200년과 1219년, 1287년경 독일과 네덜란드 해안을 강타한 맹렬한 폭풍해일로 적어도 세 차례 대홍수가 발생했다는 사실을 알고 있다.[14] 1219년 1월 16일, 성 마르켈루스 축일에 발생한 해일은 최소한 3만 6,000명의 인명 피해를 냈다. 기이한 우연의 일치로, 1362년의 흐로터 만드렌커Grote Mandrenke(인간 대살육)로 알려진 중세의 가장 유명하고 가장 거대한 해일 가운데 하나도 1219년의 참사가 벌어졌던 날짜에 일어났다.

"성 마르틴 축일 다음 날 (…) 밤에 갑자기 엄청난 바닷물이 밀어닥치고 매우 강한 바람과 함께 보기 드문 거대한 파도가 덮쳤다. 특히 바닷가 인근 곳곳에서 강한 바람에 닻이 뽑히고 포구에 정박한 선단이 떠내려갔으며, 많은 사람들이 익사하고 소 떼와 양 떼가 휩쓸려갔다. (…) 무수한 사람들이 목숨을 잃어 딱히 주민이 많지 않은 한 읍에서는 가슴 아프게도 하루 동안 100구의 시신이 무덤에 묻힐 정도였다."[15]

대서양의 거센 남서 강풍에서 발생한 흐로터 만드렌커는 아일랜드를 휩쓴 다음 영국에 불어닥쳤다. 가옥이 붕괴되고, 노리치 성당의 목조 첨탑이 지붕을 뚫고 무너져내렸다. 북해를 가로지른 강풍은 만조 때 저지대 지방과 독일 북부를 강타했다. 바람과 파도가 덴마크 연안의 교구 60곳을 휩쓸었고, 자위더르 해가 대양으로 이어지는 입구를 넓혔다. 이것은 재해에서 유일하게 긍정적인 결과였다. 일단 제방으로 안정되자 새로운 유입구는 훗날 네덜란드 제국 해상무역의 주요 중추가 되었다. 거대한 해일은 예고 없이 들이닥쳐 항구와 상륙지를 침수시켰다. 북독일 슐레스비히홀슈타인의 슈트란트 섬에 있는 부유한 룽홀트 항은 파도 아래로 사라졌다. 슈트란트 인구의 절반 이상이 물에 빠져 죽었다.[16] 북해 반대편, 요크셔 해안의 험버 강 입구에 있는 교역 마을 레이븐서 오드도 사라졌다. 마치 해일이 신의 진노에서 기인하기라도 한 듯 뱃사람들이 그곳을 지나칠 때면 파도 아래 잠긴 교회에서 종소리가 들린다는 이야기가 끈질기게 이어졌다. 분명 그보다는 더 많겠지만 최소 2만 5,000명이 이 대大익사Great Drowning로 목숨을 잃었다.

해일은 13세기와 14세기에 더 빈번해졌고, 결국은 1421년 11월 성녀 엘리자베스 축일의 묵시록적인 대홍수 같은 최악의 해일이 발생했다. 계속해서 강해지는 바람은 북쪽의 테설부터 남쪽의 발헤런까지 사구를 내륙 쪽으로 수킬로미터 이동시켰다. 15세기 이후에야 전빈에 대형 방조제를 건설하고 사구에 풀과 나무를 심음으로써 이러한 과정을 둔화시킬 수 있었다. 파괴의 효과는 누적적이지만 엄청났다. 이를테면 중요 농업 정주지인 에흐몬트의 교회는 1570년에는 사구에 막혀 바람이 없는 쪽에 있었다. 그러나 사구가 교회 너머 내륙 쪽으로 이동하면서 교회는 바다에 고스란히 노출되었고, 결국 1741년 북해의 제물이 되고 말았다.

중세 말이 되자 복잡한 선과 고리를 그리며 이어진 둑 그리고 강둑과 제방은 일정한 보호 수단을 제공했지만 연안 일대의 성장하는 도시들과 증가하는 인구를 제대로 보호하기에는 턱없이 부족했다. 둑과 배수 시설, 감독 위원회로 이루어진 혼란스러운 집합체가 공사를 관장했고, 이는 독립과 자치는 물론 공공선에 대한 봉사라는 강력한 관념, 봉건 영주로부터 매우 독립적인, 다시 말해 근본적으로 새로운 관념을 키웠다. 주요 대지주들은 이제 홍수가 잦은 지역에 정착하려는 사람들에게 자유민 신분이나 낮은 지대ᵐᵉⁿᵗ 같은 유인을 제공하기 시작했다.

간척 사업은 수백 제곱킬로미터에 달하는 이탄 표토층도 낮아지게 했다. 1404년 당국은 소금 추출을 위한 이탄 채굴 작업의 일환으로 뗏장을 잘라가는 것을 해안 방어 시설을 심각하게 약화시키는 행위로 간주하여, 제방에서 수킬로미터 이내 범위에서는 법으로 금지했다.[17] 이제는 많은 강들이 인근한 대지 위쪽에서 흘렀기 때문에 강물이 제방을 붕괴시키기는 더 쉬워졌다. 지하수면이 상승하면서 많은 농경지가 물이 흥건한 방목지나 목초지로 탈바꿈했다. 중력 외에는 기댈 게 없는 현실에서 침수 지역의 물을 빼는 일은 불가능에 가까웠다. 간척 사업은 이제 훨씬 더 큰 규모로 이루어지게 되었다.

오늘날의 도르드레흐트 시 남쪽에 위치한 흐로터 바르트는 가장 고도로 개발된 간척 프로젝트의 산물이다.[18] 길 역할을 하는 제방으로 연결되어 더 높은 지대 능선에 자리 잡은 작은 마을만 있는, 한때 쓸모없는 늪지에 불과했던 그곳은 11세기에 홀란트 백작 디르크 3세의 차지가 되었다. 1300년 그의 후계자들은 주요 개울을 둑으로 막고 둥그런 제방을 건설했다. 1세기 후 40여 마을이 5만 헥타르에 이르는 하나의 거대한 폴더르(둑으로 보호되는 너른 간척지를 말한다)에서 도르드레흐트 시장으로 곡물과 뗏장, 소금을 내다팔았다.[19] 그러나 흐로터 바르트에는 자멸의 씨앗이 내재되어 있었다. 유지 보수가 형편없었고, 강화하지 않은 이탄층 위에 세워 기반이 약화된 제방은 너무 높이 쌓아올리면 스스로 무너져내렸다. 간척지의 상당 부분이 홍수가 일어났을 때 양쪽에서 공격받을 수 있는 위치, 즉 마스 강과 라인 강, 발 강 같은 커다란 강과 북해 양쪽에서 물이 쏟아져 들어올 수 있는 위치에 있었다. 14세기 내내 대규모 해일이 번번이 둑을 허물었다. 하지만 농부들은 균열 부위를 수리하고 다시금 땅에서 물을 빼냈다. 그 뒤 1420년의 대규모 침수로 물 관리 위원회의 모든 기록이 파괴되었고, 주요 정치적 분쟁 시기에 관련 행정에 혼란이 야기되었다.

1년 뒤인 1421년, 성녀 엘리자베스의 축일인 11월 18일 밤에서 19일 사이 거센 서풍이 유례없는 만조와 일치하면서 마스 강과 발 강이 최고 홍수 수위에 달했고, 둑이 무너지면서 흐로터 바르트가 침수되었다. 상승한 바닷물도 반대편 둑을 허물고 흐로터 바르트로 쏟아져 들어왔다. 범람한 물은 거센 물살이 되어 자연 배수로를 거쳐 남서쪽으로 흘러 현

바다의 습격

재 홀란즈 딥Hollands Deep이라고 불리는 물길을 형성했다. 흐로터 바르트의 상당 부분은 급속히 얕은 호수나 조류의 수로가 되었다. 적어도 마을 스무 곳이 사라졌고, 1만 명이 사망하면서 지역사회의 삶은 산산조각 났다. 대형 폴더르에 의존해 한때 번영했던 도르드레흐트 시는 이제 자그마한 섬 위에 서 있게 되었다. 참사는 지역 귀족 계층을 비롯한 많은 이들을 알거지 신세로 만들었다. 곡창은 약탈당했고, 인근 농촌 지역은 대부분 무정부 상태가 되었다. 흐로터 바르트는 복구의 가망 없이 완전히 사라져버렸다. 흐로터 바르트가 있던 곳에는 이제 드넓은 바다가 자리하고 있었다. 그 변두리에서 약간의 제한된 간척 사업이 시작된 것은 수세대가 흐른 뒤였다.

배수와 간척 사업을 위한 효과적인 과학기술의 결여가 중력과 스쿱Scoop*, 수차로 땅에서 물을 빼야만 했던 농부들을 결국 좌절시켰다. 장기적인 관점에서의 구원은 1408년경 바람으로 돌리는 물레방아와 펌프가 발명되면서 찾아왔다. 그러한 기구들이 널리 이용되고 네덜란드에서 해안 방어 시설의 근대적 시대가 열린 것은 2세기가 흐른 뒤였다.

북해 연안에서의 삶은 바다와의 끊임없는 싸움이었으나 해수면 상승보다는 이례적인 만조와 겹치는 예측 불가능한 해일의 공격에 맞선 싸움이었다. 농부들은 이런 지형에서 유일하게 가능한 방어 시설인 둑과 토목 공사로 해안을 무장시켜 공격해오는 바다에 맞서 싸웠다. 인간의 수작업과 중노동은 종종 그러한 임무에 부적절했지만 인공 해안 방어 시설은 해수면과 같은 위치나 그와 가까운 위치에 자리한 도시와 마을들에는 유일하게 가능한 장기적 전략이었다. 그리고 방어 무기로 해안을 무장시키는 것은 여전히 세계 여러 지역에서 해수면 상승에 맞서 선택 가

* 국자 모양의 삽 비슷한 연장.

능한 전략이다. 심지어 21세기의 기술은 막대한 비용을 들여 한 세기 전에는 상상도 할 수 없던 규모로 특정 구역 전체를 제방으로 둘러 바다로부터 보호할 수도 있다. 하지만 그 비용은 위험에 처한 많은 지역의 주머니 사정을 능가할 만큼 어마어마하다. 게다가 그 해안 무장 사업이 궁극적으로 효과를 보리라는 보장도 없다.

6

해안 전체가 메워지다
[지중해]

빙하기 융해의 격변 후, 기원전 5000년경에 이르자 지중해의 해수면은 기본적으로 안정되었다. 더 높아진 해수면에 적응하는 과정에서 약간의 변동이 이어졌는데, 특히 강물의 흐름이 느려지면서 봄 홍수로 불어난 물에 흘러 내려온 토사가 먼바다 깊은 곳까지 실려가지 않고 해안 범람원에 퇴적되었다. 인간의 관점에서 볼 때 지중해는 어느 모로 보나 거대한 호수였다. 역사가 페르낭 브로델은 희귀한 상품과 평범한 물품들로 이루어진 연안무역이 번창한 지중해를 가리켜 "바다들의 바다"라고 부른 적이 있다. 일찍이 기원전 1만 년대 후반에 농부들은 지중해를 건너 터키에서 키프로스로 갔다. 기원전 2000년이 되자 수백 척의 크고 작은 배들이 동지중해 연안을 부지런히 왕래했다. 크레타 섬의 미노스인과 그리스 남부의 미케네인은 이러한 무역상 중에서도 가장 유능한 이들이었다. 그리고 호메로스의 『일리아스』를 통해 불멸의 명성을 얻게 된 전설적인 포위전을 위해 기원전 1200년경 그리스 전사들을 트로이^{Troy}(흔히 히사를리크^{Hissarlik}로도 알려진)로 실어간 이들도 아마 이러한 고대 항해 전통을 가진 뱃사람들이었을 것이다. 그렇지만 그리스 전사들은 대체 어디에 상륙했단 말인가? 해수면 상승과 그로 말미암은 토사 퇴적, 그리고 지진 활동은 동지중해 전역의 해안 풍경을 몰라보게 바꿔놓았다.

호메로스는 우리에게 기원전 12세기경 트로이가 포위되었을 때의 아카이아인들의 항구에 대한 유일한 묘사를 전한다.

> 그곳이 그들이 처음 상륙한 해변인 만큼 (그리스 함선들은) 싸움터에서 얼마간 떨어진 곳에 끌어올려져 있었지만 방벽은 맨 뒤쪽에 구축되었다. 길게 뻗은 해변은 넓긴 했지만 모든 배들을 끌어올릴 만큼 공간이 충분하지 않았고, 군대는 비좁은 공간에 다닥다닥 붙어 있었다. 그런 까닭에 그들은 배를 줄지어 댔고, 만의 한쪽 끝에서 다른 쪽 끝까지 만의 입구 전체가 배로 가득했다.[1]

학자들은 트로이 평원의 지리와 그리스 진영의 위치를 두고 2,000년 넘게 논쟁해왔다. 그리스 지리학자 스트라본은 "시모에이스와 스카만드로스(강)는 평원에서 합쳐지며, 두 강이 엄청난 양의 토사를 실어오기 때문에 해안선은 바다 쪽으로 전진한다"[2]고 적었다. 스트라본은 그의 시대의 해안선이 1,200년 앞선 호메로스 시대의 해안선보다 도시에서 두 배나 멀리 떨어져 있다고 지적했다. 오늘날 히사를리크 아래의 얕은 만은 마른땅이다.

시모에이스 강과 스카만드로스 강은 해수면이 훨씬 낮았던 후빙하기에는 경사가 더 가팔랐을 것이다. 지구온난화와 함께 바닷물이 상승하면서 나일 강이 그랬듯이 두 강의 경사도 덜 가팔라졌다. 한때 바다까지 떠내려간 토사는 이제 훨씬 느리게 흐르는 강물에 실려 도착했다. 그리

바다의 습격

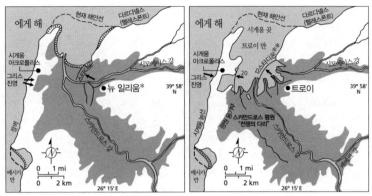

히사를리크(트로이)의 해수면 상승. 스트라본 시대의 트로이(왼쪽)와 호메로스 시대의 동일 지역(오른쪽).

고 깊은 바다까지 떠내려가는 대신 얕은 물에 가라앉았다. 다르다넬스의 해류도 토사를 만으로 실어 날랐다.

　범람원의 퇴적물 깊숙한 곳에서 추출한 코어 표본은 빙하기 뒤에 트로이 해안선을 침수시킨 해침의 세부 사항을 밝혀주었다. 느리게 쌓이는 점토와 토사는 삼각주 범람원을 형성했다. 코어는 두터워지는 토사가 한때 만이었던 곳을 채운 얕은 해양 진흙 위로 서서히 쌓이면서 만을 충적 평원으로 탈바꿈시켰다는 사실을 가르쳐준다. 변화무쌍한 강의 물줄기들은 새로운 저지대를 어지러이 가로질렀다. 늪지는 해안선을 따라 확대되었고, 앞바다 인근의 사주는 해안선을 보호했다.

　호메로스의 서사시와 스트라본의 설명을 실제 지리와 비교해보면 놀랍도록 일치하는데, 호메로스 시대의 트로이 만은 히사를리크 내륙 쪽으로 다소 확장되며, 포위된 도시에서 서쪽으로 약 4킬로미터 떨어진 시게움 반도 곶에는 아카이아인들의 병영이 있었다. 이 곳에서 에게 해는

---

* '일리움'은 고대 트로이의 라틴어 이름.
** 스타디온은 고대 그리스의 길이 단위로, 헤로도토스에 따르면 1스타디온은 현재 단위로 약 180미터이다. 하지만 고대 문헌에 따라 150~200미터까지 다양하게 해석되고 있다.

6장에 나오는 지명들.

다르다넬스 해가 된다.

호메로스 시대에 해상무역은 에게 해에서 큰 사업이었다. 이 사업의 상당 부분은 마을에서 마을로, 만에서 만으로, 터키와 레반트 해안을 따라 이루어졌다. 해안에는 배들이 비교적 쉽게 닿을 수 있고 비바람을 피할 수 있는 피난처가 수십 군데 있었고, 그중 일부는 인간의 힘으로 건설한 인공 포구였다. 크레타 섬 서단의 작은 항구 도시 팔라사르나는 그 좋은 예다. 세 개의 작은 섬이 크레타 섬 서단 그리고 주요 교역로와 가까워 입지가 좋은 정주지를 보호했다. 험준한 곶은 피난처와 좋은 정박지를 제공했으며 곶 발치에는 거대한 요새도 자리했다. 요새 바로 남쪽에는 한때 두 개의 긴 운하를 통해 접근 가능한 인공 항구가 있었다. 하지만 지금은 운하가 말라 있다. 항구와 운하는 서부 크레타의 전반적인 융기로 6~9미터가량 상승했는데, 서기 365년경 그 지역을 강타한 대지진의 결과일 수도 있다.

기록에 나타난 최초의 팔라사르나 정착민은 미노스인들이다. 훨씬 후대인 기원전 350년경의 한 페리플루스periplus(항해 지침서)에 따르면, 그

바다의 습격

무렵 자신들만의 주화를 찍어내던 팔라사르나는 "라케다이모니아(펠로폰네소스)에서 배로 하루가 걸렸다". 또 다른 항해 안내서는 서기 4세기의 팔라사르나에 "만과 상업항, 오랜 읍성"이 있었다고 전한다.[3] 적어도 네 개의 망루가 팔라사르나의 항구를 경계했다. 발굴 조사는 흘수가 1.5미터인 전함이 입항할 수 있을 만큼 수로와 항구에 물이 충분했음을 보여준다. 수로 양쪽 바위에 파도가 쳐서 생기는 특징적인 자국은 당시 바다가 오늘날 해수면보다 최소 6.5미터 높았음을 알려준다.[4]

기원전 67년 로마 프라이토르(야전 사령관)였던 카이킬리우스 메텔루스는 크레타 해안을 따라 형성돼 있던 해적 소굴을 소탕했는데, 크레타 섬 사람들은 쾌속선으로 무장한 강도들로 악명이 높았다. 팔라사르나 해협이 커다란 돌덩어리로 막혔던 흔적도 어쩌면 이 소탕 작전의 일환이었을 수도 있다. 망루가 있는 포구는 상업 기항지로 이용되기에는 너무 작았기 때문이다. 메텔루스는 팔라사르나를 약탈했을지도 모르지만 어쨌거나 그곳은 오래가지 못할 것이었다. 거대한 지진이 연안을 융기시키면서 팔라사르나는 불과 며칠 사이에 해안으로 밀려 올라왔다.

히사를리크만 그런 것이 아니었다. 미세 토사의 퇴적은 지중해 전역에서 해수면이 상승하면서 되풀이된 현상이었다. 다시금 우리는 스트라본을 전거로 삼을 수 있는데, 그는 고전기 아테네의 피라이우스 항이 "예전에는 섬으로 (…) 그 항구에 지금의 이름을 부여한 본토 맞은편에 있었다"고 기술한다.[5] 스트라본 훨씬 이전, 아테네인들이 중시한 여러 세기에 걸친 구전은 피라이우스를 섬이라고 불렀다. 아테네 장군 테미스토클레스 그리고 정치가 키몬과 페리클레스가 아테네 시와, 피라이우스 항을 비롯해 도시의 두 항구를 연결하는 두 개의 긴 방벽을 건설한 기원전 5세기에는 얕은 석호가 바위투성이 섬을 본토와 연결했다. 방벽은 아테네를 도시의 번영과 군사력의 원천인 바다와 연결된 요새로 만들었다. 그런데 방벽 건설자들이 공사에 착수했을 때도 피라이우스는 섬island이었을까? 아니면 그 건설자들이 당시에는 아주 작은 섬islet이었던 것과 본토를 분리하던 얕은 석호를 메웠던 것일까?

분명 원래의 섬은 해수면 상승의 결과로 생성되었는데, 지진이 드문 지역에서는 시간순으로 설명하기 쉬운 현상이다. 일단의 지질학자들이 답을 찾기 위해 10개의 시추공을 뚫었다.[6] 그들은 얕은 바다의 퇴적물층뿐만 아니라 섬에서 육지로의 점진적 변화를 기록한 조개류도 얻었다. 그래서 이제 우리는 피라이우스가 이집트와 메소포타미아에서 인류 최초의 문명이 나타난 기원전 4800년과 3400년 사이에 얕은 바다의 만 한가운데 자리한 섬이었다는 사실을 안다. 연안 사주로 바다와 분리되었던 석호는 그때부터 기원전 1500년경까지 피라이우스와 본토 사이에 있었다. 케피수스 강과 코리달로스 강이 실어나른 토사가 점차 석호를 메웠다. 피라이우스가 정확히 언제 본토의 일부가 되었는지는 여전히 알 수 없다. 하지만 기원전 1000년 이후 어느 때이며, 분명 방벽이 건설되기 훨씬 전이다. 구전에 의존하기도 했지만 본인 스스로가 경험이 풍부한 풍경 관찰자이기도 한 스트라본은 트로이의 경우에서도 그랬듯 이번에도 전적으로 옳았다. 다르다넬스에서와 마찬가지로 강의 토사는 해수면 상승이 초래한 결과를 천천히 무위로 되돌리고 아테네가 안전하게 바다에 접근할 수 있는 요새로 변신하는 것을 가능케 했다.

토사 퇴적은 아테네에 보탬이 되었을지 모르지만 다른 곳에서는 커다란 문제를 야기했다. 밀레투스는 산으로 둘러싸인 터키 서부의 항구였다. 크레타에서 온 미노스인들은 일찍이 기원전 1400년에 이곳에서 무역을 했다. 호메로스에 따르면 일부 밀레투스인들은 트로이에서 그리스인들에 맞서 싸웠다. 7세기에 이르자 밀레투스는 90곳이 넘는 해외 식민

바다의 습격

지를 건설했는데, 이집트 삼각주에서 흑해까지 뻗어 있었다. 밀레투스는 나중에 로마의 도시가 되었고, 서기 4세기까지 번영했으나 결국 마이안드로스 강에 실려온 토사로 인해 항구가 늪지로 변했다. 항구가 사라지자 밀레투스는 더 이상 존재할 수 없었다.

노예들의 노동과 향상된 공학 기술 덕분에 자연 피난처가 거의 없거나 전혀 없는 곳에서도 처음으로 대규모 인공 항구가 건설되었다. 페니키아의 위대한 해상 도시국가인 티레와 시돈은 오늘날의 레바논 해안에 자리 잡고 있었다. 티레 지역은 고대 이래로 줄곧 지반 침하가 진행되어, 과거 페니키아 항구의 북쪽 방파제는 오늘날 해수면보다 약 2.5미터 아래 있었는데, 고전기 이래로 이곳의 해수면은 적어도 3.5미터 상승했다.[7] 시돈에서는 해수면이 그보다 훨씬 안정적이어서 약 0.5미터 정도 상승한 것 같다. 코어 표본 추출 덕분에 우리는 두 항구의 복잡다단한 역사를 얼마간 알 수 있다. 기원전 약 2000년에서 기원전 1200년 사이에 두 도시는 바다로 튀어나온 절벽에 둘러싸여 비바람을 피할 수 있는 정박지에 의존했다. 이곳을 찾는 배들은 수심이 깊은 물에 닻을 내리고 더 작은 배들에 화물을 실어 바닷가까지 수송했다. 둘 가운데 시돈이 보다 나은 정박 환경을 제공하여 도시 인구가 성장했고, 항구를 건설하려는 시도도 있었던 것 같다.

기원전 첫 밀레니엄 동안 수많은 배들이 티레와 시돈을 찾자 페니키아인들은 엄청난 비용을 들여 인공 항구를 건설했다. 하지만 어느 정도 보호되던 두 항구는 완공과 거의 동시에 토사 퇴적에 시달려 여러 세기 뒤에 로마와 비잔티움 당국은 항구 밑바닥을 긁어내야 했다. 비잔티움 시대 이후로는 티레와 시돈의 상업적 중요성이 사라지면서 두 항구는 버려지다시피 했다. 토사 퇴적과 해안 성장이 항구를 매몰시켰고, 현대 고고학자들이 다시 발견하기 전까지 두 항구는 줄곧 잊혀진 상태였다.

또 다른 인공 항구 또한 토사 퇴적과 자연재해에 시달렸다. 헤롯 대왕은 오늘날의 이스라엘 해안에 완전히 인공적인 항구를 건설하여 카이사레아 시를 건립했는데, 역사가 요세푸스에 따르면 피라이우스 항보다 큰 항구가 기원전 약 25년에서 기원전 13년 사이에 자연 피난처가 전혀 없는 해안에 건설되었다.[8] 카이사레아 항은 유대 속주의 민간, 군사 수도가 되었다. 콘크리트 기반 위에 포촐라나pozzolana를 굳혀 쌓은 방파제로 둘러싸인 정박지 두 곳이 항구를 보호했다. 화산재의 일종인 포촐라나는 이탈리아에서 가져왔는데, 400톤을 싣는 데 적어도 44척의 배가 필요했다. 방파제는 심한 폭풍우에도 적절한 보호를 제공했다. 그러나 안타깝게도 종종 날림으로 혼합된 화산재 콘크리트는 잡석에 잘 달라붙지 않았고, 이것은 방파제를 약화시켰다. 그보다 더 심각한 문제는 항구가 해안을 따라 뻗은 숨은 단층선 위에 있다는 점이었다. 지진도 방파제가 기울어져 해저로 가라앉게 만들었다. 해저 조사는 서기 1세기에서 2세기 사이 쓰나미가 그 지역을 강타했다는 것을 보여준다. 이 사건이 항구를 손상시켰을 뿐인지 아니면 완전히 파괴했는지는 알 수 없지만 6세기에 이르자 항구는 토사로 막혀 이용할 수 없게 되었다. 오늘날 헤롯 대왕의 방파제는 5미터 아래 물속에 잠겨 있다.

로마인들은 온갖 종류의 항구를 건설한 바지런한 일꾼들이었다. 동지중해에는 적어도 240개의 주요 로마 항구가 있었고, 서쪽에는 대략 1,870개의 항구가 있었다. 그러한 피난처 가운데 많은 수가 해안 뒤쪽의 석호나 강, 심지어 운하에 자리 잡고 있었다.[9] 대부분의 로마 선박은 비교적 작고 흘수가 2미터가 넘는 경우는 드물었기 때문에 제법 큰 도시의 항구도 작고 수심이 얕았다. 로마인들은 에게 해나 아드리아 해와 달리 비바람을 피할 수 있는 만이나 자연적 투묘지가 없는 곳에서 노예 노동으로

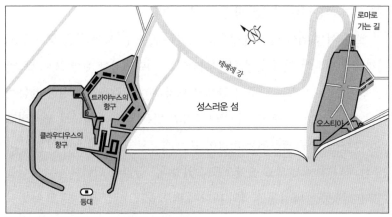

이탈리아 오스티아의 항구들. 사우샘턴 대학교 제공.

건설하는 인공 항구에 눈길을 돌렸다. 로마의 기술자들은 크고 작은 강들이 바다로 실어오면 지중해의 해류 흐름에 의해 반시계 방향으로 이동하며 확산되는 토사 문제에 직면했다. 이런 이유로 로마인들은 일부 항구를 토사 퇴적을 최소화하는 방향으로 건설했고, 대표적으로 알렉산드리아 항은 더 보호받을 수 있는 나일 강 삼각주의 서쪽 방면에 들어섰다.

로마 시에 편의를 제공한 제정 로마 시대의 오스티아 항구들은 테베레 강 북쪽에 있었다.[10] 강에서 해안까지 실려온 토사는 여러 세기에 걸쳐 인공 항구들을 메웠고, 이제 그 항구들은 내륙 쪽으로 수킬로미터 들어와 있다. 포르투스로 알려진 최초의 대규모 항구는 서기 42년 클라우디우스 황제가 테베레 강 북쪽 어귀에 건설한 것이었다. 14년 뒤 쓰나미가 닥쳤을 때 이곳에서 200척의 배가 침몰했다. 최초의 포르투스는 재해에 취약할 뿐 아니라 토사로 금방 막혔다. 서기 112년에는 트라야누스 황제가 100척 이상의 배가 정박할 수 있는 육각형 모양의 새로운 항구를 완공했다. 하지만 오스티아가 부유한 로마 시민들의 시골 휴양지가 되면서 도시의 항구들은 쇠락하고 토사로 막혔다. 결국 항구는 9세기에 아랍

해적들의 거듭되는 공격을 받은 뒤 버려졌다.

로마 시를 위한 다른 항구들도 있었는데, 물론 모두 좋은 도로로 도시까지 연결되어 있었다. 항구 하나하나가 어마어마한 건설 프로젝트였다. 소少플리니우스는 나폴리 만에서 트라야누스 황제가 지시한 켄툼켈라이 항구 건설을 목격한 바 있다. "자연 만은 급속히 항구로 변경되고 있었다. (…) 항구 입구에는 바람이 육지 쪽으로 불 때 방파제 역할을 하는 섬 하나가 물 밖으로 솟아오르고 있었다." 끝없이 이어지는 바지선들이 커다란 둥근 바위를 실어와 바다에 빠뜨렸고, 마침내 "일종의 누벽이 형성되었다. (…) 나중에 그 석재 기반 위로 돌제 부두pier*가 건설될 것이고, 시간이 흐르면 자연섬처럼 보일 것이다".[11] 트라야누스의 항구는 오늘날 삭막한 로마행 유람선 선착장이 있는 치비타베키아에 있다.

그리고 베네치아가 있다. 지반 침하와 지중해의 해수면 상승이라는 문제를 전형적으로 예시하는 도시 말이다. 베네치아는 서기 5세기에 파도바시가 교역 기지로 삼기 위해 일련의 석호 위에 세운 작은 공동체에서 출발했다. 비잔티움 제국의 영향력이 쇠퇴하면서 정착 공동체들은 롬바르디아인에 맞서 상호 방위 동맹을 맺었다. 8세기에 이르자 베네치아는 도제doge**들의 지도 아래 상업과 조선의 중심지가 되었다.[12]

얼마 지나지 않아 베네치아의 선박은 이오니아 해와 레반트 연안까지 가서 상품을 사고팔았다. 베네치아는 811년 독립 도시가 되었다. 도시는 운하와 다리, 각종 요새로 확대되면서 아드리아 해에 더 가까워졌고, 수세기 동안 지속될 바다와의 긴밀한 관계를 더 발전시켜나갔다. 도

---

* 바다 쪽으로 튀어나오게 지은 다리.
** 베네치아 공화국의 총독.

바다의 습격

제들이 독점 무역을 발전시키고 아드리아 해에서 멀리 떨어진 곳에서도 영토를 획득하면서 베네치아의 세력은 15세기에 절정에 달했다. 끊임없는 전쟁과 이따금씩 겪는 좌절에도 15세기 말 18만 명의 주민을 자랑하던 베네치아는 당시 유럽에서 두 번째로 큰 도시이자 분명 세계에서 가장 부유한 도시 가운데 하나였다.

200만 명 이상이 베네치아 공화국의 지배 아래 살았다. 베네치아의 부는 무역, 조선업과 더불어 고급 직물과 보석 세공 분야에서 나왔고, 동지중해에서 베네치아의 지배를 무너뜨리려는 다른 세력들의 방해 공작에도 번영을 구가했다. 도제들은 서로 경쟁하는 유럽 군주들 사이에서 엄정 중립을 유지하기 위해 모든 수단을 동원했다. 베네치아는 여전히 부유했다. 하지만 아시아 무역에서 포르투갈이 지배적 세력으로 부상한 탓에 느리지만 냉혹한 쇠락의 운명을 맞았다. 도시의 불행에 설상가상으로 지독한 역병까지 돌아 수천 명의 베네치아인들이 목숨을 잃었는데, 1630년에만 도시 인구의 3분의 1이 사망했다. 18세기가 되자 아드리아 해는 더 이상 베네치아의 온전한 안방이 아니었다. 나폴레옹의 병사들이 베네치아 공화국의 상당 부분을 점령했다. 1797년 도시는 오스트리아 제국의 일부가 되었고, 1866년 이탈리아에 합병되었다. 현재 베네치아는 이탈리아 베네토 주의 수도지만 6만 명만이 거주할 뿐이다.

오늘날 도시는 아드리아 해를 따라 형성된 늪지대인 베네치아 석호 안의 117개 이상의 섬으로 연결되어 있으며, 석호는 남쪽의 포 강 어귀와 북쪽의 피아베 강 사이의 해안을 따라 뻗어 있다. 베네치아의 건물들은 물이 잘 스며들지 않는 오리나무 말뚝 위에 서 있는데, 촘촘하게 박혀 있는 나무 말뚝 가운데 다수는 크로아티아에서 온 것이다. 여러 세기 동안 물속에 있었지만 말뚝 대부분은 여전히 멀쩡하다. 광물이 풍부한 물이 지속적으로 흐르면서 나무들을 돌처럼 딱딱하게 석화한 덕분이다. 말뚝은 부드러운 모래와 진흙층을 관통해 단단한 점토에 박혀 있다. 오늘날 베네치아는 간조 때도 중세 전성기의 아드리아 해 수위 바로 위에 자리하고 있다.

좁은 운하와 골목, 곤돌라, 웅장한 궁전과 다리 등 베네치아에서는 로맨스가 넘쳐흐른다. 그러나 현재 도시는 가라앉고 있다. 지하수의 감소와 지각판 이동에 의한 지반 침하(지난 1세기 동안에만 25센티미터 가라앉았다)에 해수면 상승이 결합한 결과다. 홍수의 위협이 새삼스러운 것은 아니다. 가을부터 이듬해 초봄까지 해마다 아드리아 해에서 밀물이 들어올 때 겨울 폭풍으로 발생하는 폭풍해일이 도시 상당 부분을 침수시키기 때문이다. 600년 전 베네치아인들은 모든 강들의 주요 물줄기를 석호로 돌려 본토로부터의 공격에서 자신들을 보호했다. 이 과격한 수단은 토사가 석호에 축적되어 도시를 방어해주는 얕은 여울들이 메워지는 것은 방지했지만 한편으로 베네치아를 해수면 상승에 더 취약하게 만들었다. 19세기 초까지 겨울 몇 달 동안 드문드문 일어나던 홍수는 삶의 일부였다. 하지만 19세기 초부터 현지 산업체들이 공업용수의 공급을 위해 아르투아식 우물artesian well*을 이용해 지하 대수층**에서 물을 뽑아내기 시작하면서 도시는 해수면에 보다 가깝게 가라앉았고, 그 결과 해수면이 상승하던 시기에 지반 침하가 심화되었다. 1996년까지 99차례의 홍수가 매년 산마르코 광장을 침수시켰다.

시로코 바람(남풍) 후의 기록적인 만조로 야기된 1966년 11월 4일의 대홍수는 도시 전체를 침수시켰다. 물은 오래도록 빠지지 않았고, 값을 매길 수 없는 예술품들의 손상이 대대적으로 보도되었다. 이는 각성

---

* 지하수가 수압에 의해 저절로 솟아나오는 샘.
** 지하수를 품고 있는 지층.

바다의 습격

의 계기가 되었고, 보호 수단을 위한 장기 계획으로 이어졌다. 1960년대 내내 우물을 파는 것이 금지되었다. 하지만 홍수는 여전히 계속 잦아지고 있었고, 홍수 수위가 더 높아지면서 도시 건물들의 아래층이 침수되는 일이 빈번해졌다. 일부 연구들은 도시가 더는 가라앉고 있지 않다고 주장했지만 베네치아에 걸린 경제적 이해관계는 어마어마했다. 이제 베네치아는 전 세계적인 관광지로서 화려한 도시 전체가 일종의 미화된 관광용 테마파크가 되다시피 했지만, 영주하는 인구는 이전 시기보다 훨씬 줄어든 상태이다.

1987년 이래로 관계 당국은 도시와 그곳의 석호를 보호하기 위해 장기 프로젝트를 야심차게 추진해왔다. 모세 프로젝트^{MOSE, Modulo Sperimentale Elettromeccanico}(실험적 전자 기계식 모듈)는 강풍이 베네치아 만으로 파도를 밀어내어 야기하는 자연적 홍수를 저지할 뿐만 아니라 안벽^{quay}***과 인간이 건설한 구조물 및 지나가는 배들이 일으키는 물살로 야기되는 침식을 늦추려는 야심찬 시도이다.[13]

엄청난 비용이 드는 이 프로젝트의 핵심은 베네치아 석호의 세 개 주요 입구를 보호하기 위해 설계된 78개의 이동식 배리어 시스템이다. 이 시스템은 바다와 석호 사이의 자연스러운 물의 흐름을 방해하지 않게 설계된 접이식 진동 부양 자동 수문으로 이루어져 있다. 설계 조건은 엄격해서 배리어가 고기잡이나 항해에 방해되지 않아야 한다는 단서 조항이 달려 있다. 커다란 금속 상자처럼 생긴 구조물 안에 바닷물이 채워져 있는 수문은 보통 때는 수백 개의 콘크리트 기둥으로 지지된 채 바닥에 가라앉아 있다. 110센티미터 이상의 높은 밀물이 예고되면 압축 공기를 이용해 구조물 안의 물을 빼 배리어를 들어올리는데, 배리어가 물 위로

***돌제 부두와 달리 해안선과 평행하게 건설한 접안 시설.

만조 때의 베네치아 산마르코 광장. 지은이 사진.

완전히 떠오를 때까지 경첩을 중심으로 회전하면 수문이 약 30분 안에 밀물과 석호를 분리한다. 배리어는 여러 줄로 이어진 수문으로 구성되어 있어 시스템 운용자는 여러 기상 조건에 맞춰 무수한 조합으로 시스템을 조작할 수 있다. 지금도 공사 중인 갑문으로 배가 자유롭게 드나들 수 있는데, 대형 선박을 위한 갑문 하나와 소형 선박을 위한 갑문 두 개가 건설 중이다.

육중한 거석 같아 상대적으로 유연성이 떨어지는 모세 시스템은 비용과 석호의 해양생물에 미칠 생태학적 영향의 측면에서 환경 단체로부터 많은 비판을 받아왔다. 예를 들어 홍수가 더 잦은 시기에 예상되는 대로 배리어가 상당 기간 부양한 상태로 있다면 이제 조수가 드나들지 않게 된 수역에는 오염이 발생할 수밖에 없다. 모세를 둘러싼 논쟁은 수년째 베네치아와 이탈리아 정치권에서 이어지고 있으며, 이 프로젝트가 석호에 심각한 환경오염을 가져올 것을 우려하는 유럽연합으로까지 확대되었다.

이러한 논쟁 외에도 근본적인 질문이 남아 있다. 1900년에는 산마르코 광장이 단 7차례만 침수를 겪었던 데 비해 이제는 매년 약 3분의 1 기간 동안 잠겨 있는 상황에서 과연 모세가 베네치아를 궁극적인 침몰로부터 구해낼 것인가? 대답은 물론 '아니오'이다. 배리어가 제 기능을 한다 해도 몇십 년 뒤에는 결국 홍수 발생 횟수와 규모를 도저히 감당할 수 없는 시점에 도달할 것이다. 나는 개인적인 경험을 근거로 이를 말할 수 있다. 홍수가 한창일 때 호텔에서 연락선까지 커다란 여행용 가방을 옮긴 일은 결코 잊지 못할 경험이며, 특히 한 무리의 공격적인 관광객들이 어깨싸움을 하며 무릎까지 물이 찬 산마르코 광장으로 여러분을 밀쳐내려고 할 때는 더욱 그럴 것이다. 2월의 고조高潮 때 내가 겪은 일이다― 그나마 홍수도 기록적인 수준이 아니라 총독궁 기단부에 물결이 철썩거리고 좁은 골목길들이 침수된 정도였다. 고조에 의한 홍수는 계속된다. 2012년 11월 베네치아의 70퍼센트가 고조와 호우를 동반한 심한 폭풍으로 침수되었다. 도시의 만조 수위는 149센티미터에 달했는데, 1872년 이래로 여섯 번째로 높은 기록이자 2000년 이후로는 네 번째로 기록적인 홍수였다. 관광객들은 산마르코 광장에서 헤엄을 쳤다. 당국은 침수를 "지구온난화" 탓으로 돌렸다.

석호의 수면이 1년에 2밀리미터씩 상승하고 있지만 최근 연구는 베네치아가 안정기에 접어들었고, 지반 침하는 더 이상 문제가 아니라고 주장해왔다. 그러나 GPS와 우주 레이더 측정을 이용한 미국과 이탈리아 연구자들의 새로운 연구는 2000년과 2010년 사이에 연간 1~2밀리미터의 침하 속도를 보여주는데, 인간 활동보다는 도시 아래의 퇴적물을 단단하게 다지고 있는지도 모를 판구조 같은 자연적 요인에 의한 것으로 보인다. 석호 안의 섬들 또한 대략 같은 속도나 그보다 살짝 빠른 속도로 침하하고 있다. 그와 동시에 도시는 아주 살짝 동쪽으로 기울고 있다. 이 연구 결과가 확증된다면 당국은 홍수 통제 수문을 이용할 때 침하를 고려해야 할 것이다. 연구자들은 정부가 기반의 퇴적층을 강화하지 않는다면 베네치아를 보호하는 자연 방벽이 40년에 걸쳐 150~200밀리미터가량 가라앉을 것이라고 예측한다.[14]

수문이 효과를 발휘하지 못하고 침하가 계속된다면 남은 선택은 무엇이 있을까? 오직 하나의 해법밖에 없다. 도시를 포기하는 것이다. 역사적 건물들을 이동시키거나 통째로 들어올려 인공 토대 위에 도시를 효과적으로 재건하는 데 요구되는 막대한 비용은 도저히 감당할 수 없을 것이다—해수면 상승과 더불어 다른 이탈리아 도시들과 세계 여타 지역들에서 들려올 도움을 요청하는 목소리들도 고려한다면 말이다. 많은 베네치아 주민들이 이미 본토로 이주했다. 하지만 그보다 훨씬 많은 것들이 위기에 처해 있다. 세계의 역사적 보물들의 미래이다. 몇몇 건물만을 옮기는 데 드는 비용도 수준 높은 산업 사회의 능력치를 크게 넘을 가능성이 크다. 비록 베네치아를 구하려는 정치적 의지가 변함이 없다고 하더라도 말이다.

베네치아는 정신이 번쩍 들게 하는 경종이자 훨씬 더 많은 인구가 살고 있는 많은 저지대 도시들에게는 그리 멀지 않은 미래에 일어날지도 모를 일의 원형이다. 태평양 제도 일부나 인도양의 몰디브 제도처럼 베네치아도 수중으로 사라질 위험에 처해 있다. 오늘날의 역사적 테마파크는 장래에 수중 폐허가 될 가능성이 농후하다. 하지만 많은 이들이 아끼는 이 도시의 위기도 수백만 명이 오갈 데가 없어질 21세기 메가시티들의 취약성에 비하면 아무것도 아니다.

7

바다의
심연이 드러나다
[나일 강 삼각주]

동이 튼 직후, 벼락이 잇따라 맹렬하게 친 뒤 단단하던 땅 전체가 크게 요동쳤다. 바다가 물러갔고 파도도 밀려나 보이지 않았다. 깊은 바다의 심연이 드러나고 각양각색의 바다 생물이 끈적끈적한 진흙에 처박혀 있는 것이 보였다. (…) 많은 배들이 마른땅 위에서처럼 오도 가도 못하고 있었고, 사람들은 물고기를 잡기 위해 물이 얼마 안 남아 있는 바다에서 마음대로 돌아다녔다. (…) 그때 바다가 후퇴에 모욕이라도 느낀 듯 으르렁거리며 다시금 솟아오르더니 바글바글한 얕은 여울을 지나 섬들과 드넓은 본토로 맹렬하게 밀려들어와 도시와 무수한 건물들을 무너뜨렸다.[1]

서기 365년 7월 21일 알렉산드리아를 강타한 대지진을 묘사한 로마 역사가 암미아누스 마르켈리누스의 이 놀라운 기술은 파국의 규모를 절제해 표현한 것이다. 수천 명이 물에 빠져 죽었다. 물이 빠져나갔을 때 가옥 지붕에 배들이 얹혀 있었고, 몇몇 배는 내륙까지 깊숙이 휩쓸려와 그

자리에서 썩어갔다. 재난은 알렉산드리아 사람들이 2세기 동안 그날을 기념할 정도로 너무도 크나큰 상처를 주고 갔다.

기원전 331년 알렉산드로스 대왕은 나일 강 삼각주 서부 연안에 당시에는 작은 마을에 불과했던 도시를 세웠다. 위대한 정복자의 이름을 딴 알렉산드리아는 곧 고전고대classical antiquity 시대의 가장 붐비는 항구가 되었다. 3만 명 이상이 거주하던 이 코즈모폴리턴 도시는 상업 활동의 중추이자 지중해 세계 전역에서 명성이 자자했던 학문의 중심지였다. 오늘날에는 2,000년 전 항구의 모습이 거의 남아 있지 않고, 자연 침하의 제물로 해수면 아래 가라앉아 있다.

최근까지 우리가 알렉산드리아 항에 대해 알고 있는 내용은 전부 스트라본과 여타 고전 작가들의 묘사, 그리고 그 저작들을 바탕으로 1세기 이상 전에 만들어진 지도들에 근거한 것이다. 사업가에서 고고학자로 변신한 프랑크 고디오는 전자 장비를 이용해서 이제는 가라앉은 항구에 대해 조사를 진행했다. 그리고 그것을 토대로 방파제와 고대 세계의 7대 불가사의 가운데 하나인 파로스 등대를 포함해서 그 위대한 항구를 복원해왔다.[2] 파로스 등대는 높이 140미터에, 구세주 제우스 상과 철제 화톳불 바구니가 얹혀 있는 사각형 탑이었다고 한다. 궁전과 신전, 소형 항만들로 이루어진 정교한 복합 건물이 항구 내 또는 그 가까이에 있었다. 고대 이래로 진행된 5~7미터에 이르는 침강이 항구를 사실상 물 밑에 파묻어버렸다. 수천 회의 잠수 탐사를 통해 얕은 물 아래 잠겨 있던 수십 가지 유물이 회수되었는데, 그중 다수의 발견 위치가 GPS로 정확하게 표시되어 있다. 그 가운데 기원전 1세기 것인 길이 30미터짜리 선박의 잔해처럼 일부는 원래의 자리에 그대로 있다. 그보다 더 작은 유물들로는 화려한 공예품들과 멀리 상이집트의 아스완에서 온 분홍색 화강암으로 만든 보존이 잘된 기둥들, 클레오파트라 여왕과 연관이 있다고 하는 궁전의 잔해 등이 있다.

로마 시대의 해안선은 수면 아래로 사라진 지 오래다. 바닷가에서 6.5킬로미터 떨어진 지점에는 알렉산드로스 대왕이 세운 또 다른 항구이자 지반 침하와 지각변동, 해안선 붕괴가 결합하여 사라질 운명이었던 헤라클리온의 잔해가 남아 있다. 고대 이집트에는 토니스Thonis로 알려져 있던 헤라클리온은 동쪽의 여러 항구의 계류장들과 서쪽으로 뻗어 있는 호수 사이 반도에 자리 잡고 있었다. 도시는 북적이는 항을 통해 이제는 사라진 나일 강의 카노푸스 지류로의 접근을 지배했다. 헤로도토스에 따르면 헤라클리온은 "그리스 바다Greek Sea"에서 오는 모든 배들이 반드시 들러야 하는 통관항이었다.[3] 고디오와 동료들은 태양신 아문에게 바쳐진 웅장한 신전의 위치는 물론 700개가 넘는 닻과 기원전 6세기에서 기원전 2세기 사이의 난파선 27척을 찾아냈다. 한때 넓은 수로가 도시를 관통해 호수와 강을 항구와 연결시켰다. 서기 8세기에 일어난 지진으로 결국 파괴되어 이제는 자취를 감춘 이 항구는 알렉산드리아 항이 부상하기 전까지 여러 세기 동안 이집트로 가는 관문이었다.

석호와 늪지, 습지대가 있는 삼각주의 비옥한 토양은 알렉산드리아에서 내륙까지 펼쳐졌다. 그곳은 곡창지대이자 고대 이집트의 포도주 공급원이었다. 삼각주의 포도주 양조업자들은 미식가들 사이에서 명성을 누린 뛰어난 품질의 포도를 재배했다. 삼각주 도시 나우크라티스 출신의 3세기 그리스 작가 아테나이우스는 알렉산드리아 남서쪽 마리우트산 포도주를 좋아했다. "희고 향기로우며 쉽게 소화되고, 취기가 머리로 가기보다는 기분을 좋게 하고, 이뇨 작용을 촉진한다."[4]

적포도주. 부활의 신 오시리스의 피. 초기의 파라오인 스코르피온 1세는 기원전 3150년 상이집트 아비도스에서 불멸의 세계로 갔다.[5] 그의 세 묘실은 레반트 해안과 내륙의 포도원에서 수입한 약 4,500리터의 훌륭한 빈티지 포도주가 담긴 700개 이상의 단지가 쌓여 있는, 말 그대로 와인 저장소였다. 수세기 뒤, 파라오들은 흔히 무화과를 곁들인 포도주에 대한 욕구를 채우기 위해 왕가 직영의 포도주 양조업을 활성화시켰다. 한 구왕국의 피라미드 문헌은 죽은 파라오들이 신의 정원이라고 부르는 곳에서 포도주와 무화과로 식사를 한다고 알려준다. 그러한 식사는 사후 세계의 파라오들에게 영양을 공급했다.

대부분의 왕가 포도원은 삼각주에 있었고, 수입한 포도로 시작했다. 최초의 양조업자들은 외국인이었다. 심지어 후세에서도 처음부터 양조업에 정교한 기술을 도입했던 것은 가나안 사람들이었다. 삼각주의 찌는 더위 탓에 수분에 민감한 포도를 재배하려면 관개가 필요했다. 다행스럽게도 토양은 나일 강의 범람으로 양분을 공급받고 소금기가 없는 비옥한 충적토였다. 삼각주 포도원에서 나온 수백만 개의 적포도주와 백포도주 암포라amphora*가 수세기에 걸쳐 파라오와 신전에 바쳐졌고, 주요 종교 행사에 헌주로 제공됐다. 무덤의 벽화들은 일꾼들이 균형을 잡기 위해 포도 덩굴을 붙잡고 수확한 포도를 발로 으깨는 모습을 보여준다. 기원전 1323년 상관農官들은 젊은 파라오 투탕카문에게 양조업자의 이름과 재배지의 이름이 적힌 고급 적포도주와 백포도주 암포라를 바쳤는데, 대부분이 서부 삼각주에서 온 것이었다.[6] 삼각주 포도주의 명성과 그 재배지는 이슬람 시대에 들어선 후에도 살아남았다.

토사와 홍수로 양분을 공급받은 비옥한 토양에서는 바닷물 침수에 의한 염도 증가의 기미를 전혀 찾아볼 수 없었다. 타메후(삼각주를 가리키는 고대 이집트의 명칭)는 아주 이른 시기부터 포도원과 생산성이 높은 곡

---

* 고대 토기 단지의 일종.

물 경작이 결합된 곳이었다. 삼각주는 이집트의 노출된 북쪽 측면에 있어 침수와 바다로부터의 습격에 시달렸고, 인간의 관점에서 볼 때도 침투 가능한 북쪽 경계 지대였다. 때로는 강력한 통치자들을 위해 요새화된 군사기지로 이용되기도 하고, 때로는 오늘날의 리비아나 레반트 지방에서 온 침략자들에게 점령되기도 했다. 타메후는 파라오들을 대양과 수평선 너머의 더 넓은 세계와 연결했다.

파라오들의 최대의 부는 농업, 즉 거대한 강의 이상적인 자연 주기를 이용해 재배한 작물로부터 나왔고, 소출의 상당 부분은 삼각주에서 왔다. 3,000년이 넘도록 생명을 주는 나일 강의 강물은 제1폭포부터 지중해에 이르기까지 고대 이집트의 삶을 규정했다. 강은 교통과 통신의 동맥이자 풍요로운 농업적 부의 원천이었으며 풍성한 어장도 지탱했다. 그리 놀랄 일도 아니지만 파라오들은 강과 강의 연례적인 범람을 중심으로 한 복잡한 이데올로기를 발전시켰다. 창조 신화는 홍수가 물러나면 드러나는 범람원처럼 시원의 언덕을 드러내기 위해 물러나는 눈^{Nun}의 물에 대해 이야기했다. 물이 물러남과 동시에 창조신 아툼이 나타나 드러난 언덕 위에 앉았다. 아툼은 최초의 생명체이자 혼돈으로부터 질서를 창조한 존재였다―꼭 두 왕국을 지배한 파라오들처럼 말이다.

이집트의 여타 지역과 마찬가지로 타메후에서는 한 해가 세 계절로 이루어져 있었다. 홍수기 아케트^{Akhet}, 재배기 페레트^{Peret}, 가뭄기 세무^{Shemu}.[7] 나일 강의 자연 주기는 삼각주를 경작하려는 모든 시도들을 좌우했다. 물론 인간의 창의력이 땅에 물을 대는 방법을 개선하는 데 크게 기여하기는 했으나 아케트는 생명을 주는 물과 토사를 제공했다. 농부들은 흙으로 된 둑을 쌓아올려 홍수로 불어난 물을 저수지에 가두어놓았다가 원하는 때에 물을 방출할 수 있었다. 이는 가장 단순한 형태의 관개였지만 파라오의 힘이 절정에 달했던 기원전 두 번째 밀레니엄 동안(기원전

2000년부터 기원전 1001년까지) 강을 따라 살아가던 400~500만 명의 이집트인들을 먹여 살리기에 보통은 충분했다. 자급자족적인 농업 경제에서 환금작물 같은 것은 없었다. 그것은 파라오와 그의 신민들에게는 도저히 생각할 수 없는 관념이었다. 일단의 관료와 서기들이 왕국 전역의 농경을 관장했지만 그들의 관심사는 농사의 여러 미묘한 사항이 아니라 순전히 지대와 세금을 위해 주의 깊게 기록된 수확량에 있었다. 여러 세기 동안 고대 이집트의 농촌 마을들은 왕국을 먹여 살렸다.

삼각주에서 살아가던 농부들은 아마 마을의 들판뿐 아니라 신전 소유의 밭에서도 일했을 것이다. 대체로 먹을 것이 충분했고, 수확량이 언제나 풍성하지는 않았지만 보통은 적당했으며, 해수면 상승의 위협은 없거나 적은 상황이어서 인구는 천천히 성장했다. 방파제 역할을 하는 사구와 광범위한 석호와 늪지대, 울창한 맹그로브 늪지는 해수면 상승이 아주 미미했던—그나마도 대부분은 지각변동에 의한 침강 탓이었다—수천 년 동안 훨씬 안쪽 농경 지대의 자연 방어 시설 역할을 했다.

우리는 여기서 잠깐 사소한 환경적 옆길로 새야 하는데, 습지와 늪지가 세계 여러 지역의 해안 방어에서 중요한 역할을 하기 때문이다.[8] 습지는 수생 환경과 육생 환경의 일부이다. 습지는 플로리다 에버글레이즈나 미시시피 강 삼각주, 남아시아의 방글라데시 연안 삼각주의 습지처럼 저지대 해안을 따라 가장 널리 분포한다. 습지와 마찬가지로 민물 늪지와 짠물 늪지는 매우 풍요롭고, 보통은 생물학적 다양성이 크다. 습지와 늪지는 해안 침식에 맞서 귀중한 보호를 제공하며 새와 물고기, 새우, 여타 유기체를 위한 훌륭한 서식지도 제공한다.

밀물 때마다 침수되는 짠물 늪지는 (민물 늪지에 비해) 생물학적 다양성이 떨어지는데 소금물을 견딜 수 있는 식물이 흔치 않기 때문이다. 또

바다의 습격

한 짠물 늪지는 상류에서 바닷가로 흘러가는 오염원을 가두고 주변 강물과 연못 등에 양분을 공급한다. 늪지는 밀물에 지속적으로 침수되기 때문에 해수면 상승에 잘 적응되어 있다. 자연스러운 과정의 일환으로 늪지 표면은 퇴적물의 자연적인 누적을 통해 매년 상승한다. 그와 동시에 늪지는 해수면 상승에 따라 보초가 그런 것처럼 지형의 변화에 맞추어 늪지 상태를 유지한 채 내륙 쪽으로 조금씩 들어온다. 따라서 늪지는 내륙 쪽으로의 점진적 이동이 허용되는 지형에서 탁월한 자연적 해안 보호 수단이다. 물론 지금 세계 전역에서 점점 더 많이 일어나는 것처럼 농업과 건설이 늪지를 파괴하지 않는다면 말이다. 현대의 방조벽과 여타 해안 방어 시설은 하구에서 늪지가 확장되는 걸 제한하는데, 이런 현상은 바닷가 휴양 시설이 우후죽순처럼 들어선 미국 동부 해안 일대에서 고질적으로 찾아볼 수 있다. 늪지와 습지의 파괴 그리고 특히 내륙으로의 확장 제한은 우리에게 필수불가결한 해안 방어 수단을 앗아가고 있다.

맹그로브 숲은 나일 강 삼각주를 비롯해 파도가 낮은 지역과 보통 산호초가 맹그로브를 보호하는 지역에서 방대한 면적에 달하는 열대 세계의 해안선을 보호한다. 1992년 허리케인 앤드루가 일으킨 파도가 플로리다의 홈스테드를 보호하던 맹그로브 숲 덕분에 아무런 피해를 입히지 않았을 때 주민들이 깨달은 것처럼 울창한 맹그로브 지대는 해안을 훌륭하게 보호한다. 맹그로브는 2004년 타이의 라농 지역도 거대 쓰나미로부터 구했는데, 반면 맹그로브 숲이 잘려나간(10장을 보라) 이웃 지역에서는 수천 명의 사망자가 발생했다. 세계 맹그로브 서식지의 15퍼센트를 차지하는 브라질에서는 맹그로브 서식지가 열대 해안선의 60~70퍼센트에 걸쳐 늘어서 있다. 적어도 20세기까지는 그랬다. 다양한 맹그로브가 해안 지대의 다양한 서식지에서 염도에 대한 내성이 허용하는 한에서 성장한다. 따뜻해지는 바다로 인해 맹그로브 늪지는 현재의 서식 범위에서

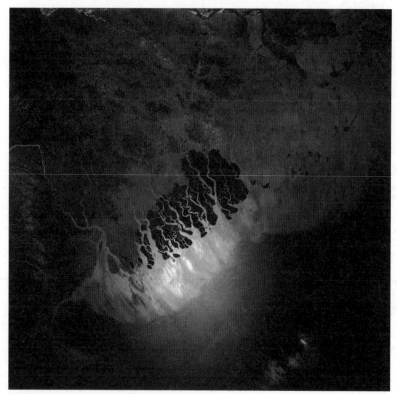

방글라데시 갠지스 강 어귀의 순다르반 맹그로브 늪지(검은 부분). 1994년 3월 9일 우주왕복선 컬럼비아호에서 찍은 사진. NASA 제공.

북쪽과 남쪽으로 확대될 것으로 예상된다. 무수한 종류의 새와 물고기, 파충류, 조개류를 먹여 살리는 맹그로브이기에 반가운 소식이다. 방글라데시에서 맹그로브 숲은 호랑이들의 서식지다. 브라질과 콜롬비아에서는 재규어가 맹그로브 늪지 가장자리에서 먹잇감을 사냥한다.

그러나 온갖 유용성에도 불구하고 맹그로브 수풀은 울창한 식생과 무수한 뱀, 고질적인 모기들 때문에 사람들의 앞길을 가로막는다. 따라서 맹그로브는 불가피하게 파괴의 대상이 되어 농경과 양식을 위해 베어져나가고, 가옥 목재의 원자재로 이용되어왔다. 맹그로브 벌채 사업은 동

바다의 습격

아프리카에서 유서 깊은 산업으로, 동아프리카의 늪지대는 나무가 없는 아라비아에 가옥 건축용 목재를 공급해왔다. 오늘날 맹그로브 늪지를 가장 크게 위협하는 것은 양식업, 특히 새우 양식인데, 방글라데시나 에콰도르, 온두라스 같은 가난한 나라들에서는 어마어마한 국제 사업이다. 다행스럽게도 맹그로브는 해수면 변화에 쉽게 적응할 수 있는 덕에 멸종 위험에 처해 있지는 않다. 맹그로브에 대한 최대 위협은 인간한테서 온다. 우리는 맹그로브와 늪지, 습지대가 바다로부터의 맹습에 맞서 우리가 구할 수 있는 최상의 무기들 가운데 하나라는 사실을 잘 모르는 듯하다.

다시 나일 강으로 돌아오자. 서기 첫 1,000년 동안 삼각주는 그리스와 로마 그리고 이집트의 경계 너머에 위치한 쉽게 접근할 수 있는 강력한 왕국들과의 급증하는 관계 덕분에 정치적, 경제적으로 중요해졌다. 기원전 331년 삼각주 연안에 알렉산드리아가 건립되어 지중해 세계 전체를 이집트의 문지방까지 데려오면서 정치적 상황이 결정적으로 변모했다. 나일 강의 다양한 어귀들이 지진 활동과 침강, 해안 침식으로 계속 변동하던 시기에는 부의 상당 부분이 하류에 머물러 있었다. 낙타 카라반이 흔해지기 전까지는 언제나 그랬듯 나일 강 유역 교역의 대부분이 강을 거슬러가며 이루어졌다. 성장하는 도시들과 항구들 너머의 삼각주는 비옥한 토양과 뛰어난 과세 잠재력에도 불구하고 여전히 농사만 짓는 벽지에 가까웠는데, 요즘 기준에서 볼 때 인구압이 무시해도 될 만한 수준이었기 때문이다. 예수가 활동하던 시절 30만 명으로 추정되는 인구가 알렉산드리아에 살았다. 1,000년 뒤 카이로에는 50만 명 정도가 거주했다. 13세기 이후로 카이로는 맘루크 군주들 덕분에 낙타 카라반의 합류지로서 번영하는 중세 도시가 되었고, 이내 연안 항구 도시 알렉산드리아를 압도하게 된다.

카이로가 부상한 뒤에도 삼각주에는 경작이 가능하고 과세를 할 수 있는 땅이 여전히 많았다. 반복적인 역병이 인구 성장을 저해해 여전히 해수면 변화와 해안 침강에 적응하기도 쉬웠다. 오늘날 삼각주는 인구 과밀이 매우 심해 사람들이 이동할 만한 땅이 충분하지 않은 데다 바다는 계속 육지 안쪽으로 들어오고 있다. 중세의 30만 명과 50만 명이란 숫자를 2011년의 숫자와 비교해보라. 오늘날 알렉산드리아는 380만 명 이상의 사람들로 복작복작하며, 600만 명 이상의 시민이 살고 있는 카이로는 세계에서 가장 인구가 밀집한 도시로 1제곱킬로미터당 1만 7,190명이라는 엄청난 인구밀도를 자랑한다. 이는 주변 교외의 인구수는 고려하지 않은 수치다. 삼각주와 상이집트 양쪽에서 치솟는 도시 인구와 농촌 인구는 나일 강과 바다 사이의 복잡한 관계를 위기 직전으로 몰아간다.

현 삼각주의 위기 상황은 하이집트 토양의 경제적 잠재력을 잘 알고 있던 맘루크 무하마드 알리 파샤가 삼각주에서 수익성 높은 환금 작물인 면화의 재배를 늘리기로 결정한 19세기 초에 시작되었다. 알리는 나일 강을 따라 있는 마을들에서 강제로 인력을 동원해 깊은 운하를 파는 방만한 사업에 투입했다.[9] 그의 무자비한 행각과 그의 후계자들의 야심찼지만 종종 성공적이지 못했던 프로젝트들은 대규모 외채와 정치 질서의 와해를 가져왔고, 결국 1882년 영국의 이집트 점령을 불러온다. 결국 새로운 점령자들은 외국의 채권자들에게 부채를 상환하고 급증하는 인구를 먹여 살릴 방편으로 관개농업에 크게 투자했다. 이집트의 인구는 1882년 700만 명에서 1907년 1,100만 명까지 증가했다. 하지만 이러한 투자들로도 땅에 댈 물은 충분하지 않았다. 이집트 주재 영국 총영사 크로머 경Lord Cromer은 관개를 확대하고 예측 불가능한 홍수에 대한 의존도를 줄일 댐들과 보들을 곳곳에 건설할 계획을 세웠다.

그의 타이밍은 정치적으로 기가 막혔다. 이 무렵 빅토리아 시대의 장대한 탐험들이 나일 강의 다양한 수원을 추적했다. 더 나아가 영국은 에티오피아에 있는 상류 지역을 제외한 나일 강 전체를 지배했기 때문에 장기 계획과 대규모 댐 건설을 최초로 실현할 수 있었다. 무수한 수문을 통해 물과 토사가 통과할 수 있는 아스완 로 댐Aswan Low Dam이 1898~1907년 제1폭포 바로 아래에 건설되었다.[10] 댐은 너무 낮아서 1907~1912년, 1929~1933년 두 차례에 걸쳐 증축되었고, 제방의 최상부가 원래의 강 바닥에서 36미터까지 솟아오르게 되었다. 그러나 두 차례의 증축으로도 충분하지 않았다. 1946년 홍수 때문에 댐이 무너질 뻔하자 영국 정부는 상류 쪽으로 7킬로미터 떨어진 곳에 제2의 댐을 건설하기로 결정했다. 공사는 변화하는 정치적 상황과 국제적 이전투구 속에서 1960~1976년까지 지연되었다. 암석과 점토로 된 거대한 아스완 댐은 높이가 111미터, 둑에서 둑까지의 너비가 거의 4킬로미터에 달해 말 그대로 강물을 차단했고, 550킬로미터 길이의 거대한 저수지인 나세르 호Lake Nasser를 형성했다.[11] 방수로가 있어 물이 방벽을 통과해 계속 흘렀기 때문에 나일 강은 더 이상 자연 물길이 아닌 사실상 거대한 관개수로이다. 강은 강둑 너머로 흘러넘치지 않고 연중 같은 수위를 유지한다.

아스완 댐은 이집트를 홍수와 가뭄의 즉각적인 영향으로부터 보호하지만 장기적인 환경적 결과는 이제 뚜렷이 드러나고 있다. 댐 건설 이전에는 홍수가 났을 때 증발이 가장 많이 일어나는 여름에 낮은 지하수면이 모세관 활동으로 염분이 지표로 올라오는 것을 막았다. 이제 지하수면은 과거보다 높고, 토양을 지속적으로 물로 씻어내는 자연적인 과정이 사실상 중단되었다. 그 결과 토양의 염도가 엄청나게 증가해 농업 생산량을 위협하고 있다. 그 문제를 해결하기 위한 막대한 비용이 드는 대규모 배수 계획은 이제야 시작되었다. 아스완 댐이 건설되기 전에는 하류로 실려온 토사의 88퍼센트가 삼각주에 쌓였다. 이제는 토사의 98퍼센트가 댐 위쪽에 있어 바다까지 도달하는 토사는 실질적으로 전혀 없는 셈이 되었다. 화학비료가 토사를 대체했다. 중력보다는 디젤 펌프가 관개용수를 연중 공급한다. 어떤 해에는 관계 당국이 겨울에 2, 3주 동안 댐을 막아놓기도 한다. 멀리 하류에 남아 있는 삼각주의 호수는 급격히 수위가 낮아지고, 빠르게 바닷물이 호수로 들어온다.

아스완 로 댐의 준공은 멀리 있는 해안선에도 영향을 미쳤다. 줄어든 토사층이 해안 침식에 대한 자연 방벽 일부를 제거했기 때문이다. 아스완 하이 댐은 심지어 삼각주에서 멀리 떨어진 동지중해의 다른 장소에서도 감지될 만큼 훨씬 광범위한 영향을 미쳤다.[12] 사람들이 즐겨 찾는 해변을 따라 모래를 다시 채우기 위한 돌제*와 방파제의 건설은 얼마간 유익한 결과를 가져왔지만 장기적 효과는 가늠하기 힘들다. 다른 문제들

1899년 무렵의 첫 아스완 댐 건설 현장. D. S. George/British Library.

바다의 습격

도 있다. 해안까지 실려오는 양분이 크게 줄어들면서 석호와 연안 어장이 급속히 사라지고 있다. 삼각주 앞바다의 정어리들은 홍수기 동안 식물성 플랑크톤에 크게 의존한다. 홍수가 사라지자 이집트의 정어리 어획량은 1960년 약 1만 8,000톤에서 1969년 약 600톤으로 감소했고, 오늘날은 그보다도 적다. 해안 호수에서 겨울에 배출되는 물 덕분에 이제 정어리의 수는 상당히 회복되었지만 정어리의 이동 패턴이 변화했음을 보여주는 지표들이 있다. 부레옥잠은 증발과 발산(식물에서 증발에 따른 수분 손실)을 증가시키며 수로와 운하를 메우고 있다.

생태학적 손실 말고도 삼각주 상류 강물에 대한 산업용, 농업용, 도시 생활용 수요가 커졌다는 것은 갈수록 나일 강의 강물이 해안선 뒤쪽의 북쪽 지역에 도달하지 않게 된다는 것을 의미한다. 도달한 물의 상당량도 공업 폐기물과 생활 폐수로 오염되어 있고, 화학비료를 잔뜩 친 들판을 지나온 유거수이다. 오염된 물은 이미 감소하고 있는 해안 석호로 흘러들면서 어장과 물새 서식지를 위협하고 있다.

이 모든 것은 인구 증가와 지구온난화에 따른 걷잡을 수 없는 해수면 상승을 감안하기 전의 문제다. 이집트의 인구는 2025년 1억 명을 넘을 것으로 예상된다. 해수면은 예측되는 기후변화를 고려하지 않더라도 가까운 미래에 적어도 1년에 1밀리미터씩 상승할 것이다. 이러한 해수면 상승과 앞서 살펴보았듯 동지중해에서 흔한 현상인 자연 침강 효과의 추정치를 결합하면 예측 결과는 더 암울하다. 정교한 컴퓨터 모델은 북동부 삼각주에서 30센티미터의 극단적인 상승과 상대적으로 적은 약 12.5센티미터 사이의 해수면 상승을 예측한다. 이 정도면 수직적 측면에서 결코 대규모 상승은 아니지만 땅의 고도 차이가 1미터 안팎에 불과한 북

* 해안의 표사 이동을 막기 위해 해안에 직각 방향으로 건설되는 구조물.

부 삼각주 전역에서는 참사를 불러올 수 있는 잠재력이 있다. 삼각주의 농촌 인구밀도는 급속히 상승하고 있고, 2025년까지 약 200제곱킬로미터의 농경지가 바닷물 아래로 사라질 것으로 추산된다.

현재 지중해는 바다와 육지 사이의 오랜 대결에서 이기고 있다. 이제는 삼각주에 도달하는 퇴적물보다 삼각주를 떠나는 퇴적물이 더 많다. 그 결과 바다는 곳 같은 곳에서조차 맹렬하게 해안을 잠식해 들어올 것이다. 폭풍으로 해안에 쓸려온 모래는 해안 석호를 메울 것이다. 지속적으로 이동하는 사구는 여러 곳에서 생성될 것이며, 어떤 형태의 인공적 보호로부터도 안정화되기 어려울 것이다. 해안의 자연 모래 방벽은 확장되는 관개 공사와 도로, 기타 현대 산업 기반 시설에 의해 이미 조각조각 난 채 남아 있는 해안 석호를 메우면서 육지 쪽으로 들어올 것이다. 늪지와 수렁이 사라지면서 이미 심하게 훼손된 철새와 물새의 보호구역은 영영 사라질 것이다. 2025년이 되면 더 많은 땅이 갈수록 농업용에서 도시와 산업용으로 전환되는 가운데, 가차 없는 양수 작업은 소금기를 머금은 지하수가 내륙으로 이동하는 현상을 촉진할 것이다.

삼각주는 더 이상 균형 잡힌 생태계로서 기능하지 못한다. 인구 폭발과 갈수록 심화되는 상수도 부족으로 야기되는 환경 악화와 지하수 오염, 토지 부족 등의 난제들을 해결하기 위해 무엇을 할 수 있을까? 많은 측면에서 나일 강 삼각주는 상승하는 바다와 육지 사이에 갇힌 네덜란드와 유사해 보인다. 하지만 이집트는 북해를 따라 들어서 있는 것과 같은 해안 보호물의 대규모 공사를 수행할 만한 재정적 자원이 없다. 인공 습지대와 폐수를 재활용하기 위한 처리 시설을 지을 자금도 없다. 해안을 보호하기 위해 맹그로브 늪지를 되살릴 프로젝트 비용도 마찬가지다. 갈수록 제한되는 나일 강의 강물을 규제하고 통제하는 일은 강한 정치적 의지는 물론 개인에서 산업, 농업에 이르기까지 모두에게 공정한 분배를

바다의 습격

우주에서 본 나일 강 유역과 삼각주. 2008년 9월 13일 NASA의 모디스—아쿠아 위성에서 찍은 사진. NASA 제공.

보장하는 메커니즘과 기반 시설을 요구할 것이다. 여기에는 문자 그대로 삶과 죽음이 걸려 있다. 한 조사는 환경 악화와 해수면 상승으로 인한 식량 부족이 대규모 기아를 초래해 700만 명 이상의 이집트 국민들이 21세기 말 기후난민이 될 수도 있다고 추정한다. 그 추정치도 낮게 잡은 것이다. 나일 강이 범람하지 않으면 이집트인들이 괴로움을 겪을 것이라고 썼던 헤로도토스는 옳았다. 강물이 마르는 것은 피할 수 없는 해수면 상승과 같은 것이기 때문이다.

거대한 난장판

[남아시아]

기원전 2100년, 인도 구자라트 주 로탈. 직사각형의 선거船渠 위로 여름의 태양이 작열한다. 널빤지를 잇대어 만든 낡은 화물선들이 부두를 따라 따닥따닥 들어서 있다. 하얀색 아래옷만 걸친 일꾼들이 땀을 뻘뻘 흘리며 좁은 건널판 너머 빈 선창船艙에 면화 뭉치를 던져넣는다. 밀물이 높아 갑문이 열려 있다. 선원들이 장대를 꽉 붙잡고 있는 가운데 짐을 잔뜩 실은 배 한 척이 천천히 좁은 물길로 이동한다. 배는 갑문을 벗어난다. 돌문이 닫힌다. 키잡이가 노로 첫 썰물을 감지하고는 육중한 화물선을 탁 트인 바다로 안내한다. 북적거리는 항구를 굽어보며 우뚝 솟은 진흙 벽돌 성곽에서 흰 옷을 입은 사람들이 물끄러미 내려다본다.

오늘날 아마다바드 시 남서쪽 80킬로미터 지점에 위치한 로탈은 3,000년 전 인도 서해안의 거의 유일한 중요 항구였다.[1] 역사에 이름이 전해지지 않은 그곳의 통치자들은 좁은 캄바트(캄바이) 만으로 흘러가고 항행이 가능한 사바르마티 강^{Sabarmati}과 보가보 강^{Bohgavo}의 하구를 지배했다. 당시에 바다는 번영한 도시로부터 고작 5킬로미터 떨어져 있었다. 화물선들은 로탈에서 두 강의 상류까지 멀리 거슬러 올라갔다. 이제는 말라버린 강 수로에서 당시의 돌 닻들이 출토되었는데, 내륙으로 적어도 50킬로미터는 들어간 지점이다. 강의 범람과 고대의 폭풍해일에 쓸려와 퇴적된 대량의 토사 때문에 현재는 로탈도 예측 가능한 계절풍이 불어 한때 도시의 생존을 지탱한 대양에서 격리되어 있다.

농경인이 로탈에 언제 최초로 정착했는지는 아무도 모른다. 하지만 진흙 둑이 강의 홍수를 막아주는 너른 충적 평원의 낮은 언덕 위에 작은 농경 정주지가 들어선 것은 적어도 5,000년 전이었다. 마을은 점차 더 커졌고 수공업 중심지가 되었다. 그리고 돌 구슬 작업장과 반짝이는 운모 점토로 만들어 광택이 있는 붉은 도기로도 명성을 얻었다. 기원전 2400년에 이르자 커져가는 읍성은 훨씬 큰 상호 연결된 세계, 다시 말해 도시와 읍성, 마을들이 북쪽의 인더스 강과 사라스와티 강을 중심으로 태피스트리처럼 얽힌 하라파 문명의 일부가 되었다.[2] 로탈의 매력은 관개농업과 면화 경작에 이상적인 배후지의 옥토에 있었는데, 특히 면화는 먼 지방까지 수출되는 주요 품목이었다. 도시는 제조업의 중심지일 뿐 아니라 인더스 유역의 도시들을 다른 지방들과 잇는 주요 항구 가운데 하나가 되었다.

인도양의 계절풍은 모든 탁월 연풍^{breeze}* 가운데 가장 유용한 바람이다. 고맙게도 계절의 변화에 따라 반대 방향으로 불기 때문이다.[3] 겨울에는 부드러운 북동 계절풍이 불고 여름에는 더 거칠고 예측 가능성이 떨어지는 남서풍이 불기 때문에 인도의 서부 해안 쪽으로 바람이 불 때

---

* 보퍼트 풍력 등급 가운데 2~6단계의 바람을 통칭.

는 피하는 것이 상책이다. 그 결과 항해를 산발적으로 끊임없이 나가는 리듬이 여러 세기에 걸쳐 발달했다. 오만 만과 페르시아 만 그리고 어쩌면 선박 건조용 목재를 구할 수 있는 저 먼 인도 남부 말라바르 해안까지 마을에서 마을로, 만에서 만으로 이동하던 연안 항해였다. 면화, 돌 구슬, 고운 도기, 기타 상품이 동쪽으로 갔다. 금은과 구리, 다른 상품들이 서쪽의 항구들, 아마도 오늘날의 바레인에서 왔던 것 같다. 하지만 이 연안무역이 인도양에까지 미친 훗날의 장거리 통상의 성격은 아니었다. 인더스 유역의 도시들은 바다보다는 육상 교역 네트워크를 지향했기 때문이다. 그럼에도 로탈은 그들의 세계에서 가장 중요한 항구였다. 북쪽의 인더스 강 어귀는 물길들이 복잡하게 얽힌 카라치 근처의 광대한 삼각주에서 끝났는데, 얕은 여울 때문에 항행에 상당한 어려움이 뒤따랐다. 서기 1세기의 한 이집트-그리스 수로 안내서에 따르면 "물은 얕고, 연안에서 멀리 떨어진 곳에도 수시로 이동하는 모래톱이" 있었다. 수많은 바다뱀과 "조수 간만의 차가 매우 큰 것"도 위험을 더했다.[4]

처음 로탈을 방문하는 배들은 조류가 빠르게 흐르는 원시적인 선창에 배를 묶어두어야 했다. 기원전 2350년 강물이 강둑 너머로 흘러넘쳐 도시를 파괴했을 때 항구의 지도자들은 폐허가 된 그 전략적 장소를 주요 건물들이 홍수 수위 위의 벽돌 기단 위에 우뚝 선 웅장한 메트로폴리스로 변신시켰다. 전체 공사가 마무리되는 데는 오랜 세월이 걸렸고 여기에는 폭 22미터, 길이 37미터, 깊이 4.25미터의 인공 선거 건설이 포함되어 있었다. 수문이 달린 북단의 유입구는 밀물 때 선거와 사바르마티 강을 연결했는데, 이것은 역사상 최초의 갑문으로 알려져 있다. 선거 동쪽에 자리한 260미터 길이의 부두는 홍수 수위보다 3미터 이상 위 기단에 건설된 거대한 창고와 선거를 연결했다. 선거 너머에는 역시 기단 위에 건설된 고지대 읍성upper town이 있었는데, 이곳에는 통치자들과 개인

화가가 그린 로탈의 선거 모습. Archaeological Survey of India/Omar Khan Images of Asia.

들의 웅장한 건물이 들어서 있었다. 약간 떨어진 곳에는 작업장과 구슬 제작자, 도기 제작자들이 있는 저지대 읍성^{lower town}이 있었다. 도시 전체 는 정교한 배수 시설과 하수도 시설을 자랑했다.

번영하는 수출 무역에도 불구하고 로탈은 결코 완전무결하게 안전한 항구가 아니었다. 예측 불가능한 두 가지 힘이 작용하고 있었다. 바로 강의 토사와 이따금 찾아오는 열대 사이클론이었다. 도시는 강의 범람 원의 살짝 높은 지대에 위치해 있었는데, 이런 지형은 7~9월 우기 때 홍수에 의해 하류로 쓸려 내려온 토사가 쌓여 만들어진 것이다. 고운 토사는 옥토를 만들었다. 우기에 비가 지나치게 많이 내린 해만 아니라면 관개농업은 면화 및 다른 작물 재배에 적합했다. 우기의 폭우는 멀리 남서 태평양에서 라니냐 현상이 일어나는 해, 즉 남서 계절풍이 평소보다 강력한 해에 내리는 경향이 있었다. 그러한 폭우는 파국을 불러왔다. 불어난 강물이 강둑으로 흘러넘쳤다. 마을은 토사를 쓸고 온 홍수에 잠겼고, 관개 운하와 작물도 파괴되었다. 많은 경우, 수천 명이 홍수는 물론 그에

바다의 습격

뒤따른 기아와 전염병에 목숨을 잃었다. 오늘날에도 그러한 위험이 파키스탄과 로탈 지역의 상당 부분을 위협한다. 2010년 서부 펀자브와 신디 지방의 우기 홍수는 57만 헥타르의 농경지를 침범하고 100만 채의 주택을 침수시켰다. 그리고 2,000명이 넘는 사람들이 사망했다. 2011년의 큰 홍수는 카라치 인근에서만 20만 명의 집을 앗아갔다. 과거에 발생한 그러한 계절적 홍수는 신속한 토사 축적과 홍수 급류 때문에 도시 대부분이 침수될 수 있는 하류에 자리한 로탈에 엄청난 타격을 입혔을 것이다.

강어귀가 3세기에 걸쳐 토사로 막혀가면서 홍수 위협도 점점 커졌다. 관계 당국이 할 수 있는 일은 가옥의 토대를 높이고 도시 배수관의 높이를 변화시키는 것이 고작이었다. 특별히 파괴적이었던 한 홍수는 심지어 고지 도시를 지탱하던 13미터 두께의 기단부를 손상시키기까지 했다. 저지 읍성의 많은 건물들이 붕괴했다. 거리는 홍수의 잔해로 가득했다. 홍수는 선거의 강둑 벽을 허물었다. 공동체의 지도자들은 재빨리 다수의 사람들을 동원해 배수로를 치우고, 가옥을 다시 짓고 도시를 확장했다. 로탈은 기원전 2000년에 최고의 번영을 구가했고, 사람들은 현실에 안주해 홍수 방어 시설이 망가져도 방치할 정도였다. 이 무렵 두 번째 악당이 무대에 등장했다. 거대한 열대 사이클론이었다.

무시무시한 열대 사이클론은 인도 반도의 동서 어느 쪽이 됐든 흔히 인도양 북부에서 4~12월 발생하는데, 그중에서도 5월과 11월에 가장 많이 발생한다.[5] 아라비아 해에서는 비교적 대형 사이클론을 보기 힘들지만 간혹 매우 강한 바람과 높은 파도, 무엇보다 강력한 해일을 가져온다. 2007년 6월 시속 258킬로미터 풍속의 5등급 사이클론 고누가 페르시아 만 입구 오만에 상륙했는데, 그런 폭풍이 그곳의 내륙을 강타한 것은 서기 865년 이래로 고작 세 번째였다. 다행스럽게도 페르시아 만의 좁은 입구가 폭풍을 약화시켰다. 하지만 그럼에도 오만과 아랍 에미리트에서는 광범위한 홍수와 인명 손실이 야기되었다. 로탈이 주요 항구였던 시절에는 페르시아 만의 해수면이 더 높았으므로 사이클론이 멀리 북쪽의 메소포타미아 남부까지 불어닥치는 것도 가능했을 것이다.

현대적인 기상예보 수단이 부재한 상황에서는, 며칠 전 혹은 몇 시간 전에 드러나는 현저한 구름 현상이나 습도 상승, 강력해지는 돌풍이라는 표지 외에는, 사이클론이 도달하기 훨씬 전에 사이클론의 존재를 예측하는 것이 사실상 불가능하다. 약 시속 120킬로미터 풍속의 바람이 야기하는 피해도 심각하다. 하지만 그것도 앞에 있는 모든 것을 휩쓸어버리고 해수면을 아무런 예고 없이 12미터까지 높일 수 있는 해일에 비하면 아무것도 아니다. 해일은 단 몇 시간만 지속되어도 그 피해가 돌이킬 수 없을 정도다. 특히 해일이 만조와 겹칠 때의 파괴력은 무시무시하다.

사이클론은 아라비아 해에서 오랜 역사를 자랑하지만, 안타깝게도 19세기에 과학적 기록이 시작되기 전까지는 그에 대한 기록을 전혀 찾아볼 수 없다. 로탈과 여타 해안 도시를 괴롭힌 무수한 홍수는 우기의 이례적인 호우에서 발생한 것이지만 가장 심각한 타격을 입힌 것은 기원전 2000년경에 해안을 휩쓴 것과 같은 사이클론 폭풍해일에 의한 것이다. 그러한 재난들은 물이 보다 서서히 불어나 최소한 위험이 임박하고 있다는 것을 얼마간 경고하는 우기의 홍수와는 완전히 다르다. 4,000년 전 강력한 해일이 갑작스레 도달했다. 미친 듯이 쇄도하는 물에 아크로폴리스와 창고가 잠겼고, 도시 전체도 마찬가지였다. 로탈은 몇 시간 만에 사실상 더는 존재하지 않는 상태가 되었다. 해외무역은 중단되었다. 다수의 주민들은 더 높은 지대로 도망쳐 영영 돌아오지 않았다.

자그마한 정주지 하나만이 물에 잠긴 로탈의 폐허 위에 솟아 있었다. 생존자들은 선거의 강둑을 복구했으나, 항구와 강을 연결하기 위해 이제 2킬로미터짜리 운하를 파야 했다. 운하를 판 뒤에도 소형 선박만이

바다의 습격

갑문을 통과해 유입구로 들어올 수 있었다. 대형 화물선은 강의 부두를 따라 정박해야 했다. 해외 교역량은 너무 적어져서 도시는 인더스의 오지가 되어갔고 대도시들과의 접촉도 끊겼다. 아이러니하게도 홍수는 5미터 높이의 언덕을 쌓아올렸고, 유린된 도시는 이제 홍수 피해를 추가적으로 입지 않을 것처럼 보였다. 하지만 자연적 방어 시설은 착각이었다. 1세기 뒤에 또 다른 대규모 해일이 한사리의 정상적 흐름을 방해하고 자연적 배수 시스템을 막아서 하구 전체를 거대한 호수로 탈바꿈시켰다. 마을과 읍성, 관개시설, 댐이 대홍수 앞에서 사라졌다. 이번에는 선거도 거대한 토사 퇴적물 아래 자취를 감춰 다시는 복구되지 못했다. 모든 정치권력은 허공으로 사라진 듯했다. 13미터 벽돌 벽에 의해 홍수로부터 보호되던 사각형 도시는 결국 영영 사라졌다. 당시 바다는 로탈에서 몇 킬로미터 떨어져 있지 않았다. 오늘날 홍수와 해수면 상승 때문에 발생한 토사 퇴적은 로탈이 이제 20킬로미터 이상 내륙 쪽으로 들어가 있다는 것을 의미한다.

우리는 인도 서부 해안을 따라 발생한 해수면 변화에 기여한 복잡한 지질학적 힘들을 어렴풋이 이해할 뿐이다. 아라비아 해 북쪽 가장자리를 따라 일어난 해안 융기와 지각변동이 로탈과 다른 해안 정주지의 취약성에 기여했을지도 모른다. 동일한 전반적인 조건들이 인도 서부 해안을 따라 살아가던 이후의 사회들에 영향을 미쳤지만, 주된 파국은 해수면 상승이나 침강이 아니라 우기의 폭우와 기상이변, 즉 사이클론 때문에 발생했다. 보다 이전의 하라파 문명 시기에도 그랬듯 농민들과 도시 거주민들은 계절적 강우가 기근과 풍요 사이의 모든 차이를 만들어낸 계절풍 환경에서 살았다. 흔히 남서 태평양의 강한 엘니뇨 현상과 연관된 계절풍의 약화는 수십만 명, 아니 1878년의 유례없는 서인도 기근으로 일어났던 아사 사태처럼 수백만 명에 달하는 농민들의 목숨을 앗아갈 수도

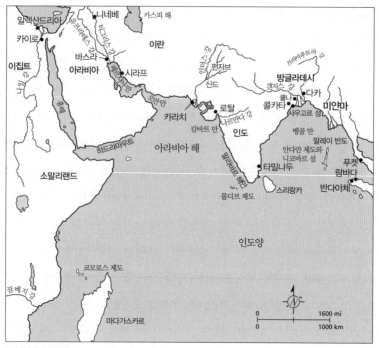

8장에 나오는 지명.

있었다.[6] 태평양 기후변동의 반대편에 있는 강한 라니냐 현상은 이례적일 정도로 심한 폭우를 내릴 수 있다. 그러한 집중호우는 가뭄만큼 파괴적이었고, 웅덩이와 토사 퇴적이 귀중한 관개시설과 농경지를 파괴할 수 있는 해안 지역에서 특히 위협적이었다.

기상이변이 오늘날의 인도와 파키스탄의 서부 해안을 따라 수백, 수천 년에 걸쳐 일으킨 파괴는 짐작만 할 수 있을 뿐이다. 비교를 위한 기초 자료로 우리가 갖고 있는 것이라고 해봤자 인도의 한쪽에 면한 벵골만 꼭대기에 위치한 방글라데시가 역사적으로 겪어온 경험과 현재 겪고 있는 경험이 전부다. 그곳에서는 수백만 명의 사람들이 해수면보다 불과 몇 미터 높은 곳에 살고 있으며, 우기의 강우와 열대 사이클론의 변덕스러운 폭력에 좌우되며 농사를 짓고 있다.

방글라데시의 약 80퍼센트는 충적 범람원으로, 그 대부분은 해발고도가 10미터가 채 못 되는 세계에서 가장 넓은 삼각주로 갠지스 강과 브라마푸트라 강, 메그나 강에 의해 형성되었다. 국토 가운데 1만 제곱킬로미터 정도가 물로 뒤덮여 있다. 우기에는 훨씬 넓은 지역이 물에 잠긴다. 내륙 한참 안쪽의 일부만이 빠르게 흐르는 강들이 가로지르는 척박한 지형이다. 삼각주의 해안선은 벵골 만을 마주한 채 약 600킬로미터에 걸쳐 뻗어 있다. 조수의 작용이 해안선을 형성하는 곳에서 크고 작은 물길들이 아라베스크 무늬를 그리며 해안 평야를 가로지르는데, 가장 넓은 물길은 폭이 0.5킬로미터에 이른다. 강한 조수의 흐름은 침식에 저항하는 점토와 고운 토사 퇴적층을 가로질러 흐르는 강의 물줄기들을 길고 곧게 뻗게 만든다. 쉽게 침식되는 모래는 강어귀에 모래톱과 작은 섬을 만들고, 강한 남서 계절풍은 그것들을 만조선 위쪽에 위치한 사구로 탈바꿈시킨다. 미세한 퇴적물로 이루어진 갯벌은 사구 뒤쪽에 만들어져 궁극적으로는 섬이 된다. 이러한 역동적 환경, 조수가 드나드는 숲과 해변이 모자이크를 이루는 독특한 풍경과 울창한 맹그로브 늪지는 해일과 사이클론에 맞설 수 있는 중요한 충격 완화 지대로 기능했다. 200년 전 1만 1,000제곱킬로미터가 넘는 맹그로브 늪지와 숲은 해안을 보호했다. 오늘날 이 자연 해안 방벽은 농경지 개간과 새우 양식을 위한 마구잡이 벌채와 관개시설을 위한 보 건설로 위협받고 있다.

삼각주의 토양은 해안에 도달할 때까지 비옥하고 각종 작물 재배에 이상적인데, 그중에서도 쌀과 면화에 안성맞춤이라 수많은 농민들이 바다 가까이에 사는 것도 그리 놀랄 일은 아니다. 하지만 안타깝게도 그들의 근거지는 북부 해안을 향해 깔때기처럼 좁아지는 벵골 만 꼭대기에 있다. 해일을 동반한 맹렬한 열대 폭풍은 먼바다에서 생성된 후 북쪽으로 빠르게 이동하는데, 해안으로 접근하면서 세력이 강화된다. 얕은 대륙붕이 연안으로 다가오는 해일의 높이를 높여 세계 어느 지역보다 파고가 높다.

사이클론과 그에 동반한 무시무시한 해일은 맹렬한 힘으로 방글라데시를 강타하여 수세기 동안 수백만 명의 인명을 앗아갔다. 1947~1988년에만 13차례의 강력한 사이클론이 수천 명의 목숨을 앗아갔고, 마을과 방어용 강둑을 휩쓸고 가며 저지대를 유린했다. 다음 세기에 예상되는 1미터 이상의 해수면 상승은 해상의 포위 공격을 강화할 것이다.

4,000년 전 서쪽의 로탈이 전성기를 누린 이래로 셀 수 없는 해일이 낮은 곳에 자리한 벵골 해안을 공격해왔다.[7] 고대 인도의 종교 작품에 홍수 이야기가 두드러지게 등장하는 건 그래서일지도 모른다. 기원전 800년에서 기원전 500년경 사이에 엮인 힌두교 경전 사타파타 브라마나에는 창세 신화와 대홍수—창세기의 대홍수와 같은—에 대한 이야기가 담겨 있다.[8] 우기의 홍수는 평소와 달리 더 크게 일어난다 하더라도 계절적 순환에 따른 일상의 일부인 반면, 사이클론이 일으키는 거대한 폭풍해일은 한 세대를 넘어서까지 기억되는 특별한 사건이었다. 안타깝게도 우리에게는 19세기까지의 사이클론 재해에 대한 정확한 기록이 없지만 기상학적 사건들의 추이는 까마득한 과거에도 지금과 상당히 비슷했을 것이다. 한 예로, 우리는 인도의 기록을 통해 1582년 5시간짜리 사이클론과 그에 동반한 해일 때문에 당시의 벵골 지방에서 50만 명에 이르는 인명이 희생되었다는 걸 알고 있다. 튼튼한 기단 위에 세워진 힌두교 사원들만이 해일의 공격에서 살아남았다.

18세기와 19세기에 있었던 폭풍에 대한 목록이 있긴 하지만, 1864년 인도를 강타한 사이클론의 직접적 결과로 1875년에 인도 기상청이 신

바다의 습격

설되기 전까지는 인명 손실이나 피해에 대한 정보를 거의 구할 수 없다. 1864년의 사이클론은 최초로 상세하게 기록된 사이클론이다. 이 사이클론에 관한 보고는 대량의 기상학적 관찰과 관리들의 보고서, 편지, 선박의 항해일지, 체험자들의 증언을 통해 구성되었다. 현대의 기준으로 보면 잡다한 인상들의 집합에 불과하지만 기억이 끔찍할 정도로 생생할 때 구술되거나 기록된 목격자들의 증언은 사이클론을 눈앞에 그린 듯 되살려낸다.[9]

　1864년 10월 4일 콜카타(캘커타)의 날씨는 쾌적한 정도로 건조했다. 다섯 달간의 우기가 끝난 뒤 며칠 동안 비가 뿌리지 않았다. 평소보다 습도가 낮은 대기는 맑고 상쾌했다. 영국인 관리들과 현지 주민들 모두 실바람이 살랑살랑 부는 평온하고 기분 좋은 하루를 만끽했다. 남쪽의 벵골 만 중심에서 기압계 바늘이 급격히 떨어지고 있다는 사실은 아무도 알지 못했다. 너비가 약 650킬로미터에 이르는 구역에 사이클론이 형성되었다. 불안정한 스콜이 휘몰아치는 기상 조건이 안다만 제도를 포함한 넓은 지역에 영향을 미쳤다. 선박의 항해일지들은 이미 10월 3일부터 험악한 날씨를 암시하고 있다. 증기선 컨플릭트호는 "폭우를 동반한 끔찍한 스콜"을 겪었다. 하루 뒤 폭풍의 중심은 후글리 강 어귀를 향해, 그리고 그곳에서 위쪽으로 130킬로미터 떨어져 있는 아무것도 모르는 콜카타 방면으로 이동했다. "북쪽에서 장대비를 동반한 맹렬한 스콜"이 내리면서 북쪽으로 향하던 증기선 클라렌스호를 강타했다. 거센 북풍과 높은 파도, 호우가 벵골 만을 때렸다. 후글리 강 어귀의 도선*은 배의 닻줄을 풀어버리고 좀 더 안전한 앞바다로 피신했다. 난폭한 파도가 배의 선미 구명정을 쓸어가고 배를 내동댕이치면서 배가 완전히 옆으로 기울고 주

---

* 수로 안내선.

1867년의 사이클론 직후 콜카타 후글리 강변의 배들. Samuel Bourne/British Library.

돛대가 부러져나갔다.

　이튿날 폭풍의 중심이 해안을 통과했다. 후글리 강 어귀의 사우고르 등대 앞 바다에 정박 중이던 증기 예인선은 여전히 닻을 내린 상태에서 맞바람에 전속력으로 돌진했다. 닻줄이 끊어져나갔다. 폭풍의 중심이 상공을 통과하면서 45분 동안 바람이 잦아들었지만, 다시금 질풍이 사납게 휘몰아쳐 "굴뚝 꼭대기까지 물거품에 잠길 정도로" 배를 거의 전복시켰다. 마침내 바람은 잦아들었고, 예인선은 썰물 때 낯선 바닷가의 물 밖으로 나왔다. 천만다행으로 물이 들어오면서 선장은 다시 배를 바다로 물러나게 할 수 있었고 안전하게 닻을 내렸다.[10]

　아마 이 사이클론은 오늘날의 사피어–심슨 허리케인 등급에서 4등급에 해당하는 폭풍이었을 것이고, 육지로 접근하면서 3등급으로 약화된 듯하다. 맹렬한 돌풍은 후글리 강 어귀에서 나무를 쓰러뜨리고 가옥을 부수는 등 엄청난 피해를 야기했다. 폭풍의 중심은 콜카타에서 서쪽으로 약 40킬로미터 떨어진 지점을 통과했다. 전반적으로 피해는 심각했지만 재앙 수준까지는 아니었다. 그러나 10월 5일 아침 10시경, 만조 두 시간 전에 거대한 폭풍해일이 후글리 강으로 들이닥쳤다. 서서히 후글리 강을 타고 올라온 해일은 만조를 고작 한 시간 앞두고 콜카타에 도달해 최악의 결과를 낳았다. 바닷물은 12미터 정도 상승했을지도 모른다. 엄청난 양으로 늘어난 물이 증기선 마르타반호가 하구로 진입하기 위해 닻을 내린 채 기다리고 있던 후글리 강 어귀의 사우고르 만에 도달했다. 사납게 휘몰아치는 강풍과 해일은 돛대를 부러뜨리고 갑판 위의 모든 것을 산산조각 냈다. 마르타반호는 어귀에서 가장 위험한 몇몇 얕은 여울을 가로질러 속수무책으로 떠내려갔다. 믿기 힘들지도 모르지만 그 난리 통에도 선원들은 수심을 잴 수 있었다. 평소에는 용골 아래로 물이 없는 거나 다름없던 여울의 수심이 이제는 용골 아래로 12미터 이상이나 되었다. 측량선인 샐윈호도 사우고르 섬 앞바다에 닻을 내리고 있었다. 사이클론이 강타하자 닻은 허리케인급 강풍 속에서 제구실을 하지 못했고, 배는 이리저리 끌려다녔다. 선장은 결국 닻줄을 풀어버리고 작은 삼각돛 하나만 펼쳐서 바다 쪽으로 더 나아갔다. 10월 5일 이른 아침에 배는 "우체국 맞은편의 해변"에 좌초했다. 돛은 갈가리 찢겼고, 구명정은 휩쓸려 가버렸으며, 거대한 파도가 갑판 위로 부서지고 있었다. 배의 항해일지에는 이렇게 적혀 있다. "폭풍이 일으킨 파도에 해안으로 밀려가는 동안 배가 여러 그루의 나무 꼭대기 위를 지나감." 바닷물이 물러갔을 때 "제2비킴 돛대 아래에서 전신국의 잔해를 발견함".[11]

폭풍해일은 경고도 없이 걷잡을 수 없을 정도로 밀려들었다. 저지대에서 이동 중이던 한 관리는 마침 보이는 오두막에 몸을 피했다. 그는 "증기선에서 증기가 빠져나오는 소리와 비슷하지만 어마어마할 정도로 큰 아주 이상한 소리"를 묘사했다. 사이클론은 오두막의 지붕을 날려보내고 담장을 무너뜨렸다. 그 관리가 쏟아지는 빗줄기를 걱정스레 내다보는데 "마치 요술이라도 부린 것처럼 갑자기 물이 차오르며 점점 우리를 향해 다가왔다. (…) 물은 정확히 1시 10분에 우리한테 도달했고, 내 허리까지 차올라 시계가 멈췄다".[12] 생존자들은 바람이 잦아들 때까지 코코넛 나무에 매달려 있었다.

벵골 서부 전역의 겁에 질린 마을 주민들이 오두막으로 피신하여 어둠 속에서 웅크리고 있었다. 그들 곁을 지키는 것은 으르렁거리는 바람뿐이었다. 해일이 아무런 경고 없이 후글리 강을 거슬러 오면서 강 양편으로 각각 16킬로미터에 이르는 저지대를 전부 침수시켰고, 갑작스레 밀어닥친 물은 눈앞의 모든 것을 휩쓸어버렸다. 강물이 둑과 방파제를 무너뜨리면서 마을들 전체가 물 아래로 사라졌고, 물이 지나간 자리에서 인간이 살았던 흔적은 찾아볼 수 없었다. 집들이 흔적도 없이 사라지고 그곳의 주인들은 순식간에 익사했다. 몇몇 생존자들은 둥둥 떠다니는 지붕이나 나뭇조각을 간신히 붙들 수 있었지만 몇 킬로미터씩 속수무책으로 떠내려갈 수밖에 없었다. 소 떼와 심지어 호랑이조차 떠내려가면서 포식자와 먹잇감이 같은 처지가 되었다. 언제나 힘차게 헤엄을 칠 줄 아는 물소만이 급류에서 몸을 가눌 수 있었다. R. W. 킹이라는 현지의 총경은 얼마 안 되는 생존자들을 인터뷰한 뒤 여성과 어린이들의 피해가 가장 컸다고 보고했는데, 휘몰아친 바람에 전복된 집 안에 갇힌 경우가 많았기 때문이다. 그는 다음과 같이 덧붙였다. "지금(11월 2일) 전역이 난장판이 되어 썩어가고 있다. 피해 지역에 접근하려고 시도했지만 악취가 너무 심해서 도저히 불가능하다. 이 마을이나 다른 마을들 모두 사정이 비슷한 상황에서 취할 유일한 방법은 건기 때까지 내버려두었다가 전역을 싹 불태우는 것이다."[13]

폭풍이 몰아친 이튿날 아침 후글리 강은 시체들과 죽은 짐승들로 넘쳐났다. 묻지 않은 시체에서 지독한 악취가 진동했는데, 그 시체의 상당

바다의 습격

수가 어린이들이었다. 살아남은 사람들에게는 먹을 것이 없었다. 썩은 식물과 바닷물이 식수통을 오염시켰다. 생존자들은 절박한 상황에서 상한 음식을 먹고 불결한 물을 마셨다. 주민들이 굶어 죽어가는 가운데 콜레라와 이질, 천연두가 창궐했다. 사이클론과 해일로 얼마나 많은 사람들이 사망했는지는 알 수 없지만 적어도 5만 명이 해일에 휩쓸려 목숨을 잃었고, 추가로 3만 명이 질병으로 사망했다. 그 지역 인구의 4분의 3 이상이 목숨을 잃었다. 그리고 최소 10만 마리의 소가 익사했다. 짠 바닷물 때문에 논의 벼는 새까맣게 썩어버렸다.

부두를 따라 정박했든 강에 닻을 내렸든, 콜카타 항구에는 당시 195척의 배가 있었다. 해일이 머나먼 이곳 상류에 도착했을 때는 그 위력이 상당히 줄어들어 있었다. 해일이 강바닥과 마찰을 일으키고 강둑으로 흘러넘쳐 물이 손실된 덕분이다. 관계 당국은 1842년의 또 다른 사이클론 때문에 매우 튼튼한 계선장을 설치한 바 있다. 하지만 계류용 쇠사슬이 해일을 견디기에는 너무 짧아 바닥에서 닻이 끊어져버리거나 배를 물 밑으로 끌어당겼다. 23척의 배가 피해를 면했지만, 엄청난 손실을 떠안게 된 런던의 해운 회사들에게는 작은 위안일 뿐이었다. 대부분은 인근 강둑으로 밀려올라가 소형 보트, 거룻배, 화물선과 뒤섞여 아수라장을 이루었다. 수출을 위해 포장해놓은 황마 보따리들이 강둑에 널려 있었다. 약탈이 횡행했고, 많은 이들이 하룻밤 사이에 부자가 되었다. 페닌슐라 앤드 오리엔탈 사의 2,000톤짜리 여객선 벵골호는 두 달 동안 뭍에 좌초되어 있었다. 배는 막대한 비용을 들여 주변에 뱃도랑을 판 뒤에야 간신히 다시 띄울 수 있었다. 항구와 해운 회사가 입은 손실은 최소로 계산해도 약 100만 파운드에 달했다(오늘날의 7,700만 달러에 맞먹는다).

또 다른 기념비적 폭풍인 그레이트 배커간지 사이클론the Great Backerganj Cyclone은 1876년 10월 29일 시속 220킬로미터의 바람과 파고가 10~14미터에 이른 해일을 초래했다. 스리랑카에서 콜카타로 향하는 배의 갑판 솔기에 바른 역청이 끓을 정도로 바람 한 점 불지 않는 무더운 날씨가 여러 날 이어지다 불안정한 기상 상태가 뒤따랐다.[14] 짙은 회색 구름과 폭우를 동반한 사이클론이 후글리 강을 왕래하는 수많은 선박들을 덮쳤다. 증기선 페낭호는 강을 내려오다가 이제는 강력해진 사이클론과 정면으로 부딪쳤다. 거대한 물결이 갑판 위로 부서지며 객실을 침수시켰다. 기관사와 선원들은 바닥에 몸을 고정시켰고, 삭구와 갑판실은 갈가리 찢겨나갔다. 배는 객실이 침수된 채 "통나무처럼 떠 있었다".[15] 바람이 잦아들자 배는 콜카타로 간신히 귀환했지만, 갑판 위의 모습은 난파선이나 다름없었다. 다른 배들도 돛대가 부러지고 대규모 피해를 입었다. 일부는 좌초했다. 일부는 전복되었다. 가장 심각한 피해는 만조 때 다시 몰아닥친 해일 때문에 발생했다. 폭풍의 강력한 위력 때문에 썰물은 빠져나가지 못했고, 폭우로 불어난 물은 메그나 강 어귀 근처의 얕은 여울 위를 덮쳤다. 10월 31일 오전 2시경 해일이 조수를 압도하자 물은 저지 해안 일대와 섬들을 반시간 만에 12미터 깊이로 뒤덮었다. 아침 8시경 물은 물러갔지만 전 지역이 파괴되었고, 1864년에 발생했던 것보다 더 큰 참사를 낳았다. 적어도 10만 명이 물에 빠져 죽고, 10만여 명이 콜레라와 여타 관련 질병으로 사망했다. 총 사망자는 25만 명에 가까웠다.

기록된 것 가운데 적어도 여섯 개의 사이클론이 10만 명 이상의 인명을 앗아갔다. 지금까지 기록된 최악의 폭풍 가운데 하나는 1970년 11월 13일 방글라데시 해안 전역을 강타한 사이클론 볼라Cyclone Bhola이다.[16] 벵골만 중앙에서 형성된 폭풍은 북쪽으로 이동하면서 풍속이 시속 185킬로미터에 이를 만큼 세력이 강화되었다. 사이클론이 일으킨 폭풍해일은 여러 마을을 초토화시키고, 광범위한 지역의 작물을 파괴하면서 갠지스 강 삼각주 앞바다의 섬들을 쑥대밭으로 만들었다. 적어도 50만 명이 사망했고, 소 100만 마리가 죽었다. 40만 채 이상의 가옥이 사라지고 3,500개의 학교와 기타 교육 시설이 침수되었다. 현지 어장도 심각한 손실을 입었다. 4만 6,000명의 어부가 죽었고, 단백질의 80퍼센트를 물고기에서 얻는 지역에서 연안 어획량의 약 65퍼센트가 손실을 입었다. 폭풍이 지나간 지 석 달 후에도 현지 주민의 4분의 3은 식량 원조를 받고 있었다. 폭풍은 정도의 차이는 있지만 350만 명이 넘는 주민들에게 크고 작은 피해를 입혔다. 사이클론이 지나간 다음 이루어진 조사에 따르면 희생자의 절반가량이 10세 이하의 어린이였다. 볼라 참사 후 비틀스의 멤버 조지 해리슨과 라비 샹카르는 1971년 방글라데시를 위한 콘서트를 조직했는데, 구호를 위한 목적으로 열린 최초의 콘서트였다. 구호 콘서트는 마침 방글라데시의 독립과 사이클론 예보에서 새 시대의 개막과 시기적으로 맞물려 있었다. 11장에서 살펴보겠지만 안타깝게도 급증하는 인구와 가속되는 해수면 상승은 상황을 복잡하게 만들고 있다.

배커간지와 볼라, 지난 2세기의 두 거대 사이클론은 저지대 해안 지방을 위협하는 해일과 여타의 파국적 재해에 대한 인간의 취약성이라는 위협적인 그림을 보여준다. 또한 종종 눈에 잘 띄지 않는 오늘날의 세계 현실을 효과적으로 보여준다. 수백만, 수천만 명의 사람들이 공격해오는 바다의 가장자리에, 흔히 인구가 밀집된 메가시티에서 살아가고 있다. 우리는 한두 세기 전에는 상상도 할 수 없을 만큼 바다와 바다가 부리는 변덕에 취약하다.

9
황금 수로
[양쯔 강 삼각주]

기원전 4500년경, 중국 양쯔 강 삼각주의 허무뚜. 무시무시한 위력을 자랑하며 갈대 사이로 지나가는 사나운 태풍이 길게 이어지는 천둥소리처럼 머리 위에서 윙윙거린다. 잿빛 구름이 얕은 여울 위로 소용돌이친다. 흩날리는 먼지가 논 가까이에 들어선 판잣집을 휘감는다. 통상적으로 태풍이 접근할 때는 먼저 여러 경고 표지가 나타난다―자욱한 잿빛 구름, 잦아진 바람, 높은 습도이다. 농부들은 모두 위험을 알리는 신호를 알고 있다. 그러나 빠르게 이동하는 이 폭풍은 예고 없이 갑작스레 도착했기 때문에 미리 고지대로 대피할 시간적 여유가 없다. 마을 주민들은 집 안으로 피신한 채 손만 뻗으면 집어갈 수 있도록 간단한 소지품을 챙긴다. 갑자기 바람이 뚝 그친다. 원로들은 폭풍의 중심이 머리 위로 지나가고 있다는 것을 안다. 그들은 모두에게 지체 없이 내륙으로 이동하라고 말한다. 바다에서 무엇이 다가오고 있는지 알기 때문이다. 남녀노소 할 것 없이 모두 소지품을 챙겨 이곳처럼 평탄한 지형에서 그나마 고지대라 할 수 있는 곳으로 달아난다. 조금 전보다 더 강력한 바람이 물이 쏟아져 들어오는 불길한 소리와 함께 예고 없이 다시 찾아온다. 단 몇 분 사이에 마을 주민들은 한때 등성이였던 낮은 섬 위에 서 있게 된다. 휘몰아치는 물보라에 온몸이 젖은 가운데 그들은 목숨을 구하기 위해 나무 둥치에 꼭 매달린다. 두 여자가 손을 놓쳐 어둠 속으로 사라진 뒤 두 번 다시 모습이 보이지 않는다.

몇 시간 뒤 바람이 잦아든다. 물 위를 둥둥 떠다니는 통나무 몇 개와 뛰어난 수영 실력을 가졌는데도 해일에 익사한 물소들의 시체 외에는 마을에 아무것도 남아 있지 않다. 침수된 시골에서 바닷물이 서서히 물러가면서 부러진 나무와 물 먹은 풀들이 진흙탕 가운데서 모습을 드러낸다. 뜨거운 태양과 숨 막히는 습기에 시달리는 축축한 삼각주에서 짙은 수증기 구름이 피어오른다. 부패하는 시체와 썩은 식물들에서 나오는 악취가 대기에 진동한다. 농부들은 다시 일어선다. 그들은 서서히 마을을 재건하고 우기가 돌아올 때 다시 논에 벼를 심는다. 혹독한 태풍은 동중국해를 따라 살아가는 인간 생활의 핵심이며, 까마득한 조상들의 시대부터 그래왔다.

중국의 길고 낮은 해안을 따라 영위되는 삶은 빙하기가 끝난 이래로 변화하는 해수면에 대한 끊임없는 적응을 필요로 했다. 많은 이들이 갯벌과 얕은 호수, 습지대와 사구로 이루어진 이곳 지형을 "진흙탕 해안"이라고 부른다.[1] 좁은 지형의 "진흙탕" 해안에서 다들 그렇듯 해수면 상승은 물의 광범위한 수평 이동을 초래할 수 있는데, 흔히 실제 상승 규모에 비해 훨씬 넓은 지역에 영향을 미친다. 대체로 사냥감과 식물 식량이 풍성한 물로 흥건한 환경은 바다의 작은 변화에도 확대와 축소를 반복한다. 사람들이 사냥감과 물고기, 식물 식량에 의존해서 살아갔을 때는 이

바다의 습격

러한 변화에 적응하는 것이 간단한 문제였고, 심지어 수렵 집단이 동일한 장소에서 오랜 기간 살아갈 때도 어려움은 없었다. 변화하는 바다와의 관계는 연안의 부족들이 오늘날 중국인의 일용할 양식인 쌀을 경작하기 시작하면서 복잡해졌다.

쌀은 거의 20억 명의 인구가 소비하는 식량의 절반 이상, 그리고 인간이 섭취하는 모든 칼로리의 21퍼센트 이상을 차지한다. 재배를 위해 개량된 쌀의 역사는 양쯔 강 하류 유역Lower Yangtze Valley이 초기 경작에 결정적 역할을 했다는 사실 외에는 대부분 수수께끼로 남아 있다.[2] 삼각주 지역에서 발견된 단지에 붙어 있던 불에 탄 쌀 조각은 기원전 8000년경의 것으로 추정되는데, 이를 제외하면 안타깝게도 우리에게는 증거로 삼을 만한 게 별로 없다. 양쯔 강 중류 지역으로 훨씬 올라가면 기원전 1만 년 무렵의 것으로 추정되는 미세한 쌀 식물석, 즉 세포간 규석 미립자가 댜오통후안 동굴Diaotonghuan의 거주층에서 나타난다.[3]

발견된 쌀 화석은 둘 다 야생종인데, 완전히 개량된 쌀이 발달하여 유전적으로 "고정되기"까지는 5,000년이 걸렸다. 여러 세대의 초창기 경작자들은 부분적으로 개량된 쌀을 재배하면서도 한편으로는 여전히 과일과 도토리를 비롯하여 여러 야생식물에도 의존했다. 그들이 재배한 작물은 야생 벼와의 이종 교배를 통해 상당한 수준의 유전적 다양성을 낳았는데, 그것은 높은 비율의 유전자 교환 덕분에 가능했던 일이다. 초창기의 농부들이 야생 벼로부터 고립된 논을 만들고 나서야 비로소 완전히 개량된 유형이 발달해 유전적으로 고정되었다.

많은 경우 이러한 재배는 늪지 환경에 적응한 야생 벼가 한때 풍부했던 양쯔 강 하류 삼각주와 같은 습지 환경에서 이루어졌다. 그러한 벼는 기후 온난화 때문에 나무와 여타 새로운 식물종이 북쪽에 나타난 1만 4,000년 전~1만 3,000년 전 사이에 양쯔 강 유역으로 퍼져나간 것 같다.

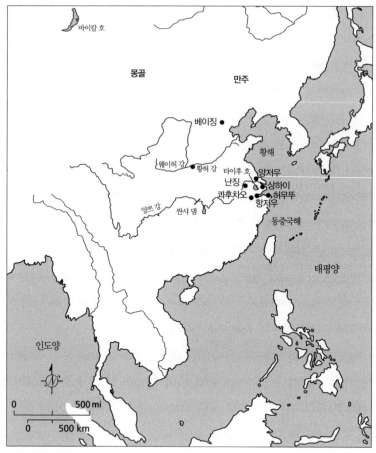

9장에 나오는 지명.

이 토종 벼는 오래전에 멸종했으나 그 형질 가운데 일부는 다음 세대로 대대로 전해지면서 개량종의 일부가 되었다.

호수, 늪지와 함께 저지대 해안은 벼 재배에 이상적인 환경이었을 수 있지만 농부들은 지속적으로 변화하는 해수면에 대처해야 했다. 특히 기원전 5000년경에서 기원전 4000년경까지, 빙하가 녹는 속도가 느려지기 직전에 해수면은 현재 해수면보다 몇 미터 높았다. 늪지와 연못, 그보

　　　　　　　　　　　　　　　　　바다의 습격

다 더 넓은 수역이 존재하는 양쯔 강 하류 남쪽의 타이후 호수는 기원전 5000년에 수렵인과 벼를 재배하는 농경인을 끌어당기는 자석으로 작용했다.

상하이에서 남서쪽으로 200킬로미터 정도 떨어진 콰후차오 인근에서 발굴된 침수 유적지는 기원전 7000년 이후 보다 온난해진 기후 조건과 강력해진 여름 계절풍이 더 많은 강우량과 심각한 홍수를 야기하던 시기에 잠식해오던 바다와의 투쟁을 알려준다.[4] 자주 침수되는 늪지 위 언덕에 이엉을 이은 집들이 옹기종기 모여 있는 마을은 해안 습지대의 갈대와 풀 사이에 있어 거의 보이지 않았을 것이다. 개 짖는 소리와 아이들이 뛰노는 소리, 절구 찧는 소리 그리고 장작을 태우는 냄새만이 인간이 거주하고 있음을 말해주었으리라. 지금은 콰후차오라고 불리는 곳은 고지 계곡과 항저우 만을 따라 있는 해안 습지 사이의 입지가 좋은 지점에 있었다. 최초의 정착민들은 기원전 6000년경 이곳에 도착하여 늪지 가운데 터를 잡았다. 당시에는 오늘날의 저지대 지형이 완전히 형성되지 않은 상태였고, 동중국해만이 아니라 지구 전역에서 해수면이 상승하고 있었다. 그들은 관목 같은 지표 식물을 제거하고 약간의 벼를 재배했다. 재배는 성공적이었던 것 같은데 남아 있는 거주층에서 벼 꽃가루 입자가 흔해지기 때문이다. 인간과 돼지 모두와 관련이 있는 기생충 알도 흔해졌다.

약 1세기 후, 상승하는 바닷물에 유적지가 침수되었다. 그래서 주민들은 이주해야 했는데 그들에게는 비교적 쉬운 일이었다. 현지의 인구는 희박했다. 해수면 위로 땅은 많았고, 작물과 사람, 동물을 위한 땅도 풍부했다. 후대의 벼 경작자들이 콰후차오로 되돌아온 것으로 보아 바닷물은 물러간 것이 분명하다. 발굴자들은 주민들이 주기적으로 침수되는 땅에서 불로 태워 풀을 전부 제거하고, 수확량을 증대하기 위해 동물의 똥

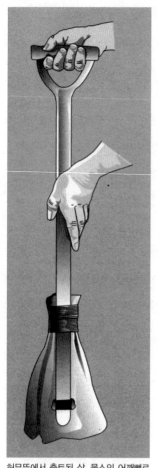

허무뚜에서 출토된 삽. 물소의 어깨뼈로
만든 날이 달려 있다. 지은이 소장.

으로 거름을 주어 벼를 재배했을 것이라
고 짐작한다. 그들은 돼지 어깨뼈로 만든
삽처럼 생긴 인공 도구로 땅을 갈았다.
발굴을 통해 경작지 주변에 부들개지가
무성하게 자랐던 것을 알 수 있는데, 부
들은 중요 식량 공급원이자 다양한 용도
로 쓰이는 유용한 원자재였다. 그렇다고
그들이 전업 농부였다는 뜻은 아니다. 야
생식물과 사냥에도 의존했기 때문이다.
한편 개와 돼지도 정주지 주변을 돌아다
녔다.

농부들은 400년이나 되는 오랜 세월
동안 대대로 같은 장소에 머물렀다. 발밑
에 겹겹이 쌓인 가옥의 잔해로 판단하건
대 마을은 기원전 5550년경까지 여러 차
례 재건되었는데, 그 무렵 해수면 상승에
따른 해양 침수로 경작이 불가능해진 것
같다.

그전에도 농부들은 밀려드는 짠물
을 처리해야 했지만 얼마간 성공을 거두
었던 것이 분명하다. 중국 동부에서의 초창기 벼 재배는 약간 소금기가
있는 해안 갈대 늪지에서 이루어졌기 때문이다. 농경이 시작된 초창기
부터 새로운 농부들은 불을 질러 토종 식생을 제거하고 해안 늪지 환경
을 관리했다. 그와 동시에 그들은 자신들의 논밭에 도달하는 조수의 양
을 통제하기 위해 조심스러운 조치를 취했던 것 같다. 그들은 양분이

　　　　　　　　　　　　　　　　　　　　바다의 습격

풍부한 민물을 저장하고, 파국을 가져오는 홍수를 막고, 벼에 필요한 지속적인 수성木性 환경을 제공하기 위해 인공 둑을 활용했을 것이다.

콰후차오가 유일한 농경 지대는 아니었지만, 타이후 호수 지역에서 벼를 재배하던 사람들은 그 수가 많지 않았고, 습한 양쯔 강 하류를 따라 형성되어 있는 습지대와 늪지대 그리고 오늘날 상하이 남쪽의 항저우 만 양편에 집중되어 있었다. 우리는 이따금씩 이 농부들에 관한 단편적인 그림을 얻는데, 그러한 것 가운데 하나를 허무뚜에서 볼 수 있다. 허무뚜는 전반적으로 동일한 지역에 자리한 마을이지만 강 홍수가 실어온 토사 퇴적물과 해수면 변화 때문에 보다 많은 땅이 노출된 지역에서 고도가 낮은 곳에 자리했다. 콰후차오처럼 허무뚜는 벼를 재배하기에 이상적인 환경 속에 자리 잡고 있는데, 특히 야생 견과가 열리는 나무들이 더 따뜻하고 습한 기후 앞에서 감소한 기원전 5000년 이후에 벼가 주식으로 바뀌었을지도 모른다.[5] 허무뚜의 면적은 약 4헥타르로, 일찍이 기원전 5000년부터 시작해 적어도 네 차례에 걸쳐 인간이 거주했다. 인간의 정주는 400년 정도 후인 기원전 4600년경에 끝났다. 연못으로 둘러싸인 숲 속에 자리한 마을에서 사람들은 대규모로 벼농사를 지은 듯한데, 그 벼가 완전히 개량된 종인지에 대해서는 논쟁이 계속 이어지고 있다. 쌀은 분명히 일상생활의 중요한 요소로 물이 풍부한 환경에서 잘 자랐고, 이곳의 뛰어난 보존 조건 덕분에 장붓구멍과 장부로 멋지게 조립된 가옥 널빤지와 물소 어깨뼈로 만든 날이 달린 괭이가 출토되었다.

허무뚜 같은 작은 마을들은 습지대 사이에 자리 잡고 있었는데, 그런 지역에서는 인간의 거주 상황이 해수면 상승, 변화하는 침수 상태, 퇴적물의 축적에 따라 변동을 거듭했다. 수렵, 채집과 결합된 소규모 농업은 완전히 개량된 종자로 이루어지는 보다 집약적인 벼농사에 수천 년에 걸쳐 서서히 자리를 내주었다. 양쯔 강 하류에서의 인구밀도는 기원전

5000년대까지 낮았다가 이후 빠르게 증가했다. 습지대에서 재배되는 개량종 쌀은 생산성이 매우 높았다. 당연히 농경 인구는 폭증했고, 갈수록 삼각주에는 사람들이 더 북적이게 되었다. 훨씬 크고 더 영구적인 정주지가 번성했는데, 대부분은 방대한 크기의 논 가까이에 자리했으며 해안 늪지를 통해 해일로부터 보호받았다. 인구가 증가하고 마을이 점차 커지면서 양쯔 강의 강물은 해수면보다 더 큰 위협이 되어갔다.

양쯔 강은 아시아에서 가장 긴 강이자 세계에서 세 번째로 긴 강이다. 강은 티베트 고원에서 발원하여 중국 남서부와 중부, 동부를 가로질러 6,418킬로미터를 흐르는 동안 광범위한 삼각주를 관통하고, 마침내 상하이 근처에서 동중국해와 만난다. 수십 개의 지류와 그보다 작은 시내, 무수한 호수들이 해발고도 4,900미터 지점에서 해수면까지 흘러가는 동안 양쯔 강에 물을 보탠다. 후베이 성에 싼샤 댐을 건설하기 전에는 원양 항해선이 황금 수로라고도 불린 물길을 따라 1,609킬로미터를 거슬러갈 수 있었다. 양쯔 강과 양쯔 강의 많은 지류, 그리고 인근의 호수들은 마치 수문학적水文學的 문어처럼 그 발원지에서 수천 킬로미터 떨어진 해수면의 상승과 하강에 영향을 미친다. 해수면 변동과 그것이 양쯔 강 삼각주에서 살아가는 사람들에게 미치는 영향에 대한 설명은 연안 지리의 변화만이 아니라 계절풍이 일으키는 홍수에 시달리는 강의 변덕과도 관련되어 있다.

　　나일 강처럼 양쯔 강은 막대한 양의 토사를 하류로 실어가는데 그 토사의 대부분이 해안까지 도달한다. 한때 1억 7,000만 세제곱미터 정도의 토사가 매년 강을 타고 흘러내려와 해안 평야까지 도달했다. 하지만 싼샤 댐이 건설된 후로는 퇴적물의 양이 크게 줄었다. 강은 북쪽으로 이동하는 여름 계절풍에 의해 생성된 강우 한계 지대에 자리하고 있다.

바다의 습격

양쯔 강 남쪽 지역은 5월과 6월에 비가 내린다. 북쪽에서는 7월과 8월에 비가 내린다. 자연히 강한 계절풍은 보통 5~8월 대홍수와 재해로 이어진다. 강물은 강둑 너머로 흘러넘쳐 수천 헥타르의 주변 지형을 침수시킨다. 마을들이 쓸려가고 수천 명이 익사하며 작물은 깡그리 파괴된다. 20세기에 발생한 양쯔 강 홍수로만 30만 명이 넘는 사람들이 목숨을 잃었다. 1931년에는 대홍수로 4만 명이 죽었다. 1954년 홍수 때는 3만 명이 사망하고 추가로 20만 명이 기아와 질병으로 사망했다. 1954년 재해를 겪은 한 마을 주민은 『워싱턴포스트』 기자에게 "시신들을 관에 넣긴 했지만 묻을 수가 없었다. 시신은 그냥 쌓여 있었다"고 말했다.[6] 1998년 홍수는 44년 만의 최악의 홍수로 4,000명이 넘는 사람이 죽고 1,380만 명이 집 없는 이재민이 되었다. 미국 인구수와 맞먹는 총 2억 4,000만 명의 중국인이 불어난 물에 직접적인 영향을 받았다.

지난 몇천 년 동안 대규모 홍수가 발생하는 주기는 줄어들어왔다.[7] 618~907년에는 대규모 홍수가 약 18년에 한 번씩 일어나다가 송 왕조부터 청 왕조 사이(960~1911년)에는 발생 횟수가 증가해 4, 5년에 한 번씩 일어났다. 1950년 이후 약 3년에 한 번꼴로 발생하던 홍수는 지난 25년 사이 약 4년에 한 번꼴로 변화한 듯하다. 19세기 이래로 기록된 홍수 측정 데이터는 최고 수위도 1870년 약 27.4미터에서 1954년 약 30미터로 증가했음을 보여준다. 이제 홍수 최고 수위는 그보다도 높아져 있다. 그와 동시에 최고 수위 지속 기간도 1973년에는 약 6시간 정도이던 것이 1998년에는 3일이 넘을 만큼 증가했다. 지구온난화에 의해 야기되는 집중호우가 더 잦아짐에 따라 양쯔 강 삼각주에서 더 많은 홍수가 일어나고 있는지도 모른다.

수천 년 동안 양쯔 강 강둑을 따라 살아가던 농부들은 심한 홍수에도 꽤 잘 적응했는데, 그것은 강 양쪽의 무수한 호수들이 흘러넘치는 물의 상당량을 처리했기 때문이다. 그러나 지난 세기의 급속한 인구 성장과 공업화로 위험은 커져왔고, 특히 이제는 해수면 상승이 양쯔 강 삼각주의 도시들에 심각한 위협을 제기하고 있다.

중국의 해수면 변동사는 파악하기가 쉽지 않다. 우리는 기원전 4000년 이후에 국지적 지각변동과 그에 덧붙여 대양에서 추가적인 빙하의 융해가 있으면서 지각판을 살짝 위로 들어올렸다는 것, 그리고 물 저장량 변화의 결과로 해수면이 다소간 후퇴했다는 사실을 알고 있다. 이는 1장에서 설명했듯 지구적 현상이다. 그런 다음 해안선은 수천 년 동안 안정화되는 경향을 보여서 중국 제국 문명의 전성기 동안 해수면 변화는 1년에 0.25센티미터 이하에 그쳤을 것이다.

재앙 수준의 홍수에도 불구하고 양쯔 강은 해수면이 보다 안정적이었던 세기 동안 벼를 재배하는 곡창지대가 되었고, 이후 중국 역사에서 커다란 중요성을 가지게 되었다. 허무뚜가 버려진 뒤 여러 세기가 지나는 동안 인구밀도는 높아졌고, 마을들은 점점 커졌으며, 장인과 상인이 번창하는 도시들이 생겨났다. 전문 일꾼들이 양쯔 강 유역의 풍부한 광물자원—구리와 주석, 납, 소금—을 개발하기 시작했다.

이 모든 상품 가운데 소금이 여러 면에서 가장 중요했는데, 주로 탄수화물 식단에 의존하는 농부들의 생존에 필수적이었기 때문이다.[8] 소금은 가죽 처리 공정에도 유용했다. 주요 소금 퇴적층은 북쪽에 있었고, 따라서 멀리 황허 강 유역에 있는 다른 공동체들과의 접촉으로까지 이어졌을지도 모른다. 소금은 나중에 주요 교역 상품이 되는데, 특히 기원전 2000년 이후 황허 강 유역에서 상 문명이 발흥하면서 소금 교역이 증대되었다. 구리는 양쯔 강 중류와 하류 지역에 풍부한 반면 납과 주석은 강남쪽의 퇴적층에서 나왔다. 이 모든 활동은 강남과 강북 간 교류의 증대로 이어졌고, 특히 구리와 청동 기술이 대단히 정교한 수준에 도달한 황허 강 유역에 치열하게 경쟁하는 국가들이 등장하면서 교류는 더욱 활기를 띠었다.

양쯔 강 삼각주의 농부들은 장거리 교역으로 번영을 누렸다. 기원전 3400년에서 기원전 2250년 사이에 양쯔 강 유역에서는 양저우 문화가 꽃피었는데, 양저우 문화는 논에서 재배하는 두 종의 벼에 여전히 의존하는 농경 사회였다. 대부분의 주민들은 강이나 해안선을 따라 지은 흙집에서 살았는데, 그런 흙집은 홍수와 해일에 맞서 적어도 사람들을 얼마간 보호해주었을 것이다. 그러나 이제 지역사회는 훨씬 더 정교해졌다. 양저우는 부유한 엘리트 계층이 지배하는 작은 국가가 되었다. 우리는 정교한 무늬가 새겨진 의례용 옥이 부장된 무덤들을 통해 그곳의 지도자들을 알 수 있다. 옥은 군사적, 제의적 권력의 상징이다. 옥 무역은 이 사회의 중요한 요소였고, 그곳의 지배자들은 비단 옷을 걸치고 상아와 칠기를 애지중지했다.

양저우는 양쯔 강 남쪽에 있는 타이후 호수부터 북쪽의 난징과 오늘날의 상하이 지역까지 뻗어 있었다. 양저우의 문화적인 영향력은 방대한 지역으로 퍼져나가 멀리 북쪽의 상 문명의 수도인 황허 강 근처 안양에까지 미쳤다. 대부분의 주요 활동들은 삼각주 저지대에서 멀찍이 떨어진 내륙에서 이루어졌지만, 보다 수준 높고 생산성이 높은 벼 재배의 도입이 훨씬 더 정교한 농경 사회의 기반을 제공한 것은 분명하다. 그러나 이 농경 사회에서 많은 사람들은 여전히 해수면 변동과 강에서 일어나는 대규모 홍수에 대응해 이동해야만 했다. 다만 이 무렵에 해수면이 현재의 수준으로 다소간 안정되었기 때문에 농부들의 일은 이전 세기보다 다소 쉬워졌다.

수백 년 동안 양쯔 강 유역은 경쟁 관계에 있는 국가들과 군장 사회들이 치고받는 싸움터가 되었지만 마침내 기원전 221년 진시황제가 중국을 통일한다. 진나라의 뒤를 이은 한나라는 기원전 206년부터 서기 220년까지 융성하면서 경제적으로 엄청난 부를 누렸으며, 안정적이고 고도로 생산성이 높아 유사 시대까지 계속된 관개농업을 육성했다. 부유하고 정교한 제국이 발전한 것은 틀림없다. 그러나 이 제국은 심각한 홍수와 계절풍이 약화되면서 발생한 가뭄에 시달리며 수만 명이 목숨을 잃은 제국이었다.

양쯔 강 하류 일대의 삶은 해수면과 매우 가까운 지대에서 살아가는 삶이라는 현실에 대한 부단한 적응을 의미했다. 한동안 높은 제방은 주변 지역의 상당 부분을 강의 홍수로부터 보호해주었다. 그러나 이런 제방들이 무너지면 강물은 인근을 휩쓸며 죽음과 질병을 몰고 왔다. 삼각주는 벼농사를 짓는 농부들로 이루어진 소규모 공동체들의 근거지였는데, 제국 시대 동안 이 공동체들에게는 해수면 상승보다 강의 홍수가 더 골칫거리였다. 그들이 바다 때문에 겪는 곤경은 태풍이 일으킨 해일에서 비롯된 것이지만, 이런 해일은 파괴와 인명 손실 측면에서 피해가 크긴 해도 일시적인 사건일 뿐 그들이 대대로 농사를 지어온 땅을 영구적으로 잠식하지는 않았다.

양쯔 강 하류에는 소도시와 읍이 생겨났는데, 그중에서도 10세기에 양쯔 강 삼각주, 수저우 동쪽 늪지대에 건립된, 지금은 상하이라고 불리는 장이 서는 읍이 유명했다.[9] 상하이는 어느 정도 번영을 구가하다가 면화 생산과 각종 직물업의 중심지가 되었다. 수저우 지역의 비단은 중국 전역에서 명성을 떨치며 부유한 지주층을 만들어냈다. 이러한 제조업들은 19세기까지 상하이 경제의 버팀목이 되었다. 중국과 영국이 벌인 제1차 아편전쟁(1839~1942년)은 난징조약을 맺으면서 마무리되었고, 조약에 따라 국제무역을 위해 다섯 개의 항이 개항되었다. 그 항구 가운데

바다의 습격

하나가 상하이로, 상하이와 양쯔 강 입구와의 근접성은 폭발적인 무역 활동의 이상적 무대를 마련했다.

곧 상하이는 경제 호황을 누리게 되었다. 1860년대가 되자 영국인과 미국인 상인이 도시 인구의 상당수를 차지했고, 이들은 오늘날에는 와이탄$^{the Bund}$으로 알려진 부둣가 연안을 중심으로 외국인 거주지를 형성했다. 75년 뒤 도시에는 300만 명이 거주했고, 이제는 세계에서 가장 큰 도시 가운데 하나가 되었다. 상하이랜더^{Shanhailander}라고 불리는 3만 5,000명의 외국인이 이제 아시아 상업의 중심지인 상하이의 절반을 지배했다. 2차 대전 당시 일본의 점령은 상하이의 경제 호황을 중단시켰다. 도시는 무거운 세금 부담 때문에 공산주의 정부 아래서도 번창하지 못했다. 그러나 상하이 태생 정치인들이 중앙정부에서 어느 정도 득세했던 1990년대에 모든 것이 변했다. 그 이후 도시는 중국의 항구를 통과하는 무역량의 4분의 1을 취급하는 상업의 강자가 되었다. 하지만 이런 경제적 호황은 잠재적으로 환경 재앙을 초래할 수도 있다.[10]

1935년 무렵의 상하이 와이탄. ⓒ Albert Harlingue/Roger-Viollet/The Image Works.

오늘날 2,300만 명이 넘는 사람들이 상하이 시와 그 권역에서 살고 있는데, 인구가 증가하는 것은 뉴욕보다도 낮은 출생률 때문이 아니라 일자리와 기회를 찾아 사람들이 끊임없이 유입되기 때문이다. 행정구역 상으로는 상당한 규모의 농경지도 포함되어 있지만 각종 건설 공사가 엄청난 규모로 이루어지고 있는데, 그중 많은 공사들이 정부의 투자를 받아 진행되고 있다. 인구 성장, 폭발적인 산업 활동 그리고 더 많은 자동차들은 매우 심각하고 어떤 측면에서는 예기치 못한 환경문제를 낳고 있는데, 이는 저지대에 위치한 도시를 물 오염과 쓰레기 처리 문제에서 비롯한 위험만이 아니라 해수면 상승에 기인한 더욱 중대한 위험으로 몰아넣고 있다.

상하이는 동중국의 해안 평야에 있고, 도시와 그 주변 권역은 양쯔 강 삼각주의 돌출부를 형성하는 충적 평야 위, 평균적인 간조선보다 약 4미터 높은 곳에 자리 잡고 있다. 때로 만조 수위가 5.5미터에 이를 때도 있기 때문에 도시는 침수를 막기 위해—이것은 해수면 상승을 감안하기 전이다—이미 제방과 강둑에 의존하고 있다. 멀리 상류에 싼샤 댐을 건설하기 전에는 홍수기에 양쯔 강에서 흘러온 엄청난 양의 민물이 4억 8,600만 톤의 토사를 매년 하구까지 실어 날랐다. 퇴적물은 수중 삼각주와 조간대를 형성했는데, 이런 지형은 해수면 상승에도 불구하고 멀리 바다 쪽으로 육지를 확장시켰다.[11]

세계 곳곳의 삼각주와 마찬가지로 양쯔 강의 삼각주도 매년 조금씩 가라앉고 있다. 최근까지 침강은 언제나 지각변동에 따라 발생하는 자연적 현상이었다. 1921년부터 1985년까지 상하이의 지반은 1년에 2.4센티미터씩 침하되었다. 1949년 이후로 산업 활동이 본격적으로 시작되면서 지하수 추출이 엄청나게 가속화되었다. 지반의 퇴적물이 단단하게 굳어지면서 지반 침하 규모도 빠르게 증가했다. 1965년, 이런 현상들이 누적

바다의 습격

된 결과 400제곱킬로미터가 넘는 움푹한 저지대 두 곳이 생성되었고, 지하수 추출 작업을 줄이려는 노력에도 불구하고 침강 수준은 2.63미터에 이르렀다. 이 무렵 50제곱킬로미터에 달하는 황푸 강 일대의 도시 구역은 정상적인 만조 수위보다 낮았다. 인공적인 지하수 보충과 지하수 추출 작업의 감소, 지하수 추출층의 조정 등 지반 침하를 제어하기 위한 각종 조치들에도 불구하고 도시 지표면은 매년 4밀리미터 정도 계속 내려앉고 있으며, 퍼내는 지하수의 양이 보충하는 양을 여전히 30퍼센트 정도 초과하는 교외의 공업 지구에서는 침하가 더 심각하다.[12]

지반 침하는 해수면 상승에 대한 상하이의 취약성에 분명히 일조하고 있다. 주요 항구 지역인 황푸 강 일대와 수저우 운하에 있는 홍수 방어 시설은 이미 여러 차례 높이를 높인 적이 있지만 적절한 보호를 제공하기에는 여전히 부족하다. 수문 설치와 기존의 홍수벽을 지금보다 더 높이는 공사는 도시의 막대한 재정 투자를 요구할 것이다.

세계 여느 곳과 마찬가지로 이곳에서도 상당한 수준의 해수면 상승이 19세기 중반부터 재개되었다. 중국의 공식 기록에 따르면 해수면은 지난 1세기 동안 동중국해 연안을 따라 평균 14~19센티미터 상승했다. 가까운 미래에는 연간 2~3밀리미터 상승이 예측된다. 지반 침하와 지각변동에 의한 수직 운동을 고려해 보정하면 연평균 2밀리미터 정도가 상승하는 셈이다. 기후변화에 관한 정부 간 협의체IPCC, Intergovernmental Panel on Cilmate Change는 2030년까지 19센티미터, 그리고 2100년까지 66센티미터에 달하는 추정치를 내놓았다. 가장 높은 추정치는 110센티미터이다. 이 모든 예측은 이른바 상황이 여느 때와 다름없다는 가정, 즉 온실가스 감축을 위한 노력이 없을 때를 가정한다. 그러나 양쯔 강 삼각주에서 해수면 상승 경향을 추정하기는 어렵다. 유거수와 물길의 지속적인 변동, 지하수 추출에 의한 지반 침하 때문이다. 검조기와 여타 데이터를 이용해 전문가들이 계산해낸 것에 따르면 2.6센티미터 범위 이내이다. 우리가 파악하는 한 삼각주에서의 해수면 상승률은 어쩌면 강의 유거수 탓에 해안 일대의 다른 곳들보다 다소 높기는 하지만, 어디서든 수위는 갈수록 높아지는 추세이다.

해수면 상승은 상하이와 주변 해안 평야에 중대한 위협을 불러일으키고 있다. 이제 양쯔 강 중류의 싼샤 댐이 상류에서 퇴적물 방출을 크게 감소시켜서 가속되는 해안 침식의 위협이 다시 고개를 쳐들고 있다[13](다행스럽게도 양쯔 강의 다른 지류들은 여전히 다량의 퇴적물을 가져온다). 강의 유거수와 자주 바뀌는 강의 물길은 침식의 주요 원인인데, 낮게 자리한 해안을 깎아내고 해안 방어에 없어서는 안 될 갯벌을 축소시키거나 완전히 없애버리기 때문이다. 상하이 행정 구역 내의 해안선 가운데 거의 절반이 "침식 중"이라고 묘사되므로, 많은 것이 상류에서 내려오는 토사의 양에 달려 있다. 앞으로 수십 년 동안 퇴적물이 충분하지 않다면 상승하는 수위는 갯벌을 크게 파괴하고 하구 전역에 걸쳐 침식을 강화할 것이다. 대규모 간척 사업 그리고 농업과 개발을 위해 맹그로브 숲과 늪지를 개간하는 것 역시 위협을 가중시킨다.

침하는 부분적으로 무분별한 개발, 특히 고층 빌딩 건설에 기인하는데, 이것은 상하이의 상당 지역이 간조 수위보다 고작 1.5미터 높을 뿐이라는 것을 의미한다. 1999년 도시를 보호하던 기존의 제방과 홍수벽은 465킬로미터 확장되었다. 높이가 평균 8~9미터에 이르는 이 방어 시설은 10등급 태풍과 50년 만의 만조를 견딜 수 있게 설계되었다. 최근 이 시설은 1,000년 주기의 대홍수도 견딜 수 있게 증축되고 있다. 그러나 주변 농업 지역의 보호 수준은 여전히 형편없다. 그 지역들에 대한 방비 없이는 도시와 주변 지역 거의 전부가 만조 때마다 침수될 것이다. 해수면이 0.5미터 상승하면 855제곱킬로미터에 달하는 도시와 항구, 주변 지역이 침수될 것이다. 만약 1미터가 상승하면 도시 전체가 물밑으로 사라질 것이다. 그와 동시에 해수면 상승은 토양의 염류화를 심화하고 저지대 농경지의 고질적 침수를 증가시킬 것이다. 주요 공업 시설이 들어선 푸둥 지역은 해수면이 0.5미터나 그보다 약간 더 상승하면 물 아래로 잠길 것이다. 도시 전체를 옮기는 불가능한 임무를 제외한 유일한 대응책은 파국을 가져올 침수를 막기 위해 기존의 해안 제방과 홍수벽을 높이고 강화하는 것뿐이다.

이제는 태풍과 대규모 폭풍 때문에 발생하는 해일이 초래하는 결과들도 고려해야 한다. 약 2개의 태풍이 매년 상하이를 강타한다. 기록상 가장 높은 해일은 1981년 도심 근처에서 5.22미터에 달했다. 해수면 상승 그리고 미래의 태풍 발생 빈도 증가가 결합한다면 이론적으로는 1,000년 주기의 대홍수 발생 빈도가 1세기 혹은 그보다 짧은 기간으로 줄어드는 효과를 낳을지도 모른다. 더 나아가 태풍과 여타 대규모 폭풍 뒤의 집중호우는 상류의 높은 홍수 수위로 이어지고, 이는 다시 삼각주 지역의 광범위한 침수를 야기한다. 높은 해수면도 유거수의 양을 감소시킬 것이므로 값비싼 양수 작업이 필요할지도 모른다.

도시에 물을 공급하고 관개 용지에 물을 대기 위한 과도한 지하수 추출과 상하이 같은 해안 도시에서의 마구잡이식 개발은 퇴적물 압축과 해수면의 급격한 상승을 야기하면서 상황을 악화시켜왔다. 가까운 미래에 점점 더 빠르게 상승할 바다는 앞바다에 가까운 대륙붕을 더 깊이 가라앉히고, 파도가 연안 퇴적물을 확산시키는 것을 더 어렵게 만들 것이다. 다른 곳에서와 마찬가지로 강의 경사는 더 완만해져서 퇴적물의 방출을 감소시킬 것이다. 싼샤 댐 건설 같은 상류에서의 인간의 활동도 마찬가지 결과를 초래할 것이다. 해안의 모래 방벽은 이미 후퇴하고 있다.

퇴적물이 감소하며 해변 침식이 증가한다. 이는 라니냐 현상이 길게 이어지고, 맹렬한 폭풍과 그에 동반한 해일이 더 자주 발생할 것으로 예측되기에 더 큰 문제다. 해수면이 상승하면서 해안선은 후퇴하고 멀리 내륙에서 중대한 환경 변화를 촉발한다. 짠물의 유입이 심해지고 도시와 농촌으로의 담수 공급에도 영향을 미치는데, 이런 현상은 특히 건기에 발생한다. 수위가 낮아지는 12월과 3월 사이에 이미 관계 당국은 도시를 관통해 흐르는 심하게 오염된 황푸 강에서의 물 공급을 제한했다. 미래의 해수면 상승은 상하이의 수질에도 심각한 영향을 미칠 것이다. 다행히 아직까지는 상하이 대수층에서 이미 많은 지하수를 퍼냈음에도 해수의 영향을 받지 않은 상태이다. 정부는 상하이 지역뿐 아니라 다른 지역에서도 지하수를 보충하기 위해 긴급히 조치를 취하고 있다. 하지만 이러한 조치는 엄격한 통제로 보충 공급수의 품질을 관리할 때만 효과를 거둘 수 있을 것이다. 과거에는 이러한 품질 관리가 일정하지 않았다.

상하이 연안 지대의 거의 절반은 늪지와 갯벌을 간척해 얻은 땅으로, 인구는 중국 총인구의 1퍼센트에 불과하지만 중국의 농업 총생산과 공업 총생산의 거의 9분의 1을 생산해내고 있다. 상하이는 중국에서 인구밀도가 가장 높은 도시지만 2,000만 명이 넘는 인구의 대부분이 이미 만조 수위선보다 낮은 곳에서 살고 있거나 해수면이 0.5미터만 상승해도 그런 상황에 처할 것이다. 이곳의 상황은 장기적으로 수백만 명이 환경난민이 될 거라고 전망되는 방글라데시와 다소 비슷하다. 이주 비용이 상상을 초월할 것이기에 사실상 단 하나의 선택만 남아 있다. 홍수 방지 시설에 막대한 자본을 투자하는 것이다. 조간대의 잠재성을 활용하기 위해 가능한 한 신속하게 갯벌과 늪지의 간척에 박차를 가하는 가운데 미래는 침식과 잠재적인 침수의 위협에 놓인 지역에서 이루어지는 모든 공사 계획을 효과적이고 장기적으로 수립할 수 있는지의 여부, 방조벽의 강화, 소금기를 견디는 작물을 이용한 체계적 실험에 달려 있다. 다양한 다른 수단들 또한 효과적일 수 있다. 한 가지 방안은 민물 저수지를 건설하는 것이다. 그렇게 하면 홍수로 불어난 물을 저장해두었다가 건기에 방출할 수 있다. 그러나 여기에는 다시금 다른 환경상의 결과를 고려해야 한다. 하류로 흘러가는 홍수가 줄어든다는 것은 그만큼 토사 퇴적도 줄어든다는 의미이고, 인공적으로 통제되는 저수지에서 물을 방출한다고 해도 그 양은 그렇게 많지 않을 것이다.

이 모든 것은, 해수면이 사실상 상하이보다 높아질 날에 대비해 해안 방어 및 기타 시설의 선제적인 건설에 관해 긴밀하게 통합된, 심지어 권위주의적이기까지 한 계획 수립을 요구한다. 현재 상하이에서 거주하고 일하는 사람들의 삶을 넘어서는, 미래를 위한 매우 장기적인 계획과 대규모 자본의 투자는 소요되는 그 막대한 비용에 비해 오늘날의 세계에 즉각적인 혜택을 별로 가져오지 않을지도 모른다. 그러나 미래 세대는 세계에서 가장 위대한 도시 가운데 하나를 침수로부터 보호한 혜안에 감사해할 것이다.

상하이 당국은 현재 시행 중이거나 계획된 기간 설비 투자를 고려할 때 도시가 2100년까지 해수면 상승을 견뎌낼 수 있다고 생각한다. 그러나 보다 장기적인 계획은 다른 조치를 요구한다. 현재 고려되고 있는 한 가지 방법은 양쯔 강 하구 근처에 조류와 날씨에 따라 열리고 닫혀 강물의 유출과 유입을 통제하는 수문을 설치하는 것이다. 이미 상하이는 지난 10년 동안 홍수 방비 시설에 60억 달러를 쏟아부었다. 환경과 상업 활동에 미칠 영향에 대한 우려도 있긴 하지만 수문은 비용 면에서 보다 경제적일지도 모른다. 그사이 도시는 갈수록 취약해지고 있는데, 부분적으로는 토지 부족에 대응하기 위해 해안 습지대를 적극적으로 매립한 탓이다. 이 습지대는 수백 년 동안 침수에 맞설 수 있는 자연 방벽을 제공

2009년 갑문 관계자들이 상하이 수저우 갑문을 살펴보고 있다. 해수면 상승에 맞서 도시를 보호하기 위해 해수면보다 약 3미터 높은 갑문이 설계되었다. AP Photo/Eugene Hoshiko.

해왔다. 이제 습지 대부분은 사라졌다. 장기적으로 가장 좋은 전략은 확대된 산업 활동에서 벗어나 환경에 공격적인 영향을 덜 미치는 활동으로 옮겨가는 것일지도 모른다. 예를 들어 도시는 땅에 굶주린 공장을 요구하지 않는 금융과 같은 경제활동을 육성할 계획이다.

우리 인간은 입지가 좋은 해안에 정착하면 만족할 줄 모르며 기회를 추구한다. 상하이는 생존을 외국 투자와 무역에 의존하는 산업 경제가 직면한 딜레마를 완벽하게 예시한다. 해안을 보호해주는 습지대는 매일 사라지고 있다. 공격적인 산업 개발은 수그러들 기미가 보이지 않는다. 관계 당국은 장기적으로는 효과를 거둘 것이라는 보장도 없는 상황에서 해안 방어 시설에 엄청나게 투자하고 있다. 수백만 명의 사람들을 내륙으로 이주시키는 것이 불가능하다는 것을 생각해볼 때 그들에게는 다른 선택지가 없다. 상하이는 방글라데시와 똑같은 달갑지 않은 전망에, 다시말해 저지대에 정착한 수백만 명의 사람들이 갈수록 가속되는 취약성에

바다의 습격

전혀 대처하지 못하는 미래에 직면해 있다. 미래는 간담을 서늘케 하는 상하이의 딜레마를 무서울 정도로 분명하게 보여줄 것이다. 해법은 공포에 사로잡혀 즉흥적으로 채택하는 수단이나 과장된 정치적 수사가 아니라, 신중하고 조심스럽게 계산된 장기 계획에 있다.

10
쓰나미의 위협
[일본, 동남아시아]

기원전 3000년 일본 북부의 여름 아침. 땅을 파고 덤불을 덮어 만든 반半지하 움집들이 만이 내려다보이는 등성이 꼭대기의 숲 속 빈터에 모여 있다. 장작을 태우는 연기가 어두운 숲 꼭대기 위로 하늘하늘 피어오른다. 두 여성이 연기가 나는 화덕 근처에 말뚝으로 고정시킨 가죽을 긁어낸다. 젊은이와 아버지가 죽은 사슴을 둘러메고 숲에서 모습을 드러낸다. 아이들이 갓 잡은 사냥감 주변으로 모여들어 사냥에 대해 묻는다. 마을 사람들은 넓은 만과 모래 해변을 내려다본다. 해변에는 손에 작살을 들고 바위를 오르는 사람들의 검은 형상들이 보인다. 젊은 처녀 셋이서 썰물이 빠져나간 뒤 드러난 연체동물들을 바위에서 떼어내어 자루 역할도 하는 가죽 망토에 던진다.

등성이 위에서는 세 원로가 아침에 해가 뜰 때 늘 그랬듯이 조용히 이야기를 주고받으며 바다를 내려다본다. 갑자기 땅이 흔들리기 시작한다. 놀란 새들이 두려움에 휩싸여 불협화음을 쏟아내며 나무에서 날아간다. 강한 진동이 계속된다. 불규칙적으로 요동치는 땅은 근처의 절벽에서 커다란 바윗덩어리를 떨어뜨린다. 야영지와 물가 양쪽에서 모두가 본능적으로 땅에 엎드리고 어머니들은 아이들을 꼭 붙든다. 바위 위의 고기잡이들은 안전한 곳을 찾아 바다로 뛰어든다.

진동이 잦아들자 원로들은 벌떡 일어나 바다를 살피며 모두에게 큰소리로 외치고 바닷가의 사람들에게 어서 야영지와 고지대로 돌아오라고 손짓한다. 갑자기 물이 썰물 때보다 훨씬 낮아져 물러나기 시작한다. 물고기들이 힘없이 파닥거리고 대양이 마른땅이 되어가는 동안 젊은이, 늙은이 가릴 것 없이 모두 최대한 빨리 등성이로 달려온 다음 야영지 너머의 더 고지대로 달아난다. 만 위쪽에 안전하게 자리를 잡은 사람들이 바다 쪽으로 고개를 돌리는 순간 깊은 곳에서 우르릉거리는 천둥 같은 소리가 그들의 귓가를 때린다. 커다란 파도가 순식간에 물가로 들이닥치더니 요란한 소리를 내며 산자락에 부딪혀 부서지고, 대기로 물보라를 내뿜는다. 몇 분 뒤 거대한 파도가 뒤따르는데, 그 높이가 사람 두세 명의 키를 합한 것보다도 높다. 거대한 물살이 평지와 등성이의 사면에 도달한다. 더 많은 파도가 물가를 공격하지만 이전만큼 위력이 세지는 않다. 도착할 때처럼 물은 곧 빠르게 물러가고 대양은 본래의 고요한 모습을 되찾는다. 해변과 저지대는 이제 모래와 바위만 남은 황폐한 풍경이 되었지만, 쓰나미에 관해 깊이 새겨진 문화적 의식이 대대로 전해진 덕분에 마을 사람들은 살아남았다.

일본의 쓰나미에 대한 초기의 기록은 901년 편찬된 『일본삼대실록日本三代實錄』에서 찾아볼 수 있다. 869년 7월 13일, "심한 진동의 충격이 있고 얼마 뒤 거대한 파도가 해안에 도달하여 센다이 평야 전체를 뒤덮었다. 솟아오른 바닷물이 구 읍성을 뒤덮어 (…) 1,000명이 목숨을 잃었다".[1]

바다의 습격

1600년대 이후에 일본에서 쓰인 쓰나미라는 말은 "항구에서의 파도"를 뜻하는데, 대규모 쓰나미가 해안을 휩쓸고 간 이후에 귀환한 어부들이 목격한 파괴의 실상을 반영하는 것 같다. 거대한 쓰나미는 처음부터 일본 역사에 수시로 등장했다. 우리는 그에 대한 생생한 기억들이 이후에도 여러 세기 동안 세대의 기억으로 또렷하게 각인되어 있었음을 확신할 수 있다. 쓰나미는 공격해오는 바다의 변덕에서 살아남는 데 문화적 전통이 얼마나 중요한지 큰 교훈을 준다.

일본은 악명 높은 환태평양 지진대 위에 있기 때문에 늘 진동에 시달려왔다. 환태평양 주변에서 거대한 지각판이 서로 충돌하여 바닷물을 밀어내고 파괴적인 쓰나미를 일으킨다. 전체 쓰나미 가운데 53퍼센트 정도가 태평양에서 발생한다. 그중 80퍼센트 이상이 해저 지진으로 발생한다. 쓰나미 파도는 문자 그대로 불도저같이 움직이는 단단한 벽이 되어 압도적 힘을 과시하며 전진한다. 쓰나미는 부수는 데 힘을 쓰는 대신, 마찰이나 가파른 사면이 파도의 속도를 늦출 때까지 육지로 계속 밀려들어온다. 일단 복귀 추진력이 생겨나면 그것은 엄청나게 강력하고 무시무시한 힘으로 빠져나가면서 인명과 재산, 심지어 건물 전체를 바다로 끌고 간다.[2]

전 세계가 2004년 동남아시아와 인도양을 강타한 아체 쓰나미를 통해 교훈을 얻었듯 그러한 재해는 대양이 인류에게 퍼부을 수 있는 가장 위험한 공격이다. 그러한 재난은 공격이 임박했다는 예고도 하지 않고, 앞을 가로막는 모든 것을 휩쓸어버린다. 우리는 열대 사이클론과 사이클론이 일으키는 해일을 며칠 앞서 예측할 수 있으며, 이동 경로를 추적할 시간도 충분하다. 그러나 쓰나미는 때로 아무런 예고 없이 발달하며, 대개는 치명적이고, 해수면이 지금보다 높고 해안의 인구밀도가 더 높을 미래 세계에 무시무시한 위협이 될 것이다.

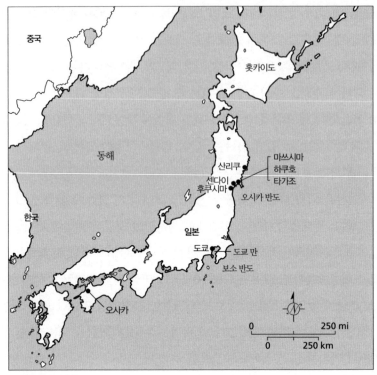

중국

홋카이도

동해

마쓰시마
하쿠호
산리쿠
타가조
센다이
후쿠시마
오시카 반도

한국

일본

도쿄
도쿄 만
보소 반도

오사카

0   250 mi

0   250 km

10장에 나오는 지명.

쓰나미는 2만 5,000년 전쯤 인간이 정착하기 오래전부터 일본을 공격했지만, 대규모의 사회적 혼란을 불러일으킨 것은 그로부터 수천 년이 지난 뒤이다. 후빙하기 동안 일본의 주요 섬 네 개는 아시아 본토와 이어진 채 단일한 땅덩어리를 이루고 있었다. 육교는 북쪽에 있는 오늘날의 홋카이도와 사할린을 연결했다. 기온이 오늘날보다 훨씬 낮았을 때는 침엽수림이 캘리포니아만 한 광대하고 건조한 땅 전역에 펼쳐졌다. 1만 5,000년 전 이후로 온난화가 급격히 진행되면서 다른 곳과 마찬가지로 일본의 해수면도 빠르게 상승했는데, 빙하 융해수의 급속한 방출 때문에 때로는 1세기에 2.5미터가 상승하기도 했다. 1만 1,000년 전 이 지역의 전반적인 해수면은 현재보다 20~30미터 정도 낮았다. 그 이후로 기후는 급속히 따뜻해졌다. 해수면은 대략 기원전 5400년에서 기원전 3900년 사이에 동중국해 해안에서와 같이 지금보다 약 2~6미터 높은 수준에 도달했다. 그 이후로 약간의 후퇴가 일어나 기원전 2500년~서기 1세기에 일부 지역에서는 현재 높이보다 약 1~3미터 낮아졌다.

해수면 상승과 함께 지대한 환경 변화가 일어났다. 이전 시기의 침엽 수림은 온대 낙엽수림과 상록 활엽수림에 자리를 내주었다. 견과 나무가 풍부했다. 한때 평원이었던 곳은 얕은 동해*가 되었다. 새 군도에는 육지로 둘러싸인 만, 갯벌과 습지대, 물고기와 연체동물, 기타 해산물이 풍부한 하구가 많았다. 그와 동시에 이전 시기의 코끼리와 들소 같은 대형 사냥동물은 일본 사슴이나 멧돼지 같은 중형이나 소형 종에게 밀려났다.

새롭게 형성된 군도는 오늘날 일본에 해당하는 땅에서 적어도 2만 5,000년 동안 생존을 이어나가던 수렵인과 채집인에게 그야말로 낙원이었다. 식생이 변하고 해수면이 상승하면서 일본 열도에서는 조몬 사회가 등장했다. 조몬 사회는 수렵인과 채집인, 어로인으로 이루어졌는데, 그들은 아시아 본토, 아마 중국 북부 아무르 강 유역에서 기원했을지도 모른다.[3] 고고학 용어 조몬은 "끈으로 장식된"이란 뜻으로, 정주지에서 발견된 끈 무늬의 독특한 단지 이름을 따서 붙여진 명칭이다. 조몬인은 적어도 1만 6,000년 전에 도기를 제작한 세계 최초의 도공들 가운데 하나이다.

고대의 수렵채집인은 나무껍질, 위와 창자로 만든 가죽 가방, 타조 알, 조개껍데기, 나무 쟁반 등 단순하면서도 인상적인 다양한 용기들을 사용했는데, 그중 다수는 꿀 모으기 같은 특정한 일을 위해 임시변통으

---

* 원서에서는 '일본해'로 표기되어 있다.

로 만든 것이었다. 점토를 불에 구워 만든 그릇과 단지는 전혀 다른 문제이긴 했지만 누군가가 완전히 새로운 기술을 발명했기 때문은 아니었다. 불에 구운 점토는 2만 5,000년 전 곳곳의 빙하기인들에게는 친숙한 것이었다. 그것이 새로웠던 것은 음식과 물을 저장하고, 무엇보다도 다양한 종류의 음식을 조리하거나 찔 수 있는, 물이 새지 않고 오래가는 그릇이었기 때문이다. 이제 조개류를 까는 게 더 쉬워졌다. 어린아이들이 부드러운 음식을 먹을 수 있어서 젖 떼는 시기를 단축하고 출산 간격을 줄일 수 있게 되었다. 이가 없는 노인들도 이제 음식을 쉽게 먹을 수 있어서 더 오래 살 수 있었다. 연장자들은 제의적이고 초자연적인 신앙의 보고이자 각종 문화적 지식의 저장고로서, 이들이 잠재적으로 더 긴 수명을 누릴 수 있게 되었다는 것은 결코 사소한 일이 아니었다.

이는 많은 사람들이 바닷가에서 살아가고 쓰나미의 위협에 처해 있는 세계에서 특히 중요했을 것이다. 풍부한 견과류와 다른 식물 식량 덕분에 많은 집단들이 오랜 기간 같은 장소에 정주했다. 이동성의 감소는 쓰나미에 대한 취약성을 증대시켰고, 그러한 재해들에 대한 세대의 기억을 더 중요하게 만들었을 것이다. 하구와 만, 해안 습지대, 물고기, 연체동물, 해양 포유류, 그리고 만조 수위선 가까이에 자리해 있는데도 사람들을 같은 장소에서 오랫동안 정주하게 만드는 풍부한 식량에 대한 의존이 커진 것 역시 취약성을 증대시켰다. 바다는 육지처럼 조몬 사회 풍경의 의식적인 일부가 되었다.

앞바다에 가까운 깊고 잔잔한 만을 상상해보라. 한 조몬 마을이 바다를 굽어보는 낮은 곳에 자리 잡고 있다. 바람이 잠잠한 나날, 사냥꾼들은 물가 가까이서 돌고래들이 물 위로 솟구쳐오르는 모습을 바라본다. 아무런 낌새도 눈치 채지 못한 돌고래 떼는 유입구 가까이에 있는 대륙붕의 깊은 물에서 먹이를 먹는다. 어부들은 통나무 카누를 물 위에 띄워

얼마 떨어져 있지 않은 앞바다까지 노를 저어 간다. 그들이 탄 카누 바닥
에는 돌멩이가 잔뜩 쌓여 있다. 그들은 먹이를 먹고 있는 포유류를 둥그
렇게 에워싼다. 지도자가 신호를 보낸다. 선원들은 모두 돌멩이를 집어
들고 수면 아래를 세게 두들긴다. 낯설고 요란한 물장구 소리에 혼란에
빠진 돌고래 떼는 이질적 반향에 방향 감각을 잃은 채 정신없이 헤엄을
친다. 카누가 점점 다가오는 가운데 우두머리 돌고래가 혼란에 빠진 무
리를 이끌고 소음에서 벗어나 좁은 만의 얕은 물가로 향한다. 어른, 아이
할 것 없이 모두가 얕은 여울에 뛰어들어 말 그대로 꼼짝 못하는 돌고래
를 해변으로 집어던진다. 때로는 돌고래의 주둥이를 살짝 쥐어 카누 옆
으로 끌고 오면 작살잡이가 곧장 처치한다. 일단 사냥이 끝나면 해체가
시작된다. 여자들은 돌고래의 살을 조각조각 길게 잘라내어 바람과 햇볕
에 건조되도록 나무 걸이에 넣었다.

이것은 가상의 사냥 장면이지만 고대의 세계 곳곳에서 통용되던 전
통적인 돌고래 사냥법에 바탕을 둔 시나리오이다. 조몬 주민들은 돌고래
사냥 말고도 많은 일을 했다. 봄과 가을에는 마을 전체가 커다란 연어 떼
를 잡았고, 대개 살보다는 높은 기름 함유량으로 인기가 높은 작은 물고
기를 잡기 위해 강둑을 활용했다. 조몬 어로인들은 깊은 바다로 나가는
것을 두려워하지 않았기 때문에 참치들이 연안 가까이로 이동할 때 종종
깊은 바다로 나가 물고기를 잡았다. 그들이 잡는 물고기 가운데 다수는
연어나 참치처럼 나중에 먹기 위해 훈연하거나 건조시킬 수 있는 종이었
기 때문에 많은 연안 정주지가 여러 달 동안 또는 1년 내내 먹을 수 있을
만큼의 안정적인 식량을 공급했다.[4]

물가 가까이에 자리한 모든 조몬 마을은 돌고래나 연어 같은 주식과
는 별도로 인근에 물개 서식지가 있으면 몽둥이로 물개도 때려잡았다.
상승하는 해수면 때문에 창조된 연안의 지형 전체가 각종 식품으로 가득

한 고대의 슈퍼마켓이었다. 게와 굴, 각양각색의 조개류 가운데 다수는 깊은 바다로 잠수해서 채취해온 것이었다. 한 조몬인 유골을 보면 오늘날의 많은 잠수부들한테서 나타나는 잠수부 특유의 비정상적으로 큰 귀를 가지고 있다. 연체동물이 풍부한 지역에 자리한 조몬 마을 주변에 거대한 패총이 쌓인 것은 우연이 아니다. 조개류는 특히 물고기나 식물 식량의 공급이 부족한 겨울 몇 달 동안 소중한 주식이 되었다.

물가에서 살아가는 사람이라면 누구든 말 그대로 태어나면서부터 바다의 풍경을 익혔다. 그들은 부모와 연장자, 친족을 통해, 그리고 물과 물가에서 힘겹게 쌓은 경험을 통해 지식을 습득했다. 조몬 사회가 다른 수렵 사회와 같았다면, 그들은 의례와 반복적인 주문, 춤과 신화, 구전 전통과 노래를 통해 영적인 세계와 연결되는 동시에 그 요소들이 우주를 규정하고, 우주의 은혜와 위험, 불운을 규정하던 상징으로 넘쳐나는 세계에서 살았을 것이다. 그리고 이 복잡한 제의적 태피스트리에는 거대 쓰나미와 강력한 지진의 기억, 지진이 일어났을 때 모두가 재빨리 고지대로 대피하도록 모두를 단단히 준비시킬 수 있게 주의 깊게 전달되는 이야기도 일부 자리하고 있었을 것이다. 그러한 행동은 식사를 준비하거나 견과류를 수확하는 것처럼 일상생활의 일부였을 것이다.

유럽에서와 마찬가지로 해수면 상승은 풍성한 연안 어장을 생성했고, 빙하기 이후의 온난화는 훨씬 더 풍요로운 바닷가 환경을 만들어냈다. 대부분의 조몬 공동체들은 식물 식량, 특히 가을에 수확하는 풍부한 견과류에 크게 의존했다. 가을이면 수백만 개의 밤과 호두, 마로니에 열매와 도토리를 얻을 수 있었다. 견과류는 커다란 장점을 가지고 있다. 영양이 풍부할 뿐 아니라 몇 달 혹은 몇 년씩 구덩이나 곡물 저장고에 저장해둘 수 있다. 조몬 채집인들은 수확물을 1.8미터에 달하는 깊은 지하 구덩이에 저장했다. 이처럼 다양하고 풍성한 식량 자원 덕분에 인구밀도는 꾸준히 높아졌고, 식량이 풍부한 일본 동부 지역에서 특히 높아져 거주에 가장 유리한 지역들은 사람들로 북적이고, 수렵 영역은 더 제한되었다. 식량 부족 현상이 일어났을지도 모른다. 쉽게 저장이 가능한 견과류가 특히 그랬을 것이다. 그 결과 조몬 공동체들은 탄수화물이 풍부한 도토리를 점점 더 이용하게 되었다. 도토리를 까기 위해서는 수고로운 과정이 필요했다. 껍질을 간 다음 도토리를 갈고, 쓴 타닌산을 제거하기 위해 간 도토리를 물에 담그거나 움푹한 구덩이에 잔뜩 쌓고 물을 부어 씻어냈다.[5]

수천 년 동안 성공적인 수렵과 어로 생활을 영위하며 인구가 얼마나 많아졌는지는 알 수 없지만, 그 수치를 보수적으로 계산한 한 추정치에 따르면 일본 열도 전역에 조몬인이 25만 명 정도 있었을 것이라고 한다. 조몬인 마을은 확실히 제법 밀집해서 들어서 있었고, 식량이 풍부한 지역은 특히 밀도가 높았다. 그 가운데 일부는 50채가 넘는 가옥을 자랑했고, 많은 마을이 물가 가까이에 있었다. 도쿄 만 같은 일부 지역에서는 인구밀도가 아주 높아져서 각 정주지별 영역의 폭이 5킬로미터 정도로 작았을지도 모른다. 인구 증가와 보다 영구적인 정주지의 결합은 조몬인을 쓰나미에 더욱 취약하게 만들었다. 하지만 그런 취약성은 재난 앞에서 이동을 강조하는 중앙 집중적인 문화적 전통에 의해 완화될 수 있는 것이었다. 조몬 시대가 계속되는 동안 쓰나미가 잦았을지도 모르지만 강한 지진이 해안 마을을 뒤흔들 때 어떻게 해야 할지 모두가 본능적으로 아는 상황에서 희생자는 비교적 적었을 것이다.

그 지역의 인구수는 여러 세기에 걸쳐 증감을 거듭하였으나, 복잡하게 발전해나간 조몬 사회는 1만 년 이상 번영을 누렸다. 그들은 수천 년동안 종종 급작스레 변화하는 환경 조건과 온난화를 경험했고, 전 세계적으로 해수면 높이가 보다 안정화된 기원전 4000년경까지 번성했다.

그들은 다른 지역의 수렵채집인과 마찬가지로 해수면 상승에 적응했다. 고도의 문화적 연속성 그리고 아마도 쓰나미에 대한 높은 적응성은 집합적으로 "야요이" 문화라고 알려진 새로운 벼농사 사회가 남쪽에 생겨난 서기 300년까지 일본 열도 전역에 걸쳐 지속되었다.

"생겨난"이란 표현은 의도적으로 사용했는데, 그것은 정확히 어떤 일이 일어났는지를 둘러싸고 논쟁이 분분하기 때문이다. 200킬로미터 정도 떨어진 조몬 사회와 한국 사이에는 여러 세기 동안 접촉이 있었지만, 이러한 접촉이 강화된 것은 일본에 논농사와 돼지 사육, 전업농이 등장한 기원전 400년 무렵이었다. 가장 남서쪽에 위치한 큐슈 섬에서 농부들은 온난한 여름 동안 논에서 쌀을 재배한 뒤 물을 빼서 겨울에는 기장이나 밀 같은 곡물을 건조 경작했다. 생산성이 극히 높은 이 집약 농업은 급속한 인구 성장을 촉진했고, 농경은 300년 만에 멀리 북쪽의 혼슈까지 빠르게 퍼져나갔다. 이것이 조몬인이 전적으로 새로운 생활 방식을 받아들인 결과인지 아니면 한국에서 상당수의 이주민이 도래한 결과인지는 여전히 의견이 분분하며 해결되지 않고 있다. 한편 훨씬 한랭한 북쪽에서 벼농사를 짓는 농부들은 수렵인이나 채집인과의 경쟁을 꿈도 꾸지 못했다. 혼슈 북부는 농경과 옛 생활 방식 간의 경계 지대가 되었고, 옛 생활 방식은 고대 조몬인의 유전적 후손인 아이누인들의 품에서 현대까지 이어졌다.

2011년 3월 11일 무시무시한 쓰나미가 일본 북부 센다이 인근의 해안 일대를 덮쳤을 때 거대한 파도는 앞을 가로막는 모든 것을 휩쓸었다. 그러나 마쓰시마 사토하마 해안 위쪽의 단구와 언덕에 위치한 기원전 4500년경의 것으로 추정되는 조몬 유적지는 무사했다.[6] 이 광범위한 유적지는 해수면에서 20~30미터 위에 있어 거의 모든 쓰나미 파도가 닿지 않

216

는다. 후대의 조몬 유적지들은 좀 더 낮은 지대에 있는데, 서기 9~12세기에 벼를 재배하던 농부들이 남긴 유물은 오늘날의 만조 수위선 근처에 있다. 고대의 사토하마 주민들은 쓰나미를 알고 있었을까? 우리는 조몬인들이 쓰나미를 경험했다는 것을 확실히 알 수 있으며, 그들이 어떤 마을들을 해수면보다 한참 높은 곳에 건설한 것은 쓰나미 때문일지도 모른다. 논농사를 짓는 야요이 농부들이 등장하면서 정주 패턴이 바뀌었다. 논농사는 해안 평야처럼 낮고 쉽게 침수되는 지형을 요구했다. 높아진 인구밀도, 지형 내에 보다 밀집한 인구, 그들 모두는 자신들의 논밭에 더 긴밀하게 뿌리박혀 있었다. 취약성의 기준점은 이제 급격하게 높아졌다. 특히 쓰나미가 밀려왔다 빠져나간 뒤에도 육지에 여전히 고여 있던 바닷물로 인해 몇 세대 동안 경작할 수 없을 정도로 땅을 망쳐버린 후 그러한 취약성은 급격히 커졌다. 인구가 밀집한 환경 또한 사람들이 대거 고지대로 피신하는 것을 더 어렵게 만들었을 것이다.

우연한 보존 덕분에 우리는 쓰나미가 야요이 시대에 해안을 강타했다는 사실을 알고 있다. 약 2,000년 전 북동부 해안 센다이 근처에 자리한 가쓰카타에서 벼농사를 짓던 농부들은 대규모의 논을 일구었는데, 그들의 논은 물이 흥건한 상태로 지금까지 잘 보존되어 논두렁과 그 위를 지나간 사람의 발자국까지 남아 있을 정도다. 고고학자들이 파낸 긴 구덩이에서 논을 덮고 있던 두꺼운 모래층이 드러났다. 광범위한 지역에 걸쳐 논을 파괴한 대형 쓰나미에 의해 퇴적된 것이었다. 그곳에서는 4세기 동안 아무것도 재배되지 않았다. 이 재해로 얼마나 많은 사람들이 죽었는지는 알 길이 없다.

일본의 쓰나미는 글로 쓰인 기록들이 발생 빈도에 대해 최소한의 단서를 제공하기 시작한 후대에 이르러서야 비로소 뚜렷하게 주목을 받게 된다.[7] 우리는 1997년까지 1,313년의 기간 동안 쓰나미가 적어도 195차례 일본을 강타했음을 알 수 있는데, 이 정도면 평균 6.37년에 한 번꼴로 세계에서 가장 높은 발생률이다. 684년 11월 29일, 하쿠호 대지진 뒤에 발생한 대규모 쓰나미에 의한 사망자 수는 남아 있지 않다. 889년 산리쿠 지진과 쓰나미는 북동부 지역의 센다이 해안 일대를 유린하여 타가조 시를 완전히 파괴했고, 1,000명이 물에 빠져 죽었다. 콜럼버스가 바하마에 상륙한 지 6년이 지난 1498년에는 강도 7.5의 지진과 쓰나미로 3만~4만 명이 목숨을 잃었다. 2세기 뒤인 1605년에는 거대한 쓰나미로 바닷물이 30미터 치솟으면서 보소 반도 대부분과 도쿄 만이 피해를 입었다. 최소 5,000명이 사망했다. 사망자 수가 꾸준히 증가하는 가운데 죽음과 파괴의 기나긴 목록이 죽 펼쳐졌다. 1896년 또 다른 쓰나미가 산리쿠 해안 일대를 휩쓸었다. 높이 30미터의 파도에 2만 7,000명이 목숨을 잃었다. 이즈음 해안 지방 인구는 폭발적으로 증가했다. 1923년 지진과 쓰나미 화재로 10만 명 이상이 사망한 도쿄처럼 커져가는 도시들에 인구가 밀집했기 때문이다.

그렇다면 갈수록 인구로 넘쳐나는 해안선을 쓰나미로부터 어떻게 보호할 것인가? 1896년으로 돌아가보자. 곳에 따라 최대 40미터 높이의 파도가 덮친 산리쿠 쓰나미 이후 지역 유지들은 주민들에게 고지대로 이주할 것을 권했다. 정부는 손을 놓고 있었다. 고지대로 이주했던 사람들은 할 수 없이 점차 주민 대다수가 살고 있는 저지대로 되돌아왔다. 1933년 또 다른 쓰나미가 같은 해안 지대를 강타해 사망자가 발생했을 때 정부는 원형적인 쓰나미 방어 시설을 건설해 적극적으로 대응했다.[8] 이후 여러 재해가 일어난 뒤 콘크리트 방조벽이 등장하는데, 처음에는 오사카에, 그다음에는 다른 곳에 건설되었다. 이 무렵에는 쓰나미 예보가 보다 효과적으로 이루어지기 시작했다. 1960년대가 되자 해안 방벽이 대대적으로 건설되었다. 대부분 높이 6미터에 이르는 제방으로 소규모 쓰나미와 태풍에 의한 해일을 막기에 충분하다고 여겨졌다. 그러나 이러한 방어 시설도 대규모 재해를 막기에는 역부족임이 드러났다. 오늘날 방조벽과 도시 방어 시설, 시민들 차원의 대비 태세라는 조합은 실제로 대규모 쓰나미의 경우를 제외하면 가장 효과적인 수단인 듯하다. 그런 대규모 쓰나미가 일어날 경우에는, 즉각적으로 예보를 할 수 있는 현재의 체계에서조차 모든 대책을 무위로 돌아가게 한다. 오늘날의 첨단 통신 시스템에도 불구하고 쓰나미 경보는 단 몇 분 전에야 가능하다.

높은 파도와 태풍, 쓰나미를 막고자 설계된 콘크리트 방조벽과 방파제, 여타 보호 수단은 현재 3만 5,400킬로미터에 이르는 일본 해안선 가운데 최소 40퍼센트를 보호한다.[9] 그 대부분은 정부 예측에 따르면 다음 30년 안에 대규모 지진이 일어날 가능성이 90퍼센트 이상인 지역들에 위치한다. 이렇게 길게 뻗은 해안선 가운데 한 군데가 바로 2011년 쓰나미가 강타한 곳이다. 거대한 파도는 몇 분 만에 해안 방벽을 가뿐히 넘었다. 2만 명이 넘는 사람들이 인구 과밀의 도회지에서 인간의 취약성을 극명하게 보여주는 파국적 재난으로 목숨을 잃었다.

쓰나미를 일으킨 강도 9.0의 도호쿠 해저 지진이 2011년 3월 11일 깊이 32킬로미터 심해에서 동태평양을 뒤흔들었다. 진앙은 오시카 반도에서 동쪽으로 약 70킬로미터 떨어진 곳이었다. 진앙에서 가장 가까운 대도시는 130킬로미터 정도 떨어진 센다이였다. 지진으로 해저가 수미터 상승했다. 일본 북부의 일부 지역들은 미국과 2.4미터 가까워질 만큼 동쪽으로 이동했다. 일본 해안선 가운데 400킬로미터 정도가 0.6미터 가라앉으면서, 뒤이은 쓰나미 물결이 내륙까지 더 깊고 빠르게 이동하는 것이 용이해졌다.

거대 쓰나미는 일본 북부 섬들의 해안선을 초토화했다. 북쪽의 에리

모부터 남쪽의 오아라이까지 670킬로미터에 이르는 해안선을 정통으로 강타한 파도가, 그보다 훨씬 낮은 높이의 해일을 예상하고 지어진 방조벽을 가볍게 넘었다. 도시와 마을, 항구가 파괴되고, 다리는 부서져 휩쓸려갔다. 지진이 발생하고 고작 한 시간 뒤 쓰나미의 물결이 해안에 들이닥쳐 센다이 공항을 침수시켰다. 차와 비행기가 휩쓸려가고 빌딩에는 물이 차올랐다. 인근 도로 위를 달리던 자동차의 운전자들은 뒤따라오는 바닷물에서 도망치려고 힘껏 달렸지만 소용이 없었다. 쓰나미가 도시 전체에 밀어닥치면서 파도는 단 몇 분 만에 운전자들을 집어삼켰다. 밀려오는 파도는 쓰나미 대피소로 지정된 장소까지 침수시켰다.

이 같은 재해가 야기하는 파괴, 무자비한 바다에 맞선 인간의 무력함을 온전히 가늠하기는 힘들다. 쓰나미가 몰려온 동안 찍힌 촬영 화면은 엄청난 양의 물이 눈 깜짝할 사이에 해안으로 들이닥치고, 주택을 자갈처럼 내동댕이치며 무너뜨리고, 마치 절벽에 부서지듯 대형 건물에 밀어닥쳐 건물을 무너뜨리는 모습을 보여준다. 뿌연 물거품과 물보라 그리고 물기가 움직이는 무봉霧峰*처럼 공중으로 높이 치솟는다. 많은 해안 도시들이 무너진 잔해로 남았다. 충격에 빠진 생존자들은 넋을 잃은 채 가족과 친지를 찾아 잔해 사이를 뒤졌다.

4만 6,000채가 넘는 건물들이 완전히 파괴되었거나 잔해만 남았고, 그 두 배가 넘는 수의 건물들이 심하게 파손되었다. 어선들은 내륙 깊숙한 곳에 좌초되었다. 기간 시설이 입은 피해는 광범위한 전력 중단 사태로 순차적 정전이 발생하고, 관개용 댐들이 균열하는 등 어마어마했다. 그중에서도 가장 위험했던 것은 원자력 발전소 3기가 입은 심각한 피해로, 3기 모두 지진이 일어나자 자동적으로 가동이 중단되었다. 하지만

---

* 해상에 층운層雲 모양으로 끼는 짙은 안개.

바다의 습격

2011년 3월 11일 일본 북동부 미야코 시 해안에 들이닥친 쓰나미 파도. Hitoshi Katanoda/Polaris/Newscom.

쓰나미의 물결은 후쿠시마 원자로를 에워싼 방조벽을 휩쓸고 비상 냉각 장치를 가동하는 예비 디젤 발전기를 침수시켰다. 무분별하게도 디젤 발전기가 해수면과 가까운 높이에 위치해 있었던 것이다. 대규모 노심용융 사태가 벌어졌다. 20만 명의 주민들이 강제 소개되었다. 장기적인 피해 규모는 여전히 산정 중이며, 특히 식품과 토양, 상수도의 방사능 오염에 따른 위험은 아직까지도 가늠할 수 없다. 그 재해로 인해 전체적으로 30만 명 이상의 사람들이 직접적인 타격을 입었으며, 그들의 집 상당수가 복구가 불가능할 만큼 파괴되었다.[10]

도호쿠 지진과 쓰나미의 교훈을 우리가 완전히 깨닫기까지는 많은 세월이 흘러야 할 것이다. 이런 재해는 복잡한 경제적, 사회적, 정치적 쟁점을 제기하기 때문이다. 건축 관련 규정에는 어떤 변화가 이루어질까? 일본은 앞으로도 원전에 의존할까? 인구가 밀집한 도시의 주민들에게 어떻게 하면 쓰나미에 대한 경각심을 제고할 수 있을까? 한 세대의 기억과 이 재난으로 죽은 자들에 대한 기억은 미래에 어떤 역할을 할 것인가?

도호쿠 대지진 때문에 발생한 인명 손실과 파괴는 정신이 아찔할 정도다. 그러나 그것도 5년 전인 2004년에 발생한 인도양 대지진과 쓰나미가 일으킨 대참사에 비하면 아무것도 아니다. 해저 지진은 12월 26일 아침 일찍 수마트라 북부 아체 지방 서쪽에서 약 80킬로미터 떨어진 곳에서 일어났다.[11] 20만 제곱킬로미터가 넘는 해저가 융기하며 수십억 톤의 바닷물을 쏟아냈다. 급작스러운 단층 작용에 파동이 인도양 동서로 급속도로 전달되면서 엄청난 쓰나미가 발생했다. 무시무시한 파도가 인도네시아와 미얀마와 말레이시아를 향해 동쪽으로 급속히 밀려왔다.

진앙에서 가장 가까운 곳은 인도네시아 앞바다의 시메울루에 섬이었다. 지진이 멈추고 난 뒤 겨우 8분 만에 9미터 높이의 쓰나미 파도가 밀어닥쳤다. 쓰나미 현상을 잘 알고 있던 주민들은 지진이 시작된 직후 고지대 쪽으로 도망쳤다. 그들의 마을은 초토화되었지만 바닷가 가까이에 살고 있던 7만 8,000명의 주민 가운데 목숨을 잃은 것은 단 7명뿐이었다. 시메울루에 섬에서 문화적 전통은 까마득한 과거까지 이어져 있다. 1907년 강력한 쓰나미가 섬을 덮쳐 섬 주민 절반이 죽었다. 파괴와 피난 그리고 쳐들어오던 바다를 묘사한 구전은 대대로 전달되어 세대의 기억으로 자리 잡았다. 현지에서는 쓰나미 파도를 스몽smong이라고 부른다. 구전과 선조들의 지혜는 이곳의 수천 명의 목숨을 구했다. 그러나 쓰나미 파도가 지나가는 길목에 있던 다른 지역의 사람들은 그와 유사한 의식을 거의 간직하고 있지 않았다.

최근인 2004년까지도 아체의 진앙에서 1,600킬로미터 이내의 범위 안에 있는 지역에 검조기나 부표 같은 예측 장비가 없었다. 대부분의 쓰나미는 인도양이 아니라 태평양에서 일어나기 때문에 이는 그리 놀랄 일도 아니다. 멀리 인도에서 측정한 지진계 기록이나 기자들이 목격해 보도한 내용도 소식을 퍼뜨리는 데 별 효과를 거두지 못했다. 하와이에 있는 태평양 쓰나미 경보 센터의 과학자들은 지진이 일어난 지 15분 만에 보고를 받았지만 쓰나미 위협을 예상할 만한 어떤 합리적인 요소도 없다고 발표했다. 그들은 틀렸다. 쓰나미는 이미 시메울루에 섬을 강타했고 곧 아체 해안에 도달했기 때문이다.

지진이 멈추고 5분 뒤, 어촌이 즐비한 아체 해안에서 바다가 0.75킬로미터 넘게 후퇴했다. 마을 주민들은 힘없이 파닥거리는 물고기를 줍기 위해 물 밖으로 드러난 해저로 우르르 몰려갔다. 몇 분 뒤 우레 같은 소리가 파고 4.9미터짜리 파도의 도착을 알렸고, 뒤이어 35미터에 달하는 대형 파도가 몇 초 만에 모든 것을 쓸어버렸다. 아마겟돈이 뒤따랐다. 엘홍가Lhoknga 마을 주민 7,500명 가운데 단 400명만이 살아남았다. 이 파도에 해안을 따라 들어선 모든 마을이 파괴되었고, 파도가 지나간 자리에는 폐허만이 남았다. 마찰로 높이가 줄었는데도 파도는 여전히 50미터 높이의 절벽과 언덕까지 치솟았다. 첫 번째 쓰나미 파도가 도달했을 때 고지대로 피신한 생존자들은 소용돌이치는 바닷물과 시체, 부서진 잔해에 둘러싸인 채 언덕 꼭대기에 서 있었다. 두 번째 파도는 곳곳에서 내륙으로 6.5킬로미터까지 밀려들어왔다.

반다아체의 주도 근처에 위치한 어촌 람바다에서는 끔찍한 광경이 펼쳐졌다. 대포 소리 같은 커다란 소리가 세 차례 울려퍼지고 바닷물이 빠져나가더니, 바로 무시무시한 파도가 밀려와 수백 명의 어른과 아이들이 파도를 피해 미친 듯이 도망쳐야 했다. 피난민들이 거리로 쏟아져나왔는데 그들 뒤로 거대한 물의 장벽이 솟아올랐다. 힘이 빠진 아이들은 사람들의 발길에 짓밟혔다. 발밑에서는 잔해로 가득한 더러운 물이 사람들을 밀어올리는 가운데 더러운 바닷물이 사람들 목구멍으로 밀려들고,

아체 쓰나미가 반다아체 울레-레이 해변에 입힌 피해. 쓰나미가 일어나고 3주 뒤에 찍은 사진이다. Stevens Frederic/SIPA/Newscom.

못이나 자동차 파편, 자전거, 기타 쓰레기들이 살점을 찢었다. 쓰레기 더미는 때로 둥둥 떠다니는 섬을 이루어, 피를 흘리며 익사 직전에 놓인 사람들은 목숨을 부지하기 위해 쓰레기 섬에 매달렸다. 다음 순간, 바닷물이 물러가면서 사람들을 바다로 휩쓸고 갔고, 그들은 다시 돌아오지 못했다. 어디서나 한 번 보면 도저히 잊을 수 없는 참상이 펼쳐졌다. 반다아체 3분의 1 정도가 쑥대밭이 되었고, 아무것도 남아 있지 않은 풍경이 3킬로미터 넘게 이어졌다. 피해 지역에서 살아남은 사람은 636명에 불과했다. 그중 여성은 40명, 아동은 단 15명이었다. 인도네시아에서 22만 명 이상이 죽거나 실종되었다. 반다아체에서만 3만 1,000명이 사망했다.

쓰나미는 방대한 지역에 걸쳐 일어났다. 아체 북쪽의 안다만 제도와 니코바르 제도는 대형 파도의 공격을 받아 마을 전체가 파괴되었는데, 니코바르 주민 가운데 약 1만 명이 사망했다. 그러나 니코바르 섬의 가장 오랜 원주민의 후손들은 살아남았다. 그들은 다섯 개의 소규모 수렵

바다의 습격

집단으로 그중 일부는 지구에 얼마 안 남은 수렵채집인이며, 니코바르 섬에서 여전히 번영을 누리고 있다. 지진이 일어나자마자 원로들은 무리를 야산으로 이끌었다. 오랫동안 그들의 구전은 땅이 흔들리면 대형 파도가 뒤따른다고 이야기해왔기 때문이다. 옹게 부족은 마을 옆을 흐르는 개울의 수위가 갑자기 뚝 떨어지는 것을 보고 황급히 고지대로 피신했다. 그들 가운데 죽은 사람은 단 한 명도 없었다. 반면 평지에 있는 옹게 부족의 땅을 차지한 정착민 45명은 익사했다. 또 다른 형태의 정보 역시 테레사 섬에 도움이 되었는데, 그곳에 있던 인도 항만청의 한 직원이 마침 〈내셔널지오그래픽〉 채널의 열렬한 시청자여서 지진이 일어나면 쓰나미가 발생할 수 있다는 사실을 알고 있었다. 그와 그의 동료 한 사람이 인근 마을 다섯 곳에 경고를 보냈다. 그 결과 약 1,500명이 생존할 수 있었다.

쓰나미 파도의 일부는 서쪽으로 이동하여 해변으로 유명한 타이 푸켓 섬의 관광지를 강타했다. 다수의 유럽인 관광객을 포함해 거의 7,500명이 사망했다. 서쪽에서 쓰나미 파도는 스리랑카의 동해안을 강타했다. 1만 5,000명이 목숨을 잃었고, 80만 명이 집을 잃고 이재민이 되었다. 파동은 계속 이동하여 인도의 광범위한 지역에 피해를 입히고 멀리 소말리아까지 도달해, 9미터 높이의 파도로 어촌 여러 곳을 파괴하고 300명 가까운 주민들의 목숨을 앗아갔다. 크기가 많이 줄어든 쓰나미 파도는 마침내 남아프리카와 남극에까지 도달했다.

2004년과 2011년의 재해는 인구가 밀집한 해안 지방에 강력한 쓰나미가 밀어닥쳤을 때 벌어질 미래상을 적나라하게 보여준다. 우리는 지진이 잦은 해안선을 따라 조성된 도시에서 복작복작 살아가는 우리 자신이 얼마나 무력한지를 깨달았다. 방조벽이 만병통치약이 아니라는 사실도 배웠다. 물론 일본 정부는 최소한 정치적 이유에서라도 계속 그런 구조물을 세울 것이다. 폭풍해일을 일으키는 태풍과 달리 쓰나미의 도착은 며칠 앞서 경고할 수도 없으며, 쓰나미가 예전에 상륙했던 지역만 다시 강타하리란 법도 없다. 이제 태평양 전역에 걸쳐 정교한 쓰나미 경보 체계가 갖추어져 있어 만약 해저 지진이 일어난다면 거의 즉각적으로 경보를 보낼 수 있다. 하지만 경보가 있고 나서 해일이 닥칠 때까지 소요되는 시간은 보통 몇 시간이 아니라 몇 분에 불과하다.

우리는 네덜란드인들이 몇 세기 동안 해온 것처럼 점진적인 해수면 상승에 맞서 방조벽을 세울 수도 있다. 하지만 해일과 쓰나미에 맞선 방어 시설로 방조벽을 건설하는 것은 어떤 식으로든 전혀 성공이 보장되지 않는, 일종의 매우 값비싼 러시안 룰렛이다. 아체 쓰나미는 우리에게 맹그로브 숲과 범람원 숲이 폭풍해일과 쓰나미의 효과를 감소시켜준다는 사실도 가르쳐주었다. 아체에 쓰나미가 발생했을 때, 맹그로브 숲은 쓰나미가 가장 큰 충격을 미친 지역에서 얼마 떨어지지 않은 곳에서 가장 큰 효과를 발휘했다. 100제곱미터당 30그루의 맹그로브가 자라는 폭 100미터의 맹그로브 숲은 수압을 90퍼센트 감소시킨다. 인도 타밀나두에서 맹그로브 늪지 뒤편에 자리한 마을들은 아무런 피해도 입지 않은 반면 늪지를 개간한 마을들은 피해를 입었다. 안타깝게도 농부들과 어민들 그리고 개발업자들은 20세기 후반에만 전 세계 맹그로브 늪지의 절반을 개간했다. 자신도 모르는 사이에 맹그로브 숲의 보호를 받던 사람들이 이제 그 대가를 치르고 있다.

해수면 상승은 해저 지진과 쓰나미가 불러일으키는 위험을 증대시킨다. 그러한 대재앙에 맞서 우리는 어떤 방어 수단을 갖고 있는가? 사라져가는 맹그로브 숲과 아체와 도호쿠의 비극적 경험은 우리에게 쓰나미에 맞선 최선의 방어책이 인간과 관련되어 있다는 것을 다시금 가르쳐준다. 궁극적으로 우리의 유일한 무기는 거대 쓰나미에 목숨을 잃은 희생자들에 대한 지속적이고 강력한 기억을 통해 뼈저리게 느끼는, 고양된 문화적 의식이다. 고도로 도시화된 지금의 사회들은 니코바르 섬 주민들의 오래된 전략과 달리 별다른 보호를 제공하지 못한다. 그곳의 구전은 대대로 전수되면서 임박한 위험을 경고하고 고지대로 피신하도록 재촉했다. 오늘날 저지대 해안 지방에서 살아가는 수백만 명의 사람들은 강력한 쓰나미 앞에서 손쉬운 사냥감이나 다름없다. 그리고 이 상황에서 우리가 할 수 있는 것은 거의 없다. 우리에게 고도로 효과적인 쓰나미 경보 체계가 있다 하더라도 말이다.

침수와의 대결

굽이쳐라! 짙고 검푸른 바다여―굽이쳐라!

1만 척의 함대도 너를 휩쓸 수 없나니

인간은 지상을 유적으로 장식하지만―그의 지배는

물가 앞에서 멈추노라.

_바이런 경, 『차일드 해럴드의 순례』(1812~1818년)

지구 기온은 산업혁명이 한창이던 1860년경부터 점점 빠르게 상승하기 시작해 오늘날까지 이어지고 있으며, 기온 상승이 둔화될 기미는 전혀 보이지 않는다. 온난화와 더불어, 과학적 측정으로 상세히 기록된 해수면 상승도 일어났다.

　물론 온난화와 해수면 상승은 인간이 이전에도 맞닥뜨려왔던 현상이다. 하지만 오늘날에는 이 익숙한 경험에 새로운 요소가 추가되었다. 해안 인구의 증가다. 우리는 메가시티의 시대, 농촌 배후지에서 도시 풍경으로 계속해서 팽창해나가는 걷잡을 수 없는 이주의 시대에 살고 있다. 오늘날 다수의 도시는 무질서하고 대립이 난무한다. 마치 200년 전 우리 선조들이 직면했던 것처럼 도시에는 빈곤과 공중위생, 물 부족 등 도저히 해결할 수 없어 보이는 문제들로 넘쳐난다. 하지만 차이가 있다. 오늘날에는 인구 100만 명 이상인 도시가 해수면 가까이에 있는 것이 다반사다. 다음 다섯 개 장(에필로그 포함)에서 나는 과거와 현재를 반복적으로 오갈 것이다. 우리가 찾아갈 각각의 지역에는 옛 사회들의 경험, 종종은 우리 직계 선조들의 경험이 이전 시대와 현재 사이의 연속성을 구성하기 때문이다. 보다 깊은 역사적 맥락 속에서 보지 않는다면 우리는 현재의 딜레마를 온전히 이해할 수 없을 것이다. 장기적이고 역사적인 이러한 전망의 상당 부분은 앞선 장에서, 특히 방글라데시와 저지대 지방을 다룬 장에 등장했으며, 우리는 다음 장들에서 그들의 이야기를 종합할 것이다. 북극의 보초堡礁에 있는 공동체와 깊은 대양에 자리한 작은 섬 사회의 경우, 그들 앞에 놓인 선택은 엄혹하고 임박한 현실이며 전례 없는 것이다. 이주 아니면 엄청나게 비용이 많이 드는 해안 방어 시설의 건설 가운데 하나를 선택해야 한다. 이들 공동체나 섬 사회 어느 곳도 북유럽의 부유한 저지대 지방이 선택한 방식, 즉 방벽을 쌓아올려 공격해오는 바다를 차단해 자신들을 보호하는 대책은 경제적으로 감당할 수 없다. 다음 장들은 인류가 근본적인 인권이라는 현실에 직면하면서 맞닥뜨릴 수밖에 없는 괴로운 선택의 이야기다. 그 근본적 인권이란 바로 충분한 먹을거리를 얻을 권리다.

11
생존권
[방글라데시]

몇 년 전 나는 방글라데시의 퇴역 소장 A. N. M. 무니루자만이 콜로라도에서 개최된 환경 회의에서 해수면 상승과 그의 조국의 미래에 관해 연설하는 것을 들었다. 그는 샌드허스트 육군사관학교 시절에 습득한 것이 틀림없는 또박또박한 영국식 억양으로 유창하게 연설했다. 그는 다카에 있는 방글라데시 평화안보연구소 소장인데, 그 자리는 대략 루이지애나 면적만 한 삼각주에 인구가 몰려 있는 질퍽질퍽하고 침수가 잦은 방글라데시의 1억 6,800만 국민이 직면한 딜레마를 직접적으로 다루어야 하는 자리다. 무니루자만 장군은 현실을 돌려 말하지 않았다. 40년 후에는 방글라데시 인구가 2억 2,000만 명에 도달할 거로 예측되는 상황에서는 그럴 여유가 없었다. 우리는 벵골 만이나 그 인근에 살고 있는 1,700만~4,000만 명에 이르는 사람들이 해수면 상승에 직면하는 바람에 2100년까지 다른 지역으로 이주해야 한다는 사실을 알게 되었다. 청중은 경악했다. 그는 수천 만 명의 환경난민이 미래의 추상적인 문제가 아니라 정신이 번쩍 들게 하는 현실이라는 점을 이야기했다.

무니루자만은 이러한 잠재적 환경난민이 인도주의적 문제만이 아니라 그 자신이 직접적으로 잘 아는 분야인 심각한 국가 안보의 문제도 제기한다고 생각한다. 현실은 대충만 살펴봐도 아찔한 수준이다. 농경지에 대한 끊임없는 압력이 존재한다. 앞으로 수십 년 동안 수백만 명의 난민들은 사실상 갈 곳이 없을 것이다. 정부는 잠재적 이주 문제를 다룰 자원이나 조직을 제대로 갖추고 있지 못하다. 방글라데시는 북쪽과 서쪽으로는 인도, 동쪽으로는 미얀마로 둘러싸여 있어 그들이 갈 곳은 전혀 없다. 두 이웃 나라는 인구 과밀의 방글라데시에 대한 반감이 깊고, 종교도 다르다. 두 나라가 유행성 전염병, 식량과 물 부족, 폭력 사태로 이어질 수 있는 무질서한 대대적 이민 전망에 대해 우려하는 것도 이해할 만하다. 인도는 이민자들과 가축 도둑, 일자리를 찾아오는 사람들을 막기 위해 4,000킬로미터의 경계선을 설치하고 있다. 이 모든 것은 인도와 파키스탄 양국이 보유하고 있는 핵무기와는 별개의 문제다. 물론 방글라데시는 예전에 파키스탄의 일부였지만 말이다.

파키스탄으로부터의 독립은, 비우호적인 인도가 가운데 끼어 있어 거의 1,600킬로미터나 떨어져 있는 중앙정부로부터의 정치적 배제와 민족 차별을 오랫동안 겪은 뒤인 1971년에야 이루어졌다. 1970년 11월, 분노와 사회 불안이 커져만 가던 총선 직전에 사이클론 볼라가 해안을 강타했다. 수치스러울 정도로 무기력한 구호 노력에 분노한 수천 명의 성난 유권자들은 동부에서 야당인 아와미 동맹에게 승리를 안겨주었다. 독립을 요구하는 시민 불복종 운동과 소요 사태가 확산되면서 이런 움직임은 방글라데시 해방 전쟁으로 이어졌고, 결국 1971년 독립국가 방글라데시가 탄생하면서 소요는 종식되었다.[1]

비교적 신생국가인 방글라데시는 급변하는 불안정한 역사와 고질적인 빈곤 문제뿐 아니라 기상이변과 해수면 상승으로 크게 위협받는 나라다. 사이클론과 폭풍해일의 오랜 역사는 엄청난 사상자 숫자와 가슴 아픈 비극을 가져왔으나, 그와 동시에 억세고 끈질긴 생명력을 지닌 국민들을 길러냈다. 공격해오는 바다에 맞서는 방글라데시 국민들이 쓸 수 있는 장기적인 무기는 낮은 기술 수준의 해법들과 창의성, 인적 자원뿐이다. 여러 선진국들과 다양한 비정부기구가 관여하는 장기적 노력도 이루어지고 있어, 환경적 문제뿐 아니라 인구밀도 증가에도 대처하려는 프로젝트가 진행 중이다. 이를테면 적극적인 가족계획 프로그램과 비영리 기초 의료 서비스의 확대는 출생률과 영아 사망률을 급격히 낮추었다.

계속되는 정치적 불안과 수차례의 군사 쿠데타에도 불구하고 새로운 독립 정부는 볼라에서 교훈을 얻어 재난 구호에도 관심을 돌렸다. 관계 당국과 적신월사는 사이클론 대비 프로그램을 개발하기 위해 힘을 모았고, 마침내 1972년 사이클론의 위험성에 대한 대중의 경각심을 고취하고 해안 지역에서 응급 구조 인력을 훈련하기 위한 사이클론 대비 프로그램이 탄생했다. 프로그램 관계자들은 해안선이 길고 현재의 해수면 높이보다 고작 몇 미터 높은 삼각주 지형이 지배적인 나라에서 힘겨운 임무를 수행해야 했다. 방글라데시는 지구의 어느 대형 국가보다 해수면 상승에 취약하며, 지반 침하와 지하수 오염 같은 요인들뿐만 아니라 장기적인 시한폭탄, 즉 대규모 인구 성장에도 대처해야 한다. 수도인 다카는 암울한 숫자를 제시한다. 1970년에는 140만 명의 인구가 다카에 살았다. 2008년에 이르러 그 숫자는 1,400만 명으로 치솟았다. 한 냉정한 전망에 따르면 2025년에 다카는 인구 2,100만 명의 메가폴리스가 될 것이다. 1951년 방글라데시의 총인구는 4,400만 명이었다. 현재는 최소 1억 6,800만 명이 세계에서 가장 인구가 조밀한 나라에 살고 있으며, 그중 60퍼센트가 20세 이하다.

다행스럽게도 새로운 정부는—아니, 쿠데타가 잦은 정치적 환경에서는 정부들이라고 부르는 게 나을 것이다—사이클론 볼라의 교훈을 가슴에 새겼다. 한 가지 교훈은 효율적인 조기 경보 시스템의 필요성이었다. 볼라가 접근해왔을 때 인도 정부는 뱅골 만 해상의 선박들로부터 무수한 경보를 받았다. 그러나 파키스탄과의 적대 관계 때문에 이 결정적인 정보는 결코 다카에 닿지 않았다. 결국 마지막 순간에 라디오 경보가 인구의 약 90퍼센트에 사이클론이 다가오고 있음을 알렸지만, 그중 1퍼센트만이 바람과 물살의 맹공을 견딜 수 있는 벽돌 구조물로 대피했다. 엄청난 사상자가 발생한 것은 당연지사였다.

1991년 또 다른 사이클론이 상륙했을 때 상황은 크게 바뀌어 있었다.[2] 이번에는 훨씬 더 효과적인 경보 체계가 작동했고, 훈련받은 일군의 자원봉사자들이 폭풍이 오기 전에 시골 곳곳으로 흩어져 심지어 가장 외딴 마을까지 가서 위험을 알렸다. 그들은 폭풍해일로 160킬로미터가 넘는 해안선이 물에 잠기기 전에 35만 명의 주민들을 508군데의 사이클론 대피소로 소개시켰다. 하지만 여전히 많은 사람들이 집에 머물거나 강둑이나 높은 도로로 이동했기에 실제 상황은 그보다 훨씬 더 복잡했다. 사이클론 공식 대피소까지의 거리나 시장, 모스크, 학교처럼 피난민들에게 벽돌 구조물을 제공할 수 있는 건물의 존재에 많은 것이 달려 있었다. 벽돌 건물에 도달하지 못한 이들 가운데 거의 4분의 1이 사망했다. 약 13만 8,000명이 사망했고, 1,000만 명이 집을 잃었다. 그러나 거의 50만 명이 사망한 볼라 때에 비하면 사망자 숫자는 훨씬 적었다.

이제는 구호 활동도 훨씬 효율적으로 이루어진다. 2007년 11월 사이클론 시드르가 상륙했을 때 4만 2,000명의 자원봉사자들이 해안 지역에 살고 있었는데, 대다수가 학교 교사, 사회복지사, 이맘 그리고 지방 정부와 공동체의 지도자들이었다.[3] 보다 효율적인 예보와 라디오 경보 체

2007년 11월 14일 갠지스 강 입구에 접근한 사이클론 시드르를 NASA의 모디스−테라 위성에서 찍은 모습. 4등급의 이 폭풍은 벵골 만을 거쳐 북쪽으로 이동하여 시속 13킬로미터의 속도로 갠지스 강 입구에 접근했다. 폭풍 중심 부근의 풍속은 시속 약 220킬로미터이다. NASA 제공.

계의 수준 향상, 자원봉사자들 덕분에 시드르로 인한 사망자 숫자는 1만 ~1만 2,000명밖에 되지 않았다. 풍속이 시속 260킬로미터가 넘고 높이 6미터에 이르는 해일이 일어난 것을 고려해볼 때 이전 사이클론들이 입힌 인명 피해에 비하면 훨씬 적은 수치이다. 이번에는 좀 더 나아진 도로 상태와 보다 개선된 기간 시설 덕분에 정부가 해안선 일대에서 300만 명이 넘는 주민들을 강제 소개시킬 수 있었다. 관계 당국은 재난이 일어난 지 불과 몇 시간 만에 담요와 텐트, 수천 톤의 쌀을 배급했고, 700개의 의료팀이 제 위치로 이동했다. 예상대로 사상자 숫자는 사이클론에 고스란히 노출된 앞바다의 도서 지방에서 가장 많았고, 특히 여성과 아동의 피해가 컸다.

홍수와 해수면 상승은 방글라데시의 불안정한 환경 상황의 일부이다. 사이클론과 폭풍해일은 깔때기처럼 좁아지는 벵골 만과 앞바다에 인접한 얕은 대륙붕을 가로질러 올라온다. 벵골 만에서는 1년에 약 16개의 열대 사이클론이 발달하는데, 그 모두가 방글라데시에 영향을 미치지는 않는다. 방글라데시에는 주로 우기 직전이나 직후인 5월이나 11월에 상륙하는데 대체로 남동부 해안에 영향을 준다. 그러한 재해는 수세기 동안 삼각주 기후의 일부였다. 전문가들은 미래에는 기온이 더욱 올라가면서 훨씬 더 심각한 폭풍과 해일이 잦아질 것이며, 기온도 올라가고 우기 강우량이 10퍼센트 증가할 것이라고 전망한다. 해수면이 더 높아지면 해일은 지금보다 훨씬 안쪽의 육지에까지 영향을 미칠 것이며, 그에 따라 토양의 염도도 증가할 것이다. 그와 동시에 연안의 농부들과 어부들은 과거보다 더 큰 규모의 강 홍수에 적응해야 할 것이다.[4]

방글라데시에서 비는 대부분 6~9월 우기에 내리는데, 이때 방글라데시의 세 개의 큰 강은 홍수로 불어난 물과 약 10억 톤의 퇴적물을 삼각주에 쏟아낸다. 이것은 모두 전 국토 면적의 12배에 달하는 집수 구역에서 온 것들이다. 이러한 홍수는 방글라데시에서 피할 수 없는 현실이다. 삼각주의 농부들은 계절적 홍수에 익숙하며 대부분의 세월 동안 무리 없이 생존해왔다. 정상적인 우기 동안 전 국토의 4분의 1 정도가 물에 잠긴다.[5] 이례적으로 비가 많이 내리는 해에는 이 수치가 70퍼센트까지 올라가기도 한다. 아주 심각한 홍수는 또 다른 문제로, 대규모 인명 피해를 야기할 수 있다. 인구가 급속히 증가하고 도시가 팽창하며, 여타 형태의 경제 개발과 홍수 시설의 형편없는 유지 보수가 맞물려 돌아가는 오늘날에 특히 문제가 된다. 일부 관계 당국은 방글라데시가 홍수가 야기하는 재난 리스크를 제대로 관리하지 않는다면 21세기 경제를 발전시킬 수 없을 것이라고 주장하는데 꽤 설득력 있는 이야기다—이러한 주장도 그나마 해일과 해수면 상승을 감안하기 전이다.

대규모 홍수는 지난 30년 가운데 적어도 5년 동안 농작물을 크게 망치고 국가 경제에 큰 손실을 입혔다. 홍수는 낮은 강둑 너머로 흘러넘치고, 제방을 무너뜨리고, 단조로운 지형으로 흘러나간다. 정상적인 해에는 많은 마을들이 평야 곳곳의 낮은 언덕에 위치한 섬 같다. 가구마다 집 안에 높은 단을 설치해서 차오르는 물 위로 가족들을 대피시킬 수 있다. 이 방법은 예외적인 큰 홍수가 일어나 눈앞에서 모든 것을 휩쓸어가고 마을을 쑥대밭으로 만들 때만 아니라면 놀라울 정도로 효과적이다. 수백 명의 사람들이 죽는 것은 일상적이고, 기간 시설과 농작물, 소규모 사업체가 입는 피해는 종종 수십억 달러에 달한다. 인구밀도가 더 낮고 도시 팽창과 산업 활동이 덜 활발했던 예전에는 다량의 홍수가 다카와 여타 도시 주변의 습지대로 흘러가 일종의 자연적 홍수 방지 작업이 이루어졌다. 정부는 공한지 이용*을 금지하는 법률을 발효했지만 개발업자들은 노골적으로 규정을 무시하며, 이런 난개발은 특히 수도 주변에서 심하다. 이러한 땅에서 살아가며 일하는 빈곤층과 노동자들은 이제 훨씬 큰 위험에 처해 있으며, 이들 중 다수는 홍수, 특히 제방의 갑작스러운 균열로 발생하는 홍수에 익숙하지 않은 오지에서 온 이주민들이다.

홍수와 해수면 상승은 농업에 심대한 영향을 미친다. 방글라데시에서 경작 가능한 땅 가운데 4분의 3에서 쌀을 재배하는데, 그 대부분은 전

---

* 기존 건물들 사이에 새로 건물을 짓는 일.

통적으로 우기에 내리는 비와 물이 물러간 뒤 건기 동안 땅에 남아 있는 습기를 이용해 재배한다. 대홍수는 강둑과 제방을 침식하며 마을 전체와 밭을 휩쓴다. 흙탕물은 몇 주 혹은 몇 달 동안 빠지지 않고 남아 있기도 해서 장기간의 침수를 좋아하지 않는 전통적인 아만aman 품종 쌀을 완전히 망쳐놓기도 한다. 1980년대에 많은 농부들이 보로boro라고 알려진 일종의 건조 쌀을 이용한 관개농업으로 전환했는데, 이런 농법은 제방과 토목공사에 많은 자본을 투자해야 하지만 변덕스러운 비와 홍수에 의존하지 않아도 된다. 해안 근처에서의 해수면 상승은 토양 염도를 증가시키지만, 새로운 품종의 작물은 소금기가 더 많은 환경에서도 자랄 수 있다. 정부는 작물을 다양화하는 동시에 비상 상태에 대비해 예비 식량을 비축하고 주민들이 흉년을 헤쳐나갈 수 있도록 식품 저장 시설을 짓고 있다.

사이클론과 홍수, 해일은 해마다 지형을 변형시킨다. 위성과 컴퓨터 모델, 크게 향상된 통신 장비에도 불구하고 해안 근처의 고위험 지역과 흔히 차르스chars라고 불리는 앞바다 섬들 그리고 강둑 근처에서 살아가는 공동체들은 끊임없이 변화하는 환경에 적응해야만 한다. 강둑 붕괴나 침식성 하천은 마을과 주변 밭을 몇 시간 만에 파괴할 수 있다. 주민들은 물이 물러갈 때까지 고지대로 피신하는 것 말고는 별 대책이 없다. 물이 물러가면 그들은 마을을 재건하기 위해 근처에서 빈 땅을 찾는데, 갈수록 사람들로 북적이는 곳에서 보통은 쉽지 않은 일이다. 때로 그들은 명목상으로 약간의 노역을 하는 대가로 좀 더 부유한 친척의 소유지로 이주하기도 한다. 그들의 옛 집은 영영 사라져버렸지만 강은 아주 변덕스럽기 때문에 물이 낮아지면서 예고 없이 드러난 새로운 땅에 집을 새로 지을 수도 있다. 그러나 그들이 다시 이주해야 할 가능성이 존재한다. 많은 토지 소유주들이 땅을 잃고 감당할 수 없는 대출을 받아 끝없는 부채의 악순환에 갇히게 된다.

그러나 생존의 기본 메커니즘은 적어도 부분적으로나마 법에 명문화되어 있고 수세기를 거슬러간다. 이들을 환경 이주민이라 부를 수도 있겠지만 그들은 거의 어김없이 일시적으로 다른 곳으로 이주했다가도 상황이 허락하면 고향으로 돌아온다. 그들은 공동체에 내재되어 있는 각종 정서적, 정신적인 고리를 끊고 조상 대대로 내려온 땅을 떠나고 싶어 하지 않는다. 본토의 마을들은 홍수와 해일에 따라 수시로 위치를 바꾸지만 가능한 한 결코 멀리 이동하지 않는다. 집집마다 가족 구성원들 중 여럿이, 특히 젊은이들이 집으로 돈을 보내기 위해 일자리를 찾아 도시로 나가기도 하지만 말이다. 심각한 홍수가 계속되는 동안 일부 가족들은 배로 옮겨가 있기도 한다. 남동부 해안의 커다란 강어귀에 있는 하티아 같은 앞바다 섬에서 침식이 일어나 땅이 사라졌을 때, 그로 인한 영향을 받은 사람들이 즉각적으로 보인 반응은 당장의 위협을 피해 친척들의 집으로 옮겨가는 것이었다. 그들은 홍수 퇴적물이 자연적으로 쌓여 자신들의 땅이라고 주장할 수 있는 새로운 땅이 형성될 때까지 기다린다.

만약 더 온난해진 기후가 더 강력한 사이클론을 더 자주 가져오고 멀리 북쪽 히말라야 산맥의 빙하가 더 빨리 녹아 수백 킬로미터 하류에 있는 커다란 강들의 강물이 불어난다면 어떻게 될까? 방글라데시 국토의 대부분은 갠지스 강과 브라마푸트라 강의 비옥한 충적 평야에 있다. 유량이 줄어들었어도 강의 물길이 수시로 변하기 때문에 자연적으로 높은 강둑이 형성되기는 어렵다. 전통적인 홍수 시설이 해법을 제공할 것인가? 세계은행은 강을 관리하기 위해 100억 달러를 들여 거의 8,000킬로미터에 달하는 제방을 건설하는 값비싼 국제적 방안을 내놓았다. 그러나 이 계획에 따르면 농사법을 변화시켜야 하기 때문에 현지의 농부들 다수는 이에 반대한다. 더욱이 방글라데시의 심토는 끊임없이 이동하는 충적 모래와 진흙이라 네덜란드에서와 같은 대형 제방이 문제를 해결하지도 못할 것이다. 어쨌거나 방글라데시는 그러한 값비싼 해법을 감당할 자금이 없다.

최상의 해법은 기간 시설과 홍수 보호 주택 건설에 대한 적절한 정부 투자와 방글라데시 국민들에 있는 듯하다. 많은 농부들이 아주 큰 홍수가 났을 때도 물 위로 솟아 있는 장대 위에 집을 짓는다. 소규모의 해법 중에는 0.5미터 높이의 콘크리트 토대 위에 값싼 황마 판자벽을 세워 만든 집이 있는데, 이 집은 홍수가 끝난 뒤 쉽게 교체할 수 있다. 그와 동시에 국제원조구호기구CARE, Cooperate for Reliefs Everywhere와 여타 단체들은 농부들에게 수상 텃밭을 비롯해 오래전에 폐기된 농법을 다시 활용할 것을 권장하고 있다. 수상 텃밭은 장기간 침수되는 지역에 적합한 농법이다. 대나무와 울창한 히아신스 화단, 지난해에 나온 썩은 채소로 물 위에 떠다니는 텃밭을 만들면 연중 대부분의 기간 동안 장에 내다 팔 채소를 키울 수 있고 수확량도 훨씬 많다. 소금에 잘 견디는 품종의 쌀도 우기가 오기 전에 빨리 수확할 수 있는 농작물과 더불어 또 다른 해법이 될 수 있다. 토사 퇴적을 촉진하기 위해 물이 빠져나갈 때 흙 제방을 무너뜨리는 방법은 흙이 쌓여 땅이 생겨나는 것을 돕고 해수면 상승 효과를 상쇄할 수 있다.

장기적으로 방글라데시는 끊임없는 홍수와 해일의 공격과 더불어 살아가는 법을 발전시킬 것이다. 밀어닥치는 물은 대참사와 피해를 야기하고 많은 인명을 앗아갈지도 모르지만 물이 물러갔을 때 적어도 땅은 그 자리에 여전히 남아 있다. 침식 때문에 많은 논밭이 재배치되긴 하지만 말이다. 그러나 해수면 상승이 땅을 영원히 앗아가버리면 어떻게 될까? 방글라데시는 공격해오는 바다에 맞서 살아남을 수 있을까?

그러한 끔찍한 예측은 공상과학소설에 나오는 이야기가 아니다. 가장 온건한 전망도 방글라데시가 더 따뜻해지고 습해지면서 2050년까지 우기 강우량이 10퍼센트 증가할 것이라고 내다본다. 약 3.5도의 기온 상승은 히말라야 산맥의 빙하가 녹아 흘러나오는 유거수를 크게 증가시킬 것이다. 해안 지방만이 아니라 방글라데시 중부 지역도 영향을 받을 것이다. 해수면의 상승 때문에 현재 해수면 높이에서 5미터 이내에 위치한 평평한 삼각주가 급격하게 잠식되면서 가장 극단적인 결과가 초래될 것이다. 지난 세기에 해수면이 약 20센티미터 상승하면서 삼각주 인근 해안 지방의 토양 염도가 더 높아졌다. 전체적으로 봤을 때 해안 지방은 방글라데시 국토 면적의 4분의 1이 조금 넘는다. 전체 인구의 거의 4분의 1이 이 비옥한 지대에 살고 있으며, 그들 대부분은 농업과 어업에 종사하거나 이제는 주요 국제 산업인 새우 양식으로 살아간다. 지구온난화에 대한 연구가 심화되면서 해수면 상승의 위협이 전면에 부각되었다.

1980년대에는 1세기에 1.5미터 이하의 해수면 상승이 합리적인 전망처럼 보였다. 보다 온건한 전망은 1.5미터가 상승하는 데 150년이 걸릴 것이라고 추정했다. 이 150년 예측이 맞다면 인구가 밀집한 해안 지역 중 거의 2만 2,000제곱킬로미터에 달하는 면적이 바닷물에 직접적으로 영향을 받을 것이며, 심지어 바닷속으로 사라질 수도 있다. 그렇다면 전체 인구의 약 15퍼센트에 해당하는 1,700만 명 정도가 직접적인 타격을 받을 것이다. 방글라데시의 폭발적인 인구 성장을 생각할 때 이는 너무 줄잡은 수치이다.

해수면이 실제로 지형을 물에 잠기게 하기 오래전부터 또 다른 요인이 이미 작용하고 있었다. 서남부 해안 지대의 상당 부분을 식물이 자라지 않는 광대한 염습지로 탈바꿈시키고 있는 토양 염도 상승이다. 코코넛 야자나무와 바나나 숲은 점점 염도가 높아지는 물에서 죽어가고 있다. 한때 방글라데시 쌀 연구소 소장을 지낸 토양 과학자 골람 모하마드 파나울라에 따르면, 1973년 150만 헥타르의 토지가 약한 염성 때문에 토질이 저하되었다.[6] 1997년에 이르자 추가로 97만 5,000헥타르의 땅이 염성의 피해를 입었다. 그 이후의 최신 연구는 없으나 피해를 입은 지역은 이제 300만 헥타르에 달할 수도 있다. 남부의 일부 강들에서 염도는 45퍼센트가량 증가했다. 소금물 침투는 이제 보다 안쪽의 내륙에서까지 진행되고 있어 남서부 해안은 곳에 따라 벵골 만에서 200킬로미터 떨어진 곳까지 소금물이 침투한다.

해수면 상승은 해수면 높이보다 고작 4.5미터 높을 뿐인 해안 지대의 농업 생산량이 심각하게 감소할 정도로 토양의 비옥도에 크나큰 영향을 미친다.[7] 이런 현상은 강이 저수위인 달에 농부들이 살짝 소금기가 있는 표층수로 농토에 물을 댈 때 특히 두드러진다. 또 만조위 때마다 농경지에 소금이 축적된다. 다른 농작물은 제외한다 해도 쌀 생산이 심각한 영향을 받으며, 일부 비공식 통계에 따르면 몇몇 지역에서는 생산량이 50퍼센트 감소한 것으로 추정된다. 결국 다량의 염성 정체수가 지하수로 침투하여 사람이나 동물이 마실 수 없고 관개용수로도 쓸 수 없는 물이 될 것이다. 방글라데시의 쌀 총 생산량은 2050년 무렵까지 10퍼센트, 밀은 30퍼센트 감소할지도 모른다.

바다는 점점 잠식해 들어오고 강의 유량도 줄어들고 있는데 폭발적으로 급증하는 인구가 상류에서 강물을 훨씬 더 많이 이용하는 탓도 있고, 또 댐을 건설한 탓도 있다. 방글라데시 국경부터 인도 영토 내 갠지스 강을 가로질러 설치된 16.5킬로미터의 파라카 보Farakka Barrage는 콜카타로 강물을 돌리고 후글리 강변의 콜카타 항구에 쌓인 토사를 흘려보내기 위해 설계된 것이다. 하류의 유량은 크게 감소했다. 파라카 보는 1975년에 완공되었지만 지금까지 주변 강물의 배수를 둘러싼 인도와 방글라데시의 협의는 취약한 것으로 드러났다. 줄어든 유량은 예측대로 하류 유역의 염도 증가로 이어졌으며, 이제 하류 유역에는 흙과 퇴적된 토사를 씻어 보낼 강물이 더 줄어든 상태다. 해안 도시 쿨나에서 주요 발전소는 보일러를 냉각하기 위해 담수에 의존한다. 이에 필요한 집수를 위해 상류로 가는 바지선은 염분 침투와 상류에서 내려오는 유량이 줄어든 탓에 냉각용으로 적합한 담수를 얻기 위해 점점 더 상류로 올라가야 한다.

염도 상승은 장기적으로 생물 다양성의 급격한 감소와 비옥한 농경지의 토질 악화, 식수의 부족, 민물고기 개체수의 감소, 장기적인 식량 안보에 대한 심각한 위협 같은 결과를 낳는다. 정부는 문제를 잘 알고 있지만, 상황을 완화하기 위해 거의 아무것도 하지 않았다. 정부 관리들은 농민들이 밀물 때 차오른 물을 높은 흙벽으로 가둬 논을 새우 양식장으로 바꿀 수 있다고 지적한다. 냉동 새우는 방글라데시의 주요 수출 산업으로, 쌀보다는 새우에서 더 많은 돈을 벌 수 있다. 이는 사실이겠지만, 그러한 사실이 벼농사를 지어 근근이 살아가는 가난에 찌든 농민들을 돕지는 못한다. 대부분의 새우 양식업은 용지 전환과 설비 유지에 들어가는 높은 자본 투자를 감당할 수 있는 대규모 사업체와 부유한 지주의 수중에 있다. 다수의 농민들은 한때 비옥한 논이었으나 이제는 대나무 다리로 건너다니는 소금물 웅덩이를 말없이 바라볼 뿐이다.[8] 이제 그곳에서는 더 이상 풀이나 나무가 자라지 않는다. 새로운 경제 질서에 대해 될 대로 되라는 반항심에 상당수의 농민들은 자신들의 땅을 새우 회사에 팔기를 거부한다.

만약 해수면 상승이 가져올 결과에 대한 현재의 전망이 현실이 되면 1,700만~4,000만 명이 영향을 받을 거라고 추정된다.[9] 염습지와 쓸모없는 논으로 둘러싸여 근근이 살아가는 농부들은 어떻게 해야 할 것인가?

앞서 본 대로 침식과 홍수로 땅을 잃은 사람들은 대부분 조상 대대로 내려오던 고향 땅으로 돌아가고 싶어한다. 그러나 그 땅은 회복될 전망이 보이지 않은 채 염도 상승과 바다 때문에 점차 사라져가고 있다. 남은 선택은 단 하나다. 영구 이주를 하는 것이다. 12장에서 묘사될 중앙 태평양의 몰디브 제도나 투발루 섬 같은 낮고 작은 섬들의 주민들이 처한 상황과 다소 유사하다. 투발루의 경우, 1만 명 정도의 유출 이민이 예상된다. 방글라데시는 사실상 재정착할 곳이 전혀 없는 상황에서 잠재적으로 1,000만 명의 난민이 예상된다. 위협받고 있는 지역의 주민들은 특히 인구 성장이 빠르고 부흫와 생계 수단의 분배에서 커다란 격차가 존재하는 상황에서 제한된 소득원, 낮은 회복력, 무엇보다도 낮은 적응 능력이라는 4중고에 처해 있다.

전통적으로 농촌 지역 출신들은 일자리를 찾아 다카와 여타 도시로 간다. 그러나 도시는 이미 사람들로 미어터지며 일자리도 거의 없다. 재정착 주민들을 위한 편의 시설과 기간 시설에 대한 대규모 투자가 있다 하더라도, 어떤 형태가 됐든 시골로부터의 전면적 이주도 지속 불가능하다. 게다가 그런 사업을 위한 자금도 없다. 식수와 하수도 문제만 해도 이미 엄청난 수준이다. 고려할 수 있는 한 가지 선택은 이주가 계획적인 방식으로 조직될 수 있도록 도시와 마을들을 분산 배치하는 것이다. 그러나 이 역시 방글라데시 전반의 인구 과밀 문제를 해결하지는 못할 것이다. 방글라데시에서 일어나고 있는 환경 변화가 서서히 진행된다는 점을 감안할 때 국내와 국외 이주 모두 자발적이고, 처음에는 비교적 소규모로 이루어질 것이다. 방글라데시가 때때로 긴장 관계에 있는 이웃 나라들로 둘러싸인 나라이니만큼, 지금으로부터 몇십 년 뒤 압력이 증가할 때 정치와 안보 문제가 대두할 것이다. 여기서 중요한 것은 각 개인의 사회적 네트워크, 즉 변화에 대처할 수 있는 개인의 문화적 능력, 그리고 가족과 사회, 성별의 차원에서 나타나는 개인의 태도와 위치이다. 이것은 모두 이주 여부를 결정하는 데 기여하는 요소가 될 것이다.

사이클론과 폭풍해일은 인간 역사에서 전혀 새로운 것이 아니다. 새로운 것은 그것들이 야기할 수 있는 피해의 정도와 그것으로 영향을 받는, 그것도 흔히 파멸적인 피해를 입는 사람들의 숫자가 막대해졌다는 것이다. 점점 따뜻해지는 세계에서 그러한 재해의 발생 빈도는 바다에 대한 우리의 취약성과 마찬가지로 증가할 가능성이 크다. 방글라데시는 우리를 기다리고 있는 것이 어떤 것인지를 보여주는 생생한 단면인 셈이다. 서서히 위협의 기미가 드러나고 사람들이 이미 고통을 받고 있는 이 초기 국면에서는 앞으로도 예전과 다를 바 없을 거라는 막연한 기대는 버리는 것이 현명한 처사일 것이다. 곧 닥칠 위기는 방글라데시만의 문제가 아니라 우리 모두에 영향을 미치는 문제다. 결국에는 우리 모두에게 영향을 미칠 것이기 때문이다. 우리는 유엔 헌장의 2조 1항, "생존 수단"에 대한 권리를 보장하는 조항을 기억해야 한다. 해수면 상승과 그 결과는 방글라데시와 여타 지역에서 그 권리를 위협한다. 최후의 수단으로 방어 전략, 수천 명이 아니라 수백만 명을 위한 관리된 이주 전략이 전면에 부각될지도 모른다.

12

섬들의 딜레마

[알래스카, 태평양, 인도양]

서기 1100년 초 여름, 알래스카, 북극해의 한 보초. 얼음이 둥둥 떠 있
는 잔잔한 앞바다에 카약 한 척이 천천히 떠내려간다. 오른쪽으로 고개
를 돌리면 사냥꾼의 눈에는 잘 띄지 않는 섬의 여름 야영지에서 가는 연
기 기둥이 피어오르는 것을 볼 수 있다. 그는 숨을 쉬러 올라오는 물개를
찾아 쉴 새 없이 수면 위를 훑어본다. 얼음은 올해 일찍 물러갔다. 어두
운 겨울날 들었던 이야기로 기억하는 그의 할아버지 시절에 그랬던 것보
다 훨씬 더 이르게 물러갔다. 그의 사냥감이 작은 유빙 옆에 떠오른다.
사냥꾼은 가만가만 노를 저어 접근한 다음 카약이 표류하게 내버려둔 채
작살을 던질 자세를 잡고 기다린다. 작살이 휙 날아가고 수면에 물결이
인다. 상처 입은 물개가 잠수하자 작살의 부표와 줄이 물개가 있는 지점
을 표시한다. 몇 시간 뒤 카약은 죽은 사냥감을 끌고 물가로 돌아온다.

이때 거센 바람이 바다 쪽에서 불어온다. 사냥꾼과 그의 친족들은
재빨리 물개의 사체를 해변으로 끌어올리고 카약을 안전한 곳으로 옮긴

다. 여자들이 물개의 내장을 빼고 가죽을 벗겨 해체하는 동안 남자들은 점점 거세지는 폭풍과 높아지는 밀물을 지켜본다. 곧 파도가 말 그대로 발밑에서 부서지고, 바닷물이 폭포처럼 가죽 야영 천막 가까이까지 쏟아져 들어온다. 다시금 여름 야영지가 공격을 받고 있다. 사냥꾼들은 필요하면 언제든 더 높은 지대로 옮겨갈 수 있도록 보조 해변에 끌어올려놓았던 커다란 가죽 보트를 말없이 준비한다. 몇 시간 만에 섬은 버려지고 넘실거리는 파도 너머로 거의 보이지 않는다. 사람들은 계속 다른 곳에 야영지를 차려왔지만 여러 세기 동안 사냥을 해온 곳으로 다시 돌아갈 거라는 사실을 알고 있다.

해수면의 변화는 북아메리카의 북극권에서 역사가 깊다. 기원전 2500년경 베링 해 주변의 해수면 상승이 둔화하면서 그 해안선을 따라 해변이 형성되었다. 고기잡이와 해양 포유류 사냥이 이후의 여러 세기 동안 번성한 가운데 인간의 정주지는 점차 오늘날의 캐나다 동부 안쪽까지 북쪽으로 멀리 퍼져나갔다. 일부 집단이 허드슨 만 북부 연안과 캐나다 북극해 제도 남부의 사냥감과 물고기, 해양 포유류가 풍부한 지역들에 정착했다. 여러 지질학적 요인들이 결합하여 해수면이 낮아지자 사람들은 물가에 가까이 머물기 위해 야영지를 옮겼다. 해수면은 지역에 따라 오늘날의 해수면보다 60미터까지 하강하거나 4미터 정도 상승했다.[1] 현지의 생존은 상당 부분 빙판 끝자락, 겨울에는 숨구멍에서 하는 물개 사냥에 의존했다. 사냥꾼들은 몇 시간 동안 엎드린 채 물개가 숨을 쉬러 나오는 순간을 기다렸다. 재빨리 작살로 찌른 다음에는 얼음의 구멍을 넓히기 위해 무기 끝으로 얼음을 열심히 깎아냈다. 그렇게 해야만 물개가 작살을 꽂은 채 사냥꾼까지 물속으로 끌고 가버리기 전에 얼음 위로 물개를 끌어올릴 수 있다.

우리가 아는 한 북부 해안과 섬을 따라 분포해 있던 연안 인구는 카리부* 떼가 많은 곳을 제외하면 극히 희박했다. 기원전 700년경 이후, 훨씬 더 효과적인 작살을 비롯해 해양 포유류 사냥 기술의 발달은 북극해 전역의 연안 생활을 혁명적으로 뒤바꿨다. 고고학자 오언 메이슨의 표현을 빌리면, 베링 해협 전역에서의 삶은 "분열되고 끊임없이 변하는 충성심과 다양한 기원들, 제한된 거주 범위로 이루어진 작은 마을들이 뒤섞인 삶"이었다.[2] 많은 공동체들이 보초와 낮은 하구를 따라 정착해 어류와 해양 포유류의 계절적 이동을 활용했다.

1300년경, 기온이 더 온화했던 중세 온난기 동안 카약과 대형 가죽 배가 있어 이동성이 매우 높았던 수렵 집단들이 베링 해협부터 북극해 연안을 따라 분포했다. 배 덕분에 그들은 본거지에서 멀리 떨어져 있는 빙원 사이의 좁은 물길을 따라 난 물개의 이동 경로를 좇아 넓은 영역을 이동할 수 있었다. 온난기에는 빙하가 덜 성장해서 그들은 연안 가까이에 자리한 얼음이 없는 수로를 따라 봄에는 동쪽으로, 가을에는 서쪽으로 이동하는 고래도 잡을 수 있었다. 이 시기가 오늘날의 에스키모 공동체의 조상들이 베링 해협 북쪽의 축치 해 연안을 따라 바닷가의 상당 부분을 보호해주는 낮은 보초에 여름 야영지를 두었던 시대였을지도 모른다. 그들의 후손들은 여전히 빙원과 해안을 따라서 사냥을 하며 살지만 그때와는 적지 않은 차이가 있다. 임시 야영지는 지구온난화 때문에 매년 얼음이 녹는 시기가 빨라지고 있는 시대에 영구적인 마을이 되었다.

인터넷상의 간단명료한 정의에 따르면 보초는 "파도와 해류의 활동으로 본토에 평행하게 형성된 길고 비교적 좁은 섬으로, 큰 파도와 밀려드는 조수에 의한 침식으로부터 해안을 보호하는 역할을 한다".[3] 보초는 종종

---

* 북미산 순록.

해수면이 상승할 때 침수되는 강 유역 입구나 퇴적물이 쌓여서 삼각주를 형성하는 강어귀에 발달한다. 국지적, 지질학적 특성과 해수면 변화, 식생, 파랑 활동은 보초에 영향을 미칠 수 있는 여러 요인 가운데 일부일 뿐이다. 지난 5,000년간 해수면 상승은 무수한 보초를 생성해왔는데, 특히 북극해와 북대서양에 그 수가 많다. 해수면이 보다 안정적이었던 남반구에서는 보초가 덜 나타난다. 2,000개 이상의 보초가 알려져 있는데, 그중 다수는 고성능 위성사진으로 확인된다. 보초는 미국 동해안을 따라 형성된 것과 같이 하구가 얕으며 지질학적으로 안정된 해안을 따라 가장 흔하게 생성된다. 전 세계 보초의 4분의 3 정도가 북반구에 있고, 그중 대다수는 해수면이 다른 어느 곳보다 빠르게 상승하고 있는 고위도 북극해 권역에 있다.

북극해의 보초들은 지구의 어떤 지형보다도 기후변화에 취약하다. 수천 년 동안 영구동토층과 해빙은 폭풍이 몰아치는 동안 보초가 파도 때문에 손상되는 걸 막아왔다. 이제 해수면은 지질학적인 기준에서 볼 때 급상승하고 있다. 멀리 북쪽의 섬들은 미국 남쪽의 보초들보다 서너 배 빨리 침식되고 있다고 한다. 침식이 가속되면 북극해의 많은 섬들은 사라지고 그 위에서 살아가는 에스키모 공동체들도 불확실한 미래에 직면하게 될 것이다.

현재 축치 해를 따라 있는 대부분의 마을에는 1년에 아홉 달 동안 바로 문 앞에 얼음이 있는—적어도 최근까지는 그랬다—기후로부터 거주자를 보호하기 위해 고도로 단열 처리된 정부 지급 주택들이 옹기종기 모여 있다. 요즘에는 알래스카 슬로프를 따라 물가에 얼음이 없는 상태가 4달 혹은 더 길게도 이어지며, 더 남쪽에 있는 지역에서는 얼음이 없는 기간이 그보다 더 길다. 가을과 겨울의 폭풍은 한때 해변을 자연적 방조벽으로 만드는 데 도움이 되었으나, 이제는 녹아가는 영구동토층을 때

바다의 습격

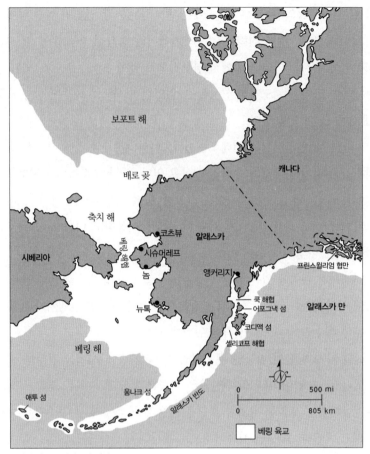

12장에 나오는 알래스카 지역.

리는 바람에 연약한 보초에 부딪혀 부서지는 파도만 불러올 뿐이다. 해수면 상승과 급속하게 진행되는 침식의 결합은 북극해 보초를 오랫동안 이용해온 공동체를 망가뜨리고 있다. 미국 정부는 최소한 12곳의 아메리카 원주민 마을이 파멸할 가능성에 직면해 있다고 추정한다. 또 다른 연안 공동체 22곳은 어떤 형태로든 해수면 상승과 그에 따른 결과로부터의 즉각적인 보호를 필요로 할 것이다. 여전히 자급자족 수렵인으로 살아가는 이 마을들의 주민들은 예전에는 변화하는 기후 환경과 계절 앞에서 쉽게 이동했다. 수렵 전략이라는 측면에서는 충분히 이해할 수 있지만 최적의 정주지는 아닌 장소에서 영구적으로 살아가는 것은 이 고립된 공동체들이 고대에는 도저히 상상할 수 없었던 방식으로 해수면 상승에 무척 취약해지게 만들었다.

축치 해 연안의 시슈머레프는 6킬로미터 길이 섬 위에 자리한 정주지로, 580명의 자급자족 수렵인이 살고 있다. 인간은 적어도 4,000년 전부터 이곳을 찾아왔는데, 사실은 그보다 훨씬 전부터였을 것이다. 최근까지 에스키모 족은 이 섬을 겨울 야영지로 이용하고 여름에는 다른 섬들에 있는 야영지로 흩어져 살아가는 삶을 영위해왔다.[4] 19세기 말, 시슈머레프가 내륙에 있는 금광에 물자를 공급하는 항구가 되면서 영구 정착이 시작되었다. 이제 공동체는 장기적인 생존을 위한 선택지가 제한된 가운데 해수면 상승으로 심각한 위협에 처해 있다.

한 가지 방안이 한동안 채택되었다. 해안 방어 시설을 건설하는 것이었다. 1950년대 이후로 주민들은 기름통과 모래주머니, 그리고 생활 폐기물까지도 포함한 다양한 수단을 이용해 폭풍에 맞서 정주지를 보호하려고 애썼다. 1984년 시슈머레프는 철사 바구니에 돌을 채운 520미터 길이의 방조벽을 건설했다. 폭풍은 재빨리 방조벽 뒤의 모래를 제거했지만 방조벽은 실제로 해안 후퇴 속도를 늦췄다. 그다음은 시멘트 블록을 굵은 철제 케이블로 연결해 콘크리트 보강용 철망처럼 만든 방벽이 등장했다. 해안 사구에 맞대어 설치된 이 방벽은 해빙이 와서 밀어낼 때 구부러지도록 설계되었다. 그러나 이 방벽은 금방 실패했다. 성공한다 해도 방벽으로 둘러싸인 구역은 실제로는 문제를 악화시킨다. 바다가 보호 구역의 양 측면을 깎아내면서 마을을 툭 튀어나온 곳으로 만들어 폭풍이 일으키는 파도에 더 만만한 표적으로 만들고 있기 때문이다. 공동체를

바다에 처박힌 집. 2006년 9월 27일 알래스카 시슈머레프. AP Photo/Gabriel Bouys/Newscom.

보호하기 위한 방조벽 사업에 2006년 후반까지 3,400만 달러가 들어갔
는데, 600명이 채 못 되는 주민을 보호하기 위해 천문학적 비용을 들이
고 마을 건물 전체를 합한 것보다 훨씬 더 비싼 비용을 지불한 셈이다.

그렇다면 두 번째 선택지가 있다. 섬에 남는 대신 위협받는 집들을
새로운 위치로 옮기는 것이다. 1997년에 폭풍이 있은 후 18채의 집이 물
가에서 안쪽으로 옮겨졌다. 그러나 섬 어디로 집을 옮기든 진행 중인 침
식에 여전히 위협을 받는 상황이므로, 장기적 생존을 위한 유일한 길은
터무니없을 만큼 비용이 많이 드는 높은 방조벽으로 보호되는 공동체일
것이다. 그러한 적응 시나리오는 폭풍 대피소의 건설과 심한 악천후로
촉박한 상황에서도 실행될 수 있는 소개 계획의 준비도 요구할 것이다.

세 번째 선택지는 이웃 마을이나 앵커리지, 코츠뷰, 놈 같은 더 큰
공동체로 옮겨가는 것이다. 인근의 자급자족 기반의 마을들에 합류하는
것은 수세대 전으로 거슬러가는 전통적인 적대 관계의 복잡성은 차치하

고라도 현지의 식량 자원을 위협할 것이다. 도시나 소도시로 이주하는 것도 여러 세기 전부터 이어져온 자급자족 생활 방식이자 한때 번영했던 문화에 마지막까지 남아 있던 요소의 즉각적 상실을 의미할 것이다. 코츠뷰와 놈은 각각 인구가 3,000~4,000명 규모로, 주민들을 받아들일 준비가 되어 있지만 사냥꾼과 고기잡이들이 도시의 시장 중심 경제에서 어떻게 스스로 생계를 유지할 수 있을 것인가? 설상가상으로 그들은 술 한 방울 구경할 수 없는 공동체에서 고질적인 알코올중독이라는 심각한 문제를 안고 있는 도시로 오게 될 것이다.

네 번째 선택지도 있다. 시슈머레프와 위협받는 다른 보초 공동체를 고지대로 옮기는 것이다. 이 발상은 1973년에 처음 논의되었지만 2002년이 되어서야 주민들은 몇 년에 걸쳐 새로운 장소로 옮겨가는 방안에 표를 던졌다. 시슈머레프가 옮겨갈 본토의 새로운 장소는 석호 너머의 웨스트 낸터크로 알려져 있다. 2004년 공병단의 연구에 따르면 137채의 집을 겨울에 얼어붙은 석호를 가로질러 옮기고 약간의 추가적인 조립 주택을 바지선에 실어오는 데 총 1억 8,000만 달러가 소요될 것으로 추정된다. 연방 정부가 마을과 새로운 포구를 위한 기간 시설 일체를 비롯해 모든 비용을 댈 것으로 예상된다. 시슈머레프는 사라지기 전까지 10년에서 15년 정도 시간적 여유가 있을 것 같다. 반면 이주 계획은 빙하가 움직이듯 느릿느릿 진행되고 있다.

알래스카의 다른 해안 마을들도 해수면 상승과 씨름하고 있는데 그 중에는 시슈머레프보다 상당히 남쪽에 자리한 닝릭 강변의 뉴톡이 있다. 이곳은 베링 해협에 가까워서 적어도 2,000년 동안 어부들과 사냥꾼들이 찾아왔었다. 300명가량의 유픽 에스키모 족이 갈수록 폭이 넓어지는 강에 의한 침식 때문에 급속히 씻겨나가고 있는 마을에 살고 있다. 문제의 주범은 기온 상승이다. 기온 상승은 빙판을 감소시키고, 폭풍해일을

바다의 습격

더 자주 불러오며, 베링 해협에 맞서 완충제 역할을 하고 뉴톡에 견고한 기반을 이루는 영구동토층을 녹인다. 이제 기반은 흐물흐물한 진흙으로 바뀌고 있고, 오래된 학교와 마을 교회를 비롯한 건물들은 휘어지고, 가라앉고 있다. 건물들을 연결하는 나무 널빤지 길은 진흙탕 위에 말 그대로 떠 있는 형국이다. 강은 마른땅을 매년 27.5미터씩 먹어치운다. 뉴톡은 해수면 아래에 있고, 가라앉고 있다. 닝릭과 인근 진창 사이에 낀 섬이 된 셈이다. 마을은 10년 정도 후에는 사라질 것이다.

　뉴톡에는 한 가지 미래밖에 없다. 14.5킬로미터 떨어진 넬슨 섬으로 마을을 옮기는 것이다. 넬슨 섬은 뉴톡이 2003년에 미국 어류 및 야생동물국과의 토지 교환으로 획득한 땅이다. 그들은 새 정주지에 "웅덩이에서 물을 얻는다"는 뜻인 머타빅Mertarvik이란 이름을 붙였다. 그런 다음 마을 주민들은 새로운 정주지의 기간 시설을 짓기 위해 필요한 원자재를 내릴 바지선 선착장 건설 자금을 확보했다. 기간 시설은 천천히 설치되고 있다. 주택 건설은 2011년에 시작되었다. 이주 비용은 아직 알려지지 않았지만 가구당 200만 달러라는 정부 추산액은 터무니없이 높은 것 같다.

　허리케인 카트리나처럼 순식간에 전개되는 기후 재해 때문에 발생하는 피해를 입은 공동체에는 즉각적인 긴급 예산 편성이 가능했다. 그러나 고립된 자급자족 농촌을 수십 년에 걸쳐 천천히 죽음으로 이끌어가 결국에는 파멸시키는, 천천히 진행되는 재난에 직면한 공동체에 자금을 지원하는 예산 조항은 연방 정부에서든 주 정부에서든 통상적으로 찾을 수 없다. 이 모든 방안 가운데 비용이 적게 드는 것은 없으며, 여러 세기 동안 조상들이 살아온 터전과 완전히 고리를 끊어야 하는 현지 주민들에게도 쉬운 것은 하나도 없을 것이다.

　그나마 뉴톡과 시슈머레프, 그 외의 알래스카 마을들은 근처의 고지대로라도 옮겨갈 수 있다. 누군가가 이주 비용을 댄다면 말이다. 하지만 태평양과 인도양 섬나라들의 경우는 다르다. 만약 우리의 집이 물에 완전히 에워싸여 해수면 위로 고작 몇 미터 위로 나와 있다면 어떤 일이 벌어질 것인가?

폴리네시아 환초에서 살면서 대양의 파도가 부서지는 소리를 무시할 수는 없다. 우리는 해수면에서 기껏해야 4, 5미터 위에 있다. 심한 폭풍이 강타하면 물에 흠뻑 젖을 게 거의 분명하다. 과거에는 그렇게 고립된 작은 땅덩이에서 생활을 지속적으로 영위하려면 물뿐만 아니라 일단의 적응 전략도 필요했다. 그 결과 인간이 거주하는 폴리네시아의 환초는 모두 인공적으로 변형된 환경이 되었다. 환초에는 모두 방조벽과 남태평양의 주식 뿌리 작물인 토란을 재배하는 구덩이가 갖추어져 있고, 그곳 토양은 종종 인간이 거주하면서 나오는 생활 폐기물로 형성되었다. 몇몇 식물들도 언제나 식량과 필수적인 원자재를 제공해왔다. 코코넛은 수분과 과육, 섬유질 잎사귀를 제공하며, 판다누스 역시 식량과 잎사귀를 제공한다. 둘 다 소금기 있는 열대 해변 환경에서 잘 자란다. 빵나무와 토란은 재배가 가능한데, 둘 다 물이 필요하고 토란은 잎사귀와 다른 유기물 잔해로 덮인 인공 구덩이에서 자란다. 생존은 자연히 아우트리거와 쌍둥이 카누를 타고 가는 장거리 항해를 통해 유지된 다른 섬들과의 사회적 접촉과 교역에 의존했다.

아래서 설명하는 투발루와 키리바티는 다른 미크로네시아 섬들처럼 서쪽이 아니라 폴리네시아 중심부 남쪽에서 온 사람들이 정착한 곳으로, 폴리네시아 외곽에 있다. 폴리네시아 섬들을 대상으로 한 집중적인 방사성동위원소 연구에 따르면 피지와 사모아 제도에서 동쪽으로 최초의 항해를 떠난 것은 11세기 무렵이다. 투발루와 키리바티에 첫 정주민이 나타난 것은 대략 그 무렵이었을 것이다. 하지만 정확한 것은 모른다.[5]

일단 사람이 작은 섬에 정착하면 아무리 외딴 섬일지라도 한 장소에 갇혀 있지 않았다. 투발루와 키리바티의 세계에는 활발한 이동이 존재했는데, 폴리네시아의 어떤 섬도 수평선 너머의 다른 섬들과 완전히 고립되지 않았기 때문이다. 그것이 폴리네시아 사회의 힘이자 공격해오는 바다에 맞설 수 있는 가장 위대한 무기였다. 금방 다른 곳으로 이동할 수 있는 능력이었다. 지난 세기에 식민 세력들이 설정한 경계선은 인구가 빠르게 증가하는 이 시대에 인공 장벽을 만들어낸다. 보다 유연했던 고대 세계는 더 이상 존재하지 않는다. 태평양의 많은 섬들이 고도로 경쟁적인 글로벌 세계에서 독립국가로서의 불확실한 미래에 직면해 있다.

투발루는 오스트레일리아와 하와이 중간의 태평양 중심부에 네 개의 암초 섬과 다섯 개의 환초로 이루어져 있다.[6] 국토 면적이 26제곱킬로미터인 투발루는 세계에서 네 번째로 작은 나라이다. 모나코와 나우루 공화국, 바티칸시티만이 그보다 작다. 아홉 개의 섬 중 여덟 개의 섬에 1만 500명의 주민이 살고 있는데, 가장 높은 지대의 해발고도도 고작 4.6미터에 불과하다.

아마 피지나 사모아에서 왔을 것으로 추정되는 사람들을 실은 카누 몇 대가 최소한 1,000년 전쯤 투발루에 도착했다. 유럽인과의 산발적 접촉은 에스파냐의 항해가 알바로 데 멘다냐 데 네이라가 남쪽에 있다는 거대한 대륙, 신화의 땅 테라 아우스트랄리스를 찾아 1568년에 군도 사이로 항해했을 때 시작되었다. 그는 투발루에 상륙하지는 못했다. 이따금 찾아오는 고래잡이들을 제외하면 19세기까지 낯선 방문객들은 드물었고, 이방인의 상륙은 언제나 어려웠다. 그럼에도 "블랙버더blackbirder"라고 불리는 노예무역상들은 1862년부터 1865년 사이에 400명에 가까운 사람들을 섬에서 빼내 페루 앞바다 친차 제도의 악명 높은 구아노 광산에서 노역을 시켰다. 1865년경에는 기독교 선교사들과 외국인 무역상들이 섬에서 활동 중이었고, 1916~1974년까지 투발루는 영국 식민지 길버트 앤드 엘리스 제도의 일부였다. 1978년 투발루는 영연방 소속 독립국이 되었다. 하지만 걷잡을 수 없이 상승하는 태평양 위로 단 몇 미터 솟아 있는 이 나라는 심각한 환경 위험에 처해 있다.

투발루 정부는 전 국토를 물에 잠기게 할지도 모를 지구온난화와 해수면 상승에 관해 깊이 우려하고 있다. 해수면 상승이 없다 하더라도 섬들은 파괴적인 파랑 활동에 극도로 취약하다. 일례로 2차 대전 당시 푸나푸티 제도에 공항을 건설하면서 부두 건설과 해변 매립, 수심이 깊은 접근 수로 굴착도 같이 이루어졌다. 1940년대의 이러한 인공적 변형은 국지적으로 파도의 패턴을 바꾸어놓아, 이제는 해변을 만들고 다시 채우는 모래가 전보다 적게 쌓인다. 굶주린 파도는 이제 전보다 빠르게 물가를 집어삼키며 침식하고 있다.

해수면 상승과는 별개로, 남반구의 여름이 끝날 때 발생하여 정상적인 만조 한계선보다 해수면이 더 올라가는 이른바 초대형 밀물이라는 걱정거리도 있다. 해수면 상승을 계산에 넣지 않더라도 그러한 밀물은 이미 공항을 비롯해 저지대를 침수시키고 있다. 대양 쪽에 형성되어 있는 좁은 띠 모양의 폭풍 사구는 투발루 섬에서 가장 높은 지대이다. 그러나 이따금 접근하는 사이클론이 이러한 지형을 무너뜨려 섬 주민들은 또다시 해수면 상승에 취약해진다. 게다가 심각한 악천후는 앞으로 더 자주 발생한 전망이다. 만조와 사이클론만으로도 혼란을 야기하기에는 충분하다. 다음 세기에 20~40센티미터 상승할 것으로 예측되는 해수면의 변화를 고려하지 않더라도 말이다. 만약 해수면이 그 정도로 상승한다면 투발루에서는 더 이상 사람이 살 수 없다.

1980년 이후 인구가 두 배 이상 증가했다는 사실과 빈약한 해안 관리의 역사를 고려할 때 자립 국가로서의 투발루의 미래는 좋게 말하려

바다의 습격

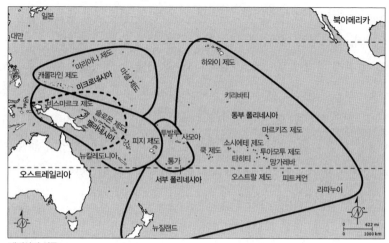

태평양의 섬들.

해도 불확실하다. 투발루 같은 작은 섬들에게는 선택지가 거의 없다. 물러날 땅도 없고, 잠식해오는 바다에 맞서 방조벽을 건설하거나 바다를 간척하는 방안은 조금도 경제적이지 않다. 다른 섬이나 오스트레일리아, 뉴질랜드, 아니면 수천 명의 섬 주민을 흡수할 공간이 있는 여타 지역의 이주라는 선택만 남아 있다. 다른 곳에서와 마찬가지로 투발루 섬은 선조들과 뿌리 깊게 연계되어 있으므로, 현재로서는 고향 땅을 영구적으로 떠나려는 사람이 1,000명 중 7명 이하일 만큼 거의 없다. 뉴질랜드의 농업 부문에서 계절적 고용 방식으로 투발루와 다른 태평양 섬들에서 최대 5,000명의 노동자들을 받아들일 수 있으며, 그러한 계획을 오스트레일리아까지 확대하는 방안이 논의되고 있으나 이것이 사라져가는 군도에 영구적인 해법은 되지 못한다.

일부 논평가들은 투발루의 전 국민을 오스트레일리아나 뉴질랜드 혹은 피지 군도의 주요 섬인 바누아레부 인근의 키오아 섬으로 이주시킬 것을 요구한다. 키오아 섬은 1947년 이래로 투발루 출신 정착자들이 자유 보유권을 가진 토지였다. 그러나 키오아 섬으로의 대규모 이민에는 경제적, 정치적인 어려움이 따르며 당장 실행에 옮길 수도 없다. 투발루의 전 총리 마티아 토아파는 정부가 국민을 전부 소개시켜야 할 만큼 위협이 크다는 인식을 갖고 있지 않다고 지적한다. 더 직접적인 걱정거리는 심각한 물 부족으로, 이는 라니냐 현상 때문에 야기되는 가뭄 동안 특히 심각하다. 2011년의 긴 가뭄 때는 결국 식수를 배급할 수밖에 없었는데, 투발루의 수도가 있는 환초 푸나푸티에서는 1일 배급량이 가구당 두 양동이로 제한되었다. 앞으로 올 세기에는 탈염 식물이 주요 수원이 될 가능성이 크다. 물론 그때까지 섬에 사람이 살고 있다면 말이다. 다행스럽게도 다른 태평양 섬들과 달리 투발루는 만약 국토의 영구적 포기라는 심각한 상황이 발생할 경우 섬 주민 전부를 위해 공간과 토지를 제공하겠다는 뉴질랜드 정부의 확약을 받은 상태이다.

키리바티는 32개의 환초와 바다 위에 솟은 한 개의 산호섬으로 구성된 중앙 태평양의 작은 나라로, 섬 가운데 어느 것도 해발고도가 2.3미터를 넘지 않는다.[7] 약 11만 1,000명의 인구가 350만 제곱킬로미터의 면적에 흩어져 있는 21개의 섬에 살고 있으나, 그중 대다수가 주도인 타라와에 거주하여 인구 과밀 문제가 심각하다. 세계에서 가장 가난한 나라 가운데 하나인 키리바티는 지구 기후변화의 최전선에 있다. 해수면이 상승하면 몇 세대 만에 섬들이 모조리 잠길 수도 있기 때문이다. 키리바티는 전체가 해안 지역이다. 폭풍과 해일 그리고 점점 높은 파도가 잦아지는 시대에 키리바티 섬은 지속적인 공격에 노출되어 있다. 공식적인 조수 기록에 따르면 1992년 이래로 연간 3밀리미터 정도씩 해수면이 상승했다. 하지만 주기적인 엘니뇨 현상으로 해수면이 높아지는 한편 라니냐 현상으로 보다 소규모의 해수면 상승과 심지어 약간의 하강도 야기되는 이 시점에서 그러한 데이터를 그대로 받아들이기에는 문제가 많다.

해수면 상승은 문제의 일부일 뿐이다. 만약 50센티미터가 상승할 것이라는 전망—이것도 적게 잡은 수치일 수 있다—이 현실화된다면 해수면 상승에 동반한 기상이변이 훨씬 더 해롭다. 이미 해안 침식은 곳곳에서 진행 중이다. 3.5미터 정도의 높은 파도는 방조벽을 넘어 코코넛 나무와 파파야 나무를 쓰러뜨리고 주택과 정원을 침수시킨다. 세계은행의 한 보고서에 따르면 인구의 절반 이상이 살고 있는 타라와 남부 지역의 4분의 3이 2050년경까지 침수될 것이라고 한다. 같은 시기에 북부 지역의 80퍼센트도 해수면 상승과 폭풍해일로 물에 잠길 수 있다. 여러 측정 통계치는 정신이 번쩍 들게 하는 데이터를 제공하면서도 한편으로는 훨씬 더 심각한 일촉즉발의 현실을 가리기도 한다. 유난히 규모가 큰 초대형 밀물이 경작지를 바다로 쓸어가고 마을을 쑥대밭으로 만들고 있을 뿐 아니라 민물 우물도 오염시키고 있다. 바다에 집을 잃은 사람들은 보다 높은 지대로 옮겨가고 있지만 갈 곳이 없는 경우가 너무 많다. 염수 침투는 이미 지하수 변화에 민감한 토란 농사에 영향을 미치고 있으며, 키리바티 경제의 중요 요소인 코프라(건조 코코넛 과육)를 제공하는 코코넛 나무도 마찬가지 상황에 처해 있다. 태평양 앞에서 육지가 줄어들고 해수가 우물을 오염시키면서 섬 주민들은 심각한 물 부족에 직면해 있다. 빗물이 스며들어 타라와 지하에 생성된 담수층freshwater lens*을 빠르게 고갈시키는 다수의 시추 구멍을 설치했지만 물 부족은 여전하다.

키리바티 국민들은 조상들의 땅에 깊은 애착을 품고 있지만 먼 이웃인 투발루 국민들처럼 선택의 폭이 제한된 미래에 직면해 있다. 타라와

---

* 밀도가 더 높은 해수층 위에 볼록하게 형성된 담수층을 말한다. 흔히 작은 산호섬이나 석회암 토양 섬의 지하에 해수면 높이나 그보다 다소 낮은 높이에 형성된다.

의 인구밀도가 도쿄의 약 세 배인 1제곱킬로미터당 1만 5,000명이라는 현실에 섬 주민들은 할 수 있는 한 적응해왔다. 방조벽도 얼마간 있지만 폭풍해일에 맞서는 데 필요한 대규모 방어 시설의 건설은 감당할 수 없다. 장기적 해법은 하나뿐이다. 무계획적이지 않고, 조직적이고 세심하게 관리되는 방식의 해외 이주다. 하나당 약 20억 달러의 비용이 들 것으로 추정되는 유정 굴착 장치 같은 인공 섬을 건설하자는 논의도 있었지만 아무런 소득이 없었다. 이제 정부는 환경난민들을 이주시키기 위해 피지 군도의 비투레부 섬에 2,400헥타르의 땅을 매입하는 방안을 논의하고 있다.

해수면 상승은 훨씬 더 복잡다단한 문제의 일부이다. 다시 말해 감지하기 힘들 만큼 미세한 변화라 많은 키리바티 국민들은 이를 위협으로 여기지 않는다. 사실 키리바티나 투발루 군도 대부분이 1세기도 안 걸려 물에 잠길 것이라는 전망을 믿기 어려운 것은 사실이다. 그에 비해 급증하는 섬 인구와 오염된 상수도, 유난히 높은 밀물과 해일에 의한 농경지 상실은 당면한 관심사다. 침수된 주택과 마을들, 후퇴하는 해안선도 마찬가지다. 식량 자원도 압력을 받고 있다. 이 모든 요인들이 합쳐지면서 섬 주민들이 선택할 수 있는 폭은 심각하게 제한되어, 키리바티 국민들이 아무리 내켜하지 않는다 해도 가능한 해법들은 모두 결국에는 해외 이주를 골자로 하게 된다. 그렇다면 난민들은 어디로 가게 될 것인가? 지금 시점에서는 아무도 알 수 없다.

오스트레일리아 정부는 인구 과밀과 기후변화로 위협받는 고향으로 돌아가는 대신 오스트레일리아에 남는다는 전제 아래, 간호 등의 부문에서 고용될 수 있도록 소수의 젊은 키리바티 국민들에게 직업 훈련을 지원하고 있다. 키리바티 대통령은 "품위 있는 이주"로 불리는 이 프로그램을 지지한다. 그러한 제한된 계획들은 다른 환경에 적응하여 키리바티

바다의 습격

공동체를 건설할 시간을 얻을 수 있게 점진적으로 이주하려는 사람들에게 경제적 유인을 제공한다. 그러나 이주라는 쟁점은 몇 가지 직업 훈련 프로그램보다 훨씬 큰 문제이며, 해수면 상승이라는 문제가 존재한다는 현실 자체를 믿지 않으려고 하는 많은 섬 주민들 때문에 더 꼬이고 있다. 주민들의 다수는 독실한 기독교도로, 그들은 자신과 후손들이 앞으로도 평화롭게 살아갈 수 있도록 하느님이 섬의 고도를 조금씩 높여줄 거라고 믿고 있다.

키리바티와 투발루는 대양 앞에서 불확실한 미래와 대면하고 있는 태평양의 여러 섬들 가운데 두 곳일 뿐이다. 그러한 섬들은 저지 연안 국가와 작은 섬나라들의 정부 간 조직인 군소도서국가연합Alliance of Small Island States을 구성했다.[8] 이 적극적인 로비 집단은 온실가스 배출 효과를 완화하기 위해 진지한 노력을 기울일 것을 주장하고, 해수면 상승과 여타 지구온난화의 양상들을 완화하려는 회원국들의 노력을 지지해줄 것을 촉구한다. 인도양의 코모로 제도와 모리셔스, 세이셸, 몰디브 제도와 더불어 14개의 태평양 섬나라들이 회원국으로 가입해 있다.

9만 제곱킬로미터에 걸쳐 1,190개의 섬으로 이루어진 나라인 몰디브는 눈이 시리도록 투명한 청록색 바다와 반짝이는 백사장, 천연 산호초를 자랑하는 관광객들의 낙원이다. 일부 섬들은 산호 환초이고, 일부는 고리 모양의 산호초 석호와 우거진 열대 식생으로 뒤덮여 있다. 그리고 30만 명의 주민이 지구에서 인구밀도가 가장 낮은 지역 가운데 하나인 이곳에 살고 있다.

오랫동안 몰디브는 인도와 스리랑카를 잇는 고대 인도양 교역로에 걸쳐 있는 교차로였다. 몰디브의 별보배고둥 조가비는 여러 세기 동안 아시아의 상당 지역과 멀리 동아프리카 해안에서도 통용되는 주요 교환

화폐였다.[9] 인도나 스리랑카에서 이주해와 일시적인 정주지에서 살았던 것으로 보이는 초창기 주민들에 대해서는 알려진 바가 거의 없다. 기원전 3세기에, 갠지스 강을 중심으로 한 제국의 경계 너머로 불교가 멀리 퍼져나간 마우리아 왕조의 아소카 대왕 재위 때로 보이는 시기에 불교가 몰디브에 전파되었다. 14세기 뒤에 불교는 인도양 교역의 중추인 인도 말라바르 해안에서 온 이슬람에 자리를 내주었다. 몰디브 섬에서 이슬람의 이해관계는 별보배고둥 무역을 중심으로 돌아갔다. 1558년 포르투갈 상인들은 이곳에 인도 본토의 고아에서 관장하는 작은 교역소를 설립했으나 금방 밀려났다. 스리랑카에서 포르투갈인들을 대신해 지배 세력으로 자리 잡은 네덜란드인들과 1796년에 네덜란드인들을 몰아낸 영국인들이 몰디브 제도의 지배권을 장악했지만, 현지의 일에는 관여하지 않았다. 결국 몰디브 제도는 1887년부터 영국의 보호령이 되었다가 1953년 독립을 이루고, 술탄의 통치에서 벗어나 공화국이 되었다. 그때부터 섬은 때로 격동의 역사를 겪기도 했지만, 천혜의 아름다움을 활용한 관광 산업이 급성장하면서 경제가 크게 부흥했다. 그러나 그 아름다움은 현재 상승하는 해수면으로부터 공격을 받고 있다.

1997년 교토 기후 회의에서 몰디브의 전직 대통령 마우문 압둘 가윰은 "여러분이 여기서 무엇을 할 것인지 혹은 하지 않을 것인지가 우리 국민의 운명에 크나큰 영향을 미칠 것입니다. 그것은 세계 역사의 경로도 변화시킬 수 있습니다"라고 발언했다.[10] 몰디브 제도의 침수가 세계 역사를 변화시킬 것이라고 상상할 수는 없지만, 고도 2.4미터인 몰디브의 국토가 해수면 상승뿐 아니라 이례적으로 높은 밀물에도 극도로 취약하다는 사실은 아무도 부인할 수 없다.[11] 1987년 그러한 밀물이 수도 말레를 침수시켰다. 19년 뒤 당시 대통령이었던 가윰은 막대한 비용을 들여 거대한 준설기로 대양판에서 모래를 퍼와 얕은 석호에 부어 훌루말레 섬의 높이를 높이고 피난처로 삼았다. 그는 병원과 아파트, 정부 청사를 지었다. 그곳에는 이제 수천 명의 사람들이 살고 있다. 가윰은 5만 명이 그곳을 터전으로 삼기를 바랐다. 2004년의 인도양 쓰나미처럼 보기 드문 기상재해도 낮은 몰디브 환초들에 큰 피해를 안긴다. 해일 파도로 82명이 사망하고 1만 2,000명이 삶의 터전에서 쫓겨났으며, 호화 리조트도 수백만 달러의 피해를 입었다. 2008년 당시 대통령이었던 모하메드 나시드는 스리랑카나 인도에 몰디브 주민들이 정착할 토지를 구입하겠다는 계획을 발표했으나 아직까지 실현된 것은 없다.

해수면이 상승해 몰디브가 상당한 면적의 국토를 잃게 될 때 무슨 일이 벌어질지는 아무도 모른다. 섬에 살고 있는 30만 명의 주민들—인구는 증가하고 있다—은 갈수록 줄어드는 공간을 차지하기 위해 이미 경쟁하고 있으며, 관광 경제는 바다 앞에서 불가피하게 서서히 붕괴할 것이다.[12] 섬 주민들의 1차 식량원이자 경제의 주력 분야인 어업은 오염과 산호의 파괴로 이미 쇠퇴하고 있다. 미래에 가능한 선택은 제한적인데, 값비싼 해안 방벽이나 부도(뜬 섬)는 외국의 상당한 지원을 받는다 하더라도 정부가 동원할 수 있는 자원의 한계를 크게 벗어나기 때문이다. 민주주의적 실험에도 불구하고 오랜 권위주의적 통치 역사를 갖고 있는 땅이 부족한 나라에 폭력 사태가 발생할 것인가? 아니면 전 인구가 가라앉는 섬을 떠나 다른 곳에 정착해야 할 것인가? 미국이 지구온난화와 해수면 상승에 맞서 충분히 노력하지 않는 것에 대해 몰디브가 소송을 벌인다는 말까지 있다. 그러나 현실적으로 볼 때 섬 주민들은 아마도 끔찍한 최후의 순간까지 자신들의 터전에서 살아갈 것이다. 다른 곳으로 떠나는 것은 언제나 가슴 아픈 일이고 어떤 희생을 치르더라도 피하고 싶은 일이기 때문이다.

여기에 작은 섬들의 딜레마가 있다. 그들의 선택지는 저지 해안 평

몰디브의 수도 말레. J. W. Alker. ⓒ Imagebroker/Alamy.

야에 살고 있는 사람들보다 훨씬 제한적이다. 후자의 경우, 최소한 그들에게는 더 많은 공간이 있다. 너울이 수천 킬로미터에 걸쳐 일 수 있는 대양 한복판에서 살아가는 사람들에게 장밋빛 해법은 없다. 그들은 티티카카 호수 한가운데 떠 있는, 토토라 갈대로 만든 40군데의 어촌에서 살았던 우로스 족과는 다른 처지에 있다. 이제 우로스 족도 대부분은 집이 가라앉지 않도록 끊임없이 보수하는 노동에서 벗어나 본토에 거주한다.

작은 섬나라 정부들은 종종 지구온난화와 해수면 상승을 선진국 탓으로 돌리며 자신들의 곤경을 소리 높여 외치고 임박한 침수에 맞서기 위한 재정적인 지원을 요구한다. 하지만 그러한 로비는 대체로 무시당하기 일쑤인데, 먼 섬나라들의 문제는 국제 영역에서 거의 우선적 의제가 되지 못하기 때문이다. 특히 선거 주기에만 사로잡혀 있는 정치인들이 상상할 수 없을 만큼 장기적인 사고를 요구하는 해법인 경우에는 더욱 그렇다. 그러나 해수면이 서서히 상승하고, 폭풍해일과 더불어 기상이변이 더 잦아지며, 갈수록 낮아지는 섬들이 예측 불가능한 쓰나미 때문에

바다의 습격

사형선고에 직면하는 상황에서 방글라데시에서 그랬듯 대규모 해외 이주에 대한 고려가 반드시 필요하다.

보초와 환초들의 위기는 세계가 강의 삼각주들과 본토 해안에 사는 사람들은 고사하고 작은 섬나라의 기후난민들에 대처하기 위한 국제적인 정책도 마련하지 못한 시점에 펼쳐지고 있다. 아직 다급한 화두로 떠오르지 못한 그들의 곤경은 전 세계가 맞닥뜨린 도전으로, 신중하고 국제적인 정책을 요구한다. 혼란에 빠진 채 두려움과 굶주림에 시달리는 수천 명의 이민자들이 그들을 환영해주지 않는 낯선 외국에 도착하기 전에 정면으로 다루어야만 하는 문제인 것이다. 우리는 역사상 최초로 무자비한 왕이나 정복 군대 혹은 박해하는 광신자들이 아니라 변덕스러운 자연적 힘에 의해 촉발되는, 수백만 명의 강제적이고도 비자발적 이주라는 도전에 직면해 있다.

13

세계에서 가장 구불구불한 강

[미시시피 강]

마크 트웨인은 "미시시피 강은 (…) 평범한 강이 아니라, 반대로 모든 면에서 굉장하다"는 기억에 남을 말을 남겼다. 또한 그는 미시시피 강을 두고 "세계에서 가장 구불구불 강"이라고 불렀는데, "어느 구간은 까마귀라면 675마일 날아갈 거리를 1,300마일에 걸쳐 흘러가기 때문이다".[1] 총 연장이 3,779킬로미터에 이르는 강은 어느 기준으로 보아도 엄청나다. 미국 국토의 약 40퍼센트를 아우르는 거대한 삼각형 배수 구역은 아마존과 콩고 강 다음으로 세계에서 세 번째로 넓다. 미네소타 주 아이태스카 호수에서 발원한 강은 중서부 심장부를 관통해 흐른다. 방대한 양의 토사를 대평원에 쏟아내어 "대大흙탕물Great Muddy"이라고도 불리는 미주리 강이 세인트루이스에서 미시시피 강과 합류하며, 오하이오 강은 일리노이 주 카이로에서 합류한다. 카이로 아래에서 미시시피 강은 한때는 멕시코 만이었으나 이제는 퇴적물로 막힌 넓고 낮은 계곡을 통과해 흐른다. 현재 미시시피 강은 그보다 966킬로미터 떨어진 하류에서 멕시코 만과 만

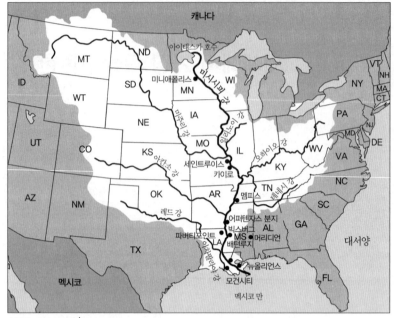

캐나다

아이태스카 호수

ND

MT

ID

SD

WT

미니애폴리스

MN

WI

VT

NH

MA

CT

NY

NE

IA

PA

UT

CO

MO

IL

WV

DE

MD

VA

KS

세인트루이스

카이로

KY

NC

AZ

NM

OK

AR

멤피스

TN

SC

어퍼텐자스 분지

빅스버그

GA

대서양

파버티포인트

레드 강

MS

머리디언

AL

TX

배턴루지

LA

뉴올리언스

FL

모건시티

멕시코

멕시코 만

13장에 나오는 지명.*

난다. 강의 물길은 종종 홍수 퇴적물에 의해 자연적으로 형성된 제방으로 둘러싸인 낮은 평원 위로 구불구불 흘러간다.

　빙하기가 끝나고 멕시코 만의 해수면이 상승한 이래, 미시시피 강은 말 그대로 '삼각주 전환'이란 뜻의 토지 전위[avulsion]라는 자연적 과정을 통해 하류 유역의 평탄한 풍경을 가로질러 구불구불 흐르고 있다. 해수면

---

*ID(아이다호), UT(유타), AZ(애리조나), MT(몬태나), WY(와이오밍), CO(콜로라도), NM(뉴멕시코), ND(노스다코타), SD(사우스다코타), NE(네브래스카), KS(캔자스), OK(오클라호마), TX(텍사스), MN(미네소타), IA(아이오와), MO(미주리), AR(아칸소), LA(루이지애나), WI(위스콘신), IL(일리노이), MS(미시시피), MI(미시건), IN(인디애나), OH(오하이오), KY(켄터키), TN(테네시), AL(앨라배마), NY(뉴욕), PA(필라델피아), MD(메릴랜드), WV(웨스트버지니아), VA(버지니아), NC(노스캐롤라이나), SC(사우스캐롤라이나), GA(조지아), FL(플로리다), VT(버몬트), NH(뉴햄프셔), MA(매사추세츠), CT(코네티컷), NJ(뉴저지), DE(델라웨어).

이 상승하면서 강의 경사는 완만해지고, 유속이 느려지면서 토사가 가라앉아 거대한 삼각주에 엽葉, lobe을 형성한다. 수천 년 동안 거의 변함없이 이어진 이 과정은 마침내 인간들이 미시시피 강을 통제하기 시작하면서 변화가 찾아왔다. 퇴적물이 높이 쌓이고 물길이 막힌다. 그러면 강은 더 가파른 경로를 택해 하류로 흘러간다. 한편 버려진 물길은 점점 물이 덜 흐르면서 바이유bayou*가 된다. 이례적인 봄 대홍수로 야기되는 대규모의 물길 변경은 대략 1,000년마다 일어난다. 가장 마지막에 일어났던 물길 변경은 범람원의 옥수수 밭을 침수시켰겠지만 평지와 바이유에서 살아가던 고대의 농부들과 사냥꾼, 고기잡이들은 큰 어려움 없이 변화에 적응했을 것이다. 현재 미시시피 강의 급격한 물길 변경은 오래전에 아차팔라야 분지나 뉴올리언스 인근 폰차트레인 호수를 관통해 일어났어야 할 일이다. 이번의 물길 변경에 걸린 경제적, 인적 이해관계는 너무도 크며, 뉴올리언스나 배턴루지 같은 도시들에 나타날 결과는 상상하기도 힘들다. 거대한 인공 홍수 방제 시설만이 수백만 명의 사람들과 상류로부터의 재난 사이를 가로막고 있다.

미시시피 강 하류의 강물 대부분은 오하이오 강 그리고 아칸소 강과 레드 강 같은 하류 쪽 지류에서 오며 상류 쪽에서 오는 것은 15퍼센트에 불과하다. 미주리 강에서 유입되는 수량은 훨씬 적지만 대신 막대한 토사가 유입되어 미시시피 강 하류를 따라 흘러간다. 이 모든 요인들은 복잡한 홍수 과정에 작용하는데 모든 주요 지류들이 동시에 범람할 때 특히 문제가 된다. 그러한 재해는 역사적 기억 속에 가득하다. 1927년 미시시피 대홍수는 심각한 범람을 야기하여 강폭이 97킬로미터에 달할 정도였다. 4월 15일 뉴올리언스에 385밀리미터의 비가 내려 도시 일부 구

---

* 소택성 후미. 미국 남부 지역에서 흔히 볼 수 있는 늪처럼 된 강의 지류.

역들은 2미터가 넘게 물에 잠겼다. 1928년 홍수통제법^{The flood control act}에 따라 공병단은 세계에서 가장 긴 제방 시스템을 건설했다. 새로운 제방이 들어서면서 맹렬한 범람으로부터 적어도 얼마간 보호를 받게 되었지만, 홍수와 허리케인이 유발하는 해일에 의한 제방 붕괴라는 고도로 파괴적인 새로운 위협도 상존하게 되었다. 추가적인 온갖 보호책에도 불구하고 제방 아래서 살아가는 많은 공동체들은 잠재적으로 전보다 더 취약해진 셈이다.

주기적인 과정은 결코 변하지 않았다. 거대한 물새 떼가 지금은 미시시피 비행길로 알려진 길을 따라 봄에는 북쪽으로, 가을에는 남쪽으로 이동한다. 수천 마리의 새들은 커다란 미시시피 강 근처 얕은 우각호에 잠시 들러 쉬면서 먹이를 먹곤 했다. 봄과 가을이면 사냥꾼들은 덫과 창을 들고 새벽에 갈대밭에서 기다리곤 했다. 그들은 카누를 이용해 새들을 갈대밭 안의 좁은 물길로 몬 다음 그물로 잡거나, 머리에 오리 모형을 쓰고 아무 낌새도 알아채지 못한 새들 사이로 몰래 헤엄쳐가 물밑에서 발을 잡아당겨 잡았다. 물가로 돌아온 사냥꾼들은 나중에 먹기 위해 새를 말린 다음 기름에 담가 보존했다. 저장은 아주 중요했다. 강을 따라 살아가는 사람들은 모두 7월까지 드넓은 범람원을 침수시키기도 하는 홍수 때문에 식량 부족을 경험해왔다.

기원전 4500년에서 기원전 4000년 사이에 미시시피 강과 그 지류들은 해수면이 안정되면서 유속이 느려졌다. 이제 보다 느리게 흐르는 강에 토사가 축적되었다. 후미 늪지와 우각호가 형성되어, 범람원을 따라 야영을 하는 수렵인들에게는 낙원이 되었다. 그들은 물새 외에 물고기와 연체동물을 주식으로 삼아 번영했고, 풍부한 식물 식량, 그중에서도 특히 가을에 거두는 견과류에 크게 의존했다. 식량 자원이 워낙 풍부했기

바다의 습격

때문에 많은 집단들이 연중 내내는 아니더라도 대부분의 기간 동안 같은 장소에 머물렀다.

기원전 2000년이 되자 미시시피 강 하류는 복잡한 정치적, 사회적 세계가 되었다. 이제 대부분의 사람들은 작은 야영지에 살았지만, 때로는 좀 더 넓은 중심지 주변에 모여 다른 집단들과 복잡한 친족 관계와 불안정한 적대 관계를 맺으며 살기도 했다. 이러한 중심지 가운데 가장 큰 것은 자그마한 촌락과 임시 야영지로 이루어진 세계에서 다소 놀랍게 다가온다. 파버티포인트의 거대한 말발굽 모양 둔덕과 언덕은 미시시피 강 범람원의 메이컨리지 위에 자리 잡고 있다. 여섯 개의 강이 합류하는 지점이자 미시시피 강에서 25킬로미터 떨어진 지점이다. 몇 개의 영역으로 나뉜 여섯 개의 반원형 둔덕은 약 40미터 간격으로 떨어져 있다. 가옥들은 주변을 둘러싼 낮은 지형 위로 솟아 있던 폭 25미터, 높이 3미터가량의 둔덕 꼭대기에 있었던 것 같다. 서쪽에는 높이가 20미터, 길이는 200

루이지애나 주 파버티포인트의 토공. ⓒ Martin Pate.

미터에 달하는 흙 언덕이 서 있다. 바구니로 져 나른 흙이 5,000세제곱미터 넘게 파버티포인트 둔덕에 투입되었다.[2]

곳곳에 포진한 보다 작은 중심지들에 둘러싸인 동심원 형태의 둔덕은 기원전 1650년경에 생겨났다. 미시시피 강 상류뿐만 아니라 아칸소 강과 레드 강, 오하이오 강, 테네시 강에서부터 이국적 원자재를 실어온 장거리 교역로들이 여기서 합류했다. 강물을 따라가는 이 교역로들은 중서부와 남동부 10여 곳의 원광에서 나오고 일부는 수천 킬로미터 떨어진 곳에서 실려온 방연석 같은 이국적 돌과 광물들을 취급한 광대한 교환 네트워크를 결합시켰다.

파버티포인트는 거대한 수수께끼다. 얼마나 많은 사람들이 그곳에서 살았을까? 이곳은 수백 명의 방문객들이 하지나 동지 같은 때 중요 행사에 참가하기 위해 모이던 중심지였을까? 파버티포인트에서 가장 큰 언덕 위에 서면 둔덕 중심을 가로질러 동쪽으로 춘분점과 추분점이 보인다. 이곳은 봄과 가을의 첫날에 태양이 떠오르는 지점이지만, 정말로 제의적 중요성을 띤 곳이었는지는 여전히 수수께끼로 남아 있다. 그러나 파버티포인트가 강의 홍수와 하류의 미시시피 강 삼각주의 변덕에 좌우되는 곳이었다는 것은 분명하다.

커다란 중심지는 범람원 늪지와 우각호, 고지 수렵 영역 가까이에 자리한 자연적 급경사면 근처에 있다. 인근 주요 강들의 상류와 하류를 따라 들어선 사회들과 마찬가지로 파버티포인트 사람들은 수렵채집인이었다. 그들은 해바라기와 조롱박, 호박 같은 여러 토종 작물도 재배했다. 범람원이라는 지형과 그 주변 환경은 상당수의 사람들이 파버티포인트처럼 넓은 장소에서 영구적으로 살 수 있을 만큼 풍부한 식량을 제공했지만, 우리는 여전히 그들이나 그 중심지들 배후의 지도자들에 관해서는 아는 바가 거의 없다. 중심지 사회의 지도자들은 둔덕과 언덕을 쌓기 위

274

해 틀림없이 공동체의 노동력을 조직했을 것이다. 파버티포인트는 1,000년 뒤에 미시시피 강과 그 지류를 따라 번성한 훨씬 더 정교한 족장 사회를 예언하는 전조였다. 그러나 몇 세기 동안 점진적인 인구 성장과 광범위한 장거리 교역이 이루어진 뒤 파버티포인트 사회는 점차 붕괴되었다. 교환 시스템은 기원전 1000년경 이후에 붕괴했다. 그로부터 300년 뒤 파버티포인트는 황폐해졌다. 모두가 다른 곳으로 이주했다. 교역은 둔화되고, 정주지는 작아졌으며, 복잡한 사회라고 할 만한 것은 사라졌다. 중요한 요인은 기후변화였을지 모른다.

미시시피 강 하류 유역에서 기후변화를 추적하는 것은 골치 아픈 일이다. 강둑 붕괴, 커다란 곡류대曲流帶의 이동, 다른 지질학적 과정이 특히 기원전 1000년경에서 기원전 450년 사이에 인간 정주지에 대규모 변화를 가져왔기 때문이다. 이 기간 동안 세계의 광범위한 지역에서 강수량은 더 많았고 기온은 더 서늘했다. 많은 강수량은 특히 네덜란드에서 홍수 증가를 초래했고, 여러 저지대 지역이 버려졌다. 우리는 미네소타 일부 지역에서 기후가 더 서늘하고 습해졌다는 사실과 위스콘신 남서부의 미시시피 강 지류들을 따라 평소보다 큰 홍수가 일어났다는 사실을 알고 있다. 멕시코 만에서는 오카 분지가 미시시피 강에서 오는 퇴적물을 가두는데, 지속적으로 변화하는 분지의 크기는 고대 홍수의 강도를 반영한다. 전례 없는 규모의 홍수가 기원전 1000년경에서 기원전 550년 사이에 적어도 두 차례 일어나 멕시코 만에 대량의 담수를 공급했다. 이 중요한 홍수의 주기는 각각 50년 정도 지속되었으며, 미시시피 강 분지의 수문학적 체계에 틀림없이 커다란 영향을 끼쳤을 것이다. 그와 동시에 기원전 900년경에서 기원전 550년 사이에 더 많은 허리케인과 대규모 폭풍이 멕시코 만 연안에 상륙했다. 더 낮은 기온과 더 많은 강수량, 대기 순환의 변화가 결합하면서 미시시피 강을 따라 더 많은 홍수가 발생했고, 강둑을 따라 들어선 사회들의 일상생활에 심각한 혼란을 가져왔다. 어쩌면 그것이 고고학 유적지의 급격한 감소와, 파버티포인트가 버려지면서 미시시피 강 분지 충적토 지대에서 인구가 감소한 이유를 설명해줄지도 모른다.

파버티포인트가 번영하던 기원전 1000년 이전의 시기에 미시시피 강은 지질학적으로 비교적 안정된 시기를 누렸다.[3] 그 무렵 파버티포인트 상류의 미시시피 주 빅스버그 북쪽으로 물길이 바뀌면서 미시시피 강은 파버티포인트 인근의 조스 바이유를 비롯해 하류의 물길들을 서쪽으로 이동시켰고, 대규모 홍수가 그 지역에 영향을 미치면서, 조스 바이유는 미시시피 강의 주요 방류구가 되었다. 물이 물러가면 사람들이 수천 마리씩 물고기를 잡던 연못과 수렁을 홍수가 휩쓸어버리면서 충적 평원의 상당 부분이 오랜 기간 동안 사람이 살 수 없는 곳으로 바뀌었다. 이제 유속이 빨라진 강에서 어류의 밀집도는 곤두박질쳤을 것이며, 그 때문에 이전까지 어획량에 의존하던 집단들은 사냥과 고지대의 식물 식량에 더 기댈 수밖에 없었을 것이다. 사람들은 더 이상 영구적 정주지에서 살 수 없었다. 홍수가 카누를 이용한 장거리 교역을 붕괴시켰을 것이다.

이동성 대 정주 생활. 파버티포인트의 종말은 보다 영구적인 정착이라는 측면에서 보았을 때 수위 상승에 대한 취약성의 증가를 보여주는 고전적 실례인지도 모른다. 변화는 즉각적이지 않았다. 사람들과 개인들은 복잡한 방식으로 기후변화에 대응한다. 더욱 정교한 고대 사회가 후대에 생겨나면서 많은 마을들이 비록 범람원과 가깝긴 하지만 배수가 더 잘되는 보다 높은 지대에 들어섰다는 것은 주목할 만하다. 오랜 세월이 흐르면서, 미시시피 강변과 삼각주의 늪지 그리고 바이유에서 살아가던 사람들은 홍수와 해일의 과정에 무리 없이 적응했으나 유럽인들이 들어와 정착하면서 상황은 급격하게 달라졌다. 미시시피 강과 강의 변덕스러

바다의 습격

운 홍수를 통제하려는 인간의 노력이 축적된 결과, 이제는 해수면 상승이 바다와 강의 홍수, 토사 축적으로 구성된 복잡한 미뉴에트의 전면에 부각되었다.

미뉴에트가 펼쳐지는 무대는 미시시피 강의 입구를 형성하는 얕은 삼각주이다. 미시시피 강이 멕시코 만 연안에 가까워지면서 강물의 흐름은 느려지고 고운 충적토가 쌓인다. 지난 5,000년간 루이지애나의 남부 해안은 24~80킬로미터를 전진하며 1만 2,000제곱킬로미터의 해안 습지와 광범위한 염습지를 형성해왔다. 삼각주 발달의 최근 주기는 약 1만 5,000년 전 빙하기가 끝난 뒤 해수면이 상승하면서 시작되었다. 당시 강어귀는 멕시코 만 밖으로 훨씬 나와 있었고, 현재의 해안선은 해수면이 다소간 안정되던 5,000~6,000년 전에 형성되기 시작했다. 그 이후로 미시시피 강은 멕시코 만에 도달하는 더 짧고 더 가파른 경로가 상류에서 나타낼 때마다 반복적으로 물길을 바꿔왔다. 강물이 이동하자, 멕시코 만으로 파고든 오래된 삼각주의 엷은 충적토를 공급받지 못해 단단하게 굳어져 침하했으며, 잠식해오는 바다가 바이유와 협만, 호수를 생성하는 가운데 후퇴했다.

　미시시피 강 삼각주는 이동하는 물길과 조수, 갯벌로 이루어진 지형이었고, 지금도 마찬가지다. 이곳은 물이 흥건하고 이제는 사라져가는 세계, 숲과 때로는 탁 트인 빈터를 가로질러 카누를 타고 가는 곳이며, 단단한 땅이 거의 없는 곳이다. 숲이 우거진 분지와 시내들이 만드는 어지러운 모자이크는 뇌문雷紋 세공같이 복잡하기 그지없는 삼각주 풍경을 이루며, 삼각주는 멕시코 만으로 빠져나갈 때까지 홍수를 흡수하고 강물을 붙잡아둔다. 홍수가 주변 시골 지역으로 범람해 강물을 확산시키면 유속이 느려져 토사가 쌓이는데, 가장 미세한 입자들은 강에 가까운 가장자리에 퇴적되어 자연 제방이 형성된다.

　최초의 유럽 정착민들은 그러한 제방에 요새를 세웠다. 1718년, 뉴올리언스가 될 정착지가 자연 제방 위에 들어섰지만 큰 홍수로 침수되고 만다. 달리 갈 곳이 없던 정착민들은 인공 방벽을 세웠다. 처음에 주요 제방은 그 높이가 1미터가 되지 못했고, 부분적으로는 집주인들에게 제방을 쌓도록 규정한 법령에 의해 생겨났다. 그렇다고 많은 집주인들이 법령을 따른 것은 아니었다. 규모가 커져가던 정착지에는 다행스럽게도 홍수는 인공 제방이 없던 동쪽 강둑 너머로 퍼져나갔다. 1727년, 프랑스 식민지 총독은 제방이 완공되었다고 자랑스럽게 발표했다. 그럼에도 도시는 1735년과 1785년에 침수되었다. 심각한 홍수가 일어나는 주기는 세대의 기억이 희미해질 만큼 길었지만, 올드 강까지 이어지는 제방은 서쪽 강둑을 따라 느리게 확장되었고, 322킬로미터 정도는 상류와 동쪽 강둑을 따라 배턴루지까지 이어졌다. 하지만 제방은 죽 이어져 있지 않았고, 주로 플랜테이션 농장을 보호했다. 제방이 없는 지역에서는 홍수가 늘 주변 시골로 범람했다. 다수의 플랜테이션 저택들은 그 지역의 유일한 고지대—고대 인디언들의 봉분—위에 들어섰다.[4]

　제방이 점점 강물을 가둘수록 홍수가 인공 방벽을 무너뜨릴 때 그 파괴력은 그만큼 더 커졌다. 19세기 중반이 되자 유량이 증가하면서 높이를 높인 제방도 강물을 가둘 수 없다는 것이 분명해졌다. 1850년 의회는 늪지 및 홍수지대법을 통과시켜 수백만 헥타르의 늪지를 여러 주에 증여했다. 주 정부들은 제방 비용을 부담하기 위해 다시 그 늪지를 지주들에게 매각했다. 새로운 소유주들은 대부분의 늪지에서 물을 빼내 농지로 전환한 다음 자신들의 투자를 보호하기 위해 더 크고 더 튼튼한 제방을 요구했다. 1862년과 1866년, 1867년의 대홍수와 제방 붕괴를 경험한 뒤 마침내 의회는 미시시피 강 위원회를 구성하고 미군 공병단에게 "파

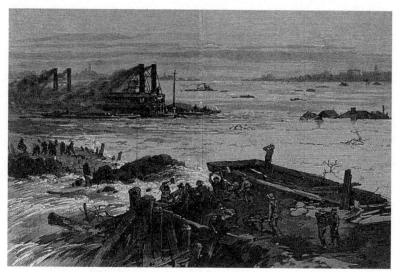
미시시피 강 하류 제방 보수 작업. 찰스 그레이엄 그림. 지은이 소장.

괴적인 홍수를 방지"할 임무를 맡겼다. 19세기에 가장 피해가 컸던 홍수는 1882년에 일어났는데, 그 무렵에는 아차팔라야 강이 미시시피 강의 새로운 주된 경로가 될 수 있다는 사실이 분명해지고 있었다. 이제 강은 제방으로 둘러싸인 채 주변 지형보다 더 높은 곳에서 흘렀고, 언제든 일어날 준비가 되어 있던 재앙은 결국 1927년 대홍수로 현실화되었다. 이홍수로 다수의 제방이 붕괴되었고, 수백 킬로미터에 걸쳐 강을 가로지르던 다리가 모두 파괴되었다. 6만 7,000제곱킬로미터의 주변 땅도 물속으로 사라졌다.

1928년의 홍수통제법에 따라 일원화된 홍수 방제 시스템 수립을 위한 자금이 제공되었지만, 시스템은 1980년대에도 여전히 완전하지 않았다. 이번에 공병단은 제방을 높이는 데만 그치지 않았다. 그들은 하도 여기저기를 직선화하고, 방수로를 여럿 건설했다. 이 가운데 뉴올리언스에서 서쪽으로 19킬로미터 떨어진 바니 캐리의 방수로는 1937년 대홍수 때 물을 도시에서 폰차트레인 호수로 돌렸다. 곳곳에서 이제 제방은 9미터 이상으로 높아졌지만 공병단은 북아메리카에서 가장 큰 강 늪지 가운데 하나로 흘러들어가는 아차팔라야 강에 더 큰 관심을 기울였다.

인간의 개입이 없다면 미시시피 강 하류의 홍수는 많은 방류구를 통해 삼각주 평원으로 넓게 흩어질 것이다. 사실상 삼각주 전체가 홍수만이 아니라 수백 킬로미터 떨어진 산에서 내려온 고운 퇴적물로 뒤덮일 것이다. 작가 존 맥피가 언급한 대로 "루이지애나 남부는 산처럼 커다란 버터 덩어리로 대륙붕 위에 8마일 두께로 얹혀 있고, 뉴올리언스는 그것의 절반 두께, 레드 강 지점은 약 1.3마일 두께이다".[5] 이 같은 퇴적 지형은 단단히 응축되어 가라앉는다. 맥피는 삼각주가 "거꾸로 뒤집힌 슈퍼 히말라야 산맥"이라고 말한다. 인간의 개입에도 불구하고 침하는 계속된다. 1900년경까지 미시시피 강과 그 지류들은 매년 새로운 퇴적물을 실어와 침하를 상쇄해왔다. 물길이 바뀌고 썩은 식생들이 침수된 토사 속으로 가라앉으면서 삼각주는 불균등하게 퇴적되었지만 지질학적 금전등록기상으로는 양수陽數를 기록했다.* 미시시피 강이 공급하는 양분 덕분에 식생 자체는 성장했다.

홍수 방제를 하기 이전에는 자연적인 강둑 안에서만 흐르는 저수위기를 제외하면 강물은 여러 지점에서 주변 들판 너머로 매우 자유롭게 퍼져나갔다. 오늘날 3,000킬로미터가 넘는 제방이 뉴올리언스에서 하류로 97킬로미터 떨어진 밥티스트 콜레트 바이유까지 강물을 둘러싼다. 삼각주는 1세기 동안 토사를 잃어왔고, 루이지애나 남부는 가라앉고 있다. 한편 제방으로 둘러싸인 강물은 고운 퇴적물을 멕시코 만으로 쏟아내고 있는데, 그 양이 하루 35만 6,000톤에 달한다. 주변 지형이 계속 가라앉

---

* 전체적으로 가라앉는 양보다 새로 쌓이는 양이 더 많았다는 의미.

바다의 습격

으면서 제방 뒤편의 강물은 점점 높아진다. 맥피는 삼각주를 "너비 200
마일에 달하는 베네치아의 확장판—그곳의 강과 바이유, 인공 운하들
이 가라앉고 있는 땅 사이로 물로 된 격자무늬를 이루는 곳"이라고 부른
다.[6]

삼각주 지형 전체가 매우 취약하며, 위협받고 있다. 뉴올리언스의
절반가량이 미시시피 강과 폰차트레인 강 사이에 끼어 있으며, 해수면
보다 4.6미터 낮다. 제일 부유한 주민들은 강 옆의 가장 높은 지대에 산
다. 가장 가난한 사람들은 가장 취약한 지점인 낮은 지대에서 산다. 도시
에는 비가 많이 내리며, 2012년 열대 폭풍 아이작이 들이닥쳤을 때처럼
홍수 방어 시설 안쪽에서 심각한 홍수를 발생시키는 폭우가 종종 쏟아
지기도 한다. 자연 방류구가 없기 때문에 물은 양수기로 퍼내야 하는데,
그 방법은 지하수위를 낮추고 침하를 증가시키는 경향이 있다. 엔지니어
인 A. 볼드윈 우드A. Baldwin Wood가 발명한 양수기는 20세기 초반 도시가 갈
수록 낮은 지대로 확장되는 것을 가능케 했다. 다른 곳으로는 확장될 공
간이 없었다.[7] 뉴올리언스는 이제 너무 많이 침수되어 있어 시신도 지상
묘지에 묻는다. 약간 지대가 높다고 할 수 있는 프렌치쿼터에서도 도시
의 거리보다 한참 높은 제방과 제방 너머로 지나가는 선박들, 선박들의
용골이 올려다보인다.

뉴올리언스는 제방과 관련해 독특한 문제를 안고 있는데, 그중에서
도 주변을 지나가는 선박들이 일으키는 물살에 의한 문제가 만만치 않
다. 상류에서 내려오는 강물이 제방에 둘러싸여 유속이 증가하면서 제
방들이 침하하고 어디서나 고수위선이 상승하고 있다. 연안으로 내려가
면 강 토사의 부족은 무려 연간 130제곱킬로미터 정도의 늪지 침식으로
이어진다. 루이지애나 주의 면적은 1세기 전보다 400만 제곱킬로미터나
줄어들었다. 0.5킬로미터의 늪지는 앞바다에서 밀려오는 폭풍해일의 높

A. 볼드윈 우드의 양수장 개장식(1915년 뉴올리언스). 지은이 소장.

이를 2.5센티미터 줄여준다. 연안의 자연 방벽이 130제곱킬로미터 사라지면서 미시시피에서 방글라데시의 맹그로브 숲에 상응하는 것도 급격하게 감소하고 있다. 늪지가 사라지고 있기 때문에 공병단은 뉴올리언스를 에워싸는 제방을 건설해 도시를 사실상 요새로 탈바꿈시켰다. 이것은 미래의 해수면 상승을 감안하기 전의 일이다.

마을들이 통째로 사라지고 양분과 퇴적물 부족이 해안 지형에 심각한 피해를 입히고 있는 현재, 많은 전문가들은 멕시코 만 연안을 구할 수 있는 단계는 이미 지났다고 본다. 오늘날 미시시피 강물의 상당량은 큰 홍수로 불어난 물이 멕시코 만에 도달하는 주요 경로인 아차팔라야 강을 따라 흐른다. 루이지애나 주 모건시티의 홍수위는 해수면보다 약 1.2미터 높고, 도시는 홍수로 불어난 물이 지나가는 길목 정면에 놓여 있다. 거대한 6.7미터 높이의 방벽이 세계에서 가장 위태로운 인간 정주지 가운데 하나일 이 소도시를 둘러싸고 있다.[8] 자신의 운명이 멀리 상류의 올드 강에 있는 홍수 통제 시설에 의해 좌우되는 이 도시는 마치 이따금 활동하는 화산 꼭대기 위에 있는 것 같다. 그나마도 허리케인에 의해 발생하는 해일은 고려하지 않았을 때의 상황이다. 미국 국토의 42퍼센트 이상의 기상 상태가 모건시티의 장기적 생존을 좌우한다. 여기서 홍수는 상류에서처럼 몇 주가 아니라 몇 달씩 지속된다. 더 많은 사람들이 상류에서 긴 제방을 쌓아 자신들을 보호할수록 더 많은 강물이 하류에 도달하기 때문이다.

인간의 활동 때문에 멕시코 만 해안은 가라앉고 있고, 해수면은 상승하고 있으며, 인간은 사실상 자연적 과정을 역전시켜왔다. 아니, 인간은 정말로 자연적 과정을 역전시켜왔을까? 이곳은 허리케인의 고장으로, 그런 폭풍이 상륙하면 해안을 맹렬히 공격하고 침식을 엄청나게 가속화해 북쪽보다는 남쪽에서 파괴의 위협이 훨씬 심각해진다.

1722년 허리케인은 삼각주의 역사에 인상적으로 등장했다. 그때 허리케인을 겪은 뉴올리언스의 일부 프랑스 정착민들은 이 도시가 사람이 살 수 없는 곳이라고 주장했다. 1779년 그보다 더 심한 허리케인이 도시 전체를 초토화했다. 보초와 본토 마을 파괴의 오랜 역사가 멕시코 만 연안을 떠나지 않지만, 사람들은 늘 이곳에 머물러왔다. 그것은 농사를 짓기 위해서, 물고기를 잡기 위해서이며, 보다 최근에는 원유 때문이다. 해수면 상승은 침식되고 가라앉는 삼각주 연안을 잠식하면서 문제를 악화시킨다. 1970년대가 되자 손실 면적은 연간 100제곱킬로미터로 추정되었다. 이후 원유와 천연가스 시추 활동이 다소 감소하고 손실을 줄이기 위한 조치가 취해지면서 속도가 둔화되어, 이제는 연간 사라지는 면적이 65~90제곱킬로미터로 추정된다. 그다음으로 해일이 있다. 해일 때문에 2005년 허리케인 시즌에만 700제곱킬로미터의 습지가 바다로 바뀌었다.

인간이 개입하기 전에는 퇴적물이 습지대의 고도를 유지하고 앞바다의 보초에 토사를 공급했다. 하지만 이제 다수의 보초는 허리케인과 해수면 상승 앞에 사라지고 있다. 루이지애나 검조기의 측정 데이터에 따르면 지난 세기에 걸쳐 1미터에 가까운 해수면 상승이 기록되었는데, 그 대부분은 지구의 해수 부피 변화 때문이 아니라 침하 때문에 야기된 것이다. 만약 그 지역의 해수면이 지금부터 2100년 사이에 1.8미터 상승하면 습지대를 복원하려는 모든 노력은 허사가 되고, 뉴올리언스는 심각하게 위협받을 것이다. 이것이 바로 허리케인 카트리나가 인간과 바다 간의 적대적 관계에서 결정적인 계기가 되었던 이유다.

파버티포인트는 강의 홍수와 해수면의 변화, 기후변화에 취약했을지 모르지만, 그곳의 사람들은 주변 마을들로 흩어지고 다른 곳에 재정착할 수 있었다. 오늘날 수백만 명이 미시시피 강 하류 저지대의 해안 평야에서 살고 있고, 그곳의 더 따뜻해지는 기온과 해수면 상승, 더 잦을 것으로 예상되는 기상이변은 훨씬 더 많은 인구와 훨씬 더 취약한 인구에 심각한 위험을 가하고 있다. 2005년 카트리나가 멕시코 만 연안에 상륙했을 때 미국인들은 홍수 시설 뒤에 숨겨져 있던 인구 밀집 도시들의 무시무시한 취약성에서 엄혹한 교훈을 얻었다.

허리케인 카트리나는 플로리다 남부를 건널 때만 해도 1등급 대서양 허리케인에 불과했다.[9] 하지만 멕시코 만에서 세력이 급격히 강해져, 8월 29일 루이지애나 남동부에 상륙할 때는 시간당 풍속이 195킬로미터인 3등급 허리케인이 되었다. 그리고 내륙으로 약 240킬로미터 들어온 미시시피 주 머리디언 근처에서 허리케인급의 세력을 잃었다. 강풍과 비보다는 해일이 더 큰 피해를 낳았다. 파고가 최소 8미터에 이르는 파도에 폰차트레인 호수 인근 교구들이 침수되었다. 제방이 붕괴되면서 피해는 재앙 수준이 되었고, 연안 습지대가 쑥대밭이 된 것과 별개로 상당한 인명 손실을 낳았다.

8월 31일이 되자 뉴올리언스의 80퍼센트가 물에 잠겼고, 곳에 따라 수심은 4.6미터에 달했다. 도시 전체에 소개 명령이 내려졌다. 처음에는 자발적으로 소개가 이루어졌지만 나중에는 강제적으로 실행되었다. 홍수 위협이 상존하는 곳이었지만, 그런 규모의 강제 소개는 도시 역사상 처음 있는 일이었다. 허리케인이 상륙했을 때는 이미 100만 명이 넘는 주민들이 뉴올리언스와 그 근교를 떠난 상태였다. 하지만 노약자와 빈곤 층을 비롯해 10만 명 이상이 여전히 도시에 남아 있었다. 2만 명으로 추정되는 인원이 "마지막 피난처"로 지정된 루이지애나 슈퍼돔으로 대피했는데, 실제로 이 돔 경기장은 아주 강력한 바람도 견딜 수 있게 설계된 건물이었다. 홍수로 오도 가도 못하는 처지가 된 많은 주민들은 지붕 꼭대기나 다락으로 피신했다. 동부 거리에는 시신들이 둥둥 떠다녔다. 물은 마실 수가 없었고, 광범위한 지역에 정전이 일어났다.

공식적인 사망자 숫자는 약 1,500명에 달했다. 수색과 구조 작업이 강화되는 가운데, 도시 곳곳에서 약탈과 폭력이 자행되었다. 주민들은 점원이 떠난 상점에서 식량과 다른 생필품을 무단으로 가져왔다. 무장 강도가 다반사였다. 관계 당국은 통행금지령을 내렸고, 나중에는 비상사태가 선포되어 질서 회복을 돕기 위해 6,500명의 주 방위군이 도착했다.

도시에 홍수가 일어나고 아비규환이 벌어지자 강제 소개는 당연한 전략처럼 보였다. 오랫동안 연안 지역의 소개 정책들은 소개 명령이 내려졌을 때 주민 대부분이 자택을 떠날 여유가 있고, 각자 자가용으로 탈출할 수 있을 것이라고 가정해왔다. 또한 소개된 주민들은 친척 집에 머물거나 내륙 고지대의 호텔이나 모텔에 묵을 것이라고 예상되었다. 카트리나는 정책을 수립한 사람들이 틀렸다는 사실을 입증했다. 뉴올리언스 주민의 4분의 1 이상이 자가용을 이용할 수 없었다. 그들은 다음 급여일이 될 때까지 근근이 살아갔고, 소개나 다른 비상 상황에 대비한 잉여 자금이 없었다. 많은 주민들이 슈퍼돔과 컨벤션센터로 대피한 것은 그래서였다. 허리케인은 이 지역에 비교적 드물게 상륙하며, 이는 세대가 간직한 기억이 금방 희미해진다는 걸 뜻한다. 허리케인 벳시(1965년)와 카미유(1969년)의 경험을 망각한 많은 사람들은 집에 남아 폭풍을 견디는 쪽을 택했다. 집에 남은 사람들 중 압도적인 수가 교육을 덜 받고, 가난하며, 수입이 적은 사람들이었다. 이들이 재난 때문에 가장 심각한 피해를 입은 사람들이었다.

소개된 주민들의 대다수는 뉴올리언스에서 300킬로미터 범위 내에 있었지만, 일부는 미국 전역으로 흩어져 캘리포니아와 시카고, 뉴욕까지 피난을 갔다. 허리케인 전에는 올리언스 교구의 인구가 45만 5,188명이었지만, 허리케인 이후로는 34만 3,829명으로 24.5퍼센트나 감소했다.[10] 가장 큰 타격을 입은 폰차트레인 호수 인근의 세인트버너드 교구는 주민의 45.6퍼센트를 역외 이주로 잃었다. 25만 명이 넘는 카트리나 이주민은 휴스턴으로 갔다. 그중 얼마나 많은 이들이 복귀했는지는 논쟁거리인데 믿을 만한 통계를 내거나 얻기 어렵기 때문이다. 많은 이들이 다른 지역에 영구적으로 정착하는 편을 택했다.

복구 노력을 둘러싼 분파 싸움과 논쟁을 생각할 때 그들을 전적으로 비난할 수는 없다. 한 개혁 분파는 낡은 공립학교 체제의 교체를 포함해 뉴올리언스를 더 효율적이고 현대적인 형태로 개조하기 위한 구실로 허리케인을 이용하려고 했다. 그러한 복구 계획에는 외부의 막대한 금액 지원이 필요했을 것이다. 뉴올리언스에는 그런 비용을 지원할 만한 코카콜라 혹은 다른 대기업이 없다. 의회와 부시 행정부는 뉴올리언스에 많은 돈을 쓰기는 했지만, 안타깝게도 도시 전체를 재개발하기 위한 토대가 될 침수 주택들을 대대적으로 매입하는 안건은 거부했다. 대신 워싱턴 행정부는 뉴올리언스로 돌아오기를 원하는 개인 주택 소유주들에게 보조금을 지급하고, 도서관과 학교, 정수 처리장 같은 건설 프로젝트에 수십억 달러를 지원했다. 이 프로젝트들은 그 자체로는 나쁘지 않았지만 돈은 비효율적으로 분배되었고, 대부분의 지원금도 한참 후에야 지급되었다. 여러 가지가 짜깁기된 재개발 계획으로 예산 부족에 시달리던 시 정부는 쓰레기 수거, 소방 업무, 체계적인 방식의 치안 유지 활동 같은 기본적인 공공 서비스를 제대로 제공할 수 없었다.

제때 이루어지지 못하고 늦어진 지원과 종종 잘못 이루어진 결정은, 도시 외부의 어느 누구도 대다수가 흑인인 가난한 주민들을 신경 쓰지 않는다는, 널리 퍼져 있던 인상을 강화했다. 심지어 흑인 공동체 사이에서는 부시 행정부나 뉴올리언스의 백인들 어느 쪽도 흑인들이 돌아오기를 바라지 않는다는 인식이 팽배했다. 니컬러스 레먼이 『뉴욕 리뷰 오브 북스』에 쓴 대로, 도시가 "또 다른 찰스턴이나 서배나로, 더 작고 더 단정하고 더 안전하고 더 백인 중심의 도시로, 중요한 다문화적 현대 도시가 되려는 의무감에서 벗어나"[11] 다시 태어났으면 하는 바람과 함께 흑인 폭동이라는 해묵은 공포가 표면으로 다시 부상하는 듯했다. 이것은 물론 막연한 느낌이자 도시 정책으로 조금도 표면화된 적 없는 인상에 불과했다.

홍수가 물러가자마자 등장한 악의적인 재건 정책의 핵심에는 온갖 종류의 인종적 저의들이 깔려 있었다. 레이 네이긴 시장이 포괄적인 재건 프로그램의 설계자로 지명한 한 공화당원 부동산 개발업자는 도시에서 가장 크게 파괴되고 가장 가난하며 가장 낮은 지대의 일부가 즉시 재건되지는 않을 것이라고 시사했다. 흑인들의 분노는 극에 달했다. 타 지역에서 이주해온 다수의 사람들은 자신들이 자신들의 집에서 고의적으로 배제되고 있다고 느꼈다. 흑인과 백인 사이의 골은 더 깊어졌다. 이런 패착으로 시장의 계획은 수포로 돌아갔고, 결국 재개발을 위한 청사진은 마련되지 않았다. 최근인 2010년까지도 도시에서 사용 가능한 집 가운데 25퍼센트가 넘는 5만 채의 주택이 여전히 비어 있었다. 현 시장인 미치 랜드루는 조심스러운 행보를 보이고 있다. 그는 모든 지역을 재건할 것이며, 피난을 간 주민들이 돌아오기를 무작정 기다릴 수는 없다는 내용을 골자로 하는 새로운 정책의 일환으로, 버려진 집들을 기꺼이 허물 것이다.

한편 재난의 장기적인 결과는 여전히 지속되고 있다. 도시는 훨씬 작아졌고, 이에 따라 인구를 바탕으로 산정하는 주택과 의료, 기간 시설을 위한 연방 정부의 자금도 훨씬 줄어들었다. 오래된 행정 구역은 다시 책정될 것이며, 이는 불가피하게 주와 연방 차원에서 흑인의 대표성이 축소되고 정치력을 상실하는 결과를 낳을 것이다. 다수의 가난한 주민들이 영구적으로 이주하면서 교육받은 고소득 주민들의 비율이 높아졌다. 저소득층 주택의 재개발 사업은 매우 더디게 진행되어, 혹자는 복구 노력이 과연 공정하게 진행되는 것인지 의문을 품는다. 2010년까지 소개 주민의 약 54퍼센트가 카트리나 이전 주소지로 되돌아왔다. 나머지 사람들이 돌아오지 않는 데는 설득력 있는 이유가 있다. 적당한 가격의 주택과 임대 부동산의 부족이다. 복구 자금의 상당액이 주택 소유주에게 지급되기는 했지만, 그들은 가난한 시민들 사이에서 소수에 불과하다. 돈도 별로 없고, 일자리 기회도 거의 없으며, 적절한 가격의 주택도 부족한 상황에서 많은 피난민들은 영구적으로 도시를 떠났다.

미시시피 강 삼각주의 곤경은 해수면 상승으로 인해 갈수록 위험해지는 기상이변에 맞닥뜨렸을 때 우리한테 선택지가 얼마 없다는 사실을 확인시켜준다. 21세기 건설과 기술이 예전보다 훨씬 확실한 방벽을 제공한다

해도, 제방과 방조벽으로 도시와 해안을 무장하는 것은 기껏해야 비싸게 먹히는 도박에 불과할 뿐이다. 허리케인이 들이닥치는 상황을 고려해 사람들이 자기 집에 대피소를 마련하는 것을 허용하는 건축 규정을 채택하는 방안도 파국을 낳는 파괴에 대비하기 위한 값비싼 예방책에 불과하다. 유일한 다른 선택지는 다급한 상황에서 주도면밀하게 이루어지는 인구 이동이다. 카트리나와 다른 대규모 폭풍들은 21세기 대도시의 인구밀도가 매우 높아서 피난민들을 일시적으로나 영구적으로 이주시키는 과업이 심각하게 제한받는다는 교훈을 남긴다. 결국 떠날 수 있는 사람은 떠나고 떠날 수 없는 사람은 남는 상황이 불가피하게 발생하면서, 이미 곪아 있는 사회 계층 내부와 계층 간의 경제적, 사회적 불평등에 기름을 붓는다. 그 결과 나타나는 공동체 내 경제적, 정치적 긴장과 주민이 빠져나가는 공동체와 이주민을 받아들이는 공동체 사이의 긴장, 그리고 방글라데시의 경우처럼 국가 간 긴장은 해수면이 상승하고 기상이변으로 발생하는 폭풍해일이 훨씬 잦아질 더 온난한 미래에 결코 좋은 징조가 아니다.

14

여기서는 우리가
조수를 다스린다

[네덜란드]

1634년 10월 11일. "저녁 6시에 주 하느님께서 동쪽에서 바람과 비를 몰고 와 거세게 때리시더니 7시에 바람을 남서쪽으로 돌려 아주 강하게 불게 하시자 걷거나 서 있을 수 있는 사람이 거의 없을 정도라. (…) 주 하느님께서 천둥과 번개, 비와 우박을 그렇게 세찬 바람과 함께 (보내시니) 지축이 흔들렸다."[1] 슐레스비히홀슈타인 콜덴뷔텔의 페터 작스는 그 원인에 대해 조금의 의심도 품지 않았다. 흐로터 만드렝커가 있고 나서 272년 뒤에 신의 진노는 거대한 해일의 형태로 북독일 앞바다의 슈트란트 제도를 강타했다.

이번에도 공격은 가차 없었다. 슈트란트 주민들은 앞선 재난이 지나간 후 둑 대부분을 재건했지만, 그들의 곤경은 결코 끝나지 않았다. 30년 전쟁은 이곳 섬에까지 싸움을 불러왔고, 그 결과 해안 방어 시설은 당연하게도 방치되고 약화되었다. 1625년 거대한 부빙이 많은 수의 둑을 파손했다. 여러 차례 밀어닥친 강한 해일이 적절한 보수가 이뤄지지 않은 방어 시설을 추가로 약화시켜, 그 가운데 일부는 여름철 강풍에도 무너질 정도였다. 그러고 나서 1634년 10월 11일 강한 폭풍이 남서부, 그다음에 북서부에 불어닥쳤는데, 하필 유난히 높은 만조와 강풍, 파괴력이 큰 너울이 겹쳤다. 그 지역에서 간척 사업을 수행하던 네덜란드의 수력 기술자 얀 레이흐바터르는 "대형 폭풍과 악천후"라는 기록을 남겼다. 위협적인 파도가 인근 둑 꼭대기를 공격하고 있을 때 그의 아들이 한밤중에 그를 깨웠다. 두 사람은 이미 38명이 대피해 있던 고지대의 장원 저택으로 피신했다. 인근 조수 운하에서 미친 듯이 쏟아져나온 물이 토대를 허물어 집이 폭삭 무너졌다. 레이흐바터르와 아들은 간신히 목숨을 건졌다. 며칠 뒤 그는 바닷가를 따라 말을 타고 가면서 "다양한 종류의 짐승 사체와 가옥의 들보, 부서진 짐마차 (…) 익사한 사람들의 시신 다수 (…) 둑 위에 얹혀 있는 커다란 외항선들"을 보았다.[2] 커다란 해일은 제2의 흐로터 만드렌커나 부르크하르디 홍수로 알려지게 되었다.

당시 기록에 따르면 폭풍해일 때문에 평균 만조 수위보다 약 4미터 높은 물이 내륙까지 들어왔다고 한다. 수백 채의 집이 무너지거나 휩쓸려갔다. 화덕을 살필 사람이 없어, 다수의 버려진 농가들이 불에 탔다. 슈트란트 섬에서 44군데의 둑이 붕괴되어 교회 21채가 파손되고 집 1,300채, 제분소 30채가 파괴되었다. "주님의 거처들이 폐허가 되었다"고 노르트슈트란트 가이케뷜의 목사는 썼다.[3] 그곳에서 일할 목사들도 없었다. 짠물은 새로 수확한 작물 대부분을 망쳤다. 가축 5만 마리가 폐사했다. 8,000~1만 5,000명의 인명 피해가 있는 것으로 추정되었고, 인구가 8,500명으로 추정되는 슈트란트 섬에서만 적어도 6,000명이 사망했다. 실제 사망자 숫자는 그보다 훨씬 많았을 것이다. 현지 주민들 외에도 타 지역에서 온 많은 이주 노동자들이 육지에서 작업을 하고 있었다. 그들의 숫자는 결코 기록되지 않았다.

바다의 습격

부르크하르디 홍수로 인한 파괴. 1643년경. 홍수 피해자들이 지붕을 꼭 붙들고 있다. 지은이 소장.

　폭풍으로 인한 장기적인 결과는 심각했고, 상당한 면적의 땅이 해수면 아래 위치해 물이 금방 빠지지 않았던 슈트란트에서 특히 문제가 심각했다. 만조는 무너진 둑의 틈을 넓혔다. 한때 하나의 커다란 섬이었던 곳은 이제 훨씬 작은 여러 개의 섬으로 바뀌었다. 아직 남아 있던 경지는 무자비한 바다 때문에 포기해야 했다. 수천 헥타르의 땅이 더는 농사에 이용될 수 없었다. 간척 사업이 가능한 곳에서도 복구는 느리게 이루어졌는데, 어느 정도는 많은 농민들이 공국의 지배자인 프레데릭 3세의 명령을 어기고 고지대나 본토로 옮겨갔기 때문이다. 그럼에도 1637년까지 펠보름 섬에는 복구된 둑 뒤로 1만 3,000헥타르 정도의 농지가 들어섰다. 인근의 노르트슈트란트는 상황이 달랐다. 남아 있던 농민들은 여러 차례에 걸쳐 공작이 내린 명령에도 불구하고 완강하게 고지대에 머물며 둑을 복구하지 않았다. 현지 법령은 바다에 맞서 자기 땅을 지키지 않는

자의 땅의 소유권을 박탈할 수 있었다. 결국 프레데릭 공은 현지 주민들에게서 토지를 몰수한 뒤, 둑에 투자할 용의가 있는 사람들에게 토지와 다른 특권을 부여하는 유인책으로 다른 지역에서 정착자들을 끌어모았다. 그는 새로 온 이민자들에게 사실상 현지의 사법과 치안을 유지할 권한도 주었는데, 당시로서는 대단한 혁신이었다. 퀴리누스 인더르벨턴 같은 여러 네덜란드 사업가들이 네덜란드의 자금을 가져와 브라반트 지방의 전문 인력을 동원해 1654년 새로운 폴더르를 건설했다. 뒤이어 1657년과 1663년에도 다른 폴더르들이 들어섰다. 네덜란드의 유산이 매우 오래 이어졌기 때문에 1870년까지도 그 지역의 한 목사는 네덜란드어로 설교를 했을 정도였다. 오늘날 펠보름과 노르트슈트란트에는 대략 9,000 헥타르의 간척지가 있다. 부르크하르디 폭풍해일의 위력이 워낙 대단했기 때문에 섬들 사이로 갯고랑tidal channel*이 생겨났는데, 지난 4세기 동안 이곳의 수심은 거의 30미터에 달했다(119쪽의 지도를 보라).

전체적으로 해안을 따라 둑을 본격적으로 축조하는 작업은 해수면 상승과 인구 성장에 따라 일찍이 서기 1000년부터 시작되었다. 그러나 분권적인 행정과 중세 농민들의 초보적인 기술 탓에 대규모 건설에는 어려움이 따랐다. 5세기 동안 공격해오는 바다에 맞서 벌이는 싸움은 대지주들과 수도원의 몫이었다. 그들만이 인력과 조직, 대규모 둑을 축조할 자원을 보유하고 있었다.[4] 그들은 많은 경우 비효율적이고 심지어 게으르기까지 한 지방 관청이라는 수렁에 발목이 잡힌 채 작업했다. 특히 양수 작업은 존재하지 않는 것이나 다름없었다. 수세기 동안 배수는 전적으로 중력에 의존했다. 그럼에도 1250년이 되자 대부분의 해안 둑들은 단일한 방어선을 이루었다. 약하긴 해도 일단 이 방벽이 들어서자, 축조

---

* 갯벌 사이에 난 수로로 간조 시에 해수가 빠져나가는 물길 역할을 한다.

자들은 오랜 세월 밀물과 썰물이 드나드는 동안 쌓인 퇴적물을 활용해 둑들을 바다 쪽으로 서서히 이동시키기 시작했다. 바다 쪽에 들어선 둑들은 축적된 퇴적층을 에워싸서 옛 둑을 제2의 방어선으로 만들었다. 둑 안쪽에서는 배수된 토양이 단단히 굳고 이탄이 분해되었다. 땅이 침하되면서 해수면과 바닷가 안쪽 육지 간의 고도 차이가 커졌는데, 홍수가 일어나 둑을 무너뜨리거나 만조 시 바닷물이 둑 너머로 흘러넘치기 전까지는 문제가 없었지만 일단 그런 일이 벌어지면 파괴력은 전보다 훨씬 커졌다. 둑을 바다 쪽으로 이동시키는 것은 때로 실현 불가능한 일이었는데, 특히 조수가 해안 방어 시설의 토대를 약화시키는 삼각주 지역에서는 비현실적인 계획이었다. 일단 그런 일이 벌어지면 바닷가 안쪽의 홍수 방제 시설이 제1차 방어선이 되고, 넓은 면적의 토지가 사라졌다.

16세기 초가 되자 팽창하는 도시들에 필요한 연료와, 양조업과 요업 같은 산업에 필요한 연료로서 이탄에 대한 수요가 커지면서 심각한 환경 문제가 발생했다.[5] 표층 이탄의 공급이 딸리고 지하수위가 상승했다. 이탄을 채굴하고 나면 곧 남은 빈 구덩이에 물이 차서 인근의 제방과 정착지를 위협하는 커다란 호수가 생성되었다. 서서히 퍼져나가 토대를 약화시킨 물 때문에 많은 마을과 교회들이 희생되었다.

이따금 해일이 발생하긴 했지만 1530년경에서 1725년까지는 부분적으로 소빙하기 기후 조건의 결과 해수면이 느리게 상승한 시기였는데, 좀 더 한랭했던 이 시기의 기후는 그 시대 네덜란드 화가들의 그림에 잘 나타나 있다. 대규모 간척 사업을 시행할 기회가 무르익었다. 수문학적으로는 보다 중앙집권적인 행정이 상황 변화에 도움이 되었다. 1544년 네덜란드 부르고뉴 공국의 지배자 카를 5세는 물을 관리하려는 다양한 노력들을 재편했고, 이러한 과정은 1565년 단일한 물 관리 당국의 설립으로 정점에 달했다. 새로 설립된 일원적인 관리 당국은 폴더르 위원들,

현지 공동체들과 긴밀하게 협력했다.

이즈음엔 오라녜 가의 침묵공 빌럼의 둑 장인이었던 안드리스 피를 링 같은 전문가들의 경험 덕분에 수력 공학 기술이 활발히 적용되고 있었다.[6] 피를링은 빠른 조수와 해류 때문에 까다로운 북해 연안을 따라 둑을 건설하는 데 일생을 바쳤고, 여러 폴더르 위원회의 위원으로도 활동했다. 간척 사업에 관한 그의 책은 "우르릉거리는 붕괴"를 다뤘다. 그는 "물은 어떤 힘으로도 억지로 다룰 수 없으며, 만약 힘을 써 억지로 다루려 하면 물은 그 힘을 그대로 되돌려줄 것이다"라고 썼다. 또 "거칠게 힘을 쓰지 않고 물길을 돌려야 한다. 섬세하고 다정한 손길로 하면 적은 비용으로 더 많은 것을 이룰 수 있다"[7]고 덧붙였다. 피를링의 야심찬 구상이 빛을 발한 것은 폴더르의 물을 퍼내기 위해 풍차를 광범위하게 이용하기 시작한 시기와 일치한다.

네덜란드는 지형이 평탄하고 바람이 많이 분다. 평균 풍속은 시간당 21킬로미터로 풍력 발전에 이상적인 환경이다. 풍차라는 아이디어는 13세기에 십자군 원정에서 귀환한 전사들과 함께 네덜란드에 유입되었을 가능성이 가장 크다.[8] 처음에 풍차는 바람을 받아 열심히 돌아가는 작은 제분기로 기능했다. 원시적인 풍차 펌프가 이미 1408년 알크마르(오늘날에는 치즈로 유명하다)에서 물을 끌어올리긴 했지만, 거기에 달린 스쿱은 물을 2미터만 퍼 올릴 수 있었고, 여러 개를 줄줄이 설치해야만 더 높이 퍼 올릴 수 있었다. 1세기가 더 지나 1574년경 풍차 꼭대기의 움직이는 덮개*가 발명되자 풍차 날개만 돌아가는 것이 가능해졌고, 그에 따라 풍차는 더 크고, 높아지고, 효율적이 되었다. 바람으로 돌아가는 펌프는 강둑으로 얕은 물을 둘러싼 뒤 물을 퍼내 마른땅으로 바꾸는 새로운 형태의 폴더르 개발로 이어졌다. 그러한 폴더르를 건설하려면 자본이 필요했

네덜란드 란담의 풍차(1898년). James Batkin. © The Print Collector/Heritage/The Image Works.

다. 하지만 이따금 폭풍이 강둑에 큰 손상을 입히더라도 대규모 배수 작업에 이용되는 경우에는 큰 이익을 안겨주었다. 16세기 후반이 되자 부유한 도시 상인들은 대규모 간척 사업에 자금을 지원하는 동시에 땅에 투자하기 시작했다. 식량 가격이 오르고 인구가 성장하면서 좋은 농경지가 부족해졌고, 간척 사업은 이제 잠재적으로 수익성이 높은 투자로 여겨졌다. 1640년 암스테르담 북쪽의 27개 호수는 물을 퍼내 마른땅이 되었다.

그러한 간척 사업은 뛰어난 풍차 장인이자 폴더르 간척의 전문가이며, 부르크하르디 폭풍으로 유명한 얀 레이흐바터르의 감독 아래 번창했

---

* 우리가 흔히 보는 네덜란드 풍차는 탑형 풍차tower windmill인데, 풍차 날개가 달린 꼭대기의 뚜껑은 아래의 탑과 분리되어 있고, 360도 회전이 가능해 풍향이 바뀌어도 풍차가 계속 돌아갈 수 있다.

다. 그는 폴더르를 에워싸는 도랑과 연결 운하를 판 뒤 풍차를 이용해 거기로 잉여수를 퍼냈다. 일단 물이 빠져 마르면 이탄을 잘라내 연료로 팔았다. 그러면 공기 중으로 노출된 토양은 경작 가능한 토지와 목초지가 되었다. 1607년 레이흐바터르는 네덜란드 북부에서 면적 7,000헥타르, 깊이 3.5미터의 베임스터르 호수의 물을 빼는 일에 착수했다. 호수를 에워싸는 도랑과 운하를 파는 데 2년이 걸렸다. 폭풍해일이 아직 단단히 굳지 않은 둑을 파괴하기 전에 22기의 풍차가 작업을 시작했다. 2년 뒤 둑이 복구되어 펌프로 물을 퍼내는 작업이 재개되었다. 이번에 동원된 풍차는 42기였다. 측면 둑에 심은 나무는 흙을 단단하게 굳히고 보기 좋은 경관을 제공했다. 30~40명의 일꾼들이 한 조가 되어 작동시키는 말뚝 박는 기계를 이용하는 것 외에는 아무런 도움도 받지 못하는 상태에서 수백 명의 사람들이 곡괭이와 삽, 손수레에만 의존해 작업을 진행했다. 우마차, 썰매, 커다란 고리버들 바구니가 제방용 점토와 강화용 목재 말뚝, 버드나무 막대기를 져 날랐다. 초창기에 여러 차질을 겪긴 했지만 베임스터르 간척 사업은 눈부신 성공을 거두었다. 1640년이 되자 207개의 농장과 100채의 헛간, 10채의 건초 창고와 종자 창고, 제분소 하나, 목재 선착장 2개, 학교 3개, 교회 하나, 교구 회관 하나가 폴더르 안에 들어섰다. 심지어 도시 거주민이 여름을 즐기기 위해 찾는 시골 별장도 있었다.[9]

각종 배수 사업이 활기를 띠면서 정확한 수위 측량이 갈수록 중요해졌다. 1682년 암스테르담 시장 요하네스 휘더는 최초의 체계적인 해수면 측정을 시도했다. 여덟 개의 커다란 돌덩어리로 측정된 높이, 이른바 암스테르담스 페일Amsterdams Peil은 이후 네덜란드에서 측정되는 모든 해수면 이상과 이하 높이의 기준이 되었다.[10]

체계적인 해수면 측정은 보다 향상된 해안 방어와 간척의 일부분이었다. 저지대 지방의 초기 해안 방어 시설은 다진 흙이나 점토로 쌓은 낮은 강둑이었다. 강 주변의 둑도 그런 시설의 일부였는데 파도 활동과 조수뿐 아니라 장기간의 고수위도 견뎌야 했다. 고수위가 장기간 지속될 경우 누수가 문제였다. 육지 쪽으로 완만하게 경사를 이룬 점토 코어와 누수를 잡기 위해 바닥에 자갈을 깐 도랑은 둑을 꽤 효과적으로 만들었다.[11]

13세기에 일종의 진흙 둑인 베르데이컨werdijken이 네덜란드 북부에 등장했다. 축조자는 우선 뗏장이나 끈적끈적한 점토를 쌓아올려 바다 쪽으로 가파르게 경사가 진 제방을 만든다. 그다음 바깥 면에 두꺼운 해초 거적을 말뚝으로 고정하면 해초 거적이 압축되고 썩어서 단단한 잔여물만 남는데, 공격해오는 파도에 맞서는 데 놀라울 정도로 효과적이었다. 종종 벽돌이나 돌로 바닥을 강화했고, 둑의 경사면에서 꼭대기까지 때로 5미터에 걸쳐 해초 더미를 씌웠다. 해초는 무게 때문에 단단히 달라붙어 충격 흡수제가 되었다. 물기를 뚝뚝 흘리는 이 신축성 좋은 쿠션은 파도에 잘 견뎠다. 해초를 구할 수 없는 곳에서는 갈대나 고리버들로 짠 거적으로도 만족해했지만, 해초만큼 오래가지 않아 5년 정도마다 교체해야 했다. 둑을 축조하는 사람들은 이따금 가로, 세로 30센티미터에 길이는 6미터까지 나가는 나무 말뚝도 이용했다. 이러한 제방들 가운데 일부는 일찍이 1440년에 등장해 19세기까지 이용되었다.

1731년까지는 흙과 목재로 된 해안 방어 시설로 충분했지만, 그해 네덜란드 동인도회사의 상선을 통해 배좀벌레조개가 우연히 유입되면서 제일란트와 다른 지방들에 빠르게 확산되었다. 이 쌍각류 조개는 짠물 조개로, 바닷물에 잠겨 있는 선체 같은 목재 구조물에 파고들어간다. 배좀벌레조개는 순식간에 해안 방어 시설을 유린했다. 몇 년 만에 나무 말뚝이 무너졌다. 해초와 갈대 거적은 물에 씻겨나갔다. 1732년경, 홀란트 북부의 베스트프리서 제이데이크^{Westfriese Zeedijk}*의 50킬로미터 구간이 붕괴되었다. 또 다른 20킬로미터 구간도 심각할 정도로 약화되었다. 1만 7,000명이 죽고 암스테르담과 하를럼으로 물이 쏟아져 들어왔던 1717년 크리스마스 홍수의 기억이 모두에게 생생히 전해졌다. 1735년 한 평자는 "축복받은 네덜란드가 (…) 희귀한 배좀벌레가 파고들어간 탓에 위험에 처해 있다"고 개탄했다.[12] 유일한 해법은 외국에서 들여온 석재였다. 석재는 비용이 매우 비쌌지만, 훨씬 뛰어난 내구성으로 그 비용을 상쇄했다.

기나긴 시도 끝에 둑 바닥에서부터 쟀을 때 만조 수위보다 1미터가량 높은, 완만하게 경사진 석재 기슭막이가 건설되었다. 1775년의 둑 기슭막이는 크기가 고르지 않은 왕자갈로 만들어졌다. 자갈들 사이의 틈은 잡석 파편으로 채워지고 왕자갈 아래로는 짚단이 깔려 있어, 부서지는 파도의 충격을 흡수하고 침식과 누수를 감소시켰다. 오늘날의 둑은 모래 코어 위에 두터운 점토층을 덮어놓았기 때문에 침식에 대한 내구성과 방수 기능이 뛰어나다. 지금은 둑 앞쪽의 육지에 조각조각 부서진 암석층이 수위선 아래에 있어 물의 작용을 완화시킨다. 꼼꼼하게 깐 현무암층이나 타맥 층은 고수위 높이까지 표면을 덮었다. 둑의 나머지 부분은 풀로 덮여 있는데, 풀을 뜯는 양 떼가 풀을 언제나 촘촘하고 짧게 유지시킨다.

화석연료와 훨씬 효율적인 펌프를 도입한 산업혁명을 통해 네덜란드인들은 훨씬 큰 규모의 간척 사업에 착수할 수 있게 되었다. 1787년, 잉글랜드 남서부 루에서 수입한 증기 펌프가 로테르담 인근 블레이도르프에서 사용되었다. 농민들은 암소들이 증기 기관의 소음에 겁을 먹어 우유를 생산하지 못할 거라며 처음에는 증기 펌프의 이용을 반대했다.

---

* '서西프리지아 방조벽'이란 뜻.

하지만 펌프가 겨울 홍수와 누수를 막는 데 큰 효과를 거두자 반대는 금세 사라져버렸다. 여러 지역에서 사실상 중단된 상태였던 간척 사업은 이제 더 큰 규모로 재개되었다. 증기 배수 시설이 가져온 가장 큰 효과는 남쪽의 약 1만 8,000헥타르 면적을 차지하며 인근의 주요 도시들을 위협하던 하를러머메이르Haarlemmermeer(하를럼 호수)에서 나타났다. 1836년 강력한 남서풍이 불어 호수의 물이 암스테르담 외곽을 휩쓸었다. 한 달 뒤 또 다른 폭풍이 레이던을 위협했다. 이제는 증기력으로 호수의 물을 빼는 것이 가능했다. 하를러머메이르를 빙 둘러싼 호수와 1840~1854년에 완성된 100킬로미터 길이의 운하로 인해, 1852년경에는 세 개의 커다란 펌프장에서 하를러머메이르의 물을 퍼낼 수 있었다.[13]

19세기에는 운하 건설의 광풍이 불었다. 대형 원양선이 암스테르담과 로테르담으로 쉽게 접근할 수 있도록 하기 위해서였다. 자위더르 해의 모래톱과 삼각주 사이로 난 수로를 구불구불 돌아가는 우회로는 항행을 느리고 위험하게 만들었다. 로테르담은 해안에서 30킬로미터밖에 떨어져 있지 않았지만 구불구불 꺾이는 수로로 접근하면 100킬로미터나 가야 했다. 게다가 조수와 바람에 의한 지연까지 고려하면 동인도회사 상선이 로테르담에서 탁 트인 바다까지 나가는 데는 21일이 걸린 반면, 거기서 동인도 제도까지는 100일이면 충분했다. 1872년 라인 강 어귀까지 이어지는 니우어 바터르베흐Nieuwe Waterweg**가 완공되었다. 사람들은 조수의 침식 작용으로 운하의 깊이가 유지될 것이라고 기대했지만 운하는 금방 얕아지기 시작했다. 오로지 증기 준설기가 출현한 뒤에야 운하는 로테르담과 라인 강을 실질적으로 이을 수 있었다. 1876년이 되자 24킬로미터 길이의 북해 운하가 해안 사구를 관통하여 암스테르담과 대양

** '신수로'라는 뜻.

을 연결했고, 이후 지속적인 확장 공사와 개축을 통해 지금까지 암스테르담 항구의 주요 교통로로 기능하고 있다.

네덜란드에서 현대적인 해안 방어 시대가 시작된 것은 두 가지 결정적인 사건 때문이었다. 바로 1916년의 자위더르 해 홍수와 1953년의 대홍수이다. 자위더르 해 홍수는 며칠 동안 험악한 날씨가 지속된 후 1월 14일에 일어났다. 수위가 상승하고 풍속은 시속 100킬로미터가 넘었다. 둑이 양쪽에서 무너지면서 넘친 물은 낮은 부두만이 유일한 보호시설이었던 마르컨 섬을 침수시켰다. 16명이 사망했다. 어선들이 물가로 떠밀려왔다. 물질적 손실이 인명피해보다 훨씬 컸지만, 이 참사는 이미 진행 중이던 자위더르 해 입구를 가로질러 댐을 건설하는 간척 사업에 대한 논의를 자극했다. 1918년 1월 13일 네덜란드 의회는 공사 개시 법안을 통과시켰다. 건설업자들은 1920~1932년에 빙력 점토와 암석으로 32킬로미터 길이의 아프슬라위트데이크^{Afsluitdijk}*를 축조하고 잉여수가 바깥의 바덴 해^{Waddensee}로 흘러나가도록 배수 갑문을 설치했다. 자위더르 해는 호수가 되었고, 이름도 에이설메이르^{Ijsselmeer}(에이설 호수)로 바뀌었다. 그 후 대형 폴더들이 들어서서, 이제 민물 호수가 된 곳에서 귀중한 농지를 광범위하게 간척했다.[14]

　자위더르 해 공사가 진행되는 가운데, 1937년 물 관리 당국의 한 연구는 남서부의 해안 방어가 대규모 폭풍해일을 막기에는 적합하지 않다는 사실을 보여주었다. 연구는 댐으로 모든 강의 입구와 해수 유입구를 영구적으로 막을 것을 제안했다. 비용이 많이 드는 사업이지만, 그렇게 하면 해안선 길이를 400킬로미터 정도 줄일 수 있었다. 공사 중간 2

---

* 네덜란드 쪽 북해와 인공 호수인 에이설메이르를 갈라놓는 제방.

차 대전이 일어나 제1단계 댐 건설 공사는 1950년에야 완료되었다. 그러고 나서 두 번째 결정적인 파국이 닥쳐왔다. 북해 양안에 참사를 가져온 1953년의 대홍수였다.

1953년 1월 31일, 시간당 풍속이 145킬로미터인 온대저기압이 스코틀랜드 북부 앞바다에서 발달했다.[15] 폭풍은 북해로 진입했다. 거대한 폭풍해일이 영국 동부 해안을 강타해 템스 강까지 밀려온 다음 네덜란드로 진로를 변경했다. 거대한 파도가 잉글랜드 해안의 둑과 방조벽을 120킬로미터 넘게 붕괴시켰다. 4만 6,000마리의 가축이 익사했다. 6만 4,750헥타르가 넘는 농지가 바닷물로 오염되어 여러 해 동안 사용할 수 없었다. 마을과 소도시의 2만 5,000채가 넘는 가옥이 파손되거나 파괴되었다. 영웅적인 구조 노력 덕분에 놀랍게도 사망자 숫자는 307명에 그쳤지만 경제적 피해는 막대했다. 전쟁 기간 동안 아무도 해안 방어 시설을 돌보지 않았던 것이다. 폭풍은 경종을 울렸다. 중장비를 갖춘 영국군과 미군을 포함해 약 1만 5,000명의 작업자들이 2월 중순으로 예정된 한사리가 오기 전에 서둘러 피해 복구에 나섰다. 다행스럽게도 런던은 단 몇 센티미터 차이로 침수를 피했다. 런던 심장부에 있는 런던 브리지의 조수 수위는 그때까지 기록된 최고 조위보다 거의 2미터나 높았다. 그러나 템스 강둑 너머로는 물이 조금밖에 흘러넘치지 않았다. 멀리 하류에서 둑이 무너져 인근 들판을 침수시키면서 수위가 낮아졌다.

네덜란드에서 가장 낮은 지역인 제일란트와 남홀란트의 남부 지방은 둑이 붕괴하면서 밀어닥친 홍수의 맹공 아래 힘없이 쓰러졌다. 여기서도 해안 방어 시설은 전쟁 기간 동안 방치되었고, 1916년 이후로 심각한 홍수가 일어나지 않아 경각심이 풀어진 것도 방치 분위기에 일조했다. 이제 해안 지방은 그러한 태만의 대가를 치렀다. 해수면은 정상 수위보다 3.6~4.2미터 더 올라가 삽시간에 4,100제곱킬로미터의 면적을 침수시켰다. 물이 점점 차오르자 사람들은 지붕 꼭대기로 올라갔지만 소용 없었다. 최소 1,800명이 목숨을 잃고 7만 명의 이재민이 소개되어야 했다. 바닷물에 제일란트와 남홀란트 대부분이 침수되자마자, 홍수로 불어난 물은 아직 침수되지 않은 로테르담과 북홀란트의 300만 명 이상의 인구를 보호하던 주요 둑에 들이닥쳤다. 강화되어 있지 않던 둑 일부가 무너졌다. 니우에르커르크 시장은 배를 징발해 선장에게 무너진 부분을 선체로 막도록 지시했다. 천만다행으로 바지선은 옆으로 회전하여 구멍을 틀어막고 갑문 같은 역할을 해 수천 헥타르의 땅을 침수에서 구했다.

해일로 밀어닥친 물이 마침내 물러간 후 드러난 파괴의 참상은 가히 재앙에 가까웠다. 제일란트에서만 300킬로미터가 넘는 광범위한 구간에서 둑이 붕괴했다. 39킬로미터 정도는 크게 손상되었다. 3만 명의 자원봉사자들이 둑 복구 작업에 나서는 등 복구 노력이 진행되는 가운데 네덜란드 정부는 앞날을 위한 구상을 제시할 델타위원회를 구성했다. 이후로 델타 공사Delta Works로 알려진 거대 프로젝트하에 하구의 입구를 막는 댐 건설이 가속화되었다.[16] 동東스헬더 강의 하구 하나는 지금도 열려있다. 환경 단체와 조업 단체의 반대 속에 건설된 오스터르스헬더커링Oosterscheldekering(동스헬더 강의 폭풍해일 방벽)은 두 섬 사이의 11킬로미터에 달하는 틈을 메웠는데, 이는 13개 댐 건설로 이루어진 델타 공사 가운데 가장 크고, 가장 야심찬 공사였다. 4킬로미터 길이의 방벽에 설치된 통문 같은 수문은 해수면이 법률로 정해진 특정한 정상 수위보다 3미터 이상 상승할 때를 제외하면 항상 열려 있다. 오스터르스헬더커링은 1987년 11월 5일 공식적으로 가동되었다. 1520년 성 펠릭스 홍수로 방벽 상류에 위치한 방대한 땅이 침수된 지 정확히 467년 뒤였다. 방벽의 일부를 이루는 인공 섬에는 다음과 같은 글이 새겨져 있다. "여기서는 바람과 달, 그리고 우리가 조수를 다스린다." 비용은 어마어마했다. 미화로 36

바다의 습격

동스헬더 강의 폭풍해일 장벽. Fiickr.com/Fotografie Siebe Swart.

억 달러가 족히 넘는 25억 유로의 돈이 들어갔다.

마지막 프로젝트가 남아 있었다. 로테르담을 보호하기 위해 신수로에 거대한 폭풍해일 방벽을 건설하는 일이었다. 해일이 일어나는 동안거대한 곡면 강철문 두 개가 도시를 보호하고, 대부분의 시간 동안에는배가 지나갈 수 있도록 물 아래 잠겨 있는 방식이었다. 1997년부터 가동된 방벽은 100만 명의 주민들을 침수로부터 보호한다.

모든 공사가 완료되자 해안 방어용 둑을 700킬로미터 줄이고 농업용수를 더욱 안정적으로 관리할 수 있게 되었다. 해안 방어 시설은 안전과경제적 요인, 환경 사이의 미묘한 균형을 맞추어야 하는 일이지만 인명보호 문제에서는 타협이 없다. 그러나 해안 방어에는 방조벽과 둑만 있는 게 아니며, 둑은 강을 둘러싸 흔히 강의 유속을 더 빠르게 만든다. 스헬더 강은 우리의 미래가 어떤 모습일지 보여주는 좋은 사례다.

16세기 이래로 스헬더 강 하구는 네덜란드와 플랑드르 간의, 주로 안트베르펀과 로테르담 간의 경쟁 관계 속에서 정치적 논란을 일으켜왔다. 2002년에 기획된 스헬더 하구 개발 프로젝트ProSes, Scheldt Estuary Development Project는 시시각각 변화하는 해안 방어와 강의 내륙 구간에서 미래에 발생할지도 모를 환경 변화를 고려하여 스헬더 강 하구 전역에서 보다 지속 가능한 개발이 이루어지는 것을 목표로 한다. 스헬더 강 하구는 민물 구역부터 조간대까지 모두 아우르고 서유럽에서 가장 넓은 염습지를 보유한, 유럽에서 몇 안 남은 하구 가운데 하나다.[17] 미래를 위한 계획을 수립하는 과제는 극도로 복잡하다. 이해 당사자가 많기 때문이다. 유럽 심장부로 연결되는 철도와 고속도로 연결망의 중추인 안트베르펀 항구의 경쟁력을 유지하기 위해서는 앞으로 거대한 컨테이너선이 다닐 수 있도록 적어도 13.1미터의 수심이 유지되어야 한다. 농경지 공급이 부족한 땅에서 농부들은 귀중한 땅을 수몰 지구로 내놓기를 꺼린다. 중요한 상업적 어장과 레저용 어장도 보호되어야 한다. 여가를 즐기기 위해 배를 타는 사람들은 대형 선박들이 다니는 물길과 떨어진 안전한 수역을 누릴 권리가 있다. 간척 사업과 도시 개발로 최근 몇 세기 동안 얕은 여울과 염습지가 급격하게 줄어든 지역에서 이해 당사자 집단들은 하구의 자연 보존이라는 시급한 사안과는 별개로 저마다의 타당한 요구와 관심사를 갖고 있다. 무엇보다도 안전이라는 쟁점, 다시 말해 남서쪽에서 불어오는 강력한 폭풍과 만조와 동시에 일어나는 어마어마한 해일과 해수면 상승으로부터 보호받아야 한다는 요구가 있다. 1953년의 재해는 저지대 지방 전역의 홍수 통제 사업에서 새 장을 여는 계기가 되었다. 플랑드르에서 안트베르펀과 헨트 일부를 침수시킨 1976년의 또 다른 대홍수도 멀리 2030년까지 내다보는 홍수 방어를 위한 장기 계획 수립을 촉진했다.

플랑드르만 놓고 보면, 시그마 플랜으로 알려진 장기 계획을 개발하는 과정에서, 특히 통제된 홍수 관리라는 정교한 계획의 일환으로 농경지를 인공 범람원으로 전환하는 방안을 둘러싸고 여러 갈등을 겪었고, 지금도 겪는 중이다. 일부 수몰 구역의 경우, 정부가 농민들로부터 600 헥타르 정도의 경작지를 강제 매입해야 한다. 벨기에는 여가 활동을 위한 야외 공간 부족에 시달리고 있기 때문에 홍수 통제 구역이 잠재적인 수몰 구역으로서만이 아니라 자연보호 구역과 하이킹 코스, 자전거 길 등이 있는 레저 활동을 위한 공간으로도 만들어지고 있다. 기술자들은 수몰 구역을 아주 신중하게 고른 다음 강변 바깥쪽 제방의 높이를 낮춰서 매우 높은 만조나 폭풍해일로 높아진 물이 제방 뒤편의 낮은 지형으로 흘러넘치도록 했다. 수몰 구역 가장자리의 바닷가 쪽에 있는 훨씬 높은 둑은 높이가 약 7미터에 이르기 때문에, 만조나 해일로 불어난 물은 강변 제방의 배수로를 통해 조수가 빠질 때 같이 빠져나갈 수 있다. 전체적으로 프로젝트는 홍수 통제 구역을 만들어낼 뿐만 아니라 장기적인 미래에 번성할 하구 환경도 복원한다. 그때가 되면 현지 인구도 상당히 증가할 것이다. 현재 홍수 통제 구역은 70~180년 만에 한 번 일어나는 폭풍해일에 맞서 주민들을 보호할 수 있지만, 장기적 계획 수립은 계속된다. 공사의 모든 측면과 완료된 프로젝트들은 토양 양분, 수질, 변화하는 식생, 동물 개체수 등에서 지속적인 모니터링의 대상이 된다. 규제가 아주 엄격해서 심지어 수로 준설선이 퍼올린 모래와 진흙도 늪지 손상을 막기 위해 주의 깊게 정해진 장소에 버려진다.

시그마 플랜은 폭풍해일과 조수를 조절하고 저장하려는 시도와 해안 보호를 조심스럽게 통제된 방식으로 결합하는 한편, 상업적 필요와 환경적 필요, 인간의 필요에도 신중하게 주의를 기울인다. 이 모든 것은 안트베르펜의 부둣가 개발뿐 아니라 하구와 어장, 농경지에 대해서도 똑같이 고민하는, 홍수와 해안 보호에 대한 장기적인 헌신과 막대한 자금을 요구한다. 모든 것이 먼 미래를 내다본다. 현대의 산업적 필요를 사람들의 필요 그리고 환경적 필요와 균형을 맞추는 어려움에 대해 아무런 환상도 품지 않은 채 공사와 모니터링은 꾸준하게 지속된다. 그러한 접근은 값비싸고 장기적인 만큼 스헬더 강변에서 살아가는 사람들뿐 아니라 다른 하구 지역에서 살아가는 이들에게도 희망을 안겨준다. 어쩌면 그들도 여기서 얻은 교훈을 얼마간 받아들일 수 있을지도 모른다. 그들이 목표를 달성하는 데 도움이 될 자금을 마련할 수만 있다면 말이다.

내륙에서 어떤 성공을 거두든 간에 예측 불가능한 미래를 피할 수는 없다. 오늘날 네덜란드의 해안 방어 시설은 그 어느 때보다 강력하지만, 새로운 예측들이 지금까지 예상치 못했던 새로운 허점들을 드러냄에 따라 작업은 결코 중단되지 않는다. 네덜란드 서부와 인구밀도가 가장 높은 지역에서 방어 시설은 1만 년에 한 번 일어나는 홍수 규모에도 대응할 수 있는 안전 여유safety margin* 기준을 충족시키기 위해 끊임없이 강화되고 높아지고 있다. 4,000년에 한 번 일어나는 홍수에 관한 기준은 그보다 인구밀도가 낮은 지역에 적용된다. 당국은 5년에 한 번씩 이러한 기준에 맞춰 제1차 홍수 방어 시설을 점검한다. 점검 결과는 정신이 번쩍 들게 한다. 2010년 총 3,500킬로미터에 이르는 둑 가운데 약 800킬로미터 구간이 기준을 통과하지 못했다. 파도의 작용과 해수면 상승에 대한 연구가 계속됨에 따라 기준은 갈수록 엄격해지고 있다.

  네덜란드인들은 상승하는 해수면을 완전히 제어하게 되었는가? 인간이 야기한 지구온난화라는 유령이 모습을 드러낸다. 2008년, 미국에서 발생한 허리케인 카트리나 같은 재난에 대응하기 위해 설립된 '항구적 해안 개발을 위한 네덜란드 국가위원회'는 근본적인 질문에 대답하려

---

* 안전을 확실하게 보장하는 여유.

고 시도했다. 가장 극단적인 시나리오 아래서도 사람들은 해안 지대에서 계속 살아갈 수 있을 것인가? 일례로 위원회는 해수면이 2100년까지 1.3미터, 2200년까지 4미터 상승할 것으로 추정했는데, 이는 다른 추정치보다 훨씬 큰 수치이다. 위원회의 위원들은 연간 약 10억 유로(약 14억 달러)가 소요될 조치들을 권고했다. 그들은 안전 기준을 10배 강화하고 제방을 강화하며, 해변을 강화하기 위해 강화 모래로 대체할 것을 촉구했다. 그뿐 아니라 남서부의 호수들을 저수지로 이용하고, 추가적인 담수 공급을 위해 에이설 호수의 수위를 높일 것을 제안했다. 그에 따라 정부는 장기적인 기금을 제공할 뿐 아니라 개인과 공동체, 특수 이익 집단들이 국지적이고 국가적인 이슈 둘 다를 다루는 통합 메커니즘에 참여할 수 있도록 델타 펀드(기금)와 델타 프로그램을 수립했다. 그와 동시에 많은 도시와 마을들은 델타 프로그램의 일환으로 저마다 계획을 세워서 실행 중이다. 로테르담은 먼 미래를 위한 원형으로 근린 지역에 환경 친화적인 선상 가옥을 마련하는 대책을 비롯해 2025년까지 도시 전체를 해일에서 안전한 곳으로 만들기 위해 노력 중이다.

네덜란드 대부분의 해안 마을에서는 바다가 보이지 않는다. 바다는 높이 13미터, 깊이가 46미터에 달하는 거대한 방벽 뒤에 가려 있다. 가파른 방벽을 타고 꼭대기까지 올라가면 북해의 파도가 강화 콘크리트와 석재에 부딪혀 부서지는 모습을 볼 수 있다. 거기서 고개를 돌리면 국토 절반이 해수면보다 낮고 인구가 밀집한 나라에 자리한 해안 도시와 마을들이 얼마나 취약한지 깨닫게 된다. 둑을 넓히고 높이는 작업은 북해에 맞서 벌이는 힘겨운 싸움이지만, 미래에 예상되는 해수면 상승과 폭풍의 증가, 강물 범람의 장기적인 결과에 대비해야 하는 필요성에 대해서는 논쟁의 여지가 없다. 네덜란드에서는 대규모 기술 공학이 하나의 삶의 방식이다. 네덜란드 국민은 기간 시설과 해안 방어 시설, 방조벽과 강 제방 증축, 그리고 주요 항구의 부두를 높이는 공사에 매년 수십억 달러를 쏟아붓는다. 그들은 거대한 수문 방벽과 갈수록 커지는 펌프장에 투자한다. 이 모두가 네덜란드 국민들의 발을 젖지 않게 하기 위해서다.

북해로부터 네덜란드를 지키는 일은 장기적인 사고와 한 발 앞서 확보해야 하는 막대한 자금, 실제 일어날 변화보다 더 급속한 기후변화를 감안하여 먼 미래를 내다보는 전략을 요구한다. 모든 계획, 모든 연구, 모든 투자는 한 가지 목적을 띤다. 바로 미래 세대의 장기적 안전이다. 국토의 60퍼센트가 해수면 아래에 위치한 나라에서 지구온난화와 해안 지대의 미래 기후변화에 회의를 품을 여유는 없다. 다행스럽게도 네덜란드는 그러한 장기적 사고를 할 수 있는 형편이 된다. 그러나 질문은 여전히 남는다. 정부와 네덜란드 국민은 정말로 장기적 안전을 확보할 수 있을까? 네덜란드에서는 12만 5,000년의 기준을 따르는 계획도 논의하고 있다. 그러나 평자들이 지적했듯, 12만 5,000년에 한 번 일어나는 재해는 경고 없이 당장 내일 일어날 수도 있고, 인간은 거기에 대비해야 한다.

네덜란드와 벨기에 국민은 침착하고 냉철한 계획가이자 기술 공학자이며, 장기적인 해법을 추구하고 있다. 그들은 자신들의 해안과 하구를 무장하는 최첨단 장비를 개발할 자원을 보유하고 있기에 운이 좋다. 그러나 장기적인 성공을 위해 요구되는 기술 공학과 기간 시설의 규모가 감당이 안 될 만큼 커서 결국 이 싸움에서 질 수도 있다. 우리는 정말로 조수를 다스릴 수 있을까? 네덜란드 사람들은 그렇게 생각하는 것 같지만 먼 미래만이 그들이 옳았는지 틀렸는지 가르쳐줄 것이다. 부유하고 선진적인 저지대 지방의 경우에 성공 가능성은 매우 높다. 그러나 수백만 명이 바다에 운명을 맡긴 채 살아가는 다른 지역들의 경우는 그렇다고 이야기할 수가 없다.

바다의 습격

『바다의 습격』은 우리를 멀리 빙하기로, 해수면이 지금보다 122미터 낮았던 시대로 데려갔다. 그 후 우리는 온난화의 9,000년을 지나 최초의 문명들이 메소포타미아와 나일 강을 따라 발전하기 약 1,000년 전으로, 지구의 해안선이 오늘날과 거의 비슷한 형태를 갖추던 시기까지 왔다. 이집트의 파라오들이 피라미드를 짓고, 남아시아와 중국에서 복잡한 국가들이 발전하고, 로마가 서양 세계의 상당 부분을 지배하던 그다음 6,000년 동안 해수면 상승은 사실상 극히 미미한 수준이었다. 지질학적 변동은 비교적 잠잠했을지 모르지만, 공격해오는 바다에 대한 인간의 취약성은 엄청날 정도로 증가했다. 나일 강 삼각주와 지금의 방글라데시, 중국, 베트남의 커다란 하구 같은 연안 저지대의 인구는 몇만 명에서 수백만 명으로 급증했다. 우후죽순처럼 늘어나는 도시들은 맹렬한 폭풍해일을 몰고 오는 열대 사이클론 같은 자연재해와 기상이변에 갈수록 취약해졌다. 바다에서 발생하는 주요한 위험은 해수면 상승에 국한되지 않는다. 지진 때문에 발생하는 쓰나미와 맹렬한 폭풍이 있다. 연안에 피해를 입힐 수 있는 이 현상들의 잠재적 위력은, 해수면이 국지적으로 조금만 상승하거나 지반이 조금만 침하해도 바닷물이 내륙으로 크게 밀려들어와 상수도를 오염시키고 농경지를 침수시키며 크게 증가했다. 물론 과거에도 재해는 많은 피해와 사망자를 낳았지만, 산업혁명이 절정에 달한 1860년경부터 시작된 지속적인 온난화 때문에 가까운 미래에 도사리고 있는 피해에 버금갈 규모는 아니었다. 산업혁명 이후 해수면은 가차 없이 상승하기 시작했고, 이제는 그 속도가 점점 빨라지고 있는 듯하다. 대중매체의 무분별한 히스테리는 흔히 상상되는 임박한 파국, 바닷물이 빠르게 녹고 있는 빙하를 덮치는 모습만을 레이저 광선처럼 집중적으로 부각시킨다. 물론 현실은 그보다 훨씬 복잡하다.

역사를 되돌아보면 우리는 따뜻해지는 기후와 해수면 상승 간의 복잡 미묘한 관계에 신중하게 접근할 수 있다. 빙하기가 끝난 직후의 급속한 온난화는 오늘날의 변화 속도를 크게 능가했다. 그러나 당시의 해수면 상승이 오늘날보다 빠르기는 했지만 **누적적** 문제, 다시 말해 연간 몇 밀리미터 혹은 기껏해야 1센티미터 상승하는 문제였고, 때로는 그 정도에도 미치지 않았다. 해수면 상승은 장기적인 문제처럼 보이며, 그래서 많은 이들은 그 위협을 쉽게 무시해버린다. 이전 시대에는 그렇게 무시를 해도 어느 정도 무사히 넘어갈 수 있었다. 하지만 수천만 명이 해수면보다 고작 몇 미터 높은 곳이나 심지어 낮은 곳에서 살아가는 오늘날에는 안 될 말이다. 단기적으로 볼 때 가장 큰 위협은 누적적인 해수면 변화가 아니라 지진이든 쓰나미든 열대 폭풍이든 간에 지구에서 인구가 가장 밀집된 환경 가운데 하나인 낮은 연안 풍경과 강의 삼각주로 물을 **수평적으로** 넓게 퍼뜨리는 기상이변에서 온다. 이런 기상이변에 아주 미미한 연간 해수면 상승만 결합해도 장단기적인 재앙을 낳기에 딱 좋은 상

바다의 습격

황은 언제든 발생할 수 있다. 그리고 그럴 가능성은 점점 커지고 있다. 장기적인 재앙은 전 세계적으로 광범위하게 발생하며, 단기적인 재앙은 주로 국지적으로 일어난다.

이 책의 상당 부분은 역사적인 기준에서 볼 때 일시적인 사건들이 야기한 파괴의 긴 목록이다. 그러나 이러한 과거의 대참사들을 장기적 미래, 이를테면 다음 세기의 난관들과 어떻게 비교할 수 있겠는가? 물론 지금도 이미 일부 섬 주민들과 저지대 정착지의 주민들은 어쩔 수 없이 삶의 터전을 뜨고 있지만, 비교적 소규모의 이러한 이주는 중국과 유럽, 미국처럼 인구가 밀집한 나라들 앞에 놓인 10년간이나 100년간의 혼란에 비하면 아무것도 아니다.

전체적인 수준에서 제시되는 수치들은 벅찰 정도다. 전 세계적으로 약 2,000만 명이 현재 해수면 높이에서 5미터 이내의 범위에 있는 해안지대에 살고 있다. 이 숫자는 21세기 말까지 4,000만~5,000만으로 늘어날 전망이다. 그와 동시에 해안의 메가시티들은 초고속 성장을 계속할 것이다. 유럽에서 해수면이 1미터가량 상승하면 1,300만 명이 위협받는다. 10억 명의 인구가 평균 해수면 높이의 20미터 범위 이내의 800만 제곱킬로미터밖에 안 되는 땅에서, 다시 말해 대략 브라질만 한 면적의 땅에서 살고 있다. 육지가 사라지면 침수된 지역의 국민총생산에 영향을 미치고, 도심 주거지의 팽창에 악영향을 미치고, 농경지가 침수되고, 일자리 기회도 줄어들고, 홍수에 맞서 얼마간 보호를 해주던 연안 습지대도 사라질 것이다.

어느 나라들이 가장 취약한가? 방글라데시는 어떤 목록에서든 맨 윗자리를 차지하며, 12장에서 설명한 태평양 도서국가들과 바하마도 마찬가지다. 메콩 강 삼각주가 있는 베트남도 위협받고 있다. 해수면이 1미터 상승하면 메콩 강 삼각주의 3분의 1 이상이 물속으로 사라질 것이다. 미래를 예언이라도 하는 듯했던 열대 폭풍 켓사나가 2009년 접근해왔을 때 베트남 정부는 35만 명의 주민을 소개했다. 켓사나는 필리핀 마닐라의 80퍼센트도 물에 잠기게 만들었다. 하구를 끼고 있고 도시 인구가 밀집해 있는 상하이도 목록에서 상위권을 차지한다. 유럽에서는 오데르 강과 비스툴라 강 하구를 비롯해 저지대 지방과 발트 해 남부 연안, 그리고 잉글랜드 동부 해안이 해수면 상승의 잠재적 희생양으로 꼽힌다. 지중해에서는 나일 강 삼각주처럼 인구가 밀집한 평지와 포 강 삼각주, 베네치아가 공격받고 있다. 해수면 상승에 맞서기 위해 막대한 비용이 들어가는 방어 시설을 건설하지 않았다면 이들 지역 중 일부는 이미 물에 잠겼을 것이다.

수백만 명이 현재의 해수면이나 그와 가까운 높이에 살고 있는 미국은 어떨까? 애리조나 대학교의 연구자들은 미국 정부의 고도 데이터베이스를 이용해, 미국 하부의 48개 주 가운데 인구가 5만이 넘는 모든 연안 도시의 취약성을 분석했다.[1] 분석 결과는 냉정하게 생각할 거리를 던져준다. 멕시코 만과 남대서양 연안을 따라 위치한 연안 도시들은 특히 심각한 타격을 받을 것이다. 뉴올리언스와 탬파, 버지니아 비치, 버지니아는 2100년까지 육지 면적의 10퍼센트 이상을 상실할 수도 있다. 같은 기간 동안 180개의 미국 연안 도시들 가운데 평균 9퍼센트의 육지가 위협받을 수 있다. 총 4,050만 명의 인구가 이 도시들에서 살고 있으며, 그 중 20개 도시는 인구가 20만이 넘는다. 이 분석 결과에는 해안 침식과 그에 따른 일시적 침수 그리고 기상이변이 더 잦은 미래에 폭풍 때문에 발생할 수 있는 피해는 포함되어 있지 않다.

지구온난화는 1880년 이후 해수면을 약 20센티미터 높였고, 상승 속도는 계속 빨라지고 있다. 많은 과학자들은 온실가스와 여타 오염 물질의 대기 방출에 따라 이번 세기에 20~203센티미터 상승할 것이라고 예상한다. 보다 구체적으로 애리조나 대학교 연구팀은 지역별 편차가 상당할 것이며, 2030년까지 2.5~20센티미터, 2050년까지 10~49센티미터 상승할 것이라고 예상한다. 만약 현재의 속도대로 온실가스 배출이 계속된다면 지구의 기온은 2100년까지 지금보다 평균 섭씨 13도 정도 오를 전망이다. 애리조나 대학교의 제러미 와이스에 따르면, 이런 일이 벌어질 경우 다음 몇 세기에 그린란드와 남극의 빙하 일부가 녹으면서 우리는 최소 4~6미터 상승한 바닷물에 갇히게 될 것이다.[2] 3미터 정도가 상승하면 보스턴과 뉴욕을 비롯한 9개 대도시는 현재 육지의 10퍼센트를 상실할 것이다. 6미터 가까이 상승하면 미국 해안 도시들의 육지 가운데 약 3분의 1이 사라질 것이다.

해수면 상승으로 도시 지역이 침수되는 것과 별개로, 이른바 100년에 한 번 찾아온다는 폭풍에 대한 취약성이라는 문제도 존재한다. 이제 연구 대상 지역의 3분의 2 이상이 다음 18년 이내에 100년에 한 번 발생할 만한 수준의 폭풍을 겪을 위험성이 두 배로 커졌다. 심지어 멕시코 만 바깥 지역에서는 그 수치가 더 올라간다. 이들 지역의 홍수위는 대개 평균 만조위보다 1.2미터 높을 뿐이지만, 미국 전역에서 약 500만 명의 주민들이 만조위에서 1.2미터 범위 이내의 저지대에서 살고 있다. 285개의 도시와 소도시의 인구 가운데 절반 이상이 이 1.2미터 이하의 저지대에서 살고 있다. 400만 명에 가까운 인구가 만조위에서 1미터 범위 이내의 지역에 거주한다. 그중 절반가량은 가장 위협받는 도시 10곳 가운데 8곳이 있는 플로리다 주에 거주한다. 플로리다 주 남동부의 3곳의 해안 카운티에서만 약 300억 달러에 달하는 과세 부동산이 이 1.2미터선 아래에 위치해 취약성을 노출하고 있다. 플로리다 주에서 가장 위협받는 카운티인 마이애미-데이드는 제외하더라도 말이다.

이러한 숫자들에는 고작 1.2미터 높이의 홍수가 77만 7,000헥타르의 도로와 다리, 상업 건물과 농경지, 그리고 군사기지와 공항을 비롯해 비주택 지역에 초래할 수 있는 잠재적 피해는 포함되어 있지 않다. 이러한 목록은 끝없이 이어진다.

당연한 일이지만, 현 단계에서 위험은 무시할 만한 수준이며 우리는 그러한 장기적 미래를 걱정할 필요가 없다고 주장하는 사람들이 있다. 그들은 전문가들이 부적절한 데이터에 의존하고 잘못된 컴퓨터 모델을 사용하며, 해안의 관측 지점이 너무 적다고 비난한다. 그런 이들에게는 데이터는 말 그대로 매달 개선되고 있으며, 현재로서는 그것이 구할 수 있는 최상의 데이터라는 사실만 지적하면 된다. 과학은 결국 누적적 과정이다. 지구온난화와 그에 따른 해수면 상승의 현실을 부정하는 이들은 헛수고를 하고 있다. 그들 가운데 다수는 이미 각본이 짜인 의제를 가지고 있거나 보통은 시대에 뒤떨어진 모종의 정치 이데올로기에 맹목적 신념을 품고 있다. 우리는 이제 모래 속에 머리를 파묻은 타조처럼 행동할 수 없는 시점에 와 있다.

훌륭한 자격을 갖춘 뛰어난 전문가 집단이 내놓은 미래 캘리포니아의 기후 전망을 고려해보자.[3] 철저한 조사를 거친 연구 결과에 의하면 캘리포니아 주의 주된 상수원인 산의 설괴 빙원*은 2100년까지 60퍼센트 감소할 것으로 보인다. 혹서와 강력한 폭풍이 더 잦아질 것이고, 1세기 안으로 태평양이 캘리포니아 연안을 따라 122센티미터 상승할 수도 있다. 미래에 이 지역의 해수면은 오리건이나 워싱턴보다 높을 것이다. 더욱 높아진 기온과 녹아가는 빙하가 태평양 해수면을 상승시키는 가운

---

* 눈덩이로 뒤덮인 들판.

바다의 습격

데 지각판 운동으로 인해 이 지역 해안이 가라앉고 있기 때문이다.

이러한 해수면 상승의 효과는 이미 나타나고 있다. 금문교에서 측정된 신뢰할 만한 자료는 지난 세기 동안 해수면이 18센티미터 상승했다고 기록하고 있다. 이 18센티미터를 뛰어넘을 것으로 예상되는 해수면 상승 수치는 그저 학술적인 수치처럼 느껴질 수도 있지만, 주변 해안선이 해수면보다 고작 몇 미터 높을 뿐이고 집중적인 지하수 추출로 지반이 광범위하게 침하한 육지로 둘러싸인 만에서는 결코 그렇지 않다. 여기서 중요한 것은 실제로 해수면이 얼마나 더 높아지느냐가 아니라, 미래에 더 자주 발생할 대규모 폭풍이 만조와 동시에 일어나 바닷물이 지금보다 훨씬 안쪽으로 쏟아져 들어오고, 침수된 지역에서 물이 오랫동안 빠지지 않을 것이라는 사실이다. 오클랜드와 샌프란시스코 공항 활주로가 몇 주 혹은 심지어 몇 달 동안 부분적으로 물에 잠겨 있거나 폭풍해일이 만조 위와 가까운 고속도로를 침수시킬 미래를 상상해보라. 혼란은 어마어마할 것이며, 해수면과 가까운 건물의 침수와 파괴는 말할 필요도 없을 것이다. 이러한 미래는 공상과학소설 속 이야기가 아니라 현실이다.

지난 세기, 특히 지난 20년 동안 샌프란시스코 만 지역과 여타 지역에서 나타난 해수면 변화는 폭풍과 예외적으로 매우 높은 만조의 발판이라고 부를 만한 조건, 다시 말해 평탄한 지형에 있는 얕은 호수에서 흘러넘친 물이 대단히 먼 거리까지 널리 퍼져나가는 것과 다소 유사한 상황을 만들어냈다. 역사를 통해 우리는 약간의 해수면 상승도 폭풍과 관련된 그러한 홍수의 가능성을 급격하게 증가시킨다는 사실을 알고 있다. 심지어 오래전에 인구가 훨씬 적었을 때도 이러한 재해는 수천 명의 사망자와 기아, 심지어 왕조의 붕괴를 가져왔다. 오늘날에는 그러한 위협이 더욱 고조되고 급박해졌다. 단지 폭풍과 온난화 때문만이 아니라 두 번째 현실이 개입되어 있기 때문이다. 전 세계 해안에서 살고 있는 엄청나게 많은 사람들이 위험에 처해 있는 현실 말이다. 전 세계 해안에는 적어도 2억 명의 인구가 살고 있고, 해수면은 상승하고 있다.

미래에는 더 많은 기상이변과 맹렬한 폭풍이 예상되는 가운데, 불과 몇 센티미터가 10년 만에 한 번 있을 홍수와 100년 만에 한 번 있을 폭풍해일 사이에 심대한 차이를 만들어낸다. 물론 홍수위는 지역마다 다를 것이며, 시간표 역시 다양할 것이다. 일례로 미국의 멕시코 만 연안 지역은 북아메리카 연안의 다른 어느 지역보다 많은 대규모 폭풍과 그에 따른 폭풍해일을 겪는다. 허리케인 아이작은 2012년 8월 뉴올리언스 연안에 접근해 광범위한 지역을 침수시켰다. 카트리나는 제방을 파괴하여 엄청난 인명 손실을 초래했다. 미국 내의 홍수 위협 지역에 대한 최근의 한 연구를 보면, 조사 대상 지역의 절반 이상이 2030년까지 그 지역 평균 만조위보다 1.2미터 높은 수위에 도달할 가능성이 50대50이다.[4] 2050년경에는 많은 지역들이 만조위보다 1.5미터 혹은 그 이상 높은 홍수를 주기적으로 겪을 것이다. 낮은 해안선을 따라 수십 킬로미터씩 들어선 해변 주택과 대저택들은 파괴를 부르고 있다. 어쩌면 현재의 해수면 연구는 최근까지의 폭풍 패턴이 앞으로도 바뀌지 않는다는 가정에서 이루어졌다는 사실을 언급하는 게 좋을 듯하다. 그러나 온난해지는 미래에는 폭풍해일과 여타 기상이변의 발생 빈도가 해안 지대의 홍수 규모에 크나큰 영향을 미칠 수 있다.

무엇을 해야 하는가? 전적으로 만족스럽거나 완전히 현실적인 해법은 아무도 갖고 있지 않다. 선택지는 제한되어 있고, 거의 하나같이 감당하기 힘들 만큼 비용이 많이 든다. 네덜란드인들이 몇 세기 동안 해온 것처럼 우리는 지금 거대한 해안 방어 시설과 방조벽을 세워 바다를 차단하고 있는가? 오랫동안 네덜란드인들은 1,000년이나 1만 년에 한 번 있을

법한 폭풍과 해일에 맞설 수 있는 가공할 무기를 만들어왔다. 하지만 한 시대에 한 번 일어날까 말까 한 그런 폭풍해일이 언제 들이닥칠지는 아무도 모른다. 다른 사례들도 무수히 많다. 러시아의 상트페테르부르크는 네바 강과 발트 해가 드나드는 늪지 위에 건설되었다. 26킬로미터 길이의 제방과 수문이 도시를 홍수로부터 지킨다. 일본 자금을 지원받아 막대한 비용을 들여 건설한 거대한 방조벽은 인도양 몰디브 제도의 수도로 해수면보다 겨우 몇 미터 높은 곳에 위치한 말레를 보호한다.

뉴욕 항 지역과 그 주변의 극도로 값비싼 부동산을 보호할 수 있는 해안 방어 시스템은 개발될 수 있을까? (원래 네덜란드 정착민들이 고지대여서 홍수에서 안전한 남부 맨해튼에 자신들의 자그마한 정착지를 건설했다는 사실은 주목할 만하다. 훨씬 나중에, 1664년 영국인들이 뉴욕을 차지하고, 뉴욕이 갈수록 중요한 해운 중심지가 되면서 정착지는 저지대로 확대되었다. 어쩌면 네덜란드인들은 고향 땅에서의 경험을 기억했을지도 모른다.) 뉴욕에 해안 방어 시스템을 수립하는 데는 적어도 150억 달러가 소요될 것이다. 그다음에는 많은 전문가들이 지적하는 대로 장기적인 측면에서 시스템을 유지하고 업그레이드해야 하는데, 그 역시 비용이 많이 드는 일이다. 이미 뉴욕 시는 하수처리장에 홍수문을 설치하고 퀸즈의 저지대를 개발하는 한편 지면을 높이는 것과 같은 조치들을 얼마간 취하고 있다. 그와 동시에 지하철과 다른 기간 시설들을 설계할 때, 100년이나 500년 만에 한 번 일어나는 규모의 기상재해가 발생했을 때의 최악의 시나리오를 가정하고 그에 필요한 최상의 방안과 대책을 고려한다. 그러나 거의 해마다 찾아오며 갈수록 잦아지는 강력한 폭풍은 여기에 새로운 역학을 추가한다. 뉴욕 주지사 앤드루 쿠오모는 2012년 10월 30일 기자회견에서 "기후 패턴에서 극적인 변화가 없었다고 말하는 사람은 현실을 부정하고 있다고 봅니다"라고 말했다. 뉴욕 시장 마이크 블룸버그도 이에 동의하며 "분명한 것은 근래에 우리 나라와 세계 곳곳에서 우리가 경험하는 폭풍은 전보다 훨씬 강력하다는 것입니다"라고 덧붙였다.[5] 뉴올리언스 지역에서는 제방이라는 해법이 널리 이용되었지만, 경험을 통해 알 수 있듯 그러한 방벽은 올바르게 건설되지 않으면 제 기능을 못할 수도 있고 비용도 많이 든다. 뉴저지 주 호보컨 주변에는 제방이 건설되어 있지만, 샌디가 들이닥쳤을 때 허드슨 강의 수위가 상승하여 도시 양쪽의 제방을 휩쓸었고, 저지대 근린 지역의 일부를 침수시키고 일부 지역은 섬으로 만들었다. 2만 명이 넘는 주민들이 자신들의 집에 고립되었다가 구조되었다. 빗물과 강물, 하수가 뒤섞인 물은 욕조 안의 물처럼 제방 안쪽에 고였다. 거리에 들어찬 물을 뺄 펌프장은 하나밖에 없었다.

　뉴욕의 경우 유일한 해법은 샌디 때보다 두 배 높은 9미터짜리 해일을 저지할 제방 같은 방벽으로 도시를 바다로부터 차단하는 방안일지도 모른다. 이동식 수문은 유사시에 도시를 대서양으로부터 차단하지만, 평소에는 배와 강물, 조수가 자유롭게 드나들게 할 것이다. 샌디로 인해 발

뉴욕 주 사우샘프턴에 상륙한 허리케인 샌디. Lucas Jackson/Reuters.

바다의 습격

생했던 엄청난 경제적인 손실을 고려할 때 이것은 매력적인 방안인 듯하지만 여러 환경적 난관이 도사리고 있다. 방벽은 조수와 해류의 흐름에 어떤 영향을 미칠 것인가? 퇴적물 축적과 여타 환경문제들은 어떨까? 보호는 사회적으로 평등할 것인가? 직설적으로 말해 누가 방벽 뒤에서 보호를 받고 누가 보호를 받지 못할 것인가? 이 모든 것은 보다 장기적인 질문과는 완전히 별개의 것이다. 기후변화의 불확실성과 갈수록 커지는 기상이변의 규모를 고려할 때 방벽은 과연 제 기능을 할 것인가? 어쨌거나 롱아일랜드의 로커웨이즈와 코니아일랜드 같은 많은 지역에서 유일하게 현실성 있는 해법은 방조벽 아니면 모든 것을 고지대로 옮기는 것이리라.

뉴욕이 어떤 방안을 채택하든 실제로 실행되기까지는 오랜 시간이 걸릴 것이다. 정치가들이 그 방안들을 지지한다고 하더라도 말이다. 이 것들은 우리 세대와 우리 자식 세대 이후로까지 이어지는 장기 프로젝트로, 선거 주기에만 사로잡혀 있는 정치가들은 이해하기 힘든 개념이다. 각종 인허가가 나고 환경 연구를 하는 데만 몇 년이 걸릴 것이다. 그러나 샌디는 비록 우리 생애가 지나고 나서야 보답을 받게 되겠지만 관련 주 정부들과 연방 정부가 구체적이고 장기적인 계획에 즉시 착수하는 게 현명할 것이라고 경고한다. 비용은 많이 들지 몰라도 그것이 비용 대비 효율적인 방법이 될지도 모른다. 1938년과 1954년에 재앙이나 다름없는 허리케인을 겪은 뒤 1966년부터 수문이 설치된 9미터 방벽으로 저지대를 보호한 로드아일랜드 프로비던스의 예만 봐도 알 수 있다. 방벽은 샌디와 그 이전의 재해 때 홍수를 방지했다. 이러한 유형의 프로젝트에 필요한 공학 기술 대부분은 비교적 단순하다. 그것은 먼 미래를 내다보고 지금 주도적으로 우리 자신을 보호할 용기와 진취성을 갖는 것의 문제이다.

현재 미국의 가장 시급한 사안들 가운데 일부는 정말로 당장 이루어

허리케인 샌디로 인한 파괴와 화재 피해(뉴욕 주 퀸즈 브리지포인트). Peter Foley/EPA/Newscom.

져야 할 것들이다. 우리는 기상예보에 필요한 위성 영역을 확대해야 한다. 지능형 전력망 기술에 대대적이고 장기적인 투자를 해야 한다. 이는 전력에 크게 의존하며 시대에 뒤떨어진 기간 시설을 보유한 나라에서 특히 중요한 기술이다. 또 우리는 샌디 이후에 절감한 대로 비상 대응 과정에서 연방 정부 차원의 영향력을 강력하게 유지해야 한다. 거대 폭풍의 영향력은 한 주의 경계를 훌쩍 뛰어넘는다. 무엇보다 정부는 더 따뜻해진 대양이 더 강력한 폭풍을 낳는다고 가정하고 그에 따라 계획을 세워야 한다. 유일한 장기적 완화 전략으로서 탄소 배출량을 감축하는 한편, 갈수록 더워지고 더 많은 사람들로 붐비는 세상에서 살아가려면 회복력 resilience* 증대 전략과 대규모 기간 시설 정비, 둘 다를 추구해야 한다.

---

* 조직이나 공동체가 위기 상황이나 재난에서 최대한 빠르고 효과적으로 회복하는 능력.

바다의 습격

우리가 무엇을 하든 많은 돈이 들어갈 것이다. 어디가 되었든 해안을 무장시키는 일은 무시무시할 정도로 비용이 많이 들고, 장기적인 정치적 의지와 강력한 대중적 지원 그리고 정말로 매우 풍부한 재원, 이 세 가지의 결합을 요구한다. 방조벽이 아주 장기적으로 효과를 발휘할 것이라는 보장은 없다. 네덜란드에서와 같은 규모의 비용이 많이 드는 해안 방어 시설은 방글라데시 같은 가난한 국가에서는 현실성이 없고, 어쨌거나 그곳의 지질학적 특성과 현지의 반대는 그러한 시설 건설에 불리하게 작용한다. 문제의 해법은 해당 지역의 창의성과 임기응변에 달려 있지만, 이것도 수백만 명이 관련된 상황에서는 충분하지 않을 것이다. 런던과 뉴올리언스를 보호하는 것과 같은 조수 방벽과 상하이 같은 다른 범람원 도시들에 제안된 방벽은 값비싸지만 임시방편에 불과하다. 제방과 둑의 경우에서도 그랬듯, 이번에도 결정적인 요인은 비용이다.

낮은 연안 지대는 바닷가 옆에서 살면서 부서지는 파도를 보고 싶어 하는 사람들의 욕망에 부응하는 개발업자들이 가장 선호하는 장소이다. 세계에서 가장 중요한 항구들의 다수가 낮은 하구에 자리 잡고 있으며, 그곳에서는 한때 수천 헥타르의 습지대와 맹그로브 늪지가 번성했다. 불도저는 우리가 해수면 상승에 맞서기 위해 이용할 수 있는 가장 효과적인 자연적 보호 수단을 싹 밀어버렸다. 근래에 들어서야 우리는 그렇게 쓸모없어 보이던 늪지대가 해일과 해수면 상승으로부터 우리를 지키는 데 얼마나 효과적이었는지 깨닫게 되었다. 1992년 허리케인 앤드루가 플로리다에 상륙했을 때 교훈을 얻었듯이, 특히 맹그로브 숲은 허리케인의 위력을 약화시켜 지역사회 전체를 파괴로부터 구할 수 있다. 우리는 무분별하게 번영을 추구하는 과정에서 바다에 맞설 수 있도록 자연이 제공한 자연적 무기들 대부분을 제거해버렸다. 어쩌면 우리가 추구해온 번영은 잘못된 종류의 번영이었을지도 모른다. 습지대를 회복시키는 방안은 매력적인 방안이다. 하지만 여러 연안 지대의 집중적인 개발을 생각할 때 시기적으로 이미 너무 늦은 것일지도 모른다. 우리는 아직 다룰 준비가 되지 않은 미래에 직면해 있지만, 우리가 그에 대해 얼마나 많이 생각하고 있는지는 의심스럽다.

과제를 미래 세대에 떠넘김으로써, 공격해오는 바다를 무시하는 편을 택한 사람들도 있다. 중국에서의 해수면 상승과 폭풍해일, 인간 활동에 의해 초래되는 지반 침하와 관련한 고질적 문제들에도 불구하고 상하이 당국은 주거 지구와 산업 지구를 추가적으로 개발하기 위해 저지대 해안선을 계속 매립하고 있다. 그들은 방조벽와 홍수 통제 수문에 투자하는 편을 선택하고 있다. 플로리다에서는 위협받는 해변을 따라 고층 건물이 빠른 속도로 건설되는 가운데 주 정부가 방조벽과 방파제 같은 해안 보호 시설에 수십억 달러를 쏟아붓고 있지만, 이는 장기적으로 봤을 때 임시방편일 뿐이다. 해수면과 같거나 그와 비슷한 높이에 수천 채의 주택을 신축하기 위해 페르시아 만 지역에 인공 섬을 건설한 두바이 정부의 행위는 저명한 두 지구과학자가 표현한 대로 "망상에 사로잡힌 오만함의 어이없는 발로"라고밖에 할 수 없다.[6]

해안 방어 무기는 너무 값비싸고, 습지대가 사라지는 경우에는 어떤 선택이 남아 있을까? 남은 것은 적응과 창의성의 문제이며, 그 대부분은 국지적인 차원에서 작동한다. 개발업자들에게 건물의 고도를 높이고 방조벽으로 토대를 보호할 것을 요구하라. 더 근본적으로는 수상 근린 지역을 만들어야 한다. 이곳에서는 넓은 구역 전체가 조수와 해일, 변화하는 해수면에 따라 수위가 오르내리는 보호 수역에 설치된 수상 플랫폼 위에 있다. 저지대 지방에서는 부양 가옥(선상 가옥과 혼동하면 안 된다)을 이용한 실험이 이뤄지고 있는데, 이것이 현실성 있고 비용도 적당한 해법을 제시할 수 있을지도 모른다. 방글라데시의 많은 농민들이 부분적으

바다의 습격

로 침수된 주거지에서 1년에 몇 주씩 수상생활을 하거나 배 위에서 살아가고 있다는 걸 고려할 때, 이는 비용이 적게 드는 해법이 될 수도 있다. 물론 해수면 위쪽에 농지가 충분하거나 다른 경제활동이 활발히 이루어진다면, 그리고 사이클론이 일으키는 해일로부터 적절히 보호된다면 말이다.

마지막으로 관리된 후퇴라는 선택지가 있다. 앞 장들에서 살펴본 대로 이는 수십만 년 동안 채택된 전략으로, 수백만 명이 아닌 수십만 명의 사람들만 있을 때 쉽게 실행할 수 있는 선택지였다. 그러나 지금은 더이상 가능하지 않다. 우리는 연안의 메가시티와 철저한 경계가 이루어지는 국경선, 꽉 들어찬 농촌 인구로 온통 둘러싸인 세계에 살고 있기 때문이다. 우리는 더 이상 자유롭게 고지대로 이동할 수 없다. 관리된 후퇴의규칙은 몰라볼 정도로 변화해왔다. 우리는 어쩌면 반세기 안에 기후변화와 해수면 상승 때문에 수백만 명이 고지대로 이동해 기후난민이 될지도모르는 시대에 살고 있다. 더는 우리 손자 세대에 문제를 떠넘겨서는 안된다. 우리는 수백만 명을 완전히 다른 농촌 환경과 도시 환경으로 재정착시키자는 인도주의적 요청이 높아지는 미래를 마주하고 있다.[7] 분명일부 이주민들은 스스로의 힘으로 상황에 대처할 수 있는 자원을 갖고있겠지만, 대다수는 계획적이고 안전한 방식으로 이주할 아무런 수단이없는 이들로, 지구 사회에 어려운 과제를 던져줄 것이다. 주택과 물 공급, 수천 명의 이주민들을 완전히 다른 문화적 환경에 통합시키는 과제와 더불어 취업의 기회와 기간 시설을 개발하는 사안만 해도 시급한 국제적 문제가 될 것이다.

앞으로 몇십 년 안에 우리는 힘겨운 질문과 마주해야 할 것이다. 수천 명, 심지어 수백만 명을 고지대로 강제 이주시키는 방식 외에 사람들이 농경지 상실에 적응하도록 돕는 다른 길이 있을 것인가? 정부와 비정부기구들은 과밀한 한 도시에서 이주를 내켜하지 않는 이웃 도시로, 혹은 인구가 밀집한 농촌 지역에서 토지가 부족한 다른 지역으로의 대규모 인구 이동을 어떻게 처리할 수 있을까? 지속 가능성의 상실, 물 부족 등으로 촉발되는 그러한 이동이 시골 농부들에게는, 특히 그들에게 타 지역에 거주하는 친척들이 있을 경우에는 전통적인 대응 방식이다. 우리는 역사의 교훈을 기억해야 할 것이다. 사람들은 굶주림에 직면하면 양식을 찾아 이동한다는 사실 말이다. 기아에 시달리는 수천 명의 희생자들의 무계획적인 이주는 19세기 후반에 중국과 인도에서 있었던 대기근의 특징이자, 일찍이 기원전 2180년 가뭄에 위협받던 고대 이집트에서 볼 수 있는 모습이었다.[8] 폭풍해일이나 쓰나미와 달리 해수면 상승에 의한 육지의 상실은 영구적이라는 사실도 기억해야 할 것이다. 육지의 상실은 항구적이며, 지하수 손상은 대개 돌이킬 수 없다.

우리는 해수면 상승과 같은 환경 변화에 대처할 수 있는 장기적인 회복력을 어떻게 갖출 것인가? 해답은 오늘날의 세계에서는 전례를 찾아볼 수 없는 이주에 대처할 자금 마련과 다양한 층위의 국제적인 협력에 달려 있다. 우리의 후손들은 모든 인간 이동 활동의 복잡성을 인식해, 환경 위협이라는 맥락을 넘어서는 더 넓은 맥락에서 이주 문제를 다루어야 할 것이다. 무엇보다 그들은 저지대 환경에서 살고 있는 상당수의 사람들이 적응할 수 있고, 필요할 경우 다른 곳으로 옮겨갈 수도 있는 메커니즘이 존재하지 않는다면 막다른 골목에 갇힐 수도 있는 미래에 대응해야 할 것이다. 수천만 명의 사람들이 관련되어 있고, 반세기 또는 길어봐야 2세기 정도의 시간이 소요될 상황에서 기후 이주의 문제는 우리 증손자 시대가 아니라 당장의 국제적 관심을 요구한다. 속담에 나오는 것처럼 모래에 머리를 파묻고 부정하는 것은 방법이 될 수 없다. 1만 년 전 도거랜드의 어부들은 변화하는 세계에 무리 없이 적응할 수 있었다. 우리 가운데 다수가 그리고 분명히 우리 후손들은 공격해오는 바다에 맞서 자유로운 이동이라는 선택을 누리지 못할 것이다. 지구에는 인간이 너무 많다. 우리는 인류가 오랫동안 쌓아온 기회 활용 능력과 모든 창의성을 시험할 두렵고도 장기적인 위기에 직면해 있다. 우리가 곤경에 더 일찍 정면으로 맞설수록, 더 좋다. 우리 앞에는 지구의 제어라는 도전이 놓여 있기 때문이다.

1장 상승하는 바다

1. 비전문가의 설명일 뿐이다. Mark Maslin, "The Climatic Rollercoaster" in *The Complete Ice Age*, ed. Brian Fagan (London and New york: Thames and Hudson, 2009), 62-91. (브라이언 페이건 외, 『완벽한 빙하시대』, 마크 마슬린, 「4장 기후의 롤러코스터」, 푸른길, 2011.)

2. Brian Fagan, *Beyond the Blue Horizon* (New York: Bloomsbury Press, 2012) (브라이언 페이건, 『인류의 대항해』, 미지북스, 2014), 2장.

3. 유스타시와 아이소스타시는 Orrin H. Pilkey and Rob Young, *The Rising Sea* (Washington, DC: Island Press, 2009), 31ff에 자세히 설명되어 있다.

4. Pilkey and Young, *Rising Sea*, 35ff.

5. Pilkey and Young, *Rising Sea*, 79.

6. Bruce Parker, *The Power of the Sea* (New York: Palgrave Macmillan, 2010), 212ff는 해수면 상승을 논의한다.

7. 1992년부터 2006년까지 활동한 토펙스-포세이돈 위성은 프랑스와 미국 과학자

＊ 국내에 번역 소개된 책들은 따로 괄호 안에 서지 사항을 표기했다.

들의 합동 프로젝트였다. 이 위성은 해수면의 정밀한 상태와 높이를 측정했다.

8. Nicholas Shrady, *The Last Day: Wrath, Ruin, and Reason in the Great Lisbon Earthquake of 1755* (New York: Viking, 2008). Parker, *The Power*, 133ff에도 생생히 묘사되어 있다. 지진이 일어났을 당시 영향을 받은 지역에 있었던 다양한 작가들의 목격담은 *Philosophical Transactions of the Royal Society* 49 (1765): 398–444를 보라.

9. Parker, *The Power*, 134에서 재인용하였다.

10. Parker, *The Power*, 135.

11. Parker, *The Power*, 136–142는 쓰나미에 대해 훌륭히 묘사한다.

12. Stein Bondevik et al., "Record-Breaking Height for 6,000-Year-Old Tsunami in the North Atlantic," *EOS* 84, no. 31 (2003); 298, 293.

13. 이 전무후무한 참사에 대해서는 방대한 문헌이 존재한다. 아크로티리에 관한 묘사 중 가장 쉽게 접할 수 있는 것은 Christos Doumas, *Thera: Pompeii of the Aegean* (London: Thames and Hudson, 1983).

14. Plato, and Desmond Lee, trans., *Timaeus and Critias* (London: SMK Books, 2010), 25c–d. (플라톤, 『티마이오스』, 서광사, 2000/플라톤, 『크리티아스』, 이제이북스, 2013.)

15. Thucydides, and Richard Crawley, trans., *History of the Peloponnesian War* (Toronto: University of Toronto Press, 2011), book 3:89: 2–5. http://classics.mit.edu/Thucydides/pelopwar.3.third.html에서 볼 수 있다. (투퀴디데스, 『펠로폰네소스 전쟁사』, 숲, 2011/투키디데스, 『펠로폰네소스 전쟁사 상·하』, 범우사, 2011.)

16. Simon Winchester, *Krakatoa: The Day the World Exploded: August 27, 1883* (New York: HarperCollins, 2003) (사이먼 윈체스터, 『크라카토아』, 사이언스북스, 2005.)

| 극적인 변화 |

1. 이 부분에 대해 조언을 아끼지 않은 더럼 대학교 피터 롤리−콘위 교수에게 감사드린다.

2장 도거랜드

1. M. C. Burkitt, "Maglemose Harpoon Dredged Up from the North Sea," *Man* 239 (1932): 96–102. J. G. D. Clark, *The Mesolithic Age in Britain* (Cambridge: Cambridge University Press, 1932), 125도 보라.

2. 이 장은 Vincent Gaffney, S. Fitch, and D. Smith, *Europe's Lost World: The Rediscovery of Doggerland* (York: Council for British Archaeology, 2009)에 많은 도움을 받았다.

3. 리드의 저작에 대한 분석은 Gaffney et al., *Europe's Lost World*, 3–13을 보라.

4. Gaffney et al., *Europe's Lost World*, 3에서 인용하였다.

5. Clement Reid, *Submerged Forests* (Oxford: Cambridge Series of Manuals of Literature and Science, 1913). p. 5에서 인용하였다.

6. Reid, *Submerged*, 120.

7. J. G. D. Clark, *The Mesolithic Settlement of Northern Europe* (Cambridge: Cambridge University Press, 1936). 클라크는 최신의 꽃가루 연구를 훌륭하게 약술한다.

8. Bryony J. Coles, "Doggerland: A Speculative Survey," *Proceedings of the Prehistoric Society* 64 (1998): 45–81.

9. 이러한 국면에 대한 전반적인 요약은 T. Douglas Price, "The Mesolithic of Western Europe," *Journal of World Prehistory* 1 no. 3 (1987): 225–305를 보라. Geoff Bailey and Penny Spikins, eds., *Mesolithic Europe* (Cambridge: Cambridge University Press, 2008)에 실린 전문적인 논문들도 보라.

10. 발트 해의 역사는 http://en.wikipedia.org/wiki/Yoldia_Sea에 간략하게 요약되어 있다.

11. 이 부분은 Gaffney et al., *Europe's lost World*, chaps.3–4를 바탕으로 한다.

12. 스타카에 관한 문헌은 새로운 연구 세대의 작업 결과로 급속히 불어나고 있다. J. G. D. Clark, *Excavations at Star Carr* (Cambridge: Cambridge University Press, 1954)는 고전적 저작이다. Paul Mellars and Petra Dark, *Star Carr in Context* (Cambridge: McDonald Institute for Archaeological Research, 1999)는 비록 그 결론 가운데 일부가 아직 발표되지 않은 새로운 연구에 의해 수정되는 중이지만 여전히 유용한 최신 정보를 담고 있다.

13. Steven J. Mithen, "The Mesolithic Age," in *Prehistoric Europe: An Illustrated History*, ed. Barry Cunliffe (Oxford: Oxford University Press,

1994), 79-135.

3장 에욱시네와 타메후

1. 물론 아가시 호수의 붕괴는 이보다 훨씬 복잡한 과정으로 이루어졌으며, 그것이 대大해양순환에 미친 영향에 대해서는 많은 논란이 있다. 대해양순환에 대해서는 Wallace S. Broecker, "Chaotic Climate," *Scientific American*, November 1995, 62-68을 보라.

2. Graeme Barker, *The Agricultural Revolution in Prehistory* (Oxford: Oxford University Press, 2006).

3. Graeme Barker, *Prehistoric Farming in Europe* (Cambridge: Cambridge university Press, 1985).

4. 이 사건에 대한 대중적인 설명은 William Ryan and Walter Pitman, *Noah's Flood: The New Scientific Discoveries About the Event That Changed History* (New York: Simon & Schuster, 1999)를 보라. 이후의 연구는 이 과학적 발견의 세부 내용에 많은 의문을 제기하고 있다. 노아의 홍수와의 연관성은 순전한 추측이며 (나를 비롯한) 대부분의 학자들에게 무시된다.

5. Herodotus, *The Histories*, trans. Robin Waterfield (Oxford: Oxford University Press, 1998), book 2, line 5, 97. (헤로도토스, 『역사』, 숲, 2009.)

6. Florence Nightingale, *Letters from Egypt: A Journey on the Nile, 1849-1850* (London: Barrie and Jenkins, 1987), 37.

7. 고대 이집트와 나일 강에 관해서는 나의 개인적 경험과 두 가지 기본 자료에 기초해 설명하였다. Barry Kemp, *Ancient Egypt: The Anatomy of a Civilization*, 2nd ed. (London: Routledge, 2006)와 Toby Wilkinson, *The Rise and Fall of Ancient Egypt* (New York: Random House, 2010).

8. Wilkinson, *The Rise*, 24.

9. H. J. Dumont, "A Description of the Nile Basin, and a Synopsis of Its History, Ecology, Biogeography, Hydrology, and Natural Resources," in Dumont, *The Nile: Origin, Environments, Limnology and Human Use*, ed. H. J. Dumont (New York: Springer Science, 2009), 1-21에 뛰어나게 묘사되어 있다. 이 부분은 Daniel Jean Stanley and Andrew G. Warne, "Nile Delta: Recent Geological Evolution and Human Impact," *Science* 260 (1993), 5108: 628-634에도 바탕을 둔다. Waleed Hamza, "The Nile Delta," in

Dumont, *The Nile*, 75–94도 보라.

10. Barker, *The Agricultural Revolution*, chap. 4는 훌륭한 개요를 제공한다.

11. Josef Eiwanger, "Merimde Beni-salame," in *Encyclopedia of the Archaeology of Ancient Egypt*, ed. Kathryn A. Bard (London and New York: Routledge, 1999), 501–505에 유적지에 대한 짤막한 묘사가 나와 있다.

12. Maadi: Béatrix Mident-Reynes, "The Naqada Period," in *The Oxford History of Ancient Egypt*, ed. Ian Shaw (Oxford: Oxford University Press, 2000), 57–60.

13. Toby Wilkinson, *Early Dynastic Egypt* (London: Routledge, 2001)에는 이 같은 발전들에 대한 뛰어난 설명이 담겨 있다.

4장 수면 위에 갈대 한 줄기를 놓다

1. 이 인용문은 바빌론 근처 보르시파에 있는 나부 신의 신전 에지다를 기리며 외우는 주문의 정교한 도입부에서 가져왔다. L. H. King, *The Seven Tablets of Creation* (San Francisco: Book Tree, 1999). 초판은 1902년 출간되었으며, 인용문은 1999년판의 4쪽을 보라.

2. 이 문단은 Douglas J. Kennett and James P. Kennett, "Early State Formation in Southern Mesopotamia: Sea Levels, Shorelines, and Climate Change," *Journal of Island & Coastal Archaeology* 1 (2006): 67–99를 바탕으로 한다. Paul Sanlaville, "The Deltaic Complex of the Lower Mesopotamian Plain and Its Evolution Through Millennia," in *The Iraqi Marshlands: A Human and Environmental Study*, ed. Emma Nicholson and Peter Clark (London: AMAR and Politico's, 2006), 133–150도 보라.

3. 뱃사람들에게 무풍대로 알려진 열대수렴대[ITCZ]는 적도 부근 지역으로 북반구와 남반구에서 불어오는 바람이 만나는 곳이다. 보통 두터운 구름층으로 보이는 열대수렴대의 남북 이동은 적도 지역 여러 나라의 강우에 장단기적인 영향을 미친다.

4. 이 문단들은 Kennett and Kennett, "Early State Formation," 79–85를 참조했다.

5. Gavin Young, *Return to the Marshes: Life with the Marsh Arabs of Iraq* (London: Collins, 1977), 42–43.

6. Wilfred Thesiger, *Desert, Marsh & Mountain* (New York: HarperCollins, 1979), 106. 늪지 생태계에 대한 평가는 M. I. Evans, "The Ecosystem," in

Nicholson and Clark, *Iraqi Marshlands*, 201−219를 보라.

7. Young, *Return*, 16.

8. 늪지 아랍 부족에 대한 고전적 묘사는 Wilfred Thesiger, *The Marsh Arabs* (New York: Dutton, 1964)에서 찾아볼 수 있으며, 이 장에서 묘사하는 이들에 대한 설명 역시 이 책에 바탕을 두고 있다. S. M. Salim, *Marsh Dwellers of the Euphrates Delta* (London: Athlone Press, 1962)와 Edward L. Ochsenschlager, *Iraq's Marsh Arabs in the Garden of Eden* (Philadelphia: University of Pennsylvania Museum, 2004)도 보라.

9. Saumel Kramer, *The Sumerians* (Chicago: University of Chicago Press, 1963), 77.

10. Leonard Woolley, *Excavations at Ur* (New York: Barnes & Noble, 1954)는 우르의 발견에 대한 일반적인 설명을 제공한다.

11. Wolley, *Excavations*, 34.

12. Wolley, *Excavations*, 36.

13. C. L. Wolley, ed., *Ur Excavations*, vol. 1 (Oxford: Oxford University Press, 1927−1946), 110−111.

14. http://www.ancienttexts.org/library/mesopotamian/gilgamesh/tab1.htm.

15. King, *The Seven Tablets*, 4.

| 파국적 힘 |

5장 파도에 휩쓸려간 사람들

1. 이 부분은 R. T. J. Cappers and D. C. M. Raemaeker, "Cereal Cultivation at Swifterbant? Neolithic Wetland Farming on the North European Plain," *Current Anthropology* 49 (2008): 385−402를 토대로 한다.

2. Cappers and Raemaeker, "Cereal Cultivation," 388−389.

3. 테르펀에 관한 네덜란드 문헌은 무척 풍부하다. 이 문단은 Annet Nieuwhof, "Living in a Dynamic Landscape: Prehistoric and Proto−Historic Occupation of the Northern−Netherlands Coastal Area," in *Science for Nature Conservation and Management: The Wadden Sea Ecosystem and EU Directives*, H. Marencic et al., *Proceedings of the 12th International*

Scientific Wadden Sea Symposium in Wilhelmshaven, Germany, 30 March-3 April 2009 (Wilhelmshaven: Wadden Sea Ecosystem No. 26, 2010), 174-178을 토대로 한다. Audrey M. Lambert, The Making of the Dutch Landscape: An Historical Geography of the Netherlands (New York: Seminar Press, 1971), 30-31도 보라. Jaap Boersma, "Dwelling Mounds in the Salt Marshes—The Terpen of Friesland and Groningen," in The Prehistory of the Netherlands, ed. L. P. Louwe Kooijmans (Amsterdam: Amsterdam University Press, 2005), 57-560도 보라.

4. Kooijmans, ed., The Prehistory of the Netherlands, 569.

5. 노老플리니우스로 알려진 가이우스 플리니우스 세쿤두스(서기 23-79년)는 로마의 작가이자 박물학자, 자연철학자였으며, 육군과 해군의 사령관이기도 했다. 그가 평생에 걸쳐 관찰한 내용이 집약되어 있는 『박물지』는 여러 권으로 구성된 방대한 작품으로, 이후 여러 작품들의 본보기가 되었다. H. Rackham, trans. Pliny, De Historia Naturalis, vol. 14 (Cambridge, MA: Loeb Classical Library, Harvard University Press, 1938), 1.

6. William Jackson Brodribb, ed. and trans., The History of Tacitus, book 1 (London: Macmillan, 1898), 70. (『타키투스의 역사』, 한길사, 2011.) 푸블리우스 코르넬리우스 타키투스(서기 56-117년)는 원로원 의원이자 로마 제국의 역사가였다. 그는 다섯 권의 책을 썼는데, 그중 『게르마니아』와 『역사』가 가장 유명하다. 푸블리우스 비텔리우스는 로마 장군 게르마니쿠스 아래서 복무한 지휘관이었다. 타키투스가 묘사한 사건이 일어난 지 5년 후 그는 서기 19년에 의문사를 당한 게르마니쿠스의 살인자를 성공적으로 기소하였다.

7. 이 부분은 Stephen Rippon, The Transformation of Coastal Wetlands (London: British Academy and Oxford University Press, 2000), 32-38을 토대로 한다.

8. Rippon, The Transformation, 84-90.

9. Rippon, The Transformation, 47.

10. Anglo-Saxon Chronicle, Part 3: A. D. 920-1014. http://omacl.org/Anglo/part3.html에서 볼 수 있다.

11. 이 문단들은 Lambert, The Making, 77-81을 토대로 한다.

12. 심판의 날은 중세 설교에서 두드러지게 등장한다. 여기서 인용한 블리클링 부활절 설교문은 10세기 후반이나 11세기 초반 잉글랜드 링컨 근처의 한 수도원에서

후주

335

있었던 설교에서 가져온 것이다. Michael Swanton, ed., *Anglo-Saxon Prose* (Totowa, NJ: Rowman and Littlefield, 2002), 67-96에서 인용하였다.

13. Bruce Parker, *The Power of the Sea* (New York: Palgrave Macmillan, 2010), 62-63.

14. Hubert Lam and H. H. Lamb, *Historic Storms of the North Sea, British Isles, and Northwestern Europe* (Cambridge: Cambridge University Press, 2005)은 북유럽 폭풍해일에 관한 고전적인 문헌이다.

15. Lamb and Lamb, *Historic Storms*, 74.

16. Parker, *The Power*, 63.

17. 소금물에 젖은 이탄을 말린 뒤 태운다. 태우고 남은 재를 다시 소금물에 담갔다가 걸러 작은 덩어리로 말린다. 그렇게 해서 얻은 소금은 청어를 염장할 때를 비롯해 다양한 용도로 이용된다.

18. Lambert, *The Making*, 120-123.

19. 둑으로 보호되는 땅뙈기란 뜻의 "폴더르"는 1138년경 플랑드르에서 처음 사용되었다.

6장 해안 전체가 메워지다

1. Homer, Samuel Butler, trans., *The Iliad* (London: Longmans, Green & Co., 1898), book XIV. (호메로스, 『일리아스』, 숲, 2007, 14권.)

2. Strabo, *Geography*, Horace Leonard Jones, trans. (Cambridge, MA: Loeb Classical Library, Harvard University Press, 1929), book 8, 1: 31. 최근의 연구로는 John C. Kraft et al., "Harbor Areas at Ancient Troy: Sedimentology and Geomorphology Complement Homer's *Iliad*," *Geology* 31 (2003): 163-166을 보라.

3. 카리안다의 스킬락스는 기원전 350년경에 페리플루스를 완성했다고 한다. 이 문단은 Elpida Hadjidaki, "Preliminary Report of Excavations in the Harbor of Phalasarna in West Crete," *American Journal of Archaeology* 92, no. 4 (1988): 467, 468에서 인용하였다.

4. Hadjidaki, "Preliminary Report,"463-479.

5. Strabo, *Geography*, book 9, 1.

6. Jean-Philippe Goiranet et al., "Piraeus, the Ancient Island of Athens: Evidence from Holocene Sediments and Historical Archives," *Geology* 39

(June 2011): 531-534.

7. Nick Marriner et al., "Holocene Morphogenesis of Alexander the Great's Isthmus at Tyre in Lebanon," *Proceedings of the National Academy of Sciences* 104, no. 22 (2007): 9218-9223. Nick Marriner et al., "Geoscience Rediscovers Phoenicia's Buried Harbors," *Geology* 34 (2006): 1-4도 보라.

8. Eduard Reinhardt and Avner Raban, "The Tsunami of 13 December A. D. 115 and Destruction of Herod the Great's Harbor at Caesarea Maritima, Israel," *Geology* 34 (2006): 1061-1064.

9. David Blackman, "Ancient Harbours in the Mediterranean," *International Journal of Nautical Archaeology* 11 (1982): 79ff.

10. 오스티아에서의 최근 연구를 서술하고 항구를 재구성한 훌륭한 사이트를 소개한다. www.ostia-antica.org/med/med.htm#bib.

11. Pliny the Younger, P. G. Walsh, trans., *Complete Letters* (New York: Oxford University Press, 2009), 6, 31.

12. 베네치아의 역사에 대한 권위 있는 저술로 Roger Crowley, *City of Fortune* (New York: Random House, 2011)을 참고하라. (로저 크롤리, 『부의 도시 베네치아』, 다른세상, 2012.)

13. 모세 프로젝트에 대해서는 http://en.wikipedia.org/wiki/MOSE_Project를 보라.

14. Yeduda Bock et al., "Recent Subsidence of the Venice Lagoon from Continuous GPS and Inferometric Synthetic Aperture Radar," *Geochemistry Geophysics Geosystems*, 10.1029/2011 (2012).

7장 바다의 심연이 드러나다

1. Gavin Kelly, *Ammianus Marcellinus: The Allusive Historian* (Cambridge: Cambridge University Press, 2008), 141.

2. franck Goddio et al., *Alexandria: The Submerged Royal Quarters* (London: Periplus Publishing, 1998)와 *Celopatra's Palace: In Search of a Legend* (New York: Discovery Books, 1998). http://franckgoddio.org도 보라.

3. Franck Goddio et al., *Underwater Archaeology in the Canopic Region in Egypt: The Topography and Excavation of Heraklion-Thonis and East Canopus* (Oxford: Center for Maritime Archaeology, 2007).

4. Athenaeus, C. D. Yonge, trans., *Deipnosophistae* (London: Henry Bohn, 1854), book 1, 33d. 이집트 삼각주에 있는 나우크라티스의 아테나이우스는 서기 2세기 후반부터 3세기 초반까지 활동한 그리스 수사학자이자 문법학자였다. '밥상머리 철학자'라는 뜻의 『데이프노소피스타이』 15권이 전해진다. 그는 자신이 『물고기에 관한 논고』의 지은이라고 말했으나 그 책은 소실되었다.

5. Patrick McGovern, *Uncorking the Past* (Berkeley: University of California Press, 2009), 180-182는 가장 뛰어난 안내서다.

6. 투탄카문의 포도주. Maria Rosa-Guasch-June et al., "First Evidence for White Wine from Ancient Egypt from Tutankhamun's Tomb," *Journal of Archaeological Science* 33, no. 8 (2006): 1075-1080.

7. Barry Kemp, *Ancient Egypt: The Anatomy of a Civilization*, 2nd ed. (London: Routledge, 2006), 10.

8. Orrin H. Pilkey and Rob Young, *The Rising Sea* (Washington, DC: Island Press, 2009), 101-116은 이를 훌륭하게 약술하고 있다. Edward Maltby and Tom Barker, eds., *The Wetlands Handbook* (Oxford: Wiley-Blackwell, 2009)도 보라.

9. Alan K. Bowman and Eugene L. Rogan, *Agriculture in Egypt from Pharaonic to Modern Times* (London: British Academy, 1999), 1-32.

10. William Willcocks, *The Nile Reservoir Dam at Assuan, and After*, 2nd ed. (London: Spon and Chamberlain, 1903).

11. 아스완 하이댐에 관해서는 방대한 문헌이 존재하는데, 그중 다수는 건설되고 나서 한참 뒤에 쓰인 것이다. 가장 대중적인 해설서는 Tom Little, *High Dam at Aswan: The Subjugation of the Nile* (New York: John Day, 1965)이다.

12. Daniel Jean Stanley and Andrew G. Warne, "Nile Delta: Recent Geological Evolution and Human Impact," *Science* 260, no. 55108 (1993): 628-634. M. El Raey et al., "Adaptation to the Impacts of Sea Level Rise in Egypt," *Climate Research* 12 (1999): 117-128.

8장 거대한 난장판

1. 로탈에 대한 묘사는 S. R. Rao, *Lothal and the Indus Civilization* (Bombay: Asia Publishing House, 1973)을 토대로 삼았다. 권두 삽화의 복원도는 내가 재구성한 이야기의 바탕이 되었다.

2. 하라파 문명은 Gregory Possehl, *The Indus Civilization: A Contemporary Perspective* (Walnut Creek, CA: Altamira Press, 2003)에 잘 묘사되어 있다. Jane R. McIntosh, *The Ancient Indus Valley: New Perspectives* (Santa Barbara, CA: ABC-Clio, 2008)를 보라.

3. 전반적인 설명은 브라이언 페이건, 『인류의 대항해』, 미지북스, 2014, 7장을 보라.

4. W. C. Schoff, ed. and trans., *The Periplus of the Erythraean Sea: Trade and Travel in the Indian Ocean by a Merchant of the First Century* (London: Longmans, 1912). 40장과 45장에서 인용했는데, 두 장 모두 몇 줄에 불과하다.

5. 사이클론에 대한 약술은 http://www.en.wikipedia.org/wiki/List_of_North_Indian_Ocean_cyclone_seasons를 보라.

6. 이 기근에 대한 끔찍한 묘사는 Mike Davis, *Late Victorian Holocausts* (Verso: New York, 2001), chaps. 1-3에 나와 있다.

7. Bruce Parker, *The Power of the Sea* (New York: Palgrave Macmillan, 2010), chap. 3은 이 문단의 소재들 일부를 요약하고 있다.

8. 사타파타 브라마나('백 갈래 길의 브라마나')는 베다 의식을 묘사한 산문 가운데 하나로 기원전 8세기에서 기원전 6세기 사이에 집대성되었다. 신화를 다룬 부분에 창조와 대홍수 전설이 담겨 있다.

9. 이 폭풍에 대한 권위 있는 서술은 J. E. Gastrell and Henry F. Blanford, *Report on the Calcutta Cyclone of the 5th October 1864* (Calcutta: Military Orphan Press, 1864). Sir John Eliot, *Handbook of Cyclonic Storms in the Bay of Bengal for the Use of Sailors* (Calcutta: Meteorological Department of the Government of India, 1894), chap. 3도 참고했다.

10. Eliot, *Handbook* 143-144에서 인용하였다.

11. Gastrell and Blanford, *Report*, 35.

12. Gastrell and Blanford, *Report*, 38.

13. Gastrell and Blanford, *Report*, 121.

14. Eliot, *Handbook*, 151-162.

15. Eliot, *Handbook*, 162.

16. 사이클론 볼라에 관해서는 당시의 자료들을 상당수 참고한 http://www.en.wikipedia.org/wiki/1970_Bhola_cyclone에 잘 요약되어 있다.

9장 황금 수로

1. T. Healy et al., eds., *Muddy Coasts of the World: Processes, Deposits, and Function, Proceedings in Marine Science 4* (Amsterdam: Elsevier Science, 2002).

2. Duncan A. Vaughan et al., "The Evolving Story of Rice Evolution," *Plant Science* 174, no. 4 (2008): 394-408.

3. 이 문단들은 Li Liu et al., "The Earliest Rice Domestication in China," *Antiquity* 81 (2007), 313을 바탕으로 한다. http://antiquity.ac.uk/projgall/liu1/index.html에서 이용할 수 있다.

4. D. Q. Fuller et al., "Presumed Domestication? Evidence for Wild Rice Cultivation and Domestication in the Fifth Millennium BC of the Lower Yangtze Region," *Antiquity* 8, no. 1 (2007): 116-131.

5. Kwang-chih Chang, *The Archaeology of Ancient China*, 4th ed. (New Haven: Yale University Press, 1986)는 이 내용을 다룬다. 4장 192-212를 보라.

6. 1954년 홍수는 http://factsanddetails.com/china.php?itemid=395&catid=10&subcatid=65를 보라.

7. 홍수 주기에 대해서는 Fengling Yu et al., "Analysis of Historical Floods on the Yangtze River, China: Characteristics and Explanations," *Geomorphology* 113 (2009): 210-216을 보라.

8. Li Liu and Xingcan Chen, *State Formation in Early China* (London: Duckworth, 2003), 116-188이 이 문단의 토대이다.

9. Marie-Claire Bergère, *Shanghai: China's Gateway to Modernity* (Palo Alto, CA: Stanford University Press, 2009).

10. Jeffrey N. Wasserstrom, *Global Shanghai, 1850-2010* (London: Routledge, 2009).

11. Coco Liu and Climate Wire, "Shanghai Struggles to Save Itself from the Sea," *Scientific American*, September 27, 2011. www.scientificamerican.com/article.cfm?id=shanghai-struggles-to-save-itself-from-east-china-sea에서 접근할 수 있다. B. Wang et al., "Potential Impacts of Sea-Level Rise on the Shanghai Area," *Journal of Coastal Research*, Special Issue 14 (1998): 151-166과 Zhongyuan Chen and Daniel Jean Stanley, "Sea-Level Rise on Eastern China's Yangtze Delta," *Journal of Coastal Research* 14,

no. 1 (1998): 360-366도 보라.

12. Quanlong Wei, *Land Subsidence and Water Management in Shanghai* (Delft, Netherlands: MA Thesis, Delft University of Technology, 2006). http://www.curnet.nl/upload/documents/3BW/Publicaties/Wei.pdf에서 접근할 수 있다.

13. 여기에 관한 문헌은 방대하다. 싼샤 댐과 댐이 초래할 잠재적 결과들에 관한 간단한 요약은 http://www.internationalrivers.org/en/node/356?gclid=CKfb msr8tK8CFYZgTAodo394HA를 보라.

10장 쓰나미의 위협

1. 『일본삼대실록』은 901년 편찬된 공식 역사서이다. 전 50권으로 이루어진 이 책은 858-887년 시기를 아우른다. 이 상세한 역사서는 일본어로만 구할 수 있지만 869년 쓰나미에 관한 전반적인 설명은 Kenneth Chang, "Blindsided by Ferocity Unleashed by a Fault," *New York Times*, March 21, 2011에서 볼 수 있다.

2. Bruce Parker, *The Power of the Sea* (New York: Palgrave Macmillan, 2010), 136-142.

3. Junko Habu, *Ancient Jomon of Japan* (Cambridge: Cambridge University Press, 2004)은 이 책의 조몬 사회에 관한 묘사의 토대가 되었다. 이 주제에 관해서는 방대한 문헌이 존재한다.

4. Habu, *Ancient Jomon*, 72-76.

5. 이 모든 작업에는 시간이 많이 소요된다. 캘리포니아 인디언들의 경험을 보라. 캘리포니아 인류학자 월터 골드슈미트는 아메리카 원주민 여성이 빻은 도토리 2.72킬로그램에서 산을 걸러내어 약 2.45파운드(약 1.1킬로그램)의 가루를 얻었다는 것을 알아냈다. 이 침출 작업은 4시간이 약간 안 되는 시간이 걸렸는데, 조몬인들의 침출 과정도 이만큼 오랜 시간이 걸렸을 것이다. Walter Goldschmidt, "Nomlaki Ethnography," *University of California Publications in American Anthropology and Ethnology* 42, no. 4 (1951): 303-443.

6. Simon Kaner, "Surviving the Tsunami: Archaeological Sites of North-eastern Japan," *Current World Archaeology* 49, no. 5, 1 (2011): 25-35.

7. David Bressan, "Historic Tsunamis in Japan," *History of Geology*, March 17, 2011. http://historyofgeology.fieldofscience.com/2011/03/historic-

tsunamis-in-japan.html에서 이용할 수 있다.

8. Nobuo Shuto, "A Century of Countermeasures Against Storm Surges and Tsunamis in Japan," *Journal of Disaster Research* 2, no. 1 (2007): 19–26.

9. 해안 방어 시설과 2011년 쓰나미에 대한 논의는 Norimitsu Onishi, "Seawalls Offered Little Protection Against Tsunami's Crushing Waves," *New York Times*, March 13, 2011을 보라.

10. 언론의 보도는 엄청났다. 우리의 목적에 적합한 요약은 http://en.wikipedia. org/wiki/2011_Tōhoku_earth_quake_and_tsunami에서 볼 수 있다.

11. 나의 설명은 Bruce Parker의 훌륭한 분석이 실려 있는 *Power of the Sea* 8장과 9장을 토대로 한다.

| 침수와의 대결 |

11장 생존권

1. 방글라데시의 독립과 1970년 사이클론은 Archer K. Blood, *The Cruel Birth of Bangladesh* (Dhaka: The University Press Limited, 2002)에 아주 상세히 서술 되어 있다.

2. http://www.en.wikipedia.org/wiki/1991_Bangladesh_cyclone.

3. *Climate Change Case Studies*, May 2009에 훌륭하게 요약되어 있다. http://wvasiapacific.org/downloads/case-studies/Bangladesh_Cyclone_Sidr_Response.pdf에서 접근할 수 있다.

4. M. L. Parry et al., *IPCC Climate Change 2007: Impacts, Adaptation and Vulnerability* (Cambridge: Cambridge University Press, 2007).

5. Golam Mahabub Sarwar, *Impacts of Sea level Rise on the Coastal Zone of Bangladesh* (Lund, Netherlands: Lund University International Masters Program in Environmental Science, MA Thesis, 2005).

6. IRIN Report 11. 14. 2011: http://www.irinnews.org/report.aspx?ReportId =75094, "BANGLADESH: Rising sea level threatens agriculture."

7. R. Chabra, *Soil Salinity and Water Quality* (Brookfield, VT: A.A.Balkema, 1996).

8. IRIN Report 11. 14. 2011.

9. 이 부분은 Edmund Penning-Rowsell et al., *Migration and Global Environmental Change CS4: Population Movement in Response to Climate-Related Hazards in Bangladesh: The "Last Resort"* (London: Government Office on Science: Foresight Project on Global Environmental Migration, 2011)를 토대로 했다. http://www.icimod.org/?q=630에서 접근할 수 있다.

12장 섬들의 딜레마

1. Robert McGhee, *Ancient People of the Arctic* (Vancouver, BC: University of British Columbia Press, 1996)은 극북의 고고학에 대한 훌륭한 개설서이다.

2. Owen Mason, "The Contest Between the Ipiutak, Old Bering Sea, and Birnik Polities and the Origin of Whaling During the First Millennium AD Along Bering Strait," *Journal of Anthropological Archaeology* 17, no. 3 (1998): 240–325.

3. http://en.wikipedia.org/wiki/Barrier_island.

4. Owen Mason et al., *Living with the Coast of Alaska* (Durham, NC: Duke University Press, 1997). 시슈머레프와 나크넥에 관한 묘사는 9장과 10장을 참고했다. 시슈머레프에 관해서는 Orrin H. Pilkey and Rob Young, *The Rising Sea* (Washington, DC: Island Press, 2009), 7–16도 보라.

5. 태평양에서의 초기 인류 정착에 관해서는 Patrick Kirch, *On the Road of the Winds* (Berkeley: University of California Press, 2002)를 보라. Patrick D. Nunn, *Climate Environment and Society in the Pacific During the Last Millennium* (Amsterdam: Elsevier, 2007)은 이 부분의 토대가 되는 태평양의 환경 변화를 전반적으로 묘사하고 있다.

6. 투발루에 대해서는 http://www.tuvaluislands.com을 보라. http://www.islandvulnerability.org/tuvalu.html도 보라.

7. 키리바티에 대해서는 http://www.kiribatitourism.gov.ki를 보라. 기후변화에 관해서는 정부의 기후변화 공식 사이트인 http://www.climate.gov.ki가 유용하다.

8. 군소도서국가연합에 대해서는 http://aosis.info를 보라.

9. Xavier Romero-Frias, *The Maldive Islanders: A Study of the Popular Culture of an Ancient Ocean Kingdom* (Barcelona: Nova Ethnographia Indica, 2003).

10. Pilkey and Young, *The Rising Sea*, 20–21에서 인용하였다.

11. Pilkey and Young, *The Rising Sea*. Adam Hadhazy, "The Maldives, Threatened by Drowning Due to Climate Change, Set to Go Carbon-Neutral," *Scientific American*, March 16, 2009도 보라. http://www.scientificamerican.com/blog/post.cfm?id=maldives-drowning-carbon-neutral-by-2009-03-16에서 접근할 수 있다.

12. 몰디브를 위한 유엔 개발 프로그램은 http://www.undp.org.mv/v2/?lid=171 을 보라.

13장 세계에서 가장 구불구불한 강

1. Mark Twain, *Life on the Mississippi* (Boston: Osgood, 1883), chap. 1, 1. (마크 트웨인, 『미시시피 강의 추억 상·하』, 중명, 1998.)

2. 관련 문헌은 광범위하고 전문적이다. Janet Rafferty and Evan Peacock, eds., *Times River: Archaeological Syntheses from the Lower Mississippi River Valley* (Tuscaloosa: University of Alabama Press, 2008)를 보라. Carl P. Lipo and Rovert C. Dunnell, "Prehistoric Settlement in the Lower Mississippi Valley," 125–167은 특히 적절하다. 파버티포인트. Jon L. Gibson, *The Ancient Mounds of Poverty Point: Place of Rings* (Gainesville, FL: University Press of Florida, 2004).

3. Tristram R. Kidder, "Climate Change and the Archaic to woodland Transition (3000–2500 Cal B.P.) in the Mississippi River Basin," *American Antiquity* 71, no. 2 (2006): 195–231.

4. 이 역사적인 내용은 John McPhee, *The Control of Nature* (New York: Farrar, Straus, and Giroux, 1990), 31ff와 58ff를 토대로 했다. 미군 공병단 이전의 미시시피 강 유역에 관한 재미있고 때론 재기 넘치는 역사는 Lee Sandlin, *Wicked River: The Mississippi When It Last Ran Wild* (New York: Vintage Books, 2008)를 보라.

5. McPhee, *The Control of Nature*, 57.

6. McPhee, *The Control of Nature*, 58.

7. A. 볼드윈 우드(1879–1956년)는 발명가이자 기술자였다. 그가 개발한 고도로 효율적이고 손이 많이 가지 않는 양수기는 뉴올리언스 상당 지역의 물을 퍼냈고 지금도 퍼내고 있다. 또 네덜란드 자위더르 해의 배수를 비롯해 다른 곳에서도 널리 이용되어왔다.

8. 모건시티에 대한 논의는 McPhee, *The Control of Nature*, 78ff를 토대로 삼았다.

9. 허리케인 카트리나는 자연스레 방대한 대중적 문헌과 학술적 문헌을 만들어냈다. 관련 논쟁의 분위기를 파악하기 위해서는 니컬러스 레먼의 흥미로운 영화 비평 글을 읽어볼 만하다. Nicholas Lehmann, "The New New Orleans," *New York Review of Books*, March 24, 2011. 최근의 매우 탄탄한 논의로는 James Patterson Smith, *Hurricane Katrina: The Mississippi Story* (Jackson, MS: University Press of Mississippi, 2012)를 보라.

10. 이주에 관해서는 Susan L. Cutter et al., "The Katrina Exodus: Internal Displacements and Unequal Outcomes" (London: Government Science Office: Foresight Migration and Global Environment Project, 2011), Case Study 1을 보라.

11. Lehmann, "The New New Orleans," 47.

14장 여기서는 우리가 조수를 다스린다

1. Guntram Riecken, "Die Flutkatastrophe am 11. Oktober 1634—Ursachen, Schäden und Auswirkungen auf dei Küstengestalt Nordfrieslands," in *Flutkatastrophe 1634: Natur, Geschichte, Dichtung*, 2nd ed., ed. Boy Hinrichs, Albert Panten, and Guntram Riecken (Neumünster: Wachholtz, 1991), 11–64. 35에서 인용하였다.

2. 이 문단의 인용문은 Riecken, "Die Flutkatastrophe," 11–12에서 가져왔다.

3. http://www.en.wikipeda.org/wiki/Burchardi_flood에서 인용. 여기서 이 재해에 관한 전반적인 설명과 1차 문헌 목록을 얻을 수 있다.

4. 이 문단은 Audrey M. Lambert, *The Making of the Dutch Landscape: An Historical Geography of the Netherlands* (New York, Academic Press), 94–102를 토대로 한다.

5. Lambert, *The Making*, 210–212를 토대로 한다.

6. 오라네 가의 침묵공 빌럼(1533–1584년)은 에스파냐에 맞서 반란을 일으킨 부유한 귀족이었다. 네덜란드 반란으로 촉발된 80년 전쟁은 1581년 7개 주로 이루어진 네덜란드 공화국의 독립으로 끝이 났고, 이 공화국이 궁극적으로 네덜란드가 되었다. 빌럼은 1584년 암살되었다.

7. Lambert, *The Making*, 213에서 인용하였다.

8. Lambert, *The Making*, 213–215.

9. Lambert, *The Making*, 215–217.

10. Lambert, *The Making*, 218, 220.

11. 이 문단은 Lambert, *The Making*, 239–241을 토대로 한다.

12. A. G. Maris, M. Dendermonde, and H. A. M. C. Dibbits, *The Dutch and Their Dikes* (Amsterdam: De Bezige Bij, 1956), 66.

13. Lambert, *The Making*, 266–269.

14. www.deltawerken.com/zuider-Zee-food-(1916)/306.html.

15. 영국 쪽의 재해에 관해서는 Hilda Grieve, *The Great Tide: The Story of the 1953 Flood Disaster in Essex* (Colchester: Essex County Council, 1959)를 보라. 네덜란드 쪽 이야기는 www.deltawerken.com/89에서 간단히 살펴볼 수 있다.

16. 이 부분의 설명과 인용은 개인적인 관찰 그리고 www.deltawerken.com/23과 http://en.wikipedia.org/wiki/Oosterscheldekering을 바탕으로 한다.

17. 이 부분의 설명은 개인적인 관찰을 바탕으로 한다.

에필로그

1. 디지털 데이터베이스에서 참고하였다. 연구의 이 같은 초기 단계에서도 데이터베이스의 디지털 정보만으로 작은 주택 부지 규모의 개별 필지들의 고도를 파악하기에 충분하므로, 데이터는 이전의 어느 평가보다 정확하다. Cynthia Rosenzweig et al., *Climate Change and Cities* (Cambridge: Cambridge University Press, 2011).

2. J. L. Weiss et al., "Implications of Recent Sea Level Rise Science for Low-Elevation Areas in Coastal Cities of the Conterminous U.S.A.," *Climate Change* 105 (2011): 635–645.

3. Dan Cayan et al., *Climate Change and Sea Level Rise Scenarios for California Vulnerability and Adaptation Assessment* (Sacramento: California Natural Resources Agency, 2012).

4. Weiss et al., "Implications," 635–645.

5. http://www.huffingtonpost.com/2012/10/30/hurricane-sandy-cuomo-bloomberg-climate-change_n_2043982.html.

6. Orrin H. Pilkey and Rob Young, *The Rising Sea* (Washington, DC: Island Press, 2009), 4.

7. 가장 믿음직한 연구는 Foresight의 *Migration and Global Environmental Change* (London: Government Office on Science, Foresight Project on Global Environmental Migration, 2011)이다.

8. Mike Davis, *Late Victorian Holocausts* (New York: Verso, 2001), 11장은 중국의 기근과 그 결과를 서술한다. Brian Fagan, *Floods, Famines, and Emperors* (New York: Basic Books, 2009), 6장은 고대 이집트의 기근으로 알려진 것들을 약술하고 있다.

『바다의 습격』은 몇 년 전 애스펀 환경 포럼에서 A. N. M 무니루자만 (퇴역) 중장이 해수면 변화로 방글라데시가 직면한 도전들에 대해 한 강연 도중 탄생했다. 그의 발표는 나에게 충격을 주었을 뿐 아니라 이 책을 쓰지 않을 수 없게 만들었다. 영감을 준 그에게 감사드린다. 책은 처음에 내가 생각했던 것과 매우 다른 내용이 되었는데, 빙하기 이래로 인간 사회에 영향을 미쳐왔으며 오늘날 훨씬 더 강력하게 영향을 미치고 있는 각종 기상이변들이 특히 강조되었다. 나는 처음부터 세계 곳곳의 고대 (그리고 종종 현대) 사회들을 포괄적으로 묘사한 책을 쓰기로 했다. 해수면 상승에 대한 대중의 놀라울 정도의 무지를 고려해볼 때 결론적으로 이것은 올바른 접근이었다고 확신한다. 대중은 지구온난화와 녹아내리는 빙하, 해수면 상승에 의한 침수 아니면 허리케인이나 기타 극단적인 기상이변들 때문에 런던과 뉴욕, 동서의 여러 지역들이 가까운 미래에 물에 잠긴 모습을 그리는 시나리오들을 다룬 선정적인 헤드라인에 길들여져 있다. 이 책이 현실에 대한 좀 더 냉정한 평가를 제공하길 바란다.

이 책은 환경적 취약성 그리고 인구 증가와 해수면 상승의 영향을 완화하는 다양한 방법에 대해 이야기한다. 그러나 무엇보다도 이 책은 잠재적인 기술적 해법에 관한 이야기가 아니라 사람들에 관한 이야기, 사람들이 바다와 함께 살아가는 방식 그리고 그들이 미래에 살아갈 방식에 관한 이야기이다. 나는 보초와 맹그로브 습지, 열대 사이클론에 대한 19세기의 기록처럼 다양하고 때로는 잘 알려지지 않은 주제들에 대해 잠깐 눈을 돌리기도 하면서도 고고학과 지질학, 역사학, 고기후학의 복잡한 퍼즐을 나 스스로 맞춰보려고 했다. 물론 이 책의 정확성과 결론에 대한 책임은 내게 있으며, 틀림없이 곧 크고 작은 오류를 기꺼이 지적하는 친절하고 흔히 익명인 독자들로부터 피드백을 받게 될 것이다. 그들에게 미리 감사의 말을 전한다.

이 책으로 내가 다년간 천착해온 고대 기후변화에 관한 연구가 마침내 결실을 맺게 되었다. 이 책의 상당 부분은 사실상 비전문가들에게 전혀 알려져 있지 않은 방대한 학술 문헌에 의지해 구성되었다. 나는 문서고와 도서관뿐 아니라 여러 학과의 동료들과 직접 만나거나 가상공간을 통해 수년간 주고받은 토론에도 의존했다. 이 이야기가 아주 오랜 세월에 걸쳐 내 마음속에서 무르익었다는 것을, 존경하는 중장의 발표를 듣기 훨씬 전부터 이미 마음속에서 싹트고 있었다는 사실을 이제야 깨달았기에, 내게 영감을 제공한 모든 사람들을 다 기억한다는 것은 불가능한 일이다. 그분들께 한꺼번에 감사하다는 말을 드리더라도 용서해주시길 바란다. 여러분께 한없는 감사의 마음을 전한다. 특히 고 그레이엄 클라크 교수, 나디아 두라니, 빈스 개프니, 크리스 제이콥슨, 폴 메이우스키, 조지 마이클스, 스테판 놀레트, 아네트 니우호프, 브루스 파커, 헬가 판더 르페컨, 스테파니 윈존스에게 감사드린다. 강의와 세미나에서 예리한 질문을 던져준 많은 분들께도 감사드린다. 그분들은 이루 말할 수 없이 큰 도움을 주었다.

항상 그렇듯이 피터 지나와 피트 비티는 이 책을 처음보다 훨씬 더 좋은 책으로 만들어주었다. 전작들과 마찬가지로 이 책은 나의 책일 뿐 아니라 그들의 책이기도 하다. 그들의 예리한 지적과 제안은 매우 귀중한 도움이 되었다. 그들과의 교류는 이루 말할 수 없이 즐겁다. 나의 오랜 친구 셸리 로웬코프는 어려운 순간들에도 인내심을 갖고 소통해온 오랜 파트너이자 다정하면서도 날카로운 비판가이다. 평소와 다름없이 뛰어난 솜씨로 지도를 그려준 스티브 브라운과도 오랫동안 좋은 관계를 유지해왔다. 수전 래비너는 최고의 에이전트이며 언제나 시의적절하고 전적인 지원을 제공해준다. 그녀는 언제든 의지할 수 있는 사람이다. 변함없이 적절한 순간마다 격려와 웃음을 준 레슬리와 애너, 그리고 너른 바깥으로 나가는 가장 빠른 길이 내 책상과 그들을 유혹하는 컴퓨터 자판 위라는 사실을 발견한 나의 고양이들에게도 고마움을 전한다.

ㄱ

간척 사업 124, 126, 131~133, 200,
     292~293, 296, 298, 300~302, 306
갠지스 강 15, 32, 158, 174~175, 182,
     235, 239, 264
갤버스턴 참사 45
걸프 만 92
고드윈, 마거릿Margaret Godwin 55
고드윈, 해리Harry Godwin 55
고디오, 프랑크Franck Goddio 152
곡류대 275
관개농업 160, 196, 238
군소도서국가연합 263
그레이트 배커간지 사이클론 181
그린란드 빙하 36
기상이변 18, 20, 23, 27, 45, 173~174,
     233, 261, 266, 284, 288~289,
     311~312, 314, 318, 349

기상재해 46, 119, 265, 319
기후난민 166, 267, 325
기후변화 30, 75, 96, 163, 250, 260, 262,
     275~276, 284, 310, 321, 325
『길가메시 서사시』 108

ㄴ

나르메르Narmer 80
나세르 호 161
나우크라티스Naukratis 81, 153
나일 강 15~16, 18~19, 33, 49, 77~85,
     87~89, 99, 136, 143, 152~155, 157,
     159~161, 163~166, 174, 192, 311,
     314
노아의 숲Noah's Woods 54
농경 공동체 39, 85, 98, 107, 117
눈Nun 155
뉴올리언스 23, 45, 270~271, 279~287,

314, 318, 320

니우에르커르크Nieuwerkerk 304

니코바르 섬 174, 224~225, 227

닐 수로Nil Channel 108

ㄷ

다르다넬스 해협 18, 137~138, 140

대大플리니우스Gaius Plinius Secundus 120

대륙붕 32, 38, 57, 88, 201, 236, 280

대해빙 37

대홍수 104, 106~107, 130~131, 146,
　173, 176, 193, 200~201, 238, 271,
　278~279, 303, 306

댜오통후안 동굴 187

덴헬더르Den Helder 51, 119, 127

델타 공사 304

델타 펀드 309

델타 프로그램 309

도거 힐스 56, 61, 66, 115

도거랜드Doggerland 48, 51, 56~68, 72,
　85, 88, 93, 115~116, 122, 326

도거뱅크 52~53, 59~60

도나우 강 75, 77

도호쿠東北 대지진 219, 221~222

ㄹ

라농Ranong 157

라니냐 현상 170, 174, 202, 260

라마스브리지Rama's Bridge 32

라인 강 32~33, 55, 60~61, 121, 132,
　301

레먼 앤드 오워 뱅크스Leman and Ower
　Banks 52, 54~55, 59, 62

레이븐서 오드Ravenser Odd 130

레이흐바터르, 얀Jan Leeghwater 292, 297

로렌타이드 빙상 30~31, 33, 73, 75

로탈 167~174, 176

루Looe 300

룽홀트Rungholt 130

리드, 클레멘트Clement Reid 54~55, 57

리스본 지진 39, 41~42, 44

ㅁ

마데이라 제도 42

마디Maadi 88

마르두크 신 19, 91~92, 100, 109

마르마라 해 71, 74, 76

마르타반호Martaban 179

마리우트Mariut 153

마스 강 121, 132

맹그로브 156~159, 164, 175, 200, 226,
　282, 323, 350

메그나 강Meghna 175, 182

메로다크-발라단merodach-Baladan 98

메이슨, 오언Owen Mason 249

메콩 강 삼각주 15, 313~314

메텔루스, 카이킬리우스Caecilius Metellus
　139

멕시코 만 73, 269~270, 275, 277, 280,
　282~284, 314~315, 318

멕시코 만류 73

멘던홀 빙하Mendenhall Glacier 35

모세 프로젝트 147~149

몰디브 150, 174, 244, 263~265, 319

무어로그 52

「물에 잠긴 숲」 55

뮤어 빙하Muir Glacier 35

미노스 문명 44

미시시피 강 20, 33, 45, 269~282, 284,
　288

바다의 습격

미시시피 강 위원회 278

ㅂ

바덴 해Waddensee 119, 302

『박물지』 120

발트 해 53, 57~59, 66, 88, 122, 314, 319

발헤런Walcheren 131

밥티스트 콜레트 바이유Baptiste Collette bayou 280

방글라데시 해방 전쟁 232

배좀벌레조개 299~300

베드베크 보게바켄Vedbaek Bogebakken 68

베르데이컨 299

베링 해협 249, 251, 254~255

베임스터르 간척 사업 298

벵골 만 46, 174~175, 177, 182, 231, 234~236, 242

벼농사 191, 196, 216~217, 243

보가보 강Bohgavo 168

보초 26, 157, 230, 247~251, 267, 283~284, 350

부르크하르디 홍수 292~293

북극기류 24

북극해 247~251

북해 33, 48, 51~59, 63, 65~66, 77, 93, 115, 117~118, 122~124, 127, 129~133, 164, 296, 301~303, 309~310

브라마푸트라 강 174, 275, 239

브로델, 페르낭Fernand Braudel 135

블레이도르프Blijdorp 300

빙하기 14~15, 18, 27, 29, 30~31, 36~37, 39, 47, 53, 56, 72~73, 77, 82, 84, 88, 92~94, 135, 137, 186,

210, 212, 214, 270, 277, 311~312

ㅅ

사라스와티 강Saraswati River 168

사바르마티 강Sabarmati 168~169

사이클론 고누 171

사이클론 볼라 182~183, 232~234

사타파타 브라마나Satapatha Brahmana 176

산리쿠三陸 지진 218

산토리니 섬 44

상 문명 194~195

상하이 34, 114, 188~189, 191, 195~205, 314, 323

상하이랜더 197

샐윈호Salween 179

샨카르, 라비Ravi Shankar 183

세게브로Segebro 정주지 67

센 강 32

셰틀랜드 제도 56, 61

수렵채집인 사회 48, 56

수메르인 91~92

순다 해협 44

슈트란트 섬 119, 130, 291~293

스몽 222

스비프터르반트Swifterbant 118~119

스카만드로스 강 136~137

스칸디나비아 빙상 30~31, 57

스타카 61~63

스트라본Strabon 136~137, 139~140

스헬더 강 304~306, 308

스헬더 하구 개발 프로젝트 304~308

시그마 플랜 306~307

시돈Sidon 138, 141

시메울루에 섬 222~223

시모에이스 강 136~137

시슈머레프 251~255
싼샤 댐 188, 192, 198, 200~201
쓰나미 17~19, 39, 41~46, 113,
   142~143, 157, 208~210, 212,
   214~227, 265~266, 312, 326

ㅇ

아가시 호수 73
아드리아 해 142, 144~146
아라비아 해 19, 94~95, 171~174
아마다바드Ahmadabad 167
아스완 댐 33, 77, 161~162
아우터 실버 핏 60
아이소스타시 33
아차팔라야 강 270, 279~280, 282
아체 쓰나미 209, 224, 226
아크로티리 43, 137
아테나이우스Athenaeus 153
아틀란티스 44
알래스카 슬로프Alaska Slope 250
알렉산드리아 항 143, 152~153
알우바이드al-'Ubaid 103~104, 106~108
암스테르담스 페일 298
야요이 문화 216
양저우 문화 195
양쯔 강 32, 114, 185, 187~189,
   191~200, 203
양쯔 강 하류 유역 187~205
에게 해 33, 43, 137~138, 142
에리모襟裳 219
에욱시네 호수Euxine Lake 33, 48~49,
   71~77, 89
에이설메이르(에이설 호수) 302, 309
에흐몬트Egmond 131
엘니뇨 현상 173, 260

열대 사이클론 17, 39, 45~46, 170~171,
   174, 209, 236, 311
열대수렴대 95
영, 개빈Gavin Young 99
영, 롭Rob Young 37
영거 드라이아스기Younger-Dryas 38, 48,
   58, 73
영구동토층 57, 250, 255
오만 만 92, 94, 96, 169, 174
오스터르스헬더커링(동스헬더 강의 폭풍해일
   방벽) 304
오시카大鹿 210, 219
오아라이大洗 220
오카 분지Orca Basin 275
오크니 제도 43
옹게 부족 225
외레순드Oresund 58
우드, 볼드윈 281~282
우루크 39, 102, 108~109
우르Ur 102~109
우르나무Ur-Nammu 103
우르의 홍수 구덩이Flood pit at Ur 104,
   106~107
우마Umma 102, 110
우어샤트 92~93, 96
울리, 레너드Leonard Woolley 102~106
울케스트룹Ulkestrup 66
윌킨슨, 토비Toby Wilkinson 80
유스타시 33
유프라테스 강 19, 91~94, 96, 99~100,
   102, 104, 106, 108~110, 174
인공 제방 45, 278
인공 항구 138, 141~143
인구 과밀 219, 232, 244, 260, 262
인구 이동 77, 326

인구밀도 39, 48, 67, 160, 164, 191, 194, 209, 214~215, 217, 233, 237, 262~263, 308
인더스 강 168~169, 173~174

ㅈ
자연 방어 시설 156
자위더르 해Zuiderzee 118~119, 128, 130, 301~302
조류 세곡 123, 125
조몬 사회 211~212, 214~216
『중석기 시대 북유럽 인류 정착』 56
증기 펌프 300
지각변동 36, 38~39, 42, 113, 153, 156, 173, 194, 198~199
지구온난화 15, 33~34, 122, 136, 149, 163, 193, 241, 249, 258, 265~266, 308, 310, 314, 316
지중해 32~33, 71~73, 75~79, 82~85, 89, 97, 113~114, 135~136, 138~139, 143~145, 152, 159, 162~164, 314

ㅊ
차르스 238
축치 해 249~252
치비타베키아Civitavecchia 144

ㅋ
카룬 강 92
카이사레아Caesarea 138, 142
칼라Calah 102
캄바트Khambhat(캄바이Cambay) 167~174
컨플릭트호Conflict 177
컬럼비아 빙하Columbia Glacier 35
케피수스 강Cephissus 140

켓사나Ketsana 314
코르디예라 빙상 30~31
코리달로스 강Korydallos 140
콜린다 작살 53, 55
콜스, 브라이어니Briony Coles 56
크로머 경 160
클라렌스호Clarence 177
클라우디우스 황제Claudius 143
클라크, 그레이엄Grahame Clark 56, 62~63
키리바티 256~257, 259~263

ㅌ
타메후 80, 82, 84~85, 87, 89, 154~155
테르펀 119~121, 123, 127~128
테르프 119, 121, 127
테베레 강 143
테설Texel 131
테시저, 윌프레드Wilfred Thesiger 98
템스 강 32~33, 54~55, 60, 129, 303
토펙스-포세이돈 위성 38
투발루 244, 256~263
투키디데스Thukydides 44
트라야누스 황제Trajanus 143~144
트로이(히사를리크) 135~140
트웨인, 마크Mark Twain 269
티그리스 강 19, 91~93, 96, 99~100, 102, 108~110, 174
티레Tyre 138~141

ㅍ
파라카 보 242
파로스 등대 152
파버티포인트 270, 273~276, 284
페낭호Penang 182
페르시아 만 15, 19, 83, 92~97,

101~102, 107, 109~110, 169,
171~172, 174, 324

포르투스Portus 143

폭풍해일 25~26, 114, 127~130, 146,
168, 172, 179, 182, 226, 233~234,
236, 245, 254, 261~262, 266, 281,
289, 292, 294, 298, 302, 304~305,
307, 317~319, 324, 326

폰차트레인 호수 271, 280, 284, 286

폴더르 132~133, 294~298, 302

폴리네시아 환초 256~257, 259

풍차 296~298

플라톤 44

피라이우스Piraeus 139~140, 142

피를링, 안드리스Andries Vierlingh 296

필키, 오린Orrin Pilkey 37

핍스, 새뮤얼Samuel Pepys 54

ㅎ

하라파 문명 168, 173

하모우디, 세이크Sheikh Hamoudi 102

항구적 해안 개발을 위한 네덜란드 국가위
원회 308

해리슨, 조지George Harison 183

해상무역 17, 130, 138

해수면 상승 14~15, 17, 19~20, 24,
27, 29, 34~35, 37~39, 45~47, 72,
75, 77, 81, 83~84, 92~93, 95~96,
98, 101, 109~110, 117, 122~123,
127~128, 133, 136~137, 140, 144,
146, 150, 156~157, 163, 166, 173,
176, 183, 186, 190~191, 194, 196,
198~204, 211, 214, 216, 226, 229,
231, 233, 236~238, 240~243, 245,
248, 250~252, 254, 258, 260~264,

266, 277, 282, 284, 288, 294, 306,
308~309, 311~312, 314~317,
323~326

해안 방벽 127, 175, 218~219, 265

해안 방어 시설 17, 20, 114, 127~129,
131, 133, 230, 252, 291, 294, 299,
303, 305, 308~309, 318, 323

해안 저지대 15, 45, 48

해저 지진 209, 219, 222, 226

허리케인 샌디 15, 23~24, 26~27,
320~322

허리케인 아이린 27

허리케인 카트리나 15, 23, 27, 45, 255,
284, 286, 288~289, 308, 318

헤라클리온Heraklion 81, 153

헤로도토스 77~79, 137, 153, 166

호르무즈 해협 94, 96

호메로스 135~138, 140

홀란즈 딥 133

홍수 방어 시설 171, 281, 308

홍수통제법 272, 279

환경난민 20, 231~232, 262

환태평양 지진대 209

황허 강 32, 188, 194~195

후글리 강 177~180, 182, 242

휘더, 요하네스Johannes Hudde 298

흐로터 만드렝커(인간 대살육) 130, 291

흑해 18, 33, 48, 72, 77, 138, 141

히사를리크(트로이) 135~140

지은이 브라이언 페이건 Brian Fagan

고고학과 인류학계에서 세계적인 명성을 지닌 학자이자 베스트셀러 작가로, 영국 케임브리지 대학교 펨브로크 칼리지에서 고고학과 인류학을 전공했다. 1967년부터 2003년까지 캘리포니아 대학교 샌타바버라 캠퍼스에서 인류학 교수로 있었고, 현재 명예 교수로 있다. 학생과 일반인을 상대로 수많은 고고학 개론서와 교양서를 집필해 큰 반향을 불러일으켰다. 중세 온난기를 다룬 『뜨거운 지구, 역사를 뒤흔들다』(2008년)가 『뉴욕타임스』 논픽션 부문의 베스트셀러가 되었고, 『인류의 대항해』 『위대한 공존』 『고대 문명의 이해』 『세계 선사 문화의 이해』 『기후, 문명의 지도를 바꾸다』 『크로마뇽』 등의 책을 썼다.

옮긴이 최파일

서울대학교에서 언론정보학과 서양사학을 전공했다. '바른번역'에서 번역을 공부했고, 역사 분야를 중심으로 해외의 좋은 책들을 소개하려는 뜻을 품고 있다. 축구와 셜록 홈스의 열렬한 팬이며, 1차 대전 문학에도 관심이 많다. 옮긴 책으로 『인류의 대항해』 『시계와 문명』 『아마존』 『근대 전쟁의 탄생』 『왜 서양이 지배하는가』 『십자가 초승달 동맹』 등이 있다.

바다의 습격

발행일	2017년 8월 10일 (초판 1쇄)
지은이	브라이언 페이건
옮긴이	최파일
펴낸이	이지열
펴낸곳	미지북스
	서울시 마포구 성암로 15길 46(상암동 2-120번지) 201호
	우편번호 03930
	전화 070-7533-1848 팩스 02-713-1848
	mizibooks@naver.com
	출판 등록 2008년 2월 13일 제313-2008-000029호
책임 편집	서재왕, 김대수
출력	상지출력센터
인쇄	한영문화사
ISBN	978-89-94142-66-1 03900
값	15,000원

· 블로그 http://mizibooks.tistory.com
· 트위터 http://twitter.com/mizibooks
· 페이스북 http://facebook.com/pub.mizibooks